티벳 死者의 여행 안내서

티벳 死者의 여행 안내서

삶과 죽음의 모든 순간을 해탈의 기회로 바꾸는 여섯 바르도 강의

족첸 폰롭 린포체 지음
최람, 이균형 옮김

정신세계사

지은이 족첸 폰롭 린포체는 1965년 인도 북부 시킴에서 태어났다. 달라이 라마로부터 족첸 폰롭 법맥의 7대 환생으로 인정받고 1968년 룸덱 승원에서 제7대 족첸 폰롭으로 공식 임명되었다. 16대 카르마빠, 딜고 켼쩨 린포체, 뚤쿠 오겐 린포체, 노슐 켄 린포체, 그리고 직계 스승인 켄뽀 출팀 가초 린포체로부터 닝마파와 까규파의 수행 지도와 전법을 받았다. 1974년에 출가하여 비구계를 받았으나 후에 환속하여 현재 북미 지역에서 티벳 불교 학자이자 명상 지도자로 활동하고 있다. 국제적 불교연구 및 수행 센터인 날란다보디 Nalandabodhi를 설립하여 운영하고 있다. http://nalandabodhi.org/

옮긴이 최람은 원래는 기독교인이었으나 우연히 여러 불교서적들을 접하고 불교도가 되었다. 3년간 온갖 진리에 관한 책들을 탐독한 후에 실제 수행을 하기로 결심하게 되었다. 지산스님으로부터 위빠사나를 공부하였고 현재는 인도 북부 다람살라 근교의 작은 마을에서 티벳 스승과 함께 불교공부를 하고 있다. 역서로는 《마음닦기 일곱가지 핵심비결》과 《깨달은 이의 마음의 보물》(출간예정) 등이 있다.

함께 옮긴이 이균형은 1958년생으로 연세대학교 전기공학과를 졸업했다. 총각시절에 정신세계에 입문한 이래로 줄곧 의식현상을 탐구하면서 해외의 관련서적들을 번역 소개해왔다. 옮긴 책은 《인도 명상기행》《홀로그램 우주》《우주의식의 창조놀이》《깨어나세요》《한 발짝 밖에 자유가 있다》《우주가 사라지다》《자발적 진화》《1분 명상법》 등 수십 권이 있다.

티벳 死者의 여행 안내서
ⓒ 족첸 폰롭, 2006

족첸 폰롭 짓고, 최람과 이균형 옮긴 것을 정신세계사 정주득이 2014년 4월 11일 처음 펴내다. 김우종이 다듬고, 김진하가 꾸미고, 경운출력에서 출력을, 한서지업사에서 종이를, 영신사에서 인쇄와 제본을, 김영수가 기획과 홍보를, 하지혜가 책의 관리를 맡다. 정신세계사의 등록일자는 1978년 4월 25일(제1-100호), 주소는 03965 서울시 마포구 성산로4길 6 2층, 전화는 02-733-3134, 팩스는 02-733-3144, 홈페이지는 www.mindbook.co.kr, 인터넷 카페는 cafe.naver.com/mindbooky이다.

2023년 5월 22일 펴낸 책(초판 제2쇄)

ISBN 978-89-357-0378-4 03220

이 도서의 국립중앙도서관 출판시도서목록(CIP)은 e-CIP홈페이지(http://www.nl.go.kr/ecip)와 국가자료공동목록시스템(http://www.nl.go.kr/kolisnet)에서 이용하실 수 있습니다. (CIP제어번호 : CIP2014008377)

지혜와 자비가 증장되도록
한량없이 귀한 기회를 전해주신
나의 사랑하는 아버지 담최 용두와
자애로운 어머니 렉세 돌마에게
이 책을 바칩니다.

구루 린포체 (파드마삼바바)

보현보살과 사만타바드리
원시 붓다의 평화로운 현현

마호따라 헤루카와 코데쉬바리
원시 붓다의 진노한 현현

시또 탱화

평화로운 존격들과 진노한 존격들

차 례

옮긴이의 글_이균형

사람들의 입에 너무나 널리 오르내리는 《티벳 사자의 서》가 대체 어떤 것인지 궁금해서 책을 들었다가, 도저히 다 읽어볼 엄두를 못 내고 놓아버린 적이 있다. 티벳 불교문화 일색인 생소한 용어와 온갖 신들의 기이한 이름과 색깔과 형상 등의 상징들이 너무나 복잡하고, 게다가 먼(?) 사후의 일을 위해서 그런 이질적이고 기억하기도 힘든 내용을 구태여 알아야 할 필요성이 도무지 느껴지지 않았기 때문이다.

나중에 다른 기회를 통해서 두 번째로 《사자의 서》를 대했을 때는, 지금 이 순간의 삶 속에서 깨어서 사는 훈련이 곧 사후의 여정을 대비하는 훈련이고, 잘 죽기 위해서 하는 공부가 곧 잘 살기 위한 공부이기도 한가보다 하는 정도로 인식을 조금 진전시킬 수 있었다.

세 번째의 만남을 중매해준 이 책은 《사자의 서》 속에 감춰져 있는 심오한 메시지뿐만 아니라 금강승 불교의 수승한 가르침들까지도 쉽게 개괄할 수 있게 해주어서, 잘 알려지지 않은 티벳 불교를 놀라운 눈으로 우러러보게 했다. 그것은 전적으로, 북미 지역에서 활동하고 있는 7대 족첸 폰롭 린포체 ― 닝마파 최상의 수행법인 족첸을 가르치는 폰롭(높은 스승)의 7대 환생자 ― 가 서양의 독자들을 향해 매우 현대적인 언어로써 《사자의 서》와 금강승의 가르침을 명쾌하게 해설해준 덕분이다.

17

티벳어로 '바르도'란 앞과 뒤의 두 시간적 경계점 사이의 시공간 무대를 뜻한다. 아침식사와 점심식사 사이의 시공간을 예컨대 '오전의 바르도'라고 이름붙일 수도 있을 것이다.

세 번째 만남에 이르러서야 《사자의 서》가 가르치고 있는 바르도의 개념이 새롭게 다가온 것은, 이를 통해 생전과 사후를 통틀어 시간적으로는 네 개의 바르도, 내용적으로는 여섯 개의 바르도로 대별된 '인간존재의 전체 스펙트럼'을 한눈에 조감할 수 있었기 때문이다. 낯선 곳에 갔을 때 자신의 현재 위치와 가고자 하는 목적지의 방향을 알 수 있게 해주는 지도와 현지의 상황을 알려주는 안내서가 든든한 지침이 되어주듯이, 인간이라는 존재의 여행길인 여섯 바르도의 여정에 든든한 지도와 안내서가 되어주는 것이 《사자의 서》이고 금강승의 수행법들인 것이다.

그리고 무엇보다도, 저자의 해설에 의하면 궁극의 바르도는 뭇 현상이 끊임없이 일어났다가 사라지고 있는 지금의 매 순간이다. 그리고 금강승의 가르침은 그 온갖 현상을 나투어내는 근원인 마음의 공하고 청정한 본성을 당장, 지금 이 순간 깨달을 수 있다고 하고, 또 깨달아야만 한다고 촉구하고 있다. 사실, 지금 이 순간이 아니면 그것을 깨달을 수 있는 다른 시간이란 존재하지도 않는다. 구도하는 마음이 겁먹은 에고의 회피와 미루기 변명에 회유되어서 수행에 필요한 '시간'을 운운하는 것일 뿐이다.

나에겐 멀게만 느껴지던《사자의 서》의 깊은 가르침을 일상의 매 순간 속으로 가져다준 귀한 인연에 감사의 마음이 절로 솟아나게 하는 이 책은 초심자와 수행자를 불문하고《사자의 서》와 티벳 불교를 공부하고자 하는 모든 구도자들에게 필독의 좋은 입문서가 되어줄 것이다.

　(불교 용어가 낯선 독자이든 익숙한 독자이든 새롭게 부딪치는 단어들은 책을 읽는 동안 문맥을 통해서 자연스럽게 이해하게 될 것이고, 용어풀이와 주석 등 친절한 내용의 부록이 있으므로 역주는 달지 않았다.)

옮긴이의 글 _ 최람

　이 책을 처음 접했을 때, 나 자신이 인도 북부에서 티벳 불교를 공부한다는 명목으로 다년간 지내고 있음에도 불구하고 저자인 족첸 폰롭 린포체가 곧장 떠오르지 않았다. 그래서 족첸 폰롭 린포체에 대해서 인터넷 검색을 해보았다. 인도나 네팔에 계신 대부분의 티벳 불교의 스승들은 알고 있었는데, 족첸 폰롭 린포체는 미국에서 활동하셔서 잘 알지 못했던 것 같았다. 내가 그리 정보에 밝은 편도 아니지만.

　일반적으로 티벳 불교는 다른 불교전통보다 법맥의 전승을 중요시한다. 개별적인 가르침의 전승이 끊이지 않는 맥을 통해 이어져왔는지가 무척 중요하다. 티벳 스승들이 가르침을 주실 때는 어떤 스승에게서 전승되어 내려온 가르침인지를 분명히 언급하시곤 한다. 따라서 어떤 법맥에 속한 스승인지를 알면 그분을 대략 가늠해볼 수 있게 된다. 이런 점에서 티벳 불교에서는 신뢰할 수 있는 스승을 찾는 것이 다른 불교권이나 타 종교에 비해 쉽다고 할 수 있다. 물론 일반적인 의미에서 참된 스승을 찾는 것은 쉽지 않은 일이고 개인적인 법연도 깊어야 하겠지만, 우선 스승의 법맥을 확인해볼 수는 있다는 말이다.

　인터넷에서 족첸 폰롭 린포체를 검색해보니, 린포체는 세계적으로 유명했던 까규파의 법왕 16대 카르마빠가 직접 찾아내신 환생 스승으로, 카르마빠의 사원인 룸덱에서 공부하셨다는 것을 알 수 있었다. 티벳 불교에서 카르마빠는 달라이 라마에 버금가며, 한 교파의 존경받는 수장이다. 이 정도로도 충분히 족첸 폰롭 린포체와 그의 저서에 대한 신뢰를 가지고 번역작업에 착수할 수 있었다. 작업이 진행되는 동안 나는 심오하고도 명료한 린포체의 해설의 매료되기 시작했고, 그동안 개념적으로 정리가 되지 않았던 수행의 견해들도 더욱 정확하게 이해하게 되면서 나에게도 좋은 배움의 기회가 되었다.

이 책은 바르도에 대한 가르침이자 티벳 불교의 핵심 가르침들을 다루고 있다. 티벳 불교에서는 바르도라는 개념이 무척 중요하다. 바르도는 일반적으로 죽음 이후와 새로운 재탄생의 사이를 의미하지만 더 광범위하게 해석하면 삶과 죽음을 통틀어 모든 경험들의 기간이라고 말할 수 있다.

이 책에서는 이러한 경험의 기간들을 현생, 꿈, 명상, 죽음, 법성, 화현의 여섯 가지 바르도로 구분하여 각 바르도의 가르침에 접근하고 있다. 이 모든 바르도의 경험들은 하나도 버리거나 제외할 필요 없이 수행의 대상으로 삼을 수 있다고 한다. 종국엔 바르도에 관한 모든 가르침들은 죽음 이후의 바르도를 가리키게 된다.

죽음에 이르면 우리는 거친 차원과 미묘한 차원, 두 단계의 해체과정을 겪게 되는데, 거친 해체과정에서는 네 가지 원소(四大)인 흙 원소, 불 원소, 물 원소, 바람 원소가 해체되고, 미묘한 해체과정에서는 의식이 허공 원소로 해체되고, 허공 원소는 정광명으로 해체된다. 이때 모든 산만한 번뇌의 감정들이 완전히 사라지므로 이 청정한 공간과 연결되면 심오한 깨달음을 얻는다고 한다. 물론 이것은 현재의 수행이 든든하게 뒷받침되어야만 가능한 일이다.

　이 책의 용어들 중 일부는 생소할 수도 있을 것이다. 그렇지만 이 책은 삶과 죽음의 모든 순간들에 대처할 수 있는 핵심적 방법들을 아주 상세히 제시하고 있다. 우리가 직장에서 바쁘게 일을 하거나 잠자리에 들어 꿈을 꾸고 있거나 명상수행 중이거나 나아가 죽음의 문턱에 들어서는 순간에조차도 열린 광대한 마음의 본성 안에서 쉴 수 있으며 깨달음의 본성과 하나될 수 있다고 말한다. 물론 이 같은 쉼은 '단지 그 순간에 쉬어야지'라고 결심하는 것만으로는 되지 않는다. 이것은 명상수행을 통해 긍정적인 습관을 쌓아감으로써 점차적으로 발전할 수 있는 것이다. 결국 자신에게 맞는 명상수행을 꾸준히 쌓아가야만 수확할 수 있는 열매인 것이다.

　스승들의 핵심 가르침은 단순하고 명백하다. 그래서 처음에는 가르침이 가리키는 산 정상으로 곧장 나아갈 수 있는 최단거리 길을 확인한 후 '금방 갈 수 있을 거야!'라고 쉽게 생각하게 된다. 하지만 수행자는 직접 산을 오르는 수많은 시도들을 통해 조금은 올라가는 듯하지만 다시금 다시금 미끄러져 내려오는 경험을 무수히 반복한다.

　이렇듯 번번이 미끄러지다 보면 결국 자포자기해서 길을 포기하기도 하고, 주저앉아 편히 쉬면서 정상에서의 쉼도 비슷할 것이라 위안하기도 한다. 아니면 등산로에 관한 상세한 지도를 다시금 펼쳐내어 공부하기도 하고, 곧장 나아갈 수 있는 길이 아닌 조금 둘러서 가는 길을 선택하기도 한다. 아무튼 조금씩이라도 나아가고 있다면 괜찮을 것이다.

　게으른 나 같은 사람은 곧장 갈 수 있는 길이 있다는 것을 알면서도 둘러서 가는 길을 선택하곤 한다. 근래에 들어 특히 더 자주 미끄러지

고, 더 둘러서 길을 걸었던 것 같다. 포르티아 넬슨Portia Nelson이 지은
〈다섯 장章의 자서전〉이란 시를 보게 되었는데, 큰 위안이 되었다.

1장 길을 따라 걸어간다.

포장된 길에 깊은 수렁이 있다.
나는 그곳에 빠진다.
길을 잃었다. …… 희망이 없다.
그것은 내 잘못이 아니다.
빠져나갈 길을 영원히 찾지 못할 것이다.

2장 같은 길을 따라 걸어간다.

포장된 길에 깊은 수렁이 있다.
나는 그것을 못 본 척한다.
다시 그곳에 빠진다.
내가 같은 수렁 속에 빠져 있다는 것을 믿을 수가 없다.
하지만 그것은 내 잘못이 아니다.
빠져나가려면 상당한 시간이 걸릴 것이다.

3장 같은 길을 따라 걸어간다.

포장된 길에 깊은 수렁이 있다.
나는 수렁을 보았다.
또다시 거기에 빠졌다. …… 그것은 습관 때문이다.
내 눈은 열려 있다.
내가 어디에 있는지 나는 안다.
그것은 내 잘못이다.
나는 즉시 빠져나온다.

4장 같은 길을 따라 걸어간다.

포장된 길에 커다란 수렁이 있다.
나는 비켜서 지나간다.

5장 나는 다른 길을 따라 걸어간다.

티벳 불교에는 다양한 개성을 지닌 뛰어난 스승들이 많고, 동시에 천차만별한 제자들의 근기에 맞추어진 수많은 수행방편들이 제시되어 있다. 바르도를 중심으로 티벳 불교의 전체 가르침을 통째로 아우르고 있는 이 책을 통해서 독자들이 단순히 지적인 욕구의 만족에 그치지 않고, 삶을 풍요롭게 하는 가르침을 실제 삶으로 연결시킬 수 있기를 바라본다.

추천의 글 _ 켄뽀 출팀 갸초 린포체

중간에는 아무것도 존재하지 않으니, 바르도는 존재하지 않는다.

태어남과 죽음은 실체가 없으니,
둘 사이에는 꾸며낼 수 없는, 난 적 없는 그것(the unborn)만이 있다.
자아와 타자는 실체가 없으니,
둘 사이에는 꾸며낼 수 없는, 난 적 없는 그것만이 있다.

2006년 10월 9일, 부탄에 있는 카르마 둡데 사원에서
켄뽀 출팀 갸초 린포체가 즉석에서 지어 보임.

추천의 글 _ 아락 센까르 린포체

이번 생에서는 관정과 핵심 가르침으로써 안내하시고
다음 생에서는 해탈의 길로 이끄시고
그 사이의 바르도에서는 두려움의 수렁에서 벗어나게 하는
비할 데 없는 구루시여, 당신의 가피를 내려주소서.

바르도, 곧 중간 상태(중음계中陰界)는 널리 알려진 불교용어이다. 현생의 현상들이 물러가고 나면 우리는 49일 동안 육체에서 분리되어 무시무시하고 놀라운 광경들을 경험하게 된다고 한다. 이것이 대부분의 사람들에게 바르도가 의미하는 것이다. 우선 불교에서 바르도의 개념이 진화해온 방식을 살펴보자.

바수반두Vasubhandu의 《구사론俱舍論》과 같은 티벳어로 역경譯經된 인도의 논서들은 바르도라는 용어를 사용하지는 않았지만 바르도에 대해 언급을 하고 있다.

죽음과 삶 사이에서 경험되는
존재의 차원이 있다.

경전은 나아가 죽음의 존재, 탄생의 존재, 그 둘 사이에 놓인 것의 존재로 나누어지는 세 가지 존재 차원에 대해 논하고 있다. 그리고 그 중간 상태에서의 정신체(mental body)와, 그 성질과 존속기간에 대해서도 간략하게 설명하고 있다.

중국어로 역경된 인도 경전인 《아비달마대비바사론》(Great Treasury of Expositions)은 바르도에 대해 전반적으로 논하고 있고, 49일간의 여행 과정도 한 장 전체를 할애해서 다루고 있다.

티벳 문학에서 밀교密敎에 기반한 바르도의 가르침들은 티벳 불교의 4대 학파인 사캬파와 겔룩파와 까규파와 닝마파 모두에서 풍요롭게 발전되어온 것을 발견할 수 있다. 이들 4대 학파는 정교한 주석과 다양한 범위를 아우르는 핵심적인 가르침을 제시한다. 이런 문헌들에는 바르도의 다양한 유형의 명칭과 분류법이 설명되어 있다. 설명방식의 대부분은 유사하지만, 각 전통에 전해져오는 유산의 고유한 특징도 강조되고 있다.

닝마파 법맥의 위대한 스승인 카르마 링빠는 인도의 대스승인 파드마삼바바가 미래의 그에게 위임한 것으로 전해지는 〈평화로운 존격尊格과 진노한 존격의 절로 해탈에 이르는 지혜〉라는 심오한 문서들을 발견했다. 이 문서 중에서 가장 잘 알려진 저작 중 하나는 대중에게는 '티벳 사자死者의 서'로 알려진 〈바르도에서 듣고 성취하는 위대한 해탈〉이다. 여기에는 현생과 꿈과 명상과 죽음과 법성法性(곧 진정한 실재)과 화현化現이라는 여섯 바르도에 관한 심오하고도 포괄적인 설명이 담겨 있다.

바르도의 가르침으로 저명한 다른 스승은 초기와 후기 학파들이 공통적으로 주창한 여섯 바르도를 네 가지로 축약할 수 있다고 설명한 쩨래 나쪽 랑돌이다. 네 가지는 타고난 현생의 바르도, 고통스런 죽음의 바르도, 광명한 법성의 바르도, 업력業力에 의한 화현의 바르도이다. 그는 이 네 가지의 바르도로 설명하는 방식이 더 이해하기 쉽게 문제의 핵심으로 들어간다고 말한다.

쩨래 나쪽 랑돌의 바르도에 관한 주요 저작도 영어로 번역되었지만, '티벳 사자의 서'가 전 세계에 가장 널리 애독되고 있다. '티벳 사자의 서'는 중국어와 영어로 적어도 다섯 번 이상 번역되었고, 프랑스어로도 번역되었다.

때마침 서양의 관습과 언어를 통해 공부해온 티벳의 스승인 족첸 폰롭 린포체가 단순한 번역의 차원를 넘어서 바르도의 원리에 대한 직접적이고 생생한 가르침을 전하게 되었다. 린포체는 이 책에서 현생의 미혹되게 하는 현상들에 고집스레 집착하는 부정적 카르마를 가지고 있고, 낮에는 여덟 가지 세속적인 걱정의 노예가 되고, 밤에는 무지의 잠에 빠져드는 시체가 되고, 부정한 행위와 실없는 소리로 삶을 낭비하는 나와 같은 존재들을 위해 자비롭게 조언해주고 있다. 린포체의 가르침은 우리에게 현생과 다음 생과 그 사이의 바르도를 모두 밝게 비추어 길을 인도해준다.

바르도에 대한 탐사는 현생의 현상들에 대한 집착에서 벗어나고, 소중한 인간존재로부터 가장 의미 깊은 본질을 이끌어내도록 독려하는 현생의 바르도에 대한 설명으로 시작한다. 현생의 바르도를 위해서 린포체는 사마타 명상수행을 통해 고요하고 안정된 마음을 기르게 하는 가르침을 제시한다.

다음 단계는 꿈의 바르도이다. 꿈의 바르도에서는 환영의 몸과 꿈의 요가 수행을 훈련함으로써 자신의 꿈을 깨어서 인식하고, 꿈의 현상을 변화시키고, 새로운 꿈을 향유하도록 가르치고 있다. 또한 깊은 잠의 상태를 광명光明한 자각의식(awareness)으로 인식하는 광명의 요가에 대해서도 설명하고 있다. 명상의 바르도에서는 마하무드라와 족첸의 위빠사나 명상을 소개하고, 마음의 본성을 직접 알아차리는 방법을 명쾌하게 밝힌다.

죽음의 바르도에서는 거친 몸의 원소들이 해체되는 단계와 일어남, 늘어남, 다함의 세 가지 시각적 과정과 함께 일어나는 미묘한 의식의 해체에 대해서도 상세히 가르쳐준다. 그리고 의식 전이에 관한 가르침으로 결론을 맺으면서 죽음의 시간에 해탈을 얻도록, 혹은 실패하더라도 마음의 진정한 본성을 강렬하게 일별하기를 염원하도록 부추겨준다.

법성의 바르도에서는 마음의 광명, 곧 어머니 같은 법신法身의 광명과 보신報身의 광명이 드러나는 두 단계에 대한 상세한 가르침을 준다. 보신의 광명인 두 번째 단계에서는 일백 평화로운 존격과 진노한 존격의 환상과 생생한 빛과 소리가 펼쳐진다. 린포체는 이때 일어나는 현상의 실체 없고 환영과 같은 본질을 자각하도록 격려한다. 일체의 현상은 자신의 마음이 펼쳐내는 것임을 확신함으로써 진정한 실재의 바르도인 법성의 바르도에서 보신의 해탈을 얻을 수 있다. 이 단계의 가르침은 두려움 없는 전사가 무서운 바르도의 계곡을 건너가도록 안내해주는 것과도 같다.

마지막으로 린포체는 화현의 바르도를 안내한다. 죽음과 법성의 바르도에서 마음의 진정한 본성을 알아차리기에 실패하면 일어남과 늘어남과 다함의 세 가지 시각적 과정이 거꾸로 일어나는 이치를 설명한다. 초기에 알아차림이 부족하면 끔찍한 두려움이 생겨난다. 이처럼 두려움이 강화되면 바르도의 미혹되게 하는 온갖 현상들이 발생한다. 린포체는 이 미혹되게 하는 현상들은 모두가 자신의 본연의 자각의식이 반사되어 보이는 모습일 뿐이라고 지적한다. 그럼에도 불구하고 우리에게는 아직도 선택권이 있다. 최상의 수행자는 방사하는 몸, 곧 화신化身의 세계인, 자연스럽게 현존하는 청정한 존재영역에 태어나게 된다. 중간급의 수행자는 아미타불의 정토와 같은 청정한 존재영역에 태어나게 된다. 그리고 평범한 수행자는 세속적 세계의 호의적인 조건에서 태어나게 된다. 여기서 린포체는 생기차제生起次第와 원만차제圓滿次第의 핵심을 설명한다. 그는 이를 통해서 독자들에게 이번 삶에서 참된 다르마dharma(法)를 향유하고, 그러한 공덕을 다음 생에도 부족 없이 가지고 갈 수 있도록 확신을 불어넣어준다. 린포체의 가르침은 위에 언급한 모든 해탈과 유익에 이르는 길을 활용할 수 있도록 심오한 방법들을 밝혀 놓고 있으니 린포체의 친절은 이루 다 말할 수가 없다.

이 같은 바르도에 대한 안내는 가치를 따질 수 없이 매우 소중하다. 지혜의 눈이 어두운 사람에게는 직접 손을 잡고 길을 함께 동행해주기 때문이다. 여행 중에 잘못된 길을 향하는 사람에게는 방향을 잡아주는 여행 전문가가 된다. 이것은 이 가르침을 터득하기를 열망하는 신념 있는 수행자에게는 바르도의 공포 속을 능숙하게 인도해주는 믿음직한 선장이 된다. 그리고 배우고 사유하고 수행하는 정진력을 갖춘 사람에게는 지혜로 통하는 백 개의 입구를 동시에 열어 보물이 가득한 광산을 보여주는 열쇠가 된다. 또 학식이 풍부한 사람에게는 통찰이라는 밤에 피는 꽃을 개화시키는 환한 보름달이 된다. 수행에 전념하는 요기와 요기니에게는 마음의 진정한 본성을 깨달아 법신과 보신과 화신의 세 가지 몸으로 살게 하고, 모든 지각을 광명으로 경험하게 하는 바르도의 기회의 창문을 밝게 비추는 태양이 된다.

린포체는 모든 현교顯敎와 밀교密敎의 핵심을 가슴 깊이 수지受持하게 하고, 모든 수행법을 그 핵심으로 결집시키고, 심오한 정수의 가르침들을 하나도 빠뜨리지 않고 법맥의 구전전승들을 온전히 보전하면서 논리학의 추종자들과의 논쟁을 멀리하고, 남들의 말을 곧이곧대로 반복하지 않고, 개인적인 경험적 지혜에 의거하여 기적과 같은 다르마의 선물을 우리의 손에 쥐어준다.

가슴 깊은 나의 바람이 있다면, 수많은 존재들이 이 책을 보고 단어를 음미하고, 요의了義를 기억함으로써 이 책을 단 한 번 손에 들지라도 짧은 삶과 오랜 윤회에 걸쳐 무수한 유익을 얻기를 빈다. 이처럼 귀한 탐사의 기회를 제공해주는 책을 출판하는 공덕은 지구상의 먼지보다도 많아서 헤아릴 수 없고, 온 대양의 물방울보다도 많아서 헤아릴 수 없다. 이 같은 놀라운 기적이 눈앞에 한 순간 번뜩이는 것조차도 지난 과거 생의 헤아릴 수 없이 많은 선업의 열매에 기인한 것이다.

이 책은 티벳의 여덟 가지 큰 법맥의 모든 심오한 정수를 담아내고 있을 뿐만 아니라 인도의 모든 깨달은 스승들의 깊은 뜻을 생생하게 드러내주고 있다. 그러므로 나는 개인적으로, 족첸 폭룹 린포체의 이 가르침을 일체를 망라한 보석으로 여긴다.

쩨래 나쪽 랑돌의 바르도에 대한 글의 한 구절을 인용하는 것으로 결론을 대신하고 싶다. 나는 이것이 당신이 지금 손에 들고 있는 이 책의 가치를 정확히 표현한다고 믿는다.

"붓다의 팔만사천 가르침이 이 안에 온전하기에 그것을 대원만(족첸 Dzogchen)이라 부른다. 삼신三身의 경계를 벗어나는 것이 없음을 밝혀내므로 그것을 대수인(마하무드라Mahamudra)이라 부른다. 모든 관념을 초월하므로 그것을 완벽한 앎(반야바라밀Prajnaparamita)이라 부른다. 모든 극단에서 벗어나 있기에 그것을 중관(Madhyamaka)이라 부른다. 모든 길들 중에 최고의 결과를 가져오므로 그것을 길(path)과 그 결과(Lam-Dre)라 부른다. 마음의 번뇌를 즉석에서 잠재우기에 그것을 평정(Shijey)이라 부른다. 이원적인 고착을 완전히 잘라내기에 그것을 잘라냄(Chö)이라 부른다. 불성의 경지와 곧장 하나가 되게 하기에 여섯 합일체(JorDruk)라 부른다. 생각의 미혹된 무지를 변화시키기에 사고의 변화(Lojong)라 부른다. 요약해서, 모든 심오한 다르마의 본질을 품고 있는 이 가르침을 떠나서 또 다른 가르침은 있을 수 없다."

최고의 귀의처이신 족첸 폰롭 린포체의 글을 가장 못난 헌신자인 나, 뚜덩 니마의 정수리 위에 모시고, 가슴 가운데서 믿음의 화환을 공중에 던지며 이 말씀을 공양합니다.

영문 편집자의 소개글

이 책은 2002년 미국 텍사스 주의 샌안토니오에서 개최된 '지혜의 보물 안거'에서 설해진 가르침을 바탕으로 하고 있다. 여기서 족첸 폰롭 린포체는 존재의 중간적 상태인 여섯 바르도에 대해 14회에 걸쳐 강의했다. 많은 참가자들이 이전에도 안거와 함께 진행된 바르도의 가르침에 참석했지만 이번 강의는 특히 심오한 주제와 독자적이고 직접적인 가르침의 방식이 제자들에게 깊은 영향을 끼친 것으로 나타났다. 그 이후에 몇 년 동안 이 강의의 필사 자료와 비디오 자료를 구하고 싶다는 사람들의 요청이 계속 쇄도했고, 본 강의의 범위를 넘어서는 의욕적인 질문들이 쏟아지는 공부모임들이 결성되었다. 결국 린포체는 이 일련의 강의를 책으로 출간하자는 제안에 동의했고, 여기에 추가적인 가르침과 설명이 부연되었다.

이 책에서 린포체가 제공한 광범위한 구전 가르침과 주석을 포함하는 현재의 확장된 내용은 원래 가르침을 그대로 담고 있다. 바르도에 대한 가르침은 주로 카르마 링빠가 발견한 시또Shitro(밀교 가르침들의 전집) 중의 〈여섯 바르도에 관한 파드마삼바바의 가르침〉과 쩨래 나쪽 랑돌의 〈통찰의 거울〉(Mirror of Mindfulness)과 잠곤 꽁튤의 〈위대한 지혜의 보물〉(Great's Treasury of Knowledge)을 바탕으로 하고 있고, 거기에 린포체 자신의 스승들로부터 전수받은 구전 가르침에도 의지하고 있다. 그래서 이 책도 이 같은 고전적이고 권위 있는 가르침들의 기본 구조를 그대로 따른다. 즉, 각각의 바르도를 정의하고, 그것이 평범한 존재와 깨달음을 이룬 존재에 의해서 경험되는 방식을 설명하고, 바르도의 미혹되게 하는 측면을 지혜를 깨치게 하는 명료한 상태로 바꿔줄 명상수행법을 제시해준다.

가르침에 대한 접근을 도와줄 보충자료들이 부록으로 제공되어 있다. 용어들은 용어해설에서 상세히 설명하였고, 가능하면 티벳어 표기법도 함께 제공하였다. 두 가지 도표가 있는데, 하나는 죽음의 점진적 과정(해체의 단계)에 대한 본문의 광범위한 설명을 요약해주고, 다른 하나는 죽음 이후의 상태에서 나타나는 존격들의 출현 순서와 상징과 관련된 상세한 설명을 제공한다. 나아가 기초 수행인 예비수행(티벳어로는 왼도ngondro)이 발전해온 역사에 대한 간략한 고찰과, 다르마의 가르침을 주면서 동시에 깨달음의 경지를 보여주는 요기들의 게송들(dohas)과, 붓다가 죽음의 경계에 있는 보살들에게 충고하는 내용의 〈죽음의 시간을 위한 지혜의 경전〉과, 린포체 자신이 직접 쓴 두 편의 게송이 첨부되었다.

이 책은 불교철학과 수행에 이미 익숙한 사람들뿐만 아니라, 불교적 사고와 언어가 낯선 사람들 모두를 위해서 쓰였다. 린포체는 매우 정교한 학문적 체계의 바탕 위에서 설명하지만 기본적으로 이것은 전문적이거나 학문적인 것이 아니라 사실은 깨달음을 이룬 스승들의 법맥으로부터 전해 듣는 이야기이다. 하지만 여기에서 설명하는 가르침들은 유신론도 아니고, 심지어 종교적인 성질의 것도 아니다. 그것은 우리의 경험에다 비판적 지식을 적용하는 명쾌한 마음의 과학이다. 이러한 가르침을 배우고 수행함으로써 죽음에 대한 미혹을 넘어서는 것이 가능하다고 한다. 그때에야 비로소 삶과 죽음을 서로 동떨어진 대조적인 경험으로 만드는 삶과 죽음 사이의 급류에서 벗어나게 되고, 요지부동의 깨어 있는 의식 상태인 궁극의 경지를 발견하게 될 것이다.

머리글_ 죽음의 주재자와의 도박

이 책은 수백 년 전 인도의 위대한 스승인 파드마삼바바의 몇몇 제자들이 처음으로 전해 들은 이야기를 다시금 재현한 것이다. 삶 전체가 무수한 모험과 성취로 점철된 이 특별한 스승은 가장 위대한 성과를 이뤄냈다. 파드마삼바바는 모든 환영, 심지어는 죽음이라는 공포스런 환영마저도 즉시 몰아냄으로써 오염 없고 파괴되지 않는 마음의 본성을 완전히 깨우쳤다. 그는 미래의 제자들을 위해서 영적 여정에 관한 수많은 귀한 가르침과 저작들을 남긴 채 찬란한 무지개의 빛으로 화하여 이 세상을 떠났다고 전해진다. 이 이야기 자체는 변한 것이 아무것도 없음에도 불구하고 이것을 듣고 가슴 깊이 새긴 사람들은 그 이야기로 인해 변화했다. 동서고금의 고전적인 이야기들과 마찬가지로, 이것은 우리를 하나의 여행길 위로 데려다 놓는다. 단지 이번에는 우리 자신이 주인공이고, 결과는 우리의 손에 달려 있다.

그러니 우리가 읽고 있는 이 이야기는 우리 자신의 이야기다. 이것은 몸과 마음, 탄생과 죽음, 인간으로서의 우리의 존재에 대한 부정할 수 없는 진실에 관한 이야기다. 삶의 진실과 죽음의 불가피성을 안다고 할지라도 그것은 만나기 어려운 현실이다. 만약에 그것을 직면하게 된다면, 우리의 내적 충동은 그것을 외면하려고 할 것이다. 죽음과 대면하기를 원하지 않거나 두려운 마음이 일어날지라도 이 불편한 진실을 회피하는 것은 도움이 되지 않는다. 결국에는 그 진실이 우리를 따라잡을 것이다. 일평생 죽음을 무시해왔다면 죽음은 엄청난 경악으로 다가올 것이다. 죽음의 침상 위에서는 죽음의 상황에 대처할 방법을 배울 시간이 주어지지 않고, 사후의 세계를 노련하게 인도해줄 지혜와 자비를 키울 시간도 없다. 어떤 상황을 대면하든지 안간힘으로 분투해야만 할 것이다. 그리고 그것이야말로 정말 도박이다.

우리는 왜 이 같은 위험을 감수하는 것일까? 선택은 우리에게 달렸다. 평생의 가장 불편한 상황을 직면할 준비를 단단히 하든가, 아니면 아무런 준비 없이 만나든가 말이다. 만일 죽음의 진면목을 직접 바라보기로 선택한다면 죽음과의 만남을 영적 여행에 큰 보탬이 될 심오한 경험으로 바꿔놓을 수 있을 것이다. 죽음을 부정하기를 택한다면 죽음의 주재자를 만나는 순간의 우리는 마치 늦은 밤 주머니 가득 현금을 쑤셔넣고 도박 소굴로 걸어 들어가는 멋모르는 젊은이와도 같을 것이다. 다음날 아침이 밝을 때 젊은이는 부자가 되어 행복해하고 있을까?

죽음을 준비하든 말든 간에 우리는 누구나 죽음의 주재자를 만나게 된다. 이 위대한 주재자는 누구이며, 그의 위력은 어떠할까? 무지막지한 공포심을 자아내는 이 전설적인 인물은 단지 무상無常과 인과因果, 곧 업보業報가 인격화된 것일 뿐이다. 불교문학에서 죽음의 주재자는 무적이라 할 만하다. 그가 주재하는 죽음의 게임에서는 참된 지혜를 지닌 자 외에는 승리할 자가 없다. 이 파괴자를 파괴하여 놀음판을 평정하고 상을 받아가는 것은 바로 이 참된 지혜이다.

고금을 통틀어 무수한 문화권들은 죽음과 죽음의 과정에 관해 전해오는 풍부한 지식이 담긴 문학과 구전들을 발달시켜왔다. 이런 많은 문화권들에서는 죽음의 경험을 자신의 높고 깊은 본성과 연결되는 의미 있고 강렬한 시간으로 만들 수 있는 방법에 관한 문제를 다루어왔다. 최근에 와서는 죽음과 죽음의 과정에 관련된 문제가 세계적인 관심사가 되고 있고, '죽음'이란 말 자체가 하나의 유행어가 되었다. 그렇지만 죽음에 대해 얘기하고 싶어하는 사람들도 있지만 실제로 죽음을 대면하거나 죽음이 일어나고 있는 상황에 처하기를 바라는 사람은 아무도 없다. 우디 알렌은 이런 농담을 했다고 한다. "난 죽음이 두렵지 않아요. 단지 죽음이 일어날 때 그곳에 있고 싶지 않을 뿐이지." 이것은 21세기에 살고 있는 대다수 사람들의 마음을 대변하고 있다. 실제로 우리는 죽음을 피하려고 애를 쓴다. 죽음에 대한 문화적 관념을 부정적이고 공포스러운 것으로 가공해놓았기 때문에, 우리는 죽음의 경험은 고사하고 그것을 전해 듣거나 목격하기조차 두려워하게 되었다. 우리는 죽음을 우리가 자신이라 여기는 모든 것의 소멸이자 소중히 여기는 모든 것의 상실이라고 믿는다. 그리하여 그 두려움은 궁극적으로 재생과 해탈의 이야기인 우리 자신의 이야기를 우리가 알지 못하도록 막아선다.

불교의 가르침에 따르면 실제로는 삶과 죽음이 꼬리를 물고 이어진다고 한다. 이 같은 견해는 기독교에서도 발견할 수 있다. 기독교의 성인인 바울은 다음과 같이 말했다. "나는 매일매일 죽는다." 죽음이 삶의 과정의 일부분임을 인지한 것이다. 그것은 삶의 끝에서만이 아니라 매 순간 일어난다. 그렇다면 어떻게 하면 삶 속에서 매 순간 일어나는 죽음을 인식할 수 있을까?

죽음의 대한 추상적인 관념에서 벗어나기 위해서는 자신의 마음을 깊이 들여다보아야 한다. 이 여정에서는 호흡의 정지나 심장의 맥박과 같은 의학적이고 기술적인 측면과 종교적, 문화적 전통의 측면이 아니라, 한 개인인 자신에게 죽음이 의미하는 것이 무엇인지를 숙고해야 한다. 자신을 향해 이렇게 물어보아야 한다. '삶의 경험 속에서 죽음은 나에게 어떤 의미를 지니는가? 죽음에 대한 가장 원초적이고 적나라한 감정은 무엇인가?' 죽음에 대한 규정이 자신의 경험에 큰 영향을 미치기 때문에, 이것은 매우 중요한 질문이다. 또한 이것은 바르게 죽는 법을 일러주는 안내자가 된다.

불교의 관점에 따르면, 바르게 죽기 위해서는 먼저 바르게 살아야 한다. 바르게 죽는 것은 바르게 사는 법을 앎으로써 이루어질 수 있다. 그렇다면 온전히 사는 방법을 모르거나 잘 살지 못했기 때문에 죽음을 두려워하게 되는 것일까? 죽음에 대한 두려움을 변화시키고 극복하기 위해서는 죽음을 부정하는 대신 죽음에 다가가야 한다. 진지하게 숙고함으로써 죽음과 관계를 맺어야 한다. 맹신과 풍문에 근거하여 조작된 생각이 아니라 고요하고 명료한 마음으로써 죽음의 이미지를 명상해야 한다. 벌거벗겨진 그 상태를 실제로 바라보고 느껴야 한다. 죽음과 온전하게 조우하는 방법은 매일매일, 매 순간 죽는 것이고, 생각과 고뇌와 감정과 애정 깊은 관계, 심지어는 기쁨을 망라한 모든 것에 대해 죽는 것이다. 매일 죽지 못한다면 결코 죽음과 만날 수 없다.

불교에서 죽음은 단순히 끝을 의미하지 않는다. 그것은 또한 시작을 의미한다. 죽음은 변화의 과정이다. 끝이란 것 자체는 긍정적이거나 부정적인 것이 아니라 단지 실상일 뿐이다. 죽음은 탄생이라는 개념을 받아들였을 때 일어난 거래의 다른 한 부분이다. 우리는 이 세상을 떠나기로 하는 계약과 함께 이곳에 왔다. 따라서 우리가 고통스런 순간의 끝에서 안도의 한숨을 내뱉든지, 아니면 할리우드 영화와 같은 그 순간이 영원히 지속되기를 간절히 바라든지 간에 모든 순간은 결국 끝이 난다. 모든 이야기에는 행복하든 슬프든 간에 결말이 있다. 하지만 한 순간이나 한 삶이 끝날 때, 우리는 그것을 놓고 왈가왈부하고 있을 수 없다. 협상의 여지가 없다. 이러한 실상을 올바로 인식하는 것이 일상 속에서 죽음에 다가가는 길이다.

궁극적으로, 우리가 '삶'이라 부르는 것은 단지 뭔가가 — 꼬리를 무는 순간들, 우리가 자신의 소유물이라고 느끼는 생각과 감정과 기억들의 흐름이 — 지속되고 있다는 착각에 지나지 않는다. 그리하여 우리도 그 지속되는 것들의 소유자로서 존재 속으로 풍덩 뛰어든다. 그렇지만 잘 살펴보면 지속성은 꿈과 같은 환영임을 발견하게 된다. 그것은 지속적이고 실질적인 현실이 아니다. 이것은 마치 바다에서 일어나는 파도와 같이, 일어났다 사라지고 또 다시 일어나는 낱낱의 순간들로 이루어져 있다. 따라서 이 '나'라는 것도 매 순간 일어나고 소멸한다. 그것은 한 순간에서 다음 순간으로 이어지지 않는다. 한 순간의 '나'는 소멸되어 사라진다. 그러면 다음 순간의 '나'가 새로이 일어난다. 이 두 가지 '나'는 동일하다거나 혹은 다르다고 말할 수 없다. 하지만 관념적인 마음은 그것을 단일하고 지속적인 자아로 동일시한다. "그래, 이게 나야…"

이러한 흐름 속에서 우리는 찰나적 생각의 소멸, 생생한 감정의 퇴색, 인식의 재빠른 전환 등과 같은 죽음의 과정을 명확하게 볼 수 있다. 예를 들면 소리와 촉감 등은 거기에 있다가는 곧 사라진다. 하지만 순간의 끝을 경험하는 바로 그 순간, 우리는 탄생의 과정을 경험하게 된다. 또 다른 생각으로 새로운 세계가 태어나고, 바뀌는 인식에 대한 반응으로 다채로운 감정들이 일어난다. 그러므로 오로지 죽음을 통해서만 새로운 것이 존재성을 얻을 수 있기에, 순간의 끝은 또한 재탄생인 것이다.

우리는 죽음을 두려워함으로써 그 명백한 것을 보지 못한다. 스스로 재탄생하는 힘을 지닌 것은 영속하는 반면에 지속되는 것은 창조적 힘이 없다. 만일 탄생과 죽음의 유희가 없다면 세상은 스틸카메라로 찍은 예술영화의 한 장면처럼 정체되어 있을 것이다. 카메라 렌즈에 잡힌 세계는 고정되어 있고, 활동성이 없다. 오랜 시간이 흘러도 여전히 변화가 없을 것이다. 죽음과 재탄생의 끝없는 유희가 없다면 삶은 고착되고 무감각해질 것이고, 결말은 분명 고통스러울 것이다. 아무것도 변화하지 않는다. 그와 반대로 무상함의 축복을 받은 순간순간의 변화는 얼마나 경이롭고 신선한가?

우리가 지속적인 존재라서 변화와 죽음에 영향받지 않는다면 자신의 너머, 혹은 외부에서 어떤 대상을 찾는 것은 소용없는 짓일 것이다. 실재, 창조성, 성스러운 신비, 신성한 세계, 신의 은총 등, 무엇이라 부르든 간에 그런 것을 결코 발견할 수 없을 것이다. 단지 자기 마음의 투사만을 발견할 것이다. 삶과 진정으로 조우하려면 오직 매일 죽는 수밖에 없다. 여전히 자신의 존재가 지속적이라는 믿음을 붙들고 있으면서 삶과 죽음 사이의 의미심장한 연결성을 발견할 수 있다고 생각한다면 우리는 자신이 지어낸 허구의 세계에서 살고 있는 것이다.

이 지속성의 환영이 종식될 때, 아주 짧기는 하지만 그 배후의 더 깊은 실재를 힐끗 엿볼 기회를 얻게 될 것이다. 그것이 파드마삼바바의 마음과 깨달음으로부터 떼놓을 수 없는, 마음의 항구적인 진정한 본성이다. 그것이 원초적 자각의식(awareness)이며, 그로부터 모든 현상이 절로 일어나는 광명한 지혜이다. 이 지혜는 관념 너머에 있기 때문에 일상적 감각으로는 알 수 없다. 또한 이것은 시간 너머에 있다. 따라서 이것은 '태어남도, 죽음도 없다'고 말해진다. 이 경험에 연결될 수 있다면 과거와 미래는 초월되고, 우리는 광대하고 빛나는 세계로 절로 깨어난다.

매 순간의 끝과 함께 재탄생도 존재함을 진정으로 알면 우리는 편히 쉴 수 있게 된다. 현상의 변천해가는 과정에 마음이 열린다. 우리는 실재를 실제로 접할 수 있음을 느끼고, 더 이상 죽음을 두려워하지 않게 된다. 죽음이 삶과 분리된 것이 아님을 이해함으로써 지금 여기서 온전히 잘 사는 법을 배울 수 있게 된다. 불교적 관점에서, 우리는 선택권을 가지고 있다. 지금 이 순간의 삶과 죽음의 이야기로 향할 것인지, 아니면 죽음 자체가 눈뜨게 해줄 때까지 무상의 가르침에 눈을 감고 기다릴 것인지를 말이다. 행복한 결말을 원한다면 무엇 때문에 죽음의 주재자와 도박하기를 택하겠는가?

고대로부터 전해진 불교의 지혜는 우리가 살고 있는 현대 사회에 '죽음과 죽음의 과정'이라는 주제에 관한 많은 가르침을 제공해주고 있다. 이 책에서 나는 일상적 삶 속에서 시간을 초월한 가르침을 이해하고 적용하는 방법을 탐구할 것이다. 이 책이 이 문제를 금강승金剛乘 불교의 영적 관점으로부터 통찰하여 명확히 밝혀주기를 희망한다. 이 가르침들 속에 구체화된 심오한 지혜와 참된 자비가 존재들의 모든 환영을 즉시 몰아내고 그들을 크나큰 두려움에서 건져주기를. 내면의 붓다인 마음의 참된 본성이 우리를 올바른 삶과 죽음의 길로 인도하기를.

시애틀 나란다 웨스트에서,
족첸 폰롭 린포체

1

진실의 순간

장기간의 여행을 떠날 때, 거기에는 죽음과 재탄생의 느낌이 있다.

우리가 겪는 이 경험은 변천적인 성질을 띤다. 집 밖으로 나와서 현관문을 잠그는 순간, 우리는 일상을 뒤에 남겨두고 떠나간다. 함께 지내온 가족과 친구들, 익숙했던 집과 일상생활에 작별인사를 해야 한다. 공항으로 데려다줄 택시에 오르는 순간, 마음이 동요하며 후회스러운 감정이 일어날 수도 있다. 집이 아련히 멀어짐에 따라 우리를 규정하는 모든 것들로부터 떠나간다는 슬픈 마음이 일어나기도 하고, 그것을 벗어난다는 기쁜 마음도 일어난다. 집에서 멀리 벗어날수록 다음 목적지로 더욱 주의가 옮겨간다. 집에 대한 생각이 줄어들수록 나아갈 곳에 대한 생각이 빈번하게 일어난다. 새 지도를 들여다보게 되고, 다가올 새로운 경험인 도착할 장소, 사람들, 관습, 주변 환경에 대해 생각하기 시작할 것이다.

목적지에 도착하기까지 우리는 두 지점 사이에서 변천적인 과정을 겪는다. 전날 밤의 꿈과 같은 하나의 세계가 소멸하고, 다음 세계는 아직 일어나지 않았다. 이 사이 공간에는 완전한 해방감이 존재한다. 일상 속의 자신이 되는 일에서 벗어나고, 늘 똑같이 되풀이되는 일상적인 세계와 그 요구에 얽매이지 않아도 된다. 여기에는 신선한 느낌과 지금 이 순간에 대한 음미의 태도가 존재한다. 그와 동시에 미지의 영역에 들어온 데 대한 두려움과 기댈 곳 없는 느낌이 엄습하는 순간들이 찾아온다. 다음 순간 무슨 일이 일어나고 어디로 향해서 갈 것인지를 전혀 알지 못한다. 그렇지만 우리가 편안히 이완하는 순간, 불안은 이내 해소되고, 주변 환경은 우호적이고 협조적으로 변할 것이다. 우리는 다시 자신의 세계에서 편안해져서 확신을 가지고 자연스럽게 앞으로 나아갈 수 있게 된다.

그렇지만 여행이란 것이 늘 계획대로만 진행되는 것은 아니다. 항공 편으로 여행을 한다면 비행이 연기되거나 취소될 수도 있다. 기차를 타고 여행한다면 기후조건 때문에 늦어질 수도 있다. 자가용을 이용한다면 혼잡한 도로에서 갑자기 타이어가 터져서 고속도로를 벗어나 시골의 작은 정비소로 방향을 돌려야 하게 되기도 한다. 따라서 발생가능한 일들에 충분히 대비할 수 있도록 세심하게 계획을 세우는 것이 좋다. 필요한 물건들을 꼼꼼히 챙겨야 한다. 나아갈 경로와 도로상의 편의시설과 교통시설과 각 지방의 관습 등을 숙지해야 한다. 그런 다음에야 비로소 어디를 가든, 지금 이 순간의 경험 속에서 그저 편안히 머물 수 있다.

삶을 떠나는 것도 장기간의 여행을 떠나는 것과 매우 유사하다. 이 생을 떠나는 여행에서 우리가 경험하는 것은 마음의 여행이다. 우리는 자신의 육신과 사랑하는 사람들과 재산, 그리고 삶의 모든 경험을 뒤로하고 다음 목적지를 향하게 된다. 우리는 두 지점 사이에서 변천의 과정을 겪는다. 집을 나섰지만 아직 목적지에 도착한 것은 아니다. 과거에 머무는 것도 아니고, 미래에 머무는 것도 아니다. 우리는 어제와 내일 사이에 끼게 된다. 이때 우리가 있는 곳은 머물 수 있는 유일한 곳인 현재다.

이 같은 현 순간의 경험을 티벳 불교에서는 바르도라 부른다. 바르도는 직역하자면 '시간 간격'과 같으며 그것은 또한 '중간' 혹은 '사이'에 있는 상태로 번역될 수 있다. 그러므로 언제든 두 순간의 사이에 머물러 있을 때, 우리는 바르도 상태에 있다고 말할 수 있다. 과거의 순간은 소멸했고, 미래의 순간은 아직 일어나지 않았다. 다음 생각이든 다음 생이든 간에, 다음 것이 일어나기 전에는 어떤 틈, 곧 지금 이 순간의 느낌, 순수한 열림의 느낌이 존재한다. 어떤 여행을 떠나든지 마찬가지일 것이다. 직장에서 집으로 퇴근하거나 다른 지역으로 이사하기 위해서 집을 떠날 때조차 우리는 변천해가는 어떤 과정 속에 있다. 만일 이 같은 변천과정에 주의를 기울이고 주변상황을 인식할 수 있다면, 우리는 죽어감과 죽음의 바르도를 지나는 우리의 길을 포함하는 이 삶너머의 바르도를 지나는 동안에도 주변상황을 훨씬 더 잘 인식할 수 있을 것이다. 자신의 여정을 더 잘 조절할 수 있고, 새롭고 도전적인 경험들을 명료하고 안정된 마음으로 맞이할 수 있을 것이다.

그와 같이 온전하게 현존할 수만 있다면 죽음의 바르도를 통틀어서 우리가 겪게 될 경험들은 아주 단순하고 자연스러울 것이다. 우리는 실제로 편안히 이완하여 희망도 두려움도 놓아보낼 수 있게 될 것이다. 새로운 경험에 대해 탐구적인 태도를 지닐 수 있고 자기 자신에 대해서도 배울 수 있게 된다. 그리하여 궁극적으로는, 진정한 우리의 본성은 한정적인 '자아'의 개념을 초월해 있음을 깨닫게 된다. 이와 같은 초월적 관점에서 우리는 그러한 인식을 넘어갈 기회를 얻어서, 마음의 진정한 본성을 깨달음으로써 죽음의 현장을 깨어남의 경험으로 바꿔놓는다.

그러니 옷가지를 챙기는 등으로 여행을 세심하게 준비하듯이, 이번 생에서 다음 생으로 통하는 길인 닥쳐올 큰 여정에 단단히 대비를 해두는 것이 현명한 일이다. 바로 이 대비해야 할 사항들이 이 책이 다룰 주제다.

바르도에 대한 가르침

티벳 불교의 가르침에 따르자면, 영적 여행의 핵심은 현 순간에서 시작해서 현 순간에서 끝난다고 할 수 있다. 티벳 불교의 폭넓은 사상과 수행전통들이 모두 이 단순한 경지를 가리키고 있다. 이 체계들 중에서 가장 유명하고도 도발적인 가르침은, 여섯 가지의 바르도, 곧 존재의 중간 상태에 대한 탄트라 가르침이다. 이 가르침들은 특히 여섯 가지의 색다른 경험에 대해 설명한다. 구분해서 말하자면, 여섯 가지의 바르도는 현생과 관련된 세 가지와, 죽음과 죽음 이후의 경험, 그리고 다음 생으로 들어서는 경험과 관련된 세 가지의 바르도로 이루어져 있다. 여섯 가지의 바르도를 모두 살펴보면, 우리는 그 속에 이 생에서든 사후에든 의식 있는 존재로서 우리가 겪는 경험의 전체 스펙트럼이 총망라되어 있음을 알게 된다.

여섯 가지 바르도에 대한 가르침은 그 모든 존재 상태들을 관통하여 이어져 있는 마음의 근본적인 성질을 보여준다. 이러한 관점에서 보면 우리가 삶과 죽음이라 부르는 것은 단지 하나의 관념에 지나지 않는다. 그것은 태어남 없고 죽음도 없는 파괴되지 않는 의식, 즉 존재의 어떤 영속적 상태에 부여한 상대적인 이름일 뿐이다. 생멸의 끊임없는 부침인 무상함이 우리가 보고, 듣고, 맛보고, 만지고, 마음으로 생각하는 모든 현상을 특징짓는 반면, 본질적인 순수한 마음은 모든 변화 속에서 변하지 않고, 이분법적인 마음이 만들어내는 일체의 경계를 뛰어넘는다. 우리가 이 삶에 집착하여 그 종말을 두려워할지라도 마음은 죽음을 넘어서 있다. 그리고 마음이 있는 곳에는 광명하고 광대하며 끝없이 나투어지고 있는, 지속적인 펼쳐짐(display)이 있다.

하지만 이에 대한 이해가 단지 위안을 주는 관념으로만 남게 될지, 혹은 심오한 지혜와 궁극의 해탈에 도달하는 열쇠가 될지는 우리에게 달려 있다. 상대적으로 말하자면, 마음의 본성을 깨우치지 못하는 한 우리는 자유롭지 않다. 그 본성이란 광명한 지혜인 공성空性이다. 공성은 원시의 청정한 자각의식이고, 분별을 넘어선 깨어 있음의 상태이다.

우리는 이 본성에서 결코 떨어져 있지 않지만, 그것을 보지 못한다. 대신에 우리는 '나'라고 믿는 것, 자신이라고 생각하는 그것을 보게 된다. 생각에 의해 날조된 자아를 봄으로써 우리는 꿈의 상태와 같은 날조된 세계를 본다. 하지만 우리는 깨어 있기(正念)와 알아차림(正知)을 훈련하는 수행법을 통해서 마음의 본성을 직접 바라보는 통찰력과 혜안을 기를 수 있다. 공성이 온전히 인식되는 순간, 바르도를 지나는 우리의 여행은 끝을 맺는다. 우리 자신이 그처럼 온전한 자각의식에 연결될 기회를 맞아들일 준비만 되어 있다면 죽음의 순간, 혹은 죽음 이후의 중간 상태에서 그 가능성은 극대화된다고 한다.

바르도란 무엇인가?

여섯 바르도의 순환은 생시와 사후를 통틀어 다양한 상태의 의식의 경험을 겪으며 지나가는 우리의 여정을 묘사해주고 있다. 다음 장에서 제시될 바르도에 대한 가르침을 완전히 이해하고 습득하기 위해서는 어느 바르도가 가장 기본적인 단계인지를 알아두는 것이 유용할 것이다. 가르침의 의미를 이해하지 못한다면 가르침 자체는 참된 도움을 줄 수 없다. 먼저 바르도란 것이 한 가지 의미만이 아니라 다양한 의미를 지닌다는 것을 알아야 한다. 첫 번째 의미는 이해하기 쉽고 깨닫기 쉬운, 관념적이고 상대적인 바르도이다. 두 번째 의미는 더 미묘하고 이해하기 어려운 측면인, 관념을 초월한 절대적 바르도이다. 절대적 바르도는 바르도 경험의 본질이요 핵심으로 간주된다.

바르도의 이해는 지식이 축적되는 일반적인 과정과 비슷한 방식으로 단계적으로 발전해간다. 이러한 깨달음은 마음이 편안하게 이완되고 개방되어 있을 때 일어날 수 있다. 텔레비전을 볼 때나 식사를 하는 동안에는 바르도의 본성을 보게 될 수도 있지만 책을 열심히 들여다보고 있는 동안은 바르도의 본성을 보지 못할 수도 있는 것이다. 하지만 이 같은 이해에 도달하기 위해 겪는 우리의 여정은 곧 우리 자신의 마음을 직접 경험하도록 이끌어주는 길이 된다. 그것은 생각을 넘어선 순수한 의식의 경험으로 우리를 이끌어줄 것이다. 계속 반복될 말이지만, 청정한 마음은 우리의 그림자보다도 더 가까이에 있으며 바로 지금 우리와 함께하고 있다.

바르도가 무엇인지를 이해하고 나면 우리는 이 풍부하고 다채로운 가르침으로부터 많은 이익을 얻을 수 있을 것이다. 자신의 마음에 이 가르침을 적용하기 시작할 때 우리가 하게 되는 일은, 긴 여행을 위해 자신에게 채비를 단단히 갖추게 하는 것이다. 온갖 다양한 상황과 때로는 도전적인 상황에 처할 때 우리 자신의 마음을 만나고, 알아차리고, 다스릴 수 있도록 준비하는 것이다. 불교의 모든 마음 수행법들은 우리가 바르도라는 용어를 알든 모르든 간에 정확히 이러한 목적을 지향하고 있다.

관념적 바르도와 본질적 바르도

한편에서 보자면 바르도란 분명한 시작과, 지속의 느낌과, 뚜렷한 끝에 의해 경계지어지는 일정 기간의 경험이다. 이 기간은 손가락을 한 번 퉁기는 시간만큼 짧거나, 탄생에서 죽음까지, 혹은 탄생에서 깨달음을 이루는 데까지 걸리는 시간과 같이 아주 길어질 수도 있다. 그러므로 바르도는 그 시간이 길든 짧든 간에 경험의 순간이라고 말할 수 있다.

여기서 특정 순간이 지속된 기간이 실제적인 경험 자체인 것은 아님을 지적하고 넘어가야겠다. 시간적 감각은 나중에, 실제적인 경험의 외부로부터 온다. 예를 들어 머리가 아플 때 우리는 다음과 같이 말하곤 한다.

"아침부터 머리가 아파서 오후 4시 정도까지는 정신을 차릴 수 없었어."

우리가 두통에 측정가능한 시간의 양을 부과할 때, 그것은 관념적인 것이다. 경험적 관점에서 본다면, 즉, 느껴진 바에 따르면, 실제로 경험한 시간은 어떻게도 정할 수 없다. 이것이 불교의 가르침에서 흔히 시간과 공간의 개념을 서양의 상대성 개념인 알버트 아인슈타인의 시공간의 법칙과 일치하는 상대적 현상으로 설명하는 이유이다. 예를 들어 특정 사건이 어떤 사람에게는 순식간에 지나간 듯이 느껴지지만 동일한 경험이 다른 사람에게는 영원으로 느껴지기도 한다. 따라서 정해진 시간의 양이라는 관점에서 바르도를 바라본다면 그것은 상대적이고 관념적인 측면을 보는 것이다. 예를 들어 우리가 '탄생에서 죽음까지'라고 말할 때, 그것은 관념적 마음에 의해 한 줄로 꿰어지고 그다음에 하나의 전체로 보이는 순간들의 긴 연쇄고리를 말하는 것이다.

본질적 관점에서 바라보면 우리는 바르도의 절대적이고 비관념적인 측면을 보게 된다. 바르도의 본질은 한 순간의 소멸과 다음 순간의 발생 사이에 놓인 지금 이 순간이라는 경험 속에서 발견된다. 그 본질은 우리 자신의 마음의 본성인 자신을 아는 지혜와 다르지 않다. 마하무드라의 가르침에서는 이 마음의 본성을 '평상심'이라고 부르고, 족첸의 가르침에서는 '꾸밈없는 자각의식' 또는 '벌거벗은 자각의식'이라는 뜻인 릭빠rigpa라고 부른다. 이 지혜는 실질적인 형체로 존재하는 것이 아니다. 이것은 마음의 광명, 청정한 자각의식으로 존재한다. 이 본성을 알아차리지 못하면 우리는 혼란과 고통을 일으키는 세계를 경험한다. 이 본성을 알아차리면 우리는 해탈을 일으키는 세계를 명료하게 경험한다.

갈림길

한 순간의 소멸과 다음 순간의 발생 사이의 간격의 경험은 방향을 결정하여 장차의 경험을 형성시키는 '진실의 순간'에 다름 아니다. 티벳에서는 우리가 매 순간 갈림길 위에 서 있다고 말한다. 마음의 본성을 깨달으면 우리 앞에 일어나는 것들은 명료한 시야를 통해서 절대적 진실의 현현顯現, 실재하는 현실의 모습이 된다. 마음의 본성을 알아차리지 못하고 갈림길에서 다른 길을 택한다면, 우리의 흐릿해진 시야를 통해서 우리 앞에 일어나는 것들은 상대적 진실의 기만적인 모습이 된다. 따라서 바르도는 우리의 여정에서 매우 중대한 순간이며 결정적이고 중요한 지점이다.

우리가 어떤 갈림길과 방향을 선택하든 간에, 궁극적인 관점에서 본다면 '모든' 현상은 우리 마음의 본성의 측면들임을 아는 것이 중요하다. 현상은 마음과 별도로 존재하지 않는다. 이것을 깨닫는 존재는 여섯 바르도의 쳇바퀴를 계속 윤회하지 않아도 된다. 모든 바르도가 자연스럽게 절로 해탈에 이르는 것이다. 이것을 깨닫지 못하는 존재는 계속 여정을 가야만 한다. 하지만 또한 모든 생명은 이 같은 있는 그대로의 벌거벗은 자각의식을 본래부터 지니고 있다고 가르침은 말한다. 그것은 모든 생명의 마음의 흐름 속에 자연스럽게 현존한다.

마음의 본성을 경험하기 위해서 특정한 선행조건들이 필요한 것은 아니다. 특별한 훈련과정이 필요한 것도 아니다. 종교적 형식을 갖춘 입문의식이 필요한 것도 아니다. 학자, 위대한 수행자, 위대한 논리학자나 교리학자가 되어야 할 필요도 없다. 현 순간의 우리 의식의 본성인 청정한 자각의식은 철학적이거나 종교적인 모든 호칭과 관념을 벗어나 있다. 우리가 이 청정한 자각의식을 실제로 지니고 있는지에 대한 의문은 불필요하다. 문제는 단지 우리가 그것을 인식하는가 하는 것이다. 우리 모두에게 그것을 인식할 수 있는 기회가 주어지고 있지만, 우리는 줄기차게 그 순간을 놓치고 있다. 하지만 그것을 더 쉽게 바라볼 수 있는 특별한 순간들이 있다. ― 마음이 강렬해졌을 때 그 기회가 가장 커지는 것이다.

이 같은 고양된 마음상태는 고통스럽거나 즐거운 다양한 상황들 속에서 발생한다. 우리는 분노나 시기심이나 흥분을 느끼고, 행복과 기쁨과 환희심을 느낀다. 어느 쪽이든 간에 우리의 경험은 그 같은 모든 경험의 핵심인 벌거벗은 자각의식을 알아차리게 되는 지점까지 강렬해질 수 있다. 처해 있는 상황이나 상태는 문제가 되지 않는다. 그저 마음을 바라보고 생각과 감정이 발생하는 것을 관찰할 수 있게 될 때 마음의 본성에 대한 인식은 저절로 일어난다. 지금 이 순간 이것을 놓치고 있다면 그저 계속 바라보라. 그 바라봄이 급소를 강타하는 날이 올 것이다. 하지만 노력 없이 마음의 본성을 깨달을 희망은 거의 없다.

시간의 함정

일상생활의 경험을 주의 깊게 살펴보면 자신이 현 순간에는 거의 머물지 못한다는 것을 알게 될 것이다. 대신에 우리는 과거 아니면 미래 속에서 살아간다. 한 순간은 과거의 삶에 대한 생각, 다음 순간은 미래에 대한 생각, 이 같은 생각들 안에서 항상 길을 잃고 헤매기 때문에 우리 경험의 대부분은 관념적인 수준에 머문다.

우리는 아직 오지 않은 시간인 미래를 희망과 꿈으로 채우기 위해 막대한 시간과 에너지를 소비한다. 때가 오면 될 그 사람이 되기 위해서 이처럼 힘들고 고된 일을 하고 있는 것이다. 그것은 현재의 '나'인 자기 자신을 위한 것이 아니다. 미래는 저 앞에, 바깥에 놓여 있을 뿐, 우리의 고된 노력의 성과를 즐길 수 있도록 현재의 이 세계로는 결코 들어와 주지 않는다. 그렇다면 우리는 무슨 이유로 미친 듯 돌아가는 기계처럼 힘들게 애를 쓰고 있는가? 이것은 한 끼도 못 먹으면서 끼니때마다 요리를 하는 것과도 같다. 허기와 갈증이 너무 커서 먹고 마실 것을 비축해둬야만 한다는 두려움에 쫓기는 것과 같다. 냉장고에는 음료수를 가득 넣어두고, 서랍장에는 통조림을 쌓아뒀지만 그것은 미래의 허기와 갈증을 위한 것이어서 절대로 건드리면 안 된다. 이것이 바로 오로지 미래만을 위해서 일하고 있는 우리의 일상생활의 모습이다. 어떻게 하면 허기와 갈증의 고통과 그것이 일으키는 두려움을 극복할 수 있을까? 현 순간을 매번 놓치고 있는 한 그것을 실제로 극복할 수 있는 방법은 없다.

우리가 지닌 또 다른 습성은 지나간 일을 끊임없이 돌이켜 회상하는, 즉 과거라는 공상세계 속에서 사는 것이다. 우리는 어떤 과거를 회상하면서 행복해하거나, 아니면 과거의 일 때문에 우울해한다. 하지만 과거는 여기에 존재하지 않으며, 과거의 우리와 친구와 적들과 사건들은 모두가 오래전에 지나갔다. 과거의 경험을 회상할 때 그것은 실제와 동일한 사건을 회상하는 것이 아니다. 과거를 회상할 때마다 우리는 조금씩 다른 경험을 하게 된다. 이것은 어찌 된 일일까? 우리의 마음상태가 늘 달라지기 때문에 매번의 경험이 다르게 경험될 수밖에 없다. 경험이란 것은 바로 이전의 생각에 영향을 받고, 다음 순간 일어날 생각에도 영향받는다. 따라서 과거에 대한 우리의 회상은 필연적으로 왜곡된다. 그 경험이 멋졌다고 생각하든 끔찍했다고 생각하든 간에, 똑같은 것을 다시 경험할 수는 없다.

언제나 쏜살같이 지나가고 있는 현재의 경험의 순간 속에서만 진실을 발견할 수 있다고 말하는 이유는 바로 이 때문이다. 그렇다면 우리는 왜 기억을 과거라고 부르는가? 모든 생각은 지금 일어난다. 지금 이 순간 경험하고 있는 것은 새로운 것이다. 그것은 과거에 경험했던 그것이 아니라 지금 이 순간에 창조되고 있는 것이다. 신경증적이고 강박적인 방식으로 과거를 회상하는 것은 아무런 이로움도 없다. 이에 반해 과거의 경험을 깨어 있기와 알아차림으로써 성찰하여 올바로 다루면 자신의 행위에 대해 얼마간의 통찰을 얻을 수 있을 것이다. 이러한 성찰이 우리를 습관적 패턴을 벗어나도록 도와준다면 기억도 어느 정도 유익한 점이 있는 것이다.

하지만 대체로는 마음을 다루는 적절한 방법을 가지고 있지 않은 한 되풀이되는 과거의 회상과 미래의 투사는 별 쓸모가 없다. 우리는 지금 이 순간 여기에 머물지 못하고, 실재를 자각하거나 바르도의 본질을 깨달을 수도 없을 것이다.

여기에도 저기에도

과거에도 존재할 수 없고 미래에도 존재할 수 없다면 우리는 어디에 존재하는 것일까? 우리는 지금 여기에 존재한다. 우리는 과거로부터 출현했지만 아직 미래를 투사하지는 않았다. 이런 식으로 현 순간에 직접 연결될 때, 우리는 매우 오묘하고 심오하고 강렬한 경험을 하게 된다. 이 관점에서 보면 죽음은 매 순간 일어나고 있다. 모든 순간은 소멸하고, 그것이 그 순간의 죽음이다. 다른 순간이 일어나면 그것은 다음 순간의 탄생이다.

이 경험을 진정으로 관통하면 거기에는 비관념적인 감각, 생각 없는 명료한 의식이 존재한다. 마음속의 끊임없는 생각의 흐름이 멈출 때, 거기에는 열린 느낌, '아무 데도 없는' 느낌이 있다. 이것은 세속적인 의미로 '아무 데도 없다'는 것이 아니다. 통념적인 말로 누군가가 아무 데도 없다고 한다면 그래도 그는 어디엔가는 있다. 그러나 여기서 '어디에도 없다'는 것은 실제로 '아무 데도 없다'는 뜻이다. 이 현재의 경험, 지금의 경험 속에는 이미 견고함이 없는, 해체의 느낌이 있다. 탄트라의 관점에서는 이것이 바르도를 이해하는 방식이다. 우리는 여기에도 없고 저기에도 없으며, 과거에도 미래에도 존재하지 않는다고 느낀다.

이때부터 우리는 현재의 삶 속에 끊임없이 일어나고 있지만 거의 자각되는 일이 없는 해체의 느낌을 마침내 접하기 시작한다. 생각이 해체될 때 우리는 그것과 함께 해체된다. 우리가 자신을 어떤 존재라고 생각하든 간에, 그것은 '자아'라는 관념을 초월한 의식 속으로 해체된다. 바로 그 순간 우리는 현상의 견고하지 않음, 곧 공성(수냐타shunyata)을 직접적으로 경험하게 된다. 이와 동시에, 거기에는 또 다른 순간을 형성하려는 강렬한 에너지가 공존한다. 그 에너지는 선명하고 명료한 느낌을 가져다준다. 그것은 마음이 마침내 자신을 비춰볼 수 있게 해주는 맑은 거울과도 같다. 이 마음의 거울 속에서 우리는 자신의 자각의식의 광명하고도 명료한 본성을 깨닫는다.

우리가 마음을 형상과 소리와 냄새 등의 지각이나 관념적 생각에 몰두시키든, 사마타와 위빠사나 수행으로써 마음을 명상상태에 가져다놓든 간에, 그 모든 상황 속에 이 지금의 느낌이 존재한다. 미묘한 차원에서 바라보면 그것은 모두가 동일한 경험이다. 우리는 아무 데도 없는 경험을 한다. 서 있을 만한 견고한 토대가 없는 느낌이다. 그럼에도 우리는 거기에 있다. 그 공간에 존재한다는 것은 뭔가 신비한 경험이다. 그것은 또한 바르도의 경험이기도 하다.

눈만 뜨면 하는 일

바르도는 바로 이 현 순간이므로 갈 수 없는 곳이 아니다. 당신은 이렇게 생각할지도 모른다. '바르도에 관한 가르침과 수행법은 너무 어려워서 이해하기가 힘들어. 너무 복잡하고 정체를 모르겠어.' 하지만 바르도에 익숙해지고 나면 그 가르침이 접근하기 어렵지도, 비밀스럽지도 않음을 알게 된다. 사실 바르도는 마음을 다루는 나날의 일상적인 경험에 관한 것이다. 바르도의 가르침이 어려운 것이라고 생각하여 지레 주눅이 들 필요는 없다. 또 바르도에 대한 가르침은 기분을 울적해지게 만들거나 무서운 세계에 관한 것으로 비쳐질 수도 있다. 흔히 사람들은 바르도의 가르침은 모두가 죽음과 죽음의 과정, 그리고 죽음의 고통에 관한 것이라고 생각한다. 하지만 바르도의 가르침은 단순히 고통과 죽음에 관한 것이 아니다. 이미 말한 것처럼, 그것은 근본적으로 현재의 경험인 지금 이 순간에 관한 것이다. 그러므로 바르도의 가르침은 절대적으로 실용적이고, 접근 가능하고, 누구나 이해할 수 있는 것이다.

바르도의 가르침은 또한 그것을 수행하면 마치 눈만 뜨면 날마다 하던 일로부터 벗어나 휴가를 떠나는 것과도 같이 기분을 전환시켜준다. 여기서 눈만 뜨면 하던 일이란, 과거나 미래 속에 빠져 머무는 것을 말한다. 사무실 밖을 산책하거나 커피를 마시러 가는 것과 마찬가지로, 우리는 과거와 미래에 대한 생각에서 벗어나서 지금 이 순간의 공간 속으로 옮겨갈 수 있다. 이처럼 바르도의 가르침은 편안하고 마음을 고양시켜주는 수행이 될 수 있다.

엄습해오는 감정들

죽음의 바르도와 사후의 바르도 상태에서는 격렬한 감정상태나 두려움과 공황에 압도되는 상태에 빠지기가 매우 쉽다. 따라서 '지금', 감정을 효과적으로 다루는 법을 배워놓는 것은 이후의 바르도의 경험을 위해서 매우 중요한 훈련이다. 감정에 관한 가르침들을 배워 숙고하고 명상법을 익혀놓으면 일상적 삶에서 일어나는 감정들을 잘 다룰 수 있게 된다. 의식이 더욱 깨어 있어서 감정을 더욱 능숙하게 다룰 수 있게 되는 것이다. 즉각적으로 감정이 멈춰지지는 않는다고 하더라도 그것이 실제로 일어날 때마다 그것을 알아차린다. '지금 내가 화를 내기 시작하고 있어' 혹은 '내가 지금 정말 질투심을 느끼고 있구나'라고 인식하는 것이다. 우리는 감정이 일어나는 것을 알아차리고, 그것을 다스리고, 점차로 감정을 초월할 수 있게 된다. 그렇지만 자신의 감정에 전혀 익숙하지 않다면 우리는 감정이 일어날 때 그것이 일어나고 있는 것을 알아차리지도 못할 것이다. 감정이 일어나는 것뿐만 아니라 감정이 일어났다가 사라졌다는 사실조차 깨닫지 못한다. 이런 상태에서는 감정을 다루는 작업을 시작하기조차 어렵다. 왜냐하면 감정의 에너지에 단순히 반응하는 데만 익숙해져 있기 때문이다.

예를 들자면, 의사가 작은 망치로 무릎의 특정 지점을 두드리면 발이 저절로 들어올려진다. 마치 이것처럼 우리는 일어나는 감정에 자동적으로 반응하는 경향이 있다. 우리는 각자의 습관에 따라 부정적이거나 아니면 긍정적, 둘 중 하나의 방식으로 반응한다. 마음이 부정적인 상태에 길들어 있고 자각과 통찰 없이 상황에 반응하는 것으로 습관화되어 있다면 우울, 화, 두려움 등을 완화하기 위해 마음에 긍정적인 에너지를 가져오고 싶은 마음이 아무리 크다 할지라도 그것을 실행하는 것은 매우 어렵고 도전적인 일이 될 것이다.

분노가 일어나면 우리는 줄곧 섣부른 반응으로 일관한다. 분노가 폭발해서 다른 사람에게 큰 소리를 지르기 시작할 수도 있고, 문을 쾅하고 닫거나 물건을 깨뜨려버릴 수도 있다. 그것이 어떤 종류의 감정이든 간에, 이런 식으로 반응할 때 무슨 일이 일어나는지를 우리는 알고 있다. 하나의 감정은 다른 감정을 끌어내고, 우리는 갈수록 더 큰 고통에 시달린다. 잠이 잘 오지 않고, 원망과 질투는 노여움으로 변하고, 노여움은 증오로 변한다. 부정적으로 반응하는 것이 점점 더 자연스러워진다. 고함지르거나 때리면서 '끝장내버리는' 것이 속 시원하게 느껴질지는 모르지만 그것이 고통을 종식시켜주지는 못한다. 문제는, 이런 식의 반응은 더욱더 큰 고통을 불러온다는 것이다.

이와는 달리 긍정적인 사고와 행위, 깨어 있기, 알아차림, 그리고 연민과 자비를 배양하는 마음의 상태에 익숙해지면 위기의 한복판에서도 긍정적인 마음을 일으키는 것이 훨씬 더 쉬워진다. 그렇게 하면 분노와 같은 강렬한 감정이 일어날 때 그와 함께 그에 대한 알아차림이 저절로 일어난다. 그러면 우리는 '지금 난 화가 나 있어. 이제 어떻게 해야 하지?' 하고 성찰해볼 시간을 가질 수 있게 된다. 이런 식으로 반응하면 우리는 마음을 진정시키고 나서 분노를 일으킨 사람의 긍정적인 측면을 생각해볼 수도 있게 된다. 그리하여 우리는 각자의 구도길에서 동원할 수 있는 모든 방법으로 자기 자신은 물론 다른 사람들을 위해서도 자비심을 키워가기를 열망하게 된다.

여섯 바르도에 대한 가르침의 관점에서 보자면, 이번 생의 모든 수행은 마음을 선한 상태에 길들여서 죽음과 사후의 상태에서 경험되는 극단적인 감정과 도발적인 상황에 대비하기 위한 것이다.

그 같은 경험에 대한 준비는 지금 이 순간 그저 있는 그대로의 우리 자신으로, 지금 있는 자리에 그대로 존재하는 것에서부터 시작된다. 죽음과 사후의 여정을 성공적으로 마치고자 한다면 우리는 지금 이 순간의 경험을 통달해야만 한다. 우리가 지금 무엇을 겪고 있든지 간에, 그것이 이 순간의 우리 자신이다. 우리가 지금 이 순간에 대해서 말할 때, 그것은 외부의 어떤 대상에 대해 얘기하는 것이 아니다. 그러니 외부에서 그것을 찾으려 해서는 안 된다. 지금 눈앞에서 일어나고 있는 경험의 공간을 똑바로 살펴봐야만 한다. 그 공간은 언제나 우리의 눈앞에 있다. 그것은 나의 것도 너의 것도 아니고, 우리의 것도 그들의 것도 아니다. 이 '사이 공간'이 바로 다름 아닌 바르도이다.

이 가르침을 가슴 깊이 듣고 실천한다면 바르도에서 출현하는 자기 마음의 감쪽같은 투사물들 앞에서 긍정적인 방식으로 반응하는 것은 매우 쉬워질 것이다. 가르침에 따르면, 현생에서 마음의 본성과 현상의 실체를 깨우치지 못할지라도 죽음의 순간에는 마음이 매우 강렬하고 강력하게 자신을 드러내기 때문에 그 순간에 마음의 본성을 알아차리는 것이 가능하다고 한다. 그리고 죽음의 순간에 마음의 본성을 깨닫지 못한다 할지라도 사후의 두 가지 바르도에서도 또 기회가 주어진다고 한다. 그뿐 아니라 이때조차 실패하더라도 깨어 있기와 알아차림 수행에 익숙해진 결과로 최소한 고요하고 평화로운 마음 상태를 유지하여 자신이 원하는 곳에 환생할 수 있게 된다.

이 가르침을 실천하는 법을 배우는 것은 다른 존재들에게도 도움이 될 수 있다. 죽어가는 친구가 있거나 주변 사람이 극심한 감정적 고통을 겪고 있을 때 우리의 마음이 어느 정도 고요한 상태에 있다면 그들의 마음을 평온하게 가라앉혀주는 힘이 되어줄 수 있다. 다른 사람이 우리를 향해 화를 내거나, 고함을 치거나, 방문을 꽝하고 닫을 때 성급하게 대꾸하거나 행동하지 않고 중심을 지킬 수 있다면 우리는 그에게 긍정적인 영향을 미칠 수 있다. 이 자체만 해도 수행을 통해서 얻게 되는 하나의 큰 혜택이다.

법맥의 가르침

바르도의 가르침이 존재의 한 바퀴 주기를 아우르는 온전히 구비된 가르침임을 아는 것이 중요하다. 이것은 바르도에 대한 가르침을 온전히 수행하기만 한다면 이번 생에 깨달음을 이룰 수 있음을 의미한다. 삶 속에서 가르침을 효과적으로 실천하기 위해서는 가르침에 대한 확신을 가지고 그 메시지를 신뢰하고, 자신의 가슴을 믿고 따르는 것이 매우 중요하다.

흔히 일어나는 문제는 다음과 같이 생각하는 것이다. '이 가르침은 완벽해. 하지만 나는 그것을 바르게 수행하고 있지 않아.' 우리는 자신이 다른 사람들이 수행한 방식 그대로 하지 않는다고 느끼기 때문에 이같이 생각할 수 있다. 나는 '그' 혹은 '그녀'가, 혹은 '그들'이 한 것처럼 똑같이 수행하지 않기 때문에 '나는 수행을 올바로 하고 있지 않아'라고 생각하고는 슬그머니 수행을 그만둬버리게 되는 것이다. 그것은 우리에게는 중요한 문제다. 하지만 어떤 가르침이든 각각의 수행자들이 그것을 수행하는 방식은 지극히 개인적인 것임을 분명히 알아야 한다. 무엇을 듣는 방식과 이해하는 방식과, 이해한 것을 행위로 표현하는 방식은 모두가 다분히 개인적인 일이다. 듣고 배운 것을 수행에 적용하는 것은 개개인의 고유한 일이며, 또 그래야만 한다. 내가 수행하는 방식은 다른 이들보다 낫지도 않고 나쁘지도 않다. 그것은 정확히 나를 위한 방식이고, 다른 이들이 하는 방식은 정확하게 그들의 수행을 위한 방식이다. 우리에게는 자신의 수행방식에 대한 확신을 잃지 않고 가르침을 삶 속에서 효과적으로 실천해 나가는 자신감이 필요하다.

이전에 행해진 수행방식을 정확히 그대로 따라 해야만 한다고 생각한다면 불가의 역대 모든 스승들도 제대로 수행한 이가 하나도 없다고 결론지을 수밖에 없다. 위대한 티벳의 요기 밀라레빠는 스승인 마르빠를 위해서 9층탑을 쌓았지만, 마르빠는 스승인 나로빠를 위해서 그런 탑을 쌓지 않았다. 그들 중 누가 틀렸다고 말할 수 있는가? 만약 틀렸다면 누가 틀렸는가? 마찬가지로, 티벳에서 살았던 마르빠는 나로빠로부터 배움을 얻기 위해 세 번이나 인도를 여행했다. 이 경이로운 인도의 스승은 매우 친절했고, 티벳에서 찾아온 제자를 매우 사려 깊고 너

그렇게 대해줬다. 하지만 나로빠는 자신의 인도인 스승 틸로빠로부터 말할 수 없는 시련을 겪었다. 그럼에도 불구하고 나로빠는 마르빠를 같은 방식으로 훈련시키지 않았다. 마르빠는 똑같은 시험과 고난을 겪을 필요가 없었다.

이처럼 구루들은 모두가 달랐고 똑같은 방식으로 수행하지 않았다. 따라서 획일화되고 제도화된 수행이라는 발상은 불교로서는 일면 매우 생소한 것이다. 집단적인 수행을 위해서는 동일한 방식으로 함께 가는 것이 중요하지만, 그것이 곧 모든 개인이 정확히 동일한 방식으로 수행해야만 한다는 것을 뜻하는 것은 아니다. 당신은 하루에 한 시간밖에 수행할 수 없는 반면에 어떤 사람은 하루에 세 시간 동안 수행할 수 있다. 당신에게는 그것으로 충분하다. 정말 중요한 것은 얼마나 오래 하느냐가 아니라 어떻게 하느냐이다.

불맥의 전승과정을 살펴봐도 과거의 모든 스승들이 이렇게 말하고 있다. 그들은 모두 개별적으로 수행했지만 모두가 동일한 깨달음을 이루어냈다. 이 시대에 우리가 우리만의 방식으로 수행한다고 해서 같은 목표를 달성하지 못한다는 법이 어디 있는가? 자신이 할 수 있는 만큼 자주, 할 수 있는 만큼 효과적으로 수행하는 자기만의 고유한 방식을 통해서도 우리는 크나큰 즐거움을 누릴 수 있다. 이것이 바로 마음의 본성을 깨달아 바르도의 가르침을 통달하는 비결이다.

우리를 윤회의 쳇바퀴에서 일깨워 구원해줄 사람은 다른 누구도 아니라는 것을 깨닫는 것이 중요하다. 불교에는 그런 것이 없다. 이것은 불교의 큰 결점이 될 수도 있지만 동시에 가장 큰 이점이다. 이 관점은 우리의 삶, 우리의 경험, 우리의 해탈, 우리의 속박을 지배하고 있는 다른 존재는 없음을 보여준다. 그렇다면 누구에게 책임이 있는가? 누가 그것을 지배하는가? 그것은 바로 '우리 자신'이다. 우리가 그것을 지배한다. 우리가 자신을 윤회의 쳇바퀴 속에 꽁꽁 묶이게 할 수도 있고, 지금 당장 거기서 벗어나게 할 수도 있다. 모든 것은 우리 자신에게 달려 있다. 끊임없이 자신의 생각을 살펴 마음의 본성을 발견해야 하는 것은 '우리'다. 우리를 대신해서 마음의 본성을 찾아줄 외부의 스승이나 존격尊格(deity)이나 붓다나 보살 같은 것은 없다. 그들은 기꺼이 그렇게 해줄지 몰라도, 그것은 우리에게 도움이 되지 않고 그들에게만 유익할 따름이다. 우리 자신이 그것을 해야만 한다. 이것이 핵심이다.

바르도의 분류법

바르도의 가르침들이 바르도를 분류하는 체계는 매우 다양하다. 여기서 설명하는 방식은 여섯 가지 바르도로 이뤄진 완전한 분류법이다. 첫 번째 바르도는 '타고난 현생의 바르도'라 불린다. 두 번째는 '꿈의 바르도'라 불린다. 세 번째는 '명상의 바르도'라 불린다. 이 처음의 세 가지 바르도는 주로 현생의 현상들과 수행법에 관련된다. 네 번째는 '고통스런 죽음의 바르도'라 불린다. 다섯 번째는 '광명한 법성의 바르도'[1]라 불린다. 여섯 번째는 '업력에 의한 화현의 바르도'라 불린다. 뒤의 세 가지의 바르도는 사후 상태의 현상들과 수행법에 관련된다.

간단히 말하자면 타고난 현생의 바르도는 탄생의 순간으로부터 죽음을 야기하는 조건을 맞닥뜨리는 순간 사이의 간격이다. 현생의 바르도는 즐겁고 고통스러운 모든 경험을 포함한다. 그리고 영적인 길을 걷는 우리의 수행의 근거지이다. 꿈의 바르도는 잠에 떨어지는 순간으로부터 깨어나는 순간 사이의 간격이다. 깨어 있는 상태에서 나타나는 현상들이 해체되고 환영인 꿈속의 현상들이 일어나다가, 다시 깨어 있는 상태의 현상들이 지각되는 그 사이의 간격이다. 명상의 바르도는 선정禪定 혹은 명상적 집중 상태에서 마음이 쉬고 있는 동안의 간격을 말한다. 이 동안에는 마음이 일상적 상태에서와 같이 미혹에 휘둘리지 않게 된다.

　고통스런 죽음의 바르도는 죽음을 발생시키는 조건과 실질적인 죽음의 순간 사이의 간격을 말한다. 이 기간에는 거친 몸과 미묘한 몸의 모든 원소들과 의식이 점차 허공 속으로 해체되고, 죽음의 투명한 빛(정광명淨光明, clear light)이 나타난다. 광명한 법성의 바르도는 죽음의 순간 직후부터 화현의 바르도에 들어설 때까지의 간격이다. 이때는 원초적이고 청정무구한 마음의 본성의 공空하고도 광명한 현상들이 여실히 나타난다. 화현의 바르도는 광명한 법의 바르도 다음부터 미래의 부모의 자궁 2)에 진입할 때까지의 간격을 말한다. 자신의 마음의 본성을 알아차리지 못하여 해탈에 이르기에 실패하면, 우리는 무의식 상태로부터 '깨어나' 49일 동안 방황하면서 온갖 강렬한 경험을 겪는 동안 집과 부모에 대한 갈망이 점점 더 강해진다. 화현의 바르도의 정점에서 다음 생에 진입하는 순간 타고난 현생의 바르도의 현상들이 다시 나타난다. 그리하여 윤회의 쳇바퀴는 이어지고, 우리는 지혜와 자비를 키울 수 있는 기회와 더불어 고통을 다시금 경험하게 된다.

　바르도의 가르침은 타고난 현생의 바르도, 고통스런 죽음의 바르도, 광명한 법성의 바르도, 업력에 의한 화현의 바르도 등 네 가지로 압축시킬 수도 있다. 이 경우에 꿈의 바르도와 명상의 바르도는 타고난 현생의 바르도 속에 포함된다. 이같이 다소 압축하여 분류한 바르도의 가르침을 보면 용어가 조금씩 달라지는 것을 발견할 것이다. 그렇지만 바르도의 가르침이 어떻게 분류되든 간에 거기에는 바르도의 여섯 가지 핵심이 포함되어 있다. 이 책의 접근법은 바르도를 여섯 단계로 분류하는 방식에 의거하고 있지만, 이것이 바르도를 이해하고 분류하는 유일한 방식은 아님을 유념해야 한다. 모든 접근법이 바르도의 실상을 이해하여 고통과 혼란을 초월한다는 동일한 목표를 지향하고 있다.

바르도 가르침의 원전

바르도에 대한 가르침은 모든 단계의 불교에서 발견된다. 불교 경전에는 붓다가 이 주제에 관해 편 가르침이 많음에도 불구하고, 바르도에 대한 가르침은 대부분 탄트라 경전과 금강승의 가르침에서 기원하고 있다. 이것은 8세기에 인도의 위대한 스승인 파드마삼바바[3]에 의해서 티벳에 전해졌다. 파드마삼바바는 때로는 '두 번째 붓다'라고 불리기도 하고, 연꽃에서 태어난 이를 의미하는 파드마카라Padmakara, 혹은 구루 린포체라는 이름으로도 알려져 있다. 파드마삼바바는 바르도에 대한 일련의 가르침을 주요 계승자로 손꼽히는 티송 데첸 왕과 다키니Dakini인 예셰 초걀과 초뚝 루이 걀첸, 그리고 25명의 수제자들에게 정확하고 분명한 언어로 전해주었다. 그리고 파드마삼바바는 후세를 위해서 이 가르침을 따라 감뽀에 파묻어 숨겨 놓았다.

파드마삼바바의 가르침은 이후에 보장寶藏(티벳어로는 떼르마) 발굴자(티벳어로는 떼르뙨)로 알려진 위대한 스승 까르마 링빠에 의해서 발견됨으로써 파드마삼바바 전승법맥의 수행과 깨달음은 이어져갔다. 다른 많은 보장 발굴자들도 같은 주제에 관한 파드마삼바바의 추가적 가르침을 발견해냈다. 따라서 이 가르침들은 보장의 가르침에 속한, 직접적으로 전승된 법맥의 일부이다. 보장은 종류가 여러 가지 있다. 어떤 보장은 허공이나 물 속이나 땅속이나 바위 안에서 발견되기도 한다. 또 어떤 것은 계시적 경험으로부터 오기 때문에 마음의 보장이라 불린다.

바르도의 가르침은 그 폭을 이해하는 것이 중요하다. 바르도의 가르침을 오직 하나의 관점이나 《티벳 사자의 서》와 같은 책에만 편협하게 가둬둘 필요가 없다. 바르도의 가르침은 그보다 훨씬 더 폭넓어서 금강승 불교의 다양한 가르침들, 그중에서도 가장 주목할 만한 파드마삼바바의 가르침들을 포함하고 있다. 결론적으로 우리는 이 가르침들이 서로 조금씩 다르거나 변형된 모습을 보는데, 그 차이는 개별적인 경험이나 다양한 존재들에 대한 묘사에서 나타난다. 예를 들면 어떤 바르도 경험의 순서는 가르침에 따라 다르긴 해도 그런 경험들은 분명히 우리의 삶 속에서 일어난다.

이 책에서 바르도의 설명은 주로 까르마 링빠에 의해 발견된 보장의 명칭인 시또Shitro 가르침 중에서 여섯 가지 바르도에 대한 파드마삼바바의 가르침과 나 자신이 스승들에게서 개인적으로 전승받은 구전 가르침에 근거하고 있다. 다른 출처는 체레 나촉 랑돌이 저술한 티벳어로 된 저서인 《통찰의 거울》(Mirror of Mindfulness)과 위대한 잠곤 꽁뚤이 지은 《지혜의 보배》(The Treasury of Knowledge)이다.

바르도의 개념적 이해를 넓히기 위한 노력과 가르침에 대한 신뢰와 자신의 능력에 대한 신뢰를 키우려는 태도 등을 포함하는 준비과정은 바르도를 여섯 가지로 상세하게 분류하여 설명하기 이전에 필요한 중요한 단계이다. 바르도가 무엇인지를, 그리고 바르도의 분류법과 목적을 알고 나면 가르침의 각 단계들의 지혜를 깊이 이해할 수 있게 될 것이다. 파드마삼바바와 같은 깨달음을 이룬 스승이 이 가르침을 전할 때 그것은 자신의 깨달음의 경험적 지혜로써 직접 가르치는 것이다. 파드마삼바바는 바르도의 실상과 살아 있는 존재들이 그 각각의 상태에서 겪어내야 하는 것들을 완전히 섭렵하고 있다. 그러므로 각 단계의 설명을 거쳐가는 동안 그것을 최대한 각자의 수행과 실천 속으로 받아들일 수 있도록 노력해야 한다. 이 가르침들이 언제 도움의 손길이 되어 다가올지를 당신은 결코 알지 못한다.

여섯 가지 바르도를 안내하는 여섯 바탕 시

여섯 바르도에 대한 바탕 시의 번역은 보장 발굴자인 까르마 링빠에 의해 감뽀다의 산에서 발견된 '평화로운 존격과 진노한 존격들의 여섯 바르도에 대한 파드마삼바바의 가르침'에서 발췌한 것이다. 이 시구들은 명상 수행 중에 독송하거나, 여섯 가지 바르도에 대해 숙고할 때 떠올릴 짤막한 줄거리로[4] 사용할 수 있다.

에 마ᴇ ᴍᴀ! (탄식의 표현)
현생의 바르도가 네 앞에 나타나는 이때,
낭비할 시간이 없으니 게으름을 버리고
문사수聞思修의 뜻 속에 자신을 똑바로 세우라.
현상-마음의 길을 따라 삼신三身을 실현하라.

에 마!
꿈의 바르도가 네 앞에 나타나는 이때,
미망의 꿈에 빠진 시체와 같은 부주의를 버리고
방황함 없이 깨어서 알아차리는 본성 속으로 들어가라.
꿈을 알아차림으로써 변화와 광명을 수행하라.

에 마!
명상의 바르도가 네 앞에 나타나는 이때,
산만과 미혹만 쌓아올리기를 그치고
방황도 붙들림도 없는 양극을 여읜 본성 속에서 쉬라.
생기차제와 원만차제를 정착시키라.

에 마!
죽음의 바르도가 네 앞에 나타나는 이때,
모든 미혹과 갈애와 고착을 버리고
명확한 구전 가르침의 본질 속으로 오롯이 들어가라.
스스로 일어나는 자각의식의 태어난 적 없는 공간 속으로 옮겨가라.

에 마!
법성의 바르도가 네 앞에 나타나는 이때,
모든 충격과 경악과 공포를 여의고
일어나는 일체가 청정한 자각의식임을 아는 알아차림 속으로 들
어가라.
바르도의 현상들을 이와 같이 알아차리라.

에 마!
화현의 바르도가 네 앞에 나타나는 이때,
일심 집중된 의도를 지키라.
수승한 품행을 지속시키기 위해
자궁 입구를 닫고 윤회를 열반으로 바꿔놓기를 잊지 말라.
지금이야말로 신성한 시각을 확고부동하게 지켜야 할 때이니
시기심을 버리고 배우자와 합일한 구루를 명상하라.

2

감쪽같은 미혹: 타고난 현생의 바르도

타고난 현생의 바르도에 관한 가르침은 삶을 의미 깊은 것으로 만들고, 삶이 처한 조건들을 깨어남의 길로 바꿔놓는 방법에 관한 것이다. 이 생은 그리 길지 않다. 자신의 본성을 깨닫지 못한 태어남 없는 마음은 자신의 여행길을 계속 가야만 한다. 현생에서 기른 정신적 안정과 통찰은 죽음의 바르도에서 우리를 든든히 인도하고 도와줄 것이다. 마찬가지로 우리가 극복하지 '못한' 부정적인 습관들도 죽음의 순간의 경험을 좌지우지하면서 고통이 지속되도록 '든든히' 밑받침해줄 것이다.

불교의 관점에서 보면 존재가 태어날 때 실제로 태어나는 것은 마음, 곧 개체적 의식이다. 몸과 마음의 관계는 임시적인 거처와 여행객의 관계와 같은 것이다. 우리는 아파트나 호텔에 잠시 머무는 투숙객과 같다. 오래 머물 수 있을지는 확실치 않지만 임대가 허용되는 동안은 머물 수 있을 것이다. 과거생에 계약서에 서명했기 때문에 임대기간을 정확하게 알 수는 없다. 그렇지만 머지않아 계약이 끝나면 우리는 스스로 떠나거나 냉정한 집주인에게 쫓겨날 것이다. 어떤 집주인은 관대해서 며칠 사정을 더 봐줄 수도 있겠지만, 언제든지 집을 떠나서 여정을 이어갈 준비를 해야만 한다. 떠난다는 것이 반드시 더 나쁜 곳으로 가는 것을 의미하진 않는다. 호텔에서 궁전으로 옮겨갈 수도 있고, 길거리에 나앉을 수도 있다. 그것은 전적으로 우리 자신의 행위와 노력에 달려 있다.

첫 번째 바르도를 안내하는 첫 번째 바탕 시는 이렇게 말한다.

에 마!
현생의 바르도가 네 앞에 나타나는 이때,
낭비할 시간이 없으니 게으름을 버리고
문사수聞思修의 뜻 속에 자신을 똑바로 세우라.
현상-마음의 길을 따라 삼신三身을 실현하라.

이것은 여섯 가지 바르도 중 첫 번째인 타고난 현생의 바르도로서, 탄생과 죽음 사이의 바르도, 타고난 기간, 혹은 탄생과 거주의 바르도 등 다양한 이름으로 알려져 있다. 우리가 이 바르도의 입구에 들어선다는 것은 곧 지난 바르도인 화현의 바르도에서의 존재를 멈추는 것을 의미한다. 현생의 바르도는 어머니의 자궁을 떠나 현생으로 들어서는 탄생으로부터 시작되어, 죽음을 야기하는 조건, 곧 이 몸을 떠나야 할 근본 원인이 되는 조건을 만날 때까지 지속된다. 이 바르도는 탄생과 어린 시절과 성인 시절을 거쳐 최후의 조건을 맞이할 때까지 겪는 모든 현상들을 아우른다.

현상의 춤사위

어느 순간에 세상이 어떻게 보이는가 — 쾌락의 궁전으로 보이든 전쟁터로 보이든 — 하는 것은 우리가 삶에서 부딪히는 현상들과 어떻게 관계를 맺느냐에 달려 있다. '현상(appearance)'은 불교철학에서 핵심적인 용어이므로 이 말이 사용되는 방식을 개괄적으로 이해해두는 것이 좋다. 한 측면에서는, 현상이란 그저 우리가 마음의 기능을 통해 경험하는 모든 것이다. 이것은 보고, 듣고, 냄새 맡고, 맛보고, 촉감을 느낄 수 있는 모든 대상을 포함한다. 이 대상들이 다섯 가지 감각 의식(五識)의 현상이 된다. 그리고 '현상'은 우리가 그 대상들에 대해 생각하고 느끼는 것도 포함하므로 생각과 감정은 마음 — 구체적으로 말하자면, 정신적 기능을 하는 의식 — 의 현상이 된다.

여섯 가지 바르도를 지나는 영적 여행의 관점에서 현상이라는 개념을 바라보면 두 가지가 눈에 띈다. 곧, 마음과 현상 사이의 관계, 그리고 마음 자체의 본성이다. 이 주제를 탐구하자면 그것은 매우 광범위해진다. 청정한 현상과 부정한 현상이 있고, 현상–공의 개념까지 나아가게 된다. 한 마디로, 현상에 대한 이해는 우리가 우주를 지금과 같이 경험하게 되는 이유와 원리에 대한 깊은 이해로 이어진다. 이 앎이 우리를 해탈로 이끌어주기 때문에 우리는 그것을 추구하는 것이다. 따져보면 우리가 계속 이 고통을 이어가야만 할 필요는 없다. 뿐만 아니라 고통의 종식 너머에는 '깨달음의 상태'로 알려진 위대한 가능성을 실현하도록, 더 깨어 있고 지혜롭고 자비로워질 수 있는 기회가 놓여 있다.

이 현생의 바르도를 지나는 길의 기본으로서 삶의 현상을 다뤄보고자 하는 마음을 먹고 나면 우리는 현상이라는 것 자체를 좀더 면밀히 들여다보게 된다. 형상이든 소리든 감정이든 생각이든 그것들을 살펴보면, 현상이란 순간적이고 변천해간다는 것을 알게 된다. 현상은 복합적인 원인에 의해서 발생하고, 셀 수 없이 다양한 조건들에 의해서 영향받는데, 조건들 그 자체도 쏜살같이 변화해갈뿐더러 그것은 또 다른 원인과 조건들에 의해 발생하고 영향받는다. 게다가 우리의 세계를 형성하는 무수한 현상들은 쉬지도 않고 끊임없이 일어나고 있다.

이것이 현상의 춤사위이다. 마음은 감각의 장 속에서 현상과 함께 춤을 추고 있다. 한 순간의 상황 속의 대상을 이루는 이 물리적, 심리적, 감정적인 현상에 우리가 어떻게 반응하고 관계 맺느냐 하는 것이 순간순간 우리의 경험을 결정지어 더 나아지게 할 수도 있고 더 나빠지게 할 수도 있다. 이 모든 것이 카르마의 힘이다. 아니, 더 정확하게 말하자면 개인적, 집단적인 카르마의 패턴이다. 카르마란 원인과 결과를 연결하고 있는 사슬이다. 꽃을 피워내는 씨앗. 그리고 그 꽃은 또 씨를 맺는다. 현상에는 주체인 인식하는 측면과 대상인 인식되는 측면, 두 가지의 면이 있다.

현상이라는 개념은 여섯 가지 바르도에서 겪는 우리의 모든 경험과 관련되어 있다. 마음의 현상들은 죽음과 죽음 이후의 상태에서도 발생과 소멸을 계속하는데, 그것이 어떤 식으로 표현되는지는 그것의 실질적 본성에 대한 우리의 통찰과 매우 밀접하게 연관된다. 마음을 훈련시켜 현생의 현상들을 깨달음의 길로 데려갈 수 있는 최고의 기회는 인간으로 태어나 몸의 물리적 도움을 얻을 수 있는 귀한 시간인 타고난 현생의 바르도에 있다. 우리는 긍정적이든 부정적이든 삶의 모든 현상이 초래하는 상황을, 깨어 있기와 알아차리기의 능력과 평정심을 더욱 계발하기 위한 기회로 철저히 이용해야 한다.

이것을 얼마나 잘 해내느냐에 따라, 현상이 우리 앞에 가져오는 것들에 습관의 반복으로써 반응하지 않고 깨어 있는 의식으로 비춰볼 수 있게 하는 평정심과 힘을 지니게 될 것이다. 그러면 생각과 감정이 우리를 즉석에서 부정적인 마음과 행위로 몰아가지 않을 것이다. 고요한 마음상태를 기름으로써 산만하고 혼란스런 마음상태를 길들이는 것은 현생의 바르도에 직접적인 이로움을 줄 뿐만 아니라, 사후의 바르도에도 큰 도움이 될 것이다.

청정한 현상과 부정한 현상

현상에는 청정한 현상과 부정한 현상의 두 가지 유형이 있다. 청정한 현상은 청정하고 광명한 공空인 마음의 본성을 완전히 통찰한 깨달음을 얻은 존재들이 지각하는 것을 말한다. 이 같은 존재들은 세상을 마음의 본성과 별도로 존재하는 견고한 무엇으로 보지 않는다. 그들은 현상의 춤사위를 청정한 의식의 광명한 펼쳐짐으로 보고 음미한다. 그러므로 그들은 현상에 고착되지 않고, 그것을 실재하는 것으로 여겨 집착하지도 않아서 그들이 현상을 대하는 방식 또한 집착의 흔적이 없다.

부정한 현상은 상대적 현상들이 마음과 별개로 명백히 존재한다고 착각하는 중생들이 지각하는 것을 말한다. 그러므로 중생들은 그 습성으로 인해서 현상의 경험이 혼란으로 가득하고, 이원세계를 대하는 그들의 방식은 고착과 집착에 매여 있다. 그러므로 현생의 바르도의 경험은 두 가지가 존재한다. 하나는 마음과 실재의 진정한 본성을 그대로 인식하는 이들의 경험이고, 다른 하나는 '외부' 세계가 견고하게 존재하는 것처럼 잘못 인식하는 이들의 경험이다.

실재(reality)의 본성을 올바로 알지 못하면 일상적인 이원적 인식을 뛰어넘을 방법을 발견하기란 매우 어렵다. 일상의 경험은 습관적인 인식을 강화시킨다. 우리는 기본적으로 자신이 독자적이고 지속적이고 영속적인 자아로서 존재한다고 여기고, 당연하다는 듯이 그 생각에 대한 엄청난 집착을 키워간다. 이것이 에고와 에고에 대한 집착의 발전이다. 나아가 이 자아에 세분화된 성질을 부여하기 시작할 때 우리는 집착의 두 번째 단계로 발전해간다. 우리는 단순한 '나'가 아닌, 머리 좋고 잘 생기고 농담 잘 하는 '나'가 된다. 또한 우리는 부유하다거나 가난하다거나, 예술적이거나 운동을 잘한다는 등의 세분화된 꼬리표를 사용하기도 한다. 그다음에는 자신을 불교도라거나 공화당원이라거나 나사에서 일하는 과학자라고 규정할 필요를 느끼게 된다. 이야기는 갈수록 더 흥미로워지고 더 견고해진다. 우리는 사회적, 철학적, 영적, 과학적, 정치적 꼬리표로 자신을 규정하고, 그 각각의 꼬리표들은 또 더욱더 세분화된다.

이 전가의 과정은 끝없이 이어진다. 자신을 규정한 다음에, 우리는 주변의 전체 세계를 규정한다. 그 토대 위에서 자아에 대한 집착은 더욱 깊어지고, 다른 사람들과의 관계는 한층 더 흥미로워진다. 우리는 친구와 적이라는 개념을 만들어낸다. 가치체계와 신념체계를 발전시키고, 자기만의 세계에 빠져든다. 그리고 우리는 온갖 경쟁을 통해 이 자아를 발전시킬 필요를 느낀다. 더 좋은 직장을 찾고, 더 크게 성공하기를 갈망한다. 처음의 목표를 이루고 나면 그보다 더 큰 권력과 명망과 부를 갈망한다. 10억 원의 재산을 모으면 머지않아 1조 원의 재산을 원하게 될 것이다. 갈망에는 끝이 존재하지 않는다.

현생의 바르도에서의 모든 경험 배후에는 사물을 있는 그대로 보지 못하는 근본적인 무지가 깔려 있다. 마음의 무지한 측면은 실재하지 않는 자아와 외부세계의 현상들을 본래부터 존재하는 것, 실재하는 것으로 착각한다. 이것을 '망상'이라 한다. 이로 인해서 삼사라(윤회계)의 현상이 발생하고, 우리는 주체와 대상 사이의 이원적 작용에 연루된다. 어떤 대상은 수용하고 받아들여서, 우리는 집착을 경험한다. 다른 대상은 거부하고 버려져서, 우리는 혐오감을 경험한다.

이것이 윤회적 존재의 본성이다. 주변의 감각적 세계, 감정적 세계, 지적 세계를 모두 피상적으로만 보고 경험하고 생각하는 것이다. 우리는 공성이라는 심오한 본성과 깊은 진리의 세계를 알지 못한다. 우리는 상대적 차원에서는 끊임없이 현상화하는 한편 궁극적 차원에서는 본래부터 비어 있는, 전체 현상의 진정한 본성을 깨닫지 못한다. 우리는 현상과 공이 하나여서 불가분한 것임을 깨닫지 못한다.

현상에 대한 그릇된 인식의 결과로 인해서 우리는 '번뇌심(kleshas)' 혹은 미혹한 마음으로 불리는 강렬한 고통의 상태를 불러일으키고 거기에 종속된다. 일반적으로 번뇌란 용어는 일상적인 혼란스러운 감정의 경험을 가리킨다. 그렇지만 번뇌는 감정을 포함할 뿐 아니라 고통의 근본적 원인인 무지도 포함한다. 불교 경전은 탐욕과 분노와 무지라는 세 가지 근본 번뇌가 있다고 말한다. 이를 번뇌의 세 가지 뿌리, 혹은 삼독三毒이라고도 부른다. 번뇌는 질투와 자만심뿐만 아니라 다른 감정과 경험들과의 결합도 포함한다. 이 같은 번뇌에 빠진 마음상태는 영적 여행의 관점에서 보면 매우 파괴적이다. 번뇌는 원래 명료한 마음을 흐리게 하고, 온갖 미숙한 행위들의 원인이 된다. 그러므로 깨어서 알아차리는 의식으로 감정을 살피지 않으면 감정은 항상 고통을 불러일으킨다. 그것을 삶에 늘 더 큰 아픔과 절망을 가져다주는 부정하고 오염된 마음상태, 곧 번뇌라 한다.

하지만 모든 현상의 본성은 동일하기 — 청정하고 광명하며 공하기 — 때문에 본질적으로는 청정한 현상과 부정한 현상 사이에 차이가 존재하지 않는다. 우리가 붙이는 꼬리표는 마음의 절대적 본성에 영향을 미치지 못한다. 그러나 상대적인 관점에서는 차별적 인식이 참담한 결과를 가져온다. 그것이 우리가 정신을 잃게 만드는 시발점이다. 눈앞에서 일어나는 현상들이 자신과 별개의 것이라고 믿기 때문에 우리는 그것을 득과 실, 희망과 두려움의 관점에서만 대한다. 우리의 세상 경험은 투쟁과 의심으로 점철되어 있다. 결국 끈질긴 고통이 우리의 일상이 된다. 이것이 평범한 존재들이 타고난 현생의 바르도에서 겪는 일상이다. 하지만 우리에게는 경험자인 마음을 깨달음의 길로 이끌어서 현상에 대한 착각과 미혹에서 벗어나게 할 수 있는 기회가 남아 있다. 깨어 있는 의식으로써 자신의 혼돈을 직시하면 미혹을 꿰뚫고 청정하고 깨어 있는 마음의 본성을 알아차리기 시작한다.

과거부터 영적 수행길의 지혜와 강한 인연을 이어온 사람은 생을 얻은 다음에도 자연스럽게 그 인연을 이어가고, 평생 그 인연을 발전시켜서 심오한 깨달음의 가능성을 실현한다. 이 같은 깊은 인연을 구현하는 삶을 산 수많은 존귀한 스승들이 있다. 이 바르도의 가르침을 전파한 위대한 파드마삼바바는 그 본보기이다. 다르마 수행과 참된 인연을 맺는다면 우리도 문득 깨달음의 세계를 맛볼 날이 올 것이다. 우리는 문득 우주를 마치 물 위에 달이 비친 것과 같이 현상–공으로 경험하게 될지도 모른다. 그 순간 우주에 대한 우리의 일상적 인식은 청정한 현상으로 바뀐다.

몸을 지닌 마음

지금 이 순간 당신은 자신의 아파트에서 편안히 쉬고 있을지도 모른다. 만일 당신이 샌프란시스코에 살고 있다면 창문을 통해서 금문교의 아름다운 풍경을 즐기고 있을지도 모른다. 그러나 육신은 특정한 장소에 머물고 있을지라도 마음은 다른 곳에 가 있을 수도 있다. 사무실 책상 위에 수북이 쌓여 있는 일거리를 떠올릴 수도 있고, 근처에 새로 문을 연 식당을 생각할 수도 있고, 인도로 순례여행 떠나기를 계획하고 있을 수도 있다. 아니면 '대학교 때 친했던 친구를 오랫동안 못 만나봤는데, 그녀는 어떻게 지내고 있을까?' 하는 상념에 빠져 있을 수도 있다. 현생의 바르도에 머무는 동안에는 이것은 단지 하나의 세속적인 상념에 그친다. 상념이 사라지면 당신은 여전히 아까 그 소파에 앉아 있다. 하지만 같은 상념에 빠졌는데 실제로 그 대학교 친구의 집 거실에 앉아 있는 자신을 발견하게 된다면 어떻겠는가?

게다가 다음 순간 다시 자신이 그다음에 떠오른 상념 속의 장소 — 직장 사무실이나 집 근처의 작은 술집, 혹은 갠지스 강의 기슭 — 에 가 있는 것을 발견하게 된다면 어떨까?

사후의 바르도에서는 이런 식의 순간적 이동이 순전히 환상이나 공상에 불과한 것이 아니다. 갑작스런 의식의 전이는 상응하는 환경의 전이를 초래한다. 마음이 한 생각에서 다음 생각으로 뛰어오르면 우리도 덩달아 다음 장소로 옮겨간다. 왜 그럴까? 여기서는 마음이 닻을 내릴 육신이 없기 때문이다. 통제하기 어렵게 떠돌아다니며 나투는 의식만이, 마음만이 존재한다. 마음과 감정을 다룰 방법을 알지 못하면 우리의 마음은 이 생에서도 거칠게 날뛰지만 사후에는 더욱더 거칠어진다.

현재 우리의 마음은 이 육신에 연결되어 있기는 하지만 마음은 단지 그곳의 일시적인 투숙객임을 명심할 필요가 있다. 이 육신의 보금자리를 가지고 있을 때 우리는 다소간의 안정감을 느낀다. 육신이 고정된 기준점을 제공해주기 때문에 마음이 안정되는 것이다. 마음은 아무리 자주, 아무리 멀리 날아가더라도 마치 새가 바다 한가운데서 배로 돌아오듯이 육신으로 되돌아온다. 새는 잠시 날아가 보지만 이내 되돌아온다. 거기밖에는 머물 곳이 없기 때문이다. 하지만 다른 상태의 바르도에서는 우리의 마음을 안정되게 붙잡아줄 닻이 없다. — 이전에 명상수행을 통해 길러놓은 평정심 외에는 말이다.

이처럼 불안정한 상태는 감정이 솟아오르면 끔찍한 경험으로 일변할 수도 있다. 우리는 발 디딜 곳을 잃을 뿐만 아니라 급변하는 환경에 요동치는 감정으로 반응하게 된다. 분노를 터뜨리다가는 어느새 질투에 불타다가, 또 어느새 환희에 빠진다. 감정은 생각이나 지각만큼 생생하게 실체화한다. 하지만 안정된 마음의 힘을 기르면 우리는 자연스럽게 일체의 두려움에서 벗어나게 된다. 이것은 사후의 상태는 곧 마음이 겪는 경험이기 때문이다. 그러니 마음을 완전히 다스릴 수만 있다면 두려워해야 할 일이 없다. 우리는 마음이 어떻게 반응할지를 알고 있다. 억압된 상태에서는 마음이 자신의 모습을 어떻게 드러낼지를 우리는 안다. 우리는 자신이 고요하고 청정하게 중심에 머물 것임을 스스로 안다.

바로 지금 우리는 인간으로 태어나서, 마음을 보필하는 육신을 보유하는 특권을 누리고 있다. 영적 배움을 쌓고 사랑과 자비와 이타심을 키울 수 있는 환경을 제공해주는 이 삶은 정말 '귀한 인간생'이다. 그러니 이 기회와 환경을 최대한 활용하여 깨어서 알아차리는 능력과 안정된 명상적 상태를 확립하는 것이 중요하다. 마음이 고요하고 명료해지면 마음의 본성을 깨달을 수 있을 뿐만 아니라 일상생활과 이번 생애와 나아가 다음 생까지도 확실하고도 정확하게 설계할 수 있게 된다. 우리는 계획 세우기를 좋아하니, 이것은 분명한 계획을 세울 좋은 기회다. 잠정적인 계획이 아니라 구체적이고 확실한 계획 말이다. 자신의 마음을 제대로 다스리지 못하면 모든 계획은 잠정적인 것이 된다. 그것을 어떻게 풀어가야 할지 아무런 대책이 없는 것이다. 그러나 마음을 ─ 감정과 전반적인 심리상태를 ─ 다스릴 줄 알게 되면 현생의 바르도뿐만 아니라 그 너머의 바르도에도 적용할 수 있는 구체적인 계획을 세울 수 있다. 우리가 만나는 상황들은 모두가 조화롭고 호의적으로 변한다. 여섯 가지 바르도의 경험은 마음의 본성을 깨달아가도록 도와줄 강력한 환경으로 변한다.

영적인 길의 세 단계

참된 수행의 길로 들어서면 우리의 목표는 혼란과 미혹을 극복하여 본래의 자신을 발견하는 것이 된다. 자신을 온전히 알지 못하는 한 고통의 느낌이 우리 삶의 배경을 떠나지 않는다. 우리의 길이 어디로 우리를 이끌든지, 자신을 진정으로 깊이 알고자 하는 열망은 그 자체가 우리가 찾는 그것 ─ 본성적 마음의 지혜와 자비 ─ 의 표현이다.

불교의 관점에서 이런 길을 가는 가장 효과적인 방법은 지혜, 곧 반야般若(prajna)의 계발을 통해 가는 것이다. 일반적인 의미에서 반야는 지성 곧 명민한 자각의식과, 지성을 계발할 때 얻게 되는 앎과 이해 모두를 말한다. 또 반야에는 세속적 반야와 초월적 반야, 두 가지가 있다. 세속적 반야는 상대적 세계에 대한 앎과 이해에 관한 것이다. 이것은 학문적인 앎, 혹은 단순히 사물의 원리를 정확히 파악하는 명민한 마음이 될 수도 있다. 초월적 반야는 그보다 상위의 앎이다. 그것은 모든 미망을 꿰뚫고 마음의 궁극적 본성 ― 명료하게 깨어 있는 공성 ― 을 직접 보게 하는 예리한 통찰력이다. 이 같은 완벽한 상태에서 상위의 반야는 지혜와 같은 말이다. 이 길이 의지하는 가르침들은 우리의 탐구를 결실로 이끌어줄 지혜, 곧 반야를 함양하는 정교한 방법으로 이뤄져 있다.[5]

우리는 이 길 위에서 두 가지를 발견한다. 하나는 마음의 참된 본성을 발견하는 것이고, 다른 하나는 이 본성을 바라보는 것을 방해하는 것들을 발견하는 것이다. 본성을 방해하는 것은 상대적 세계의 현실이다. 모든 발견에는 거기에 내내 있었던 것을 보지 못하게 가로막는 장애물을 찾아내는 예비적 발견이 선행된다. 여기서 지혜란 어떻게 하면 이 장애물을 극복하여 우리 내면의 잠재력, 근본적으로 청정하고 깨어 있으며 모든 더러움으로부터 이미 벗어나 있는 우리 마음과 가슴의 본래 상태를 깨달을 수 있는지를 터득하는 것이다. 이 본래의 잠재력을 불교에서는 불성이라고 부른다.

그러므로 지혜를 강조하고 우리 안의 깨달음의 잠재력을 알고 실현하기를 강조하는 불교의 길은 마음의 과학이자 삶의 철학이라고 할 수 있다. 불교는 통념적인 의미의 종교가 아니다. 불교는 어떤 외적 존재나 외적 영향력에다 신성과 지고의 권능을 부여하지 않는다. 그보다 불교는 우리가 자신의 존재를 바라보게 하는 하나의 방식이다. 그것은 우리로 하여금 지혜와 불가분하게 연결되어 있는 자비행을 더욱더 많이 드러낼 수 있게 하여 자신의 삶에 의미를 부여하고, 세상을 이롭게 한다.

우리는 어떻게 하면 이 같은 발견을 해내어 내면의 잠재력이 드러나게 할 수 있을까? 우리는 배움과 사유와 명상(聞思修)이라는 세 단계의 정진을 통해서 현생의 바르도의 현상들을 깨달음의 길로 향하게 이끌 수 있다. 이것은 세 가지 지혜를 키워주는, 영적 길의 세 가지 단계이다. 다르마를 듣고, 배우는 과정에서 '이해의 반야'가 드러난다. 다르마를 사유하고 숙고하는 과정에서 '경험의 반야'가 일어난다. 그리고 자연스럽게 명상을 지속하는 과정에서 '깨침의 반야'가 일어난다. 이 세 단계는 위대한 요기 밀라레빠의 게송을 통해 가르쳐졌다. 그것은 다르마의 핵심을 배워 자신의 경험을 변화시켜가는 생생한 과정을 묘사하고 있다.

세 가지 반야의 발달을 돕고, 현생의 바르도에서 산만한 감정과 에고에 대한 집착을 꿰뚫도록 직접 작용하는 공식적, 비공식적인 수많은 수행법이 있다. 배움의 단계에는 가르침을 듣고 강연에 참석하고 관련 서적을 읽고 토론하는 등의 활동이 포함된다. 이 단계에서 우리는 처음으로 미혹된 생각과 혼란스런 감정 등의 상대적 현상뿐만 아니라 마음의 궁극적 본성에 대한 관념적 이해를 키우게 된다. 상대적 현상들이 어떻게 마음을 흐리게 하고 본성을 곧바로 인식하지 못하게 방해하는지 설명을 듣는다. 나아가 미혹되게 하는 현상들이 어떻게 일어나고 어떻게 하면 진정되는지를 이론적으로 이해할 수 있도록 인과의 법칙을 배운다.

사유의 단계는 상대적 현상을 직접 다루기 시작하는 분석적 명상훈련으로 이뤄진다. 지성을 활용하여 마음을 살펴봄으로써, 우리는 현상을 보다 선명하고 정확하게 바라보는 법을 배우게 된다. 이것은 우리의 영적 길에서 생각과 감정의 집착을 간파하기 시작하고 마음의 청정한 본성을 일별하게 되는 단계이다.

마지막으로 명상의 단계는 관념적 공부를 그치고 집중적인 명상상태에서 그저 마음을 쉬게 하는 것이다. 이때 우리는 일상적인 산만한 마음상태가 멈추는 것을 경험하면서 현 순간 속에서 고요하게 쉴 수 있게 된다. 이것이 마침내는 마음의 본성을 온전히 깨우치는 초월적 지혜의 정점으로 우리를 이끌어줄, 명상이라는 영적 여정의 시작이다. 명상의 단계는 두 가지 단계로 이루어진다. 첫 단계는 '네 가지 기초'라고 알려진 예비적 수행을 하는 것이고, 두 번째 단계는 고요함에 머무는 본수행인 사마타 수행에 관한 것이다.

배움과 사유와 명상이라는 이 세 가지 단계를 통해서 우리는 마음의 실체에 대한 날로 깊어지는 지혜를 얻는다.

배움(聞)의 단계

다르마를 듣고 배우는 첫 번째 단계에서 우리는 이해의 반야를 기른다. 우리의 목표는 영적 여정 전반 — 영적 여정의 기초, 경로, 단계들, 그리고 그 최종결과 — 에 대한 명확한 개념적 이해를 키우는 것이다. 우리는 다르마 전반의 기본원리를 배우고, 특히 바르도의 가르침에 친숙해지는 것으로부터 시작한다. 우리는 이것을 이미 다년간 해온 공부의 일부로서 매우 쉬운 것으로 여기기가 십상이지만, 명상이 수행인 것과 마찬가지로 듣기와 배우기도 수행으로 받아들여야 한다.

이런 맥락에서, 듣는다는 것은 구전 가르침을 듣는 것과 문서로 된 경전을 공부하는 것 모두를 의미한다. 다르마를 듣는 것은 깨어서 알아차리는 능력을 통해서 이해의 반야를 기르는 기술이라고 할 수 있다. 하나의 수행으로서, 자신과 다른 모든 생명이 당신의 공부로부터 은혜를 입으리라는 간절한 소망을 품은 순수한 의도로써 시작하는 것이 중요하다. 이것은 배움에 임하는 올바른 마음의 자세이다. 그런 다음에는 분별심을 내려놓고 가르침을 듣는 것이 필수적이다. 분별없이 듣는다는 것은 들리는 것을 진정으로 이해하기 위해 노력하고 있다는 것을 의미한다. 그러면 마음이 개인적인 견해나 선입관으로 가득 차 있지 않게 된다. 이해의 반야를 키우기 위한 마지막 가르침은, 산만하지 않은, 오롯이 집중된 상태에서 가르침을 들어야 한다는 것이다. 그 밖에, 당신이 맞이한 배움의 기회에 대해 진실하고 단순한 감사의 염을 품음으로써 가르침이 가슴을 울리게 하는 것이 중요하다.

이 지침들을 배움의 활동에 적용하면 그 결과로, 배움은 명상과 떼놓을 수 없는 하나의 수행이 된다. 명상 수행을 할 때 그렇듯이, 당신의 마음은 고요해지고 집중되어서 자연스럽게 명료한 마음의 상태를 만들어준다. 그 결과 당신의 이해는 매우 분명해지지만, 배움의 단계에서의 지혜는 아직은 관념적이다. 다르마를 듣고 읽을 때, 우리는 그것을 관념적 마음으로 이해한다. 하지만 그 관념적 마음에는 명료함이 있다. 그것은 그저 미혹된 생각이 아니다. 그리하여 그 마음은 더 큰 통찰력을 지닌다.

이 시점에서 우리는 경험 속에서 윤리적 행위의 중요성과 더불어 고苦, 무상無相, 무아無我에 관한 근본진리를 보는 것을 말하는 '바른 견해'를 분별해낼 수 있는 능력을 지니게 된다. 우리는 끊임없이 일어나는 생각과 감정들 속에서 이 같은 진리를 볼 수 있다. 나아가 생각과 감정과 행위들이 부정적인 것인지 긍정적인 것인지를 파악할 수 있게 된다. 이 모든 것은 다양한 가르침을 듣고 배우는 동안 관념적 이해가 명확해짐으로써 일어나는 일이다.

따라서 이해의 반야를 키우는 것은 마음과 마음의 장애물 다루기를 배우는 첫 번째 단계이다. 그러면 그것이 결국 우리 안의 불성의 핵심을 깨우치기 위한 수단이 된다.

이 시점에서 우리의 지식은 옷에 난 구멍 위에 덧대어 꿰맨 천조각과 같다고 밀라레빠는 말했다. 이 천조각은 구멍을 메울 수는 있지만 옷감과 같아질 수는 없다. 그것은 여전히 언제든지 떨어질 수 있는 이질적인 천인 것이다. 마찬가지로 배움의 단계에서 쌓은 지식은 마음의 흐름과 완전히 하나가 되지는 못한다. 우리에게 의심이 떠오를 때 그것을 지식의 천조각으로 꿰맬 수는 있지만, 그것이 문제를 실제로 해결하거나 고통을 치유해주지는 않는다. 그러므로 이해의 반야는 매우 유익하긴 하지만 그것은 최후의 것도, 절대적인 것도 아니다.

사유(思)의 단계

두 번째인 다르마를 숙고하는 단계에서 우리는 배움을 통해서 얻은 지혜를 깊이 사유할 때 일어나는 통찰, 곧 '경험의 반야'를 키운다. 배움을 통해서 얻은 지혜는 사유라는 수행을 통해 처리하고 내면화해야 한다. 이를 통해서 우리는 이론 속에 박제되지 않고, 지적인 이해와 하나가 될 수 있다. 우리의 지혜가 우리 존재의 일부가 되는 것이다.

이 단계에서 가르쳐지는 방법을 '분석적 명상'이라고 한다. 분석적 명상은 지적이고 관념적 마음이 적극적으로 개입하는 훈련방법이기 때문에 명상이라는 표현에도 불구하고 사유로 간주된다. 이것은 지적이고 관념적인 마음과 밀접하게 연관되는 훈련방법이다. 이 형태의 수행은 정규적인 명상시간과 같은 형태를 띠지만, 배움의 단계에서 관심이 끌렸던 특정 논제나 문제를 체계적으로 정밀하게 분석하게 된다. 분석해볼 만한 분야는 많다. 이 같은 사유는 일정한 구조나 형식을 갖추고 있지만, 이 훈련은 본질적으로 매우 개인적인 것이다. 예를 들어 고통에 대한 가르침을 사유할 때 우리는 그 구절의 전체적 의미뿐만 아니라 낱낱의 단어의 의미도 분석할 것이다. 하지만 당신은 고통에 대해 자신이 아는 것과 고통을 대하는 자신의 방식을 통해, 자신만의 언어와 용어로서 그것을 분석한다.

이렇게 하여 당신의 이해는 명료해지고, 당신은 더 깊은 의미에 다가간다. 고통에 대한 가르침에 경험적으로 연결됨으로써 당신이 처음에 가졌던 앎은 열리고 확장된다. 가르침의 의미는 생생한 경험이 되고 지혜는 단순한 관념을 넘어서게 된다.

이 두 번째 단계는 서양에는 없는 것처럼 보인다. 서양인들은 배움과 명상에 큰 공을 들이지만, 중간의 사유 단계는 건너뛴다. 이 때문에 명상을 일상생활과 통합하기가 그토록 어려운 것이다. 사유의 단계는 관념적인 이해와 일상적 경험과 비관념적인 명상의 경험 사이를 이어주는 가교다. 이것은 대학에서 연구와 병행하는 실험과도 같다. 먼저 우리는 관련서적을 읽고 강의를 듣는다. 그런 다음 실험을 하고, 그 결과를 관찰하고 분석하여 실제 경험을 얻는다. 이렇게 해서 우리의 경험은 더 충실해지고 완성된다. 자신이 기른 지식을 머릿속에만 가둬놓지 않는다. 우리는 몸과 말과 마음 — 육체적 존재와 감정과 인식 — 이 함께 조화롭게 작용하는 동조상태를 경험한다.

밀라레빠는 경험의 반야는 새벽에 피어오르는 안개와 같다고 말했다. 경험의 반야는 견고하고 실재하는 것처럼 보이지만, 곧이어 날이 밝고 해가 떠오르면 이내 사라져 버린다. 이처럼 사유의 경험은 일시적이다. 그것은 새벽안개처럼 왔다가 간다. 사유의 단계에서 우리는 참된 경험을 키워가고 있지만 아직 지혜의 완전한 상태 혹은 완전한 깨달음으로 발전한 것은 아니다.

사유의 경험은 매우 강렬할 수 있어서 깨달음의 경험처럼 보일 수도 있다. 하지만 그것을 깨달음의 경험으로 오인하지는 말아야 한다. 예를 들어 우리는 공성과 환희와 무념무상의 경험을 할 수도 있다. 이 경험이 나타날 때 그것이 매우 실제적으로 느껴지고 강력한 영향을 받을 수도 있다. 우리는 그것을 영구적인 통찰을 얻은 것으로 믿을 수도 있지만, 그것은 시야에서 갑작스럽게 사라지는 안개처럼 다시 사라진다. 영적인 길에서 이 같은 변덕스러운 경험을 하는 일은 흔하다. 그리고 그것은 그것이 진짜 깨달음이 아니라 그냥 지나가는 경험임을 알려주는 징표다. 이것은 우리에게 깨침의 반야를 키우는 다음 단계인 명상의 단계로 나아가야 함을 일러준다.

사유의 단계를 위한 수행법

다르마의 기본원리를 듣고 배워서 영적인 길에 대한 이론적 이해를 기르고 나면 사유의 단계를 위해 가르쳐진 분석적 명상 수행법을 적용할 수 있게 된다. 마음의 본성을 알아차리지 못하도록 방해하는 현상들을 파악하기 위해서는 자신의 삶을 들여다보아야 한다. 이것은 단순한 몽상 이상의 것을 요구한다. 습관적인 감정적, 심리적 패턴에 대한 자각력을 키우기 위해서는 집중적으로 숙고하고 분석하는 과정이 필요하다. 이번 생의 시시콜콜한 일들에 주의를 집중하면서도, 동시에 우리는 죽음을 맞거나 환생으로 이끌려가는 경험을 겪을 때 우리에게 가장 크게 영향을 끼칠 마음의 패턴들을 식별해내고 있는 것이다.

삶의 의식적 성찰

분석적 명상은 규범화된 명상 분석법뿐만 아니라, 말하자면 명상 방석 밖에서 하는 비정규적인 사유도 포함한다. 삶에 대한 의식적 성찰은 날마다 하루를 마치고 잠들기 전에 좀더 자유롭게 할 수 있는 수행이다. 하지만 효율성을 위해서는 명확한 의도와 깨어 있는 의식으로써 행해야 한다.

이 수행은 그날 하루에 대한 사유로부터 시작할 수 있다. 예컨대 저녁이 되면 아침부터 현재까지 한 일들을 돌이켜 하루를 되살펴본다. 떠올랐던 생각들을 기억해보고, 하루 동안의 사건과 활동 과정에서 일어났던 일들을 살펴본다. '오늘 일찍 일어나서 이 일 저 일을 하고 나서 출근하는 길에 교차로에서 끼어드는 차 때문에 정말 화가 났었어.' 이런 식으로 사건을 마음에 떠올리며 숙고한다. 먼저 주요 사건들을 돌아본 후에, 순간순간을 천천히 세밀하게 살펴보기 시작한다. 오늘 하루에 대한 사유로부터 시작해서 어제와 그제까지 포함시킬 수도 있다. 주요 사건으로부터 시작해서 점점 더 세밀하게 나아가면서 천천히 해나가는 것이 중요하다.

또 한 가지 방법은, 한 주간을 되살펴보는 것이다. 한 주 동안에 중요한 감정적 혼란을 겪었다면 먼저 그 사건부터 되살펴본다. 이런 짧은 시기들을 먼저 살펴보고, 점차 현재까지의 전체 생활을 되살펴본다. 자꾸 되풀이하게 되는 행동방식인 삶의 주요 패턴을 자각하는 것이 매우 중요하다. 당신은 자신의 삶이 날마다 같은 날 아침을 맞이하고, 똑같은 실수를 반복하는 영화 〈사랑의 블랙홀〉(Groundhog Day) 주인공의 삶과 같다는 것을 깨닫게 될 것이다.

자각하지 못한 채 그와 같은 패턴을 반복하다 보면 우리는 문득 기시감을 느끼면서 고개를 갸우뚱거리게 될 것이다. ― '이 경험을 전에도 하지 않았던가?' 그렇다. 우리는 경험한 적이 있다. 그것이 자꾸만 우리를 습격해오는 동일한 번뇌, 동일한 부정적 패턴이다. 우리의 가장 큰 문제, 우리의 크나큰 고통과 두려움을 발견해내기 위해서는 평생의 경험들을 이런 식으로 모두 살펴봐야 한다. 삶을 성찰하는 시간에 우리가 찾아내야 할 것은 바로 이런 삶 속의 패턴들이다.

우리는 대개 이런 경험들을 인식하고 받아들이려고 하지 않는다. 번뇌가 큰 고통을 안겨줄 때마다 우리는 슬금슬금 뒷걸음질을 치곤 한다. 우리는 보통 자신의 감정을 두려워한다. 감정이 격렬해질수록 더욱더 큰 두려움을 느낀다. 그렇지만 번뇌는 다시금 돌아오기 때문에 도피는 도움이 되지 않는다. 그러니 이런 경험을 분석적 명상으로 끌어들여서 어떤 것이 가장 빈번하게 반복되는지, 어떤 것이 가장 다루기 힘든 것인지를 파악하려고 노력하는 것이 좋다. 모든 번뇌는 저마다의 마음속에서 일어나지만 그중에는 어느 정도 다스릴 수 있는 것도 있고 전혀 통제가 되지 않는 것도 있다. 우리는 그저 속만 끓이면서 번뇌의 힘 앞에 굴복하고 만다. 그러니 전혀 통제가 되지 않는 번뇌를 먼저 파악하고 그것부터 다루어야 한다. 그런 다음에는 그 밖의 모든 습성들에 대해서도 통찰하고 그것을 적용할 수 있을 것이다. 만일 다섯 가지 주요 번뇌들이 동일하게 강렬하다면 그것은 매우 좋은 소식이다. 그런 사람은 사유와 명상의 밑천으로 사용할 수 있는 감정적 자원을 풍부하게 가지고 있는 부자다. 또 어떤 사람은 한 가지의 번뇌밖에 가지고 있지 않은 가난한 사람일 수도 있다.

감정에 대한 분석적 명상

습관적 패턴과 불편한 감정들의 작용에 대한 더 깊은 통찰을 얻기 위해서는 분노, 질투, 탐욕, 집착, 자만 등의 감정의 적나라한 에너지를 정규적인 분석적 명상에도 가져와서 다뤄야 한다.

감정에 대한 분석적 명상을 시작하려면 우선 바르고 편안한 자세로 앉아서 마음을 안정시켜야 한다. 그런 다음, 생각이 오고 가는 것을 그저 바라보라. 감정이 일어날 때 그것을 멈추려 하거나 거기에 빠지지 말고 관찰하라. 예를 들어 집착을 느낀다면, 감정이 향하는 사람이나 대상을 마음속에 가져오라. 깨어 있는 의식으로써 집착이 일어나는 것을 가만히 느껴보도록 자신을 허용하라. 그 감정에 끄달리지 않으면서 그 에너지의 성질을 살펴보고 느낌을 느껴보라. 그런 다음 집착하는 모든 생각을 내려놓고, 감정이 사라지는 동안 편안히 이완하라. 자신의 집착과 함께 머물러 있으면서 그것을 온전히 경험할 수 있으면 당신은 그것을 알게 된다.

탐욕과 분노와 그 밖의 강렬한 감정들에 대해서도 이것을 적용할 수 있다. 이런 감정들을 한 번 마주하고 또, 그리고 또다시 마주하게 되면 우리는 거기에 점점 더 익숙해지고, 조금씩 덜 방해받게 된다. 그 결과로 마음이 안정되어서 우리는 자신의 마음상태에 대한 통제력을 가질 수 있게 된다. 그러면 점차 두려움뿐만 아니라 요지부동하게 존재하는 것 같던 감정들에 대한 집착에서도 벗어날 수 있게 된다. 명상이 끝난 뒤에도 이런 숙고 수행을 계속해가라.

강렬한 감정과 친구 되기

감정과 친해지지 않으면 우리는 늘 감정을 두려워할 것이고, 사후의 바르도에서는 더욱 더 그렇다. 이것은 낯선 사람에 대한 두려움과 매우 흡사하다. 잘 알지 못하는 사람 앞에서 우리는 일정 거리를 유지하려고 한다. 낯선 사람과 형식적인 대화는 나눌지라도 너무 깊이 끌려 들어가기는 원치 않는다. 우리는 자신의 감정에 대해서도 이와 동일한 반응을 보인다. 그 감정들을 잘 알지 못하기 때문에 그것들과 속 깊은 대화를 나누지 않고, 일정한 거리를 유지하고 싶어한다.

예를 들어 감옥에 수감되었던 사람이 이웃으로 이사 왔다는 소식을 들었는데 길거리에서 그 사람과 우연히 마주치게 된다면 우리는 정신적 공황상태에 빠져들 것이다. 운이 좋으면 그를 피해 갈 수 있겠지만 피할 수 없는 상황에 놓일 수도 있다. 그러면 우리는 큰 두려움을 직면해야만 하게 된다.

우리는 이 같은 상황에서 섣부른 편견으로 반응하곤 한다. 다음과 같이 생각하는 것이다. '이 사람은 정말 나쁜 사람이야. 나를 두렵게 만들어. 그와는 말하고 싶지 않아.' 그러나 실제로 그와 앉아서 얘기를 해보면 우리의 경험은 그와 다를지도 모른다. 우리는 그를 감정적, 정신적인 어려움을 겪고 있는 한 사람으로 보고, 그를 도와주고 싶은 마음이 일어날지도 모른다. 그뿐 아니라 그가 나누는 것이 무엇이든 간에 그것은 우리에게도 유익하다. 함께 얘기를 나눔으로써 자신과는 다른 감정적 관점을 인식하는 것을 배우게 되고, 폭력과 같은 미혹된 심리상태에 빠지지 않는 것이 큰 다행임을 알게 된다. 그리고 인간존재로서의 삶의 가치도 실감하게 된다. 이런 의미에서도 위협적이고 두려움을 주는 사람들을 대하는 방법은 배울 필요가 있다. 그를 알게 되고, 얘기를 들어주고, 감정적 고통을 다스릴 수 있도록 도움을 줄 때 비로소 상호 간에 해롭지 않은 친구가 될 수 있다. 이런 방식으로 다가갈 때 우리는 더 큰 영향력과 능력, 즉 자애와 자비의 힘과 명료한 마음을 지니게 된다.

우리는 감정, 특히 분노에 대해서 공통된 편견을 가지고 있다. 그래서 우리는 감정을 자신의 경험 속으로 끌어안지 않고 떼놓으려는 경향이 있다. 감정을 무시하고 회피하거나, 아니면 과장하기도 한다. 이와 반대로 감정에 대해 깊이 사유하고 배워감으로써 자신의 감정과 친구가 될 수도 있다. 이러한 진전은 낯선 사람과 유대감을 가지게 되는 것과 매우 유사하다. 이것은 '우리'와 '그것들' 사이에서 느끼는 분리감을 극복하는 수단이 된다. 자신의 감정과 깊은 유대감을 형성하는 것이다. 감정이 일어날 때 이 같은 접근방식을 취한다면 회피하려고 하거나 숨으려고 하지 않게 될 것이다. 나아가 감정이 일어날 때의 불안한 마음은 배우고 사유하고 명상하는 힘에 의해서 진정될 것이다. 우리는 다음과 같이 말할 수 있게 될 것이다. "이것은 나의 친구인 분노이다. 나는 분노와 대화하여 그것을 진정시키는 법을 알고 있다. 나는 무엇이 이 분노를 자신의 고통에서 벗어나게 해줄지를 알고 있다."

우리는 이런 방법을 통해서 마음을 고요하게 만들고 감정을 평화롭게 가라앉힐 수 있다. 우리는 서서히, 그러나 확실하게 분노나 질투와 같은 가장 불편한 감정들의 진정한 본성을 깨닫게 될 것이다. 감정의 본성은 마음 자체의 본성으로서, 광명한 지혜이자 원초적인 청정한 의식이다. 현생의 바르도에서 감정을 다루는 법을 알면 감정은 더 이상 장애물이 될 수 없다. 감정은 지금 여기서, 그리고 죽음의 바르도에서 우리를 일깨워주는 도구가 된다.

명상의 단계

세 번째 단계에서 우리는 마음과 현상의 참된 본성을 그대로 보는 초월적 지혜인 깨침의 반야를 서서히 계발한다. 깨침의 반야는 존재에 대한 순수한 사랑의 마음인 무사無私의 자비를 일깨우는 깨달음이다. 이것은 또한 자비가 자발적이고 무조건적이고 편견 없이 발현되는 공간, 즉 자비와 공성의 합일상태인 절대 보리심菩提心(absolute bodhichitta)으로 알려져 있다.

불교는 수많은 명상법을 가르치고 있지만 모든 수행은 본질적으로 가장 기본이 되는 사마타와 위빠사나의 수행에 포함된다. 우리는 먼저 '고요함에 머물기'를 의미하는 사마타 수행을 익힌다. 사마타는 대상에 오로지 일심一心 집중하는 능력을 길러 마음을 평화롭고 평정한 상태로 만든다. 따라서 사마타 수행은 '쉬는 명상'이라고도 알려져 있다. 습관적으로 요동치는 마음은 쉼이 없고 만족할 줄 모른다. 사마타를 통해서 깨어 있기와 알아차리기의 힘이 길러지면 요동치는 마음이 길들어 밝아진다. 과거와 미래에 대한 강박적인 걱정이 가라앉고, 지금 이 순간 속에 깨어서 평화롭게 쉴 수 있게 된다.

흔들림 없는 상태에 머물러 쉴 수 있게 되고 나면 위빠사나 수행법을 배우기 시작한다. 위빠사나는 '명료하게 봄'(clear seeing), 혹은 '수승한 봄'(superior seeing)의 의미를 가지고 있다. 기본적으로 위빠사나는 마음의 본성을 알아차리게 하는 방법들로 이뤄져 있고, 가없이 활짝 열린 느낌을 주는 것이 이 수행법의 특징이다. 마음 본연의 명료성이 더욱 환하게 빛을 발하고, 우리는 자신과 뭇 존재의 고통에 대한 실질적 처방인 해탈의 경지가 독자적으로, 스스로 존재함을 발견한다.

밀라레빠에 따르면 명상이란 어떤 대상에 '대해서' 하는 것이 아니다. 오히려 명상이란 그저 우리 자신을 마음의 본성에 익숙해지게 하는 과정이다. 실제의 명상수행은 관념 너머로 가서 비이원적인 경험 상태 속에서 그저 쉬는 것이다. 이와 같이 쉴 수 있는 능력은 관념을 벗어난 명상의 단계로 우리를 서서히 이끌어주는 사유의 단계, 분석적 명상으로부터 나온다. 그러니 명상은 참된 깨침의 반야를 만들어내는 실질적인 원인이다. 밀라레빠는, 참된 깨달음은 탁 트인 맑은 하늘과 같고, 가없고 변함없는 허공과 같다고 말했다. 깨달음의 차원에 이르고 나면 그 깨달음은 언제나 여여如如하다. 깨달음은 아침안개처럼 오고 가는 것이 아니다.

명상에 대한 파드마삼바바의 명쾌한 가르침이 명상의 바르도와 연관된 수행과, 현생의 바르도와 연관된 수행을 구분해준다는 사실을 주지하는 것이 좋다. 이 구분의 기준은 무엇일까? 명상의 바르도는 현생의 바르도에서 일어나므로 모든 수행은 현생의 바르도 경험의 일부가 된다. 그렇지만 여섯 바르도의 체계에 따르면 명상의 바르도의 실제 경험은 평화와 평정상태에서 쉴 때만이 아니라 비관념적인 자각의식 상태에 곧바로 머물 때도 일어난다. 그러므로 명상의 바르도는 위빠사나와 연관된다.

타고난 현생의 바르도를 위해서 우리는 '네 가지 일반적 예비수행'과, '네 가지 특별한 예비수행'으로 불리는 기본 수행으로 명상 훈련을 시작한다. 이것은 다음에 할 사마타의 본수행을 대비하는 과정이다. 그리고 파드마삼바바의 가르침에는 본존 요가(deity yoga)의 수행이 포함된다. 여기서는 본존 요가에 대해 짧게만 언급하겠고, 이와 가장 밀접하게 연관되어 있는 화현의 바르도에 관한 장에서 이것을 상세히 살펴보도록 하겠다.

예비수행: 훈련과 정화

명상수행은 언제나 그 기초를 든든히 다지는 것으로부터 출발한다. 예비수행, 곧 기초수행은 마음의 흐름을 정화하고 길들이는 방법들로서, 티벳어로는 '왼도ngondro'라고 불린다. 이 수행은 또한 자신의 존재 안에 명상 경험의 정수를 가져다놓는 수단이기도 하다. 그래서 이 수행은 매우 심오하고 중요한 과정으로 여겨진다. 허술한 기초 위에 지은 건축물은 불안정하고 가치가 없듯이, 예비수행이 없다면 본수행도 의미를 잃기 때문이다.

'일반적 예비수행'은 '네 가지 명심할 것'들로 이뤄져 있다. 이것은 1) 인간으로 태어난 기회의 소중함, 2) 무상無常함, 3) 카르마, 4) 윤회계의 불완전성, 이 네 가지에 대한 사유다. 이에 대한 사유는 우리의 마음을 윤회계의 존재에 집착해 있는 상태로부터 다르마의 수행으로 돌려준다. 이 네 가지 주제에 대한 사유를 제대로 경험하지 않으면 영적인 길에서 다른 경험들로 연결되기가 어렵다.

네 가지 명심할 것은 다시 '네 가지 특별한 예비수행'으로 이어진다. 이것은 1) 육신에 관련된 거친 차원의 부정적 카르마를 정화하는 귀의심歸依心과 보리심, 2) 구업口業을 정화하는 금강살타(Vajrasattva) 만트라 독송, 3) 공덕과 지혜를 쌓기 위한 기초인 만달라 수행, 4) 법맥의 스승들의 가피를 불러오는 구루 요가로 이뤄져 있다.

네 가지 특별한 예비수행의 첫 번째 단계는 '귀의심'과 모든 생명을 고통으로부터 벗어나게 하며 불성으로 이끌고자 하는 참된 열망인 '보리심', 곧 깨달음의 마음을 일으키는 것으로 시작된다. 대승불교에는 삼보三寶, 곧 붓다(佛)와 다르마(法)와 승가(僧)라는 세 가지 귀의 대상이 있다. 하지만 금강승의 길에서는 여섯 가지 대상에 귀의한다. 그것은 세 가지 보배와 세 가지 근원으로 불리는데, 세 가지 근원은 1) 가피의 근원인 '구루 만달라'와 2) 성취의 근원인 '본존 만달라'와 3) 행위의 근원인 '다키니 만달라'이다. 다키니 만달라는 다카daka와 다키니 dakini와 다르마팔라dharmapala(호법신)를 포함하고 있다. 이 여섯 귀의처에 귀의하면 대승의 길과 금강승의 길 모두에 입문하게 되는 것이다. 여섯 가지 근원은 지혜와 자애와 자비, 그리고 모든 존재를 해탈의 경지로 데려다주는 불법을 가르치는 행위와 같은 깨달음의 덕목을 상징적으로 표현한 '귀의의 나무'라는 탱화의 주제로 등장한다.

두 번째 단계의 특별한 예비수행은 '금강살타'라는 깊은 수행이다. 영적인 길을 깨달음으로 자연스럽게 이어지게 하기 위해서는 수행을 방해하는 자신의 부정성과 장애물들을 정화하는 것이 필수적이다. 금강살타 수행은 마음의 흐름을 길들이고 정화하기 위한 수행들 중 최초이자 주요한 수행이다. 그것은 정화 수행의 왕으로 알려져 있다. 정화 수행은 자신의 결함이나 마음의 오염을 드러내어 본래 명료하고 투명한 마음의 지혜인 참된 본성을 밝히는 과정이다.

세 번째 단계의 특별한 예비수행은 '만달라 공양'이다. 부정성을 정화한 후에 우리는 자신을 에워싸고 있는 온 우주와 그 내용물들을 향한 집착과 갈애의 뿌리인 에고에 대한 집착을 놓아보내야 한다. 그래서 이 만달라 공양에서는 온 우주를 형상화하고, 그것을 귀의처에 바칠 공양물로 가득 채운다. 그러므로 만달라 공양은 놓아보냄의 수행이다. 이런 공양을 올리는 동기는 다양한 근기를 지닌 무수한 존재들을 위해서 깨달음을 이루고자 하는 마음이므로, 이것은 두 가지 준비물인 공덕 자량과 지혜 자량을 쌓게 하는 수행이다. 깨달음의 길의 여비라고 할 수 있는 이 선근공덕의 자량資糧 없이는 깨달음은 물론 마음의 본성을 일별할 수조차 없다.

네 번째 단계의 특별한 예비수행은 헌신과 존경심을 증장시키는 방편인 구루 요가이다. 이 예비수행이 왜 필요할까? 금강승의 전통에서 깨달음의 열쇠는 구루와 법맥의 스승들의 가피와 본연의 지혜 그 자체의 가피를 통해 발견된다. 이러한 전수는 법맥의 전승자인 구루를 향해 온전히 열린 마음이 없이는 불가능하다. 구루 요가는 전승 법맥의 가피와 전수에 대한 열린 마음을 촉진시킨다.

이것이 전통적인 예비수행이다. 그 밖의 정화 수행으로는 반야심경과 약사여래 예불문 독송이 있다.

마음을 안정시키는 세 가지 자세

명상수행에 들어가기 전에 세 가지 자세, 곧 몸과 말과 마음의 자세에 익숙해져야 한다. 이것은 몸과 말과 마음이라는 삼문三門을 다스리기 위한 파드마삼바바의 가르침이다. 우리는 이 세 가지 자세를 통해서 자연스럽게 명상수행을 촉진해줄 쉼의 상태에 도달한다. 우리는 먼저 자연스럽게 물리적인 몸을 쉬게 한 후, 자연스럽게 자신의 말을 쉬게 하고, 마지막으로 자연스럽게 마음을 쉬게 할 수 있게 된다. 각각의 자세에는 더욱 세분화된 측면들로서 외적인 자세, 내적인 자세, 내밀한 자세가 있다. 몸과 말과 마음은 명상상태에 들어서는 수단이고, 이로 인해서 진정한 마음의 본성에 대한 지혜와 이해가 길러지므로 문門이라 불린다.

몸의 자세

외적인 몸의 자세는 물리적 성질의 모든 세속적 행위를 내려놓는 것을 말한다. 우리는 사업이나 가정생활과 같은 모든 세속적 행위를 떠난 상태에 머문다. 외적 행위를 자제하면서 자유로이 쉬는 것은 쉼의 외적인 측면이다.

내적인 몸의 자세는 절을 하거나 염주를 돌리며 진언을 독송하는 등의 육체적 움직임을 포함한 특정 방식의 종교적, 영적 행위를 자제하면서 쉬는 것이다. 이런 행위를 내려놓으면 우리는 안정되어 더욱 이완할 수 있고 물리적 차원에서 내적인 평화와 침묵을 이룰 수 있다.

내밀한 몸의 자세는 모든 종류의 움직임에서 완전히 벗어난 상태를 가리킨다. 앉아 있을 때, 5초든 5분이든 한 시간이든 시간의 길이와 상관없이 완전히 고요히 앉아 있도록 노력하는 것이다. 현실적으로 말하자면 가끔씩은 움직이기도 하지만 말이다. 이것이 내밀하고 절대적인 의미의 육체적 정지, 몸의 모든 움직임을 벗어난 상태다.

실제로 명상 수행을 하기 위해서는 비로자나 칠지좌법[6)]과 같은 곧은 자세를 취해야 한다. 이 방법은 몸을 곧게 펴고 올바른 자세를 유지하는 것을 강조한다. 외적인 몸의 자세는 마음의 상태에 직접적이고 강력한 영향을 미치기 때문에 매우 중요하다. 내적인 몸의 자세는 나디nadis, 곧 에너지 통로와 프라나pranas, 곧 기氣와 빈두bindus, 곧 정수精髓로 이루어진 미묘한 내적 신체를 지탱하도록 돕는다. 이것은 미묘한 금강신金剛身의 기본요소들이다. 나디란 기가 움직이는 통로를, 빈두란 육체적 신체의 정수를 말한다. 이 가르침은 몸이 바르면 통로인 나디와 특히 몸의 중앙 통로 역시 바로 세워진다고 말한다. 몸의 핵심이 곧게 펴지는 것이다. 몸의 핵심, 곧 중앙 통로가 바르면 프라나 역시 올바로 작용한다. 프라나가 올바로 기능하면 마음도 올바로 기능할 것이다. 마음이 올바로 기능하면 명상도 역시 올바로 행해진다. 이러한 과정은 모두가 자연스럽게 저절로 진행될 것이다. 여기에는 어떠한 어려움도 존재하지 않는다.

산스크리트어인 프라나pranas는 티벳어로는 룽lüng이라고 번역된다. 영어로는 '바람' 혹은 '공기'와 동의어다. 이 요소는 감각과 관련되어 있다. 프라나와 마음의 관계는 말과 말을 탄 기수와 유사하다고 한다.

프라나는 말과 같고, 마음은 말 탄 사람과 같다. 프라나와 마음은 미묘한 신체의 길인 에너지 통로를 통해 함께 여행한다. 말이 미친 듯이 날뛰면 말 탄 사람은 매우 험난한 시간을 겪을 것이고, 말에서 떨어질 수도 있다. 말이 올바른 방향으로 고요히 나아가면 말 탄 사람 역시 절로 고요해지고 올바른 방향으로 계속 나아갈 수 있을 것이다. 마찬가지로 프라나가 올바르면 마음 역시 저절로 올바르게 될 것이다. 그러므로 올바른 신체적 자세는 에너지 통로를 통해서 프라나가 잘 흐르게 하여 마음이 쉴 수 있게 하기 위한 수단이다.

말의 자세

외적인 말의 자세란 미혹을 증폭시키는 온갖 세속적인 대화와 한가한 잡담을 벗어나는 것이다. 내적인 말의 자세란 교리에 대한 토론과 같은 모든 종교적 대화와 논쟁을 벗어나는 것이다. 내밀한 말의 자세란 만트라 암송과 의식儀式 수행조차도 벗어나는 것이다. 요약하자면, 모든 언어적 행위를 벗어나는 것이 말의 자세를 통해 자연스럽게 쉬는 방법이다.

마음의 자세

외적인 마음의 자세란 부정적인 생각에서 벗어나는 것이다. 마음을 고요히 이완시키려면 먼저 우리의 일상적 미혹의 원천인 부정적인 생각과 감정에서 벗어나야 한다. 목표는 정신적 움직임이 전혀 없는 명료하고 투명한 상태에 머무는 것이다.

내적인 마음의 자세란 긍정적인 생각에서도 벗어나는 것이다. '모든 존재에게 이로운 일을 할 거야. 나는 그들이 모두 윤회계에서 벗어나게 할 거야.' 이런 생각 또한 하나의 생각에 지나지 않는다. 명상을 시작하기 전에는 보리심을 일으켜야 하지만 명상 중에는 그러면 안 된다. 보살들을 심상화하는 수행 역시 긍정적인 생각에 빠지는 것이다. 그러니 명상에 든 후에는 이 같은 생각에서도 모두 벗어나야 한다.

　내밀한 마음의 자세란 그 무엇이든 간에 생각의 모든 측면들로부터 벗어나 있는 것이다. 그 생각이 매력적이고 긍정적일지라도, 마하무드라 명상이나 족첸의 관점을 깊이 통찰하는 것이라 할지라도, 그것이 생각이라면 확실히 벗어나야만 한다. 온갖 생각을 벗어난 상태에서 자유롭게 쉬는 것이 내밀한 마음의 자세이다.

　외적이고 내적이고 내밀한 세 가지 마음의 움직임을 벗어나면 우리는 집중 명상, 곧 사마디와 명상체험을 심화시켜줄 완벽한 바탕인 완벽한 마음의 자세를 경험하게 될 것이다. 초심자에게는 바탕을 다지는 것이 매우 중요하다. ― 몸의 바탕, 말의 바탕, 그리고 마음의 바탕 말이다. 그런 다음에야 비로소 본격적인 명상을 시작할 수 있다.

본수행: 사마타 수행에 대한 파드마삼바바의 가르침

　예비수행을 완수하여 몸과 말과 마음이 안정되고 나면 명상의 본수행으로 들어간다. 타고난 현생의 바르도를 위해서 파드마삼바바는 집중되고 평화로운 명상적 상태를 기르는 사마타의 삼매를 집중적으로 가르친다. 이 가르침에 따르면, 실제 명상에 들어가기 전에 다음과 같은 보리심으로써 발심을 해야 한다. "나는 나 자신뿐만 아니라 모든 존재를 이롭게 하기 위해서 이 수행을 한다." 자신의 단점과 번뇌를 극복하는 데 집중하는 것도 중요하지만 자신의 염원을 다른 존재들까지 포함하도록 확대시켜야 한다.

보리심을 일으킨 후에는 시작부터 수행에 대한 확신을 키우는 것 역시 중요하다. 다음과 같이 말함으로써 확신을 불러일으킬 수 있다. "나는 바로 이번의 명상 중에 마음의 본성을 깨닫고자 여기에 앉았다." 이같은 확신은 "미래의 언젠가는 깨달음을 얻기를 바란다"고 말하는 우리 안의 구태의연한 사고방식을 초월하게 한다.

깨달음에 대해 생각할 때, 우리는 늘 현재가 아닌 미래의 시점으로만 생각한다. 이런 식이다. ─ "언젠가는 나도 붓다가 될 거야!" 하지만 오늘은 그날이 아니다. 이것은 우리에게 얼마나 확신이 부족한지를 말해준다. 우리는 바로 지금 수행을 하는 중에 깨달음이 일어날 수 있으리라고는 꿈에도 생각지 않는다. 하지만 당신이 그걸 어떻게 아는가? 좀더 긍정적으로 생각하는 것이 중요하다. 그러면 그것이 차차 진정한 자신감을 키워줄 것이다. 그러니 미래의 해탈을 꿈꾸는 대신 다음과 같이 생각해야 한다. "나는 바로 이번 수행 중에 마음의 본성을 자각함으로써 깨달음을 성취하리라. 나는 '바로 지금' 혼란스러운 감정을 모두 극복하리라."

외부의 대상에 대한 사마타

현생의 바르도에서의 주요 수행법으로서 파드마삼바바가 가르친 첫 번째 방법은 외부의 대상에 대한 사마타이다. 이 방법에서 외부의 대상은 마음을 쉬게 하는 집중을 돕는 데에 이용된다. 집중을 돕는 대상으로는 조약돌이나 꽃과 같은 평범한 대상이나, 탱화 속의 부처나 불상과 같은 영적 의미를 띤 대상이 될 수도 있다. 대상은 시선이 코를 따라 약간 아래쪽으로 향하게 하는 선상에 놓이도록 해야 한다. 그런 다음에 눈을 뜬 상태로 대상에 일심 집중하여 주의를 보낸다. 특정 대상에 시각적 의식을 집중한다는 것은 동시에 다른 시각적 대상에 보내진 의식을 거두어들이는 것이 된다. 이렇게 마음을 대상에 대한 시각적 인식과 한데 어울리게 해놓으면 당신은 마음에 휴식을 줄 수 있다.

이처럼 눈을 뜬 상태로 외부의 대상에 마음을 두면 사마타의 다른 방법들을 사용하는 것보다 더 명료한 마음상태를 경험할 수 있다. 예를 들어 호흡에 집중하는 사마타를 수행하면 어떤 시점에 가서는 마음이 다소 석연찮고 막막해질 수도 있다. 그렇지만 외부의 대상에 집중하면 마음의 명료성이 더욱 뚜렷이 드러난다. 하지만 동시에 너무 지나치게 시각에 집중하지 않도록 하는 것이 중요하다. 시선은 집중되어 있으면서도 편안해야 한다. 평소에 어떤 대상을 바라보던 것과 같은 방식으로 집중의 대상을 바라보라. 이 방법이 스트레스를 일으켜서는 안 된다. 만일 이것이 스트레스를 준다면 아무런 도움이 되지 않을 것이다. 우리가 집중하는 대상은 그저 하나의 기준점일 뿐, 요점은 단순히 그 집중을 잃지 않고 유지하는 데에 있다.

사마타 명상시간이 끝났을 때, 되도록이면 명상 상태에서 곧바로 일어나버리지 않는 것이 중요하다. 수행 이후의 시간은 그저 명상에 이어지는 시간이다. 다른 행위로 옮겨가기 이전에 과도적인 시간을 가질 수 있도록 허용해야 한다. 우리는 대개 이렇게 생각하는 경향이 있다. '됐어, 끝났어! 이젠 뭘 할까? 다음 할 일이 뭐였지?' 우리는 곧장 다음 행위로 뛰어든다. 그러지 말고 깨어 있기와 알아차림을 유지한 채 서서히 다음 일로 옮겨가야 한다. 이것이 명상적 안정상태와 깨어 있는 의식을 수행 후의 경험 속으로 이어지게 하는 비결이다.

흰 빈두의 심상에 대한 사마타

파드마삼바바는 사마타의 다른 수행법들도 제시한다. 그중 하나는 빛의 구체인 작고 하얀 빈두를 미간(인당혈 자리)에다 심상화하는 것이다. 빈두는 밝게 빛나고 뚜렷하지만 공^空하다. 그것은 견고한 물리적 대상이 아니라 희미하게 빛나는 무지개와 같이 순수하고 투명한 빛이다. 외부의 대상을 이용한 사마타 수행을 할 때와 동일한 자세와 시선을 유지하면서 미간에서 이 같은 순수하고 투명한 빛을 심상화하고, 온갖 산만한 생각에서 벗어나 마음을 이완된 상태에서 자유로이 쉬게 하라. 빈두는 단지 마음이 방황하지 않게 하는 집중의 대상으로 쓰이는 것이다. 이 수행의 핵심은 대상에 흔들림 없는 초점을 유지한 채로 마음을 완전히 이완시켜 최대한 자연스러운 상태에 머물게 하는 데에 있다.

빨간 빈두의 심상에 대한 사마타

또 한 가지 방법은, 수정구처럼 투명하고 텅 빈 형상을 한 투명하고 공한 자신의 몸을 심상화하는 것이다. 이것은 보살들의 순수하고 또렷한 형상을 심상화하는 것과 유사한 방법이다. 몸의 이 순수한 형상 안에서, 가슴 중추에 빨간 빈두를 심상화하라. '가슴 중추'라는 말은 실제 심장을 의미하는 것이 아니라 상반신 중앙 부위 가슴의 자리를 의미한다. 거기에 촛불의 불꽃 비슷한 크기로 빨간 빈두를 심상화하라. 이 빈두도 역시 투명하게 빛나는 빛의 불꽃 같은 형태이다. 빈두는 빨갛지만 촛불 불꽃의 뜨거운 겉부분과 마찬가지로 푸른빛을 머금고 있다. 이 푸른색은 빈두가 투명하고 비어 있는 느낌을 전해준다. 빈두는 가슴 중추의 등과 가슴 사이의 중간 지점에 위치해 있다. 마음이 붉고 푸른 불꽃과 같은 빈두에 흔들림 없이 자연스럽게 머물도록 집중시키라. 생각이 일어나면 그저 마음을 집중의 대상으로 되돌리라. 다시 말하지만, 지나치게 애씀으로써 수행에 긴장과 스트레스를 야기하지 말라. 편안히 이완된 자연스러운 상태에 머물러 있으라.

이것이 명상 시간에 시도해볼 수 있는 세 가지의 대상이 있는 사마타 수행법이다. 그리고 당신이 관세음보살, 아미타불, 금강살타 그리고 바즈라요기니와 같은 본존 수행에 필수적인 밀교 심상법을 수행하고 있다면, 이 또한 대상이 있는 사마타 수행법이어서 그 방식은 동일하다. 금강승 수행의 후반부에서는 미묘한 신체를 심상화하는 기법들이 특히 중요해진다.

대상 없는 사마타

집중할 대상이 없이도 사마타 수행을 할 수 있다. 파드마삼바바는 이 방식의 두 가지 가르침을 준다. 두 가지 방법 모두 먼저 비로자나 칠지좌법으로 앉아서 행한다.

첫 번째는 눈을 크게 뜬 상태로 허공을 바로 보고, 시선은 약간 위쪽으로 두는 것이다. 마음 앞에 대상을 끌어오지 않고 매우 편안하고 노력함이 없는 상태에서 공간을 경험하며 그저 쉬라. 한편으로는 자신 앞의 공간에 집중하는 느낌이 있지만 다른 한편으로는 집중하고 있는 특별한 지점이 없다. 시선은 광활하여 마치 허공 그 자체인 듯하다. 이때는 집중할 대상이 없기 때문에 깨어서 알아차리기를 놓치기가 매우 쉽고, 눈앞의 공간에서 일어나는 일에 의해 마음이 산만해질 수도 있다. 마음이 매우 거칠어져서 요동치거나 매우 무뎌져서 무감각해지고 멍해질 수도 있다. 마음은 둘 중 어느 쪽으로도 갈 수 있다. 묵직함을 느끼게 될 수도 있고 멍한 상태가 될 수도 있다. 이런 상태가 일어날 때는 마음을 강화하여 집중력을 높이는 것이 도움이 된다. 새롭게 다시 시작하여 초점을 확고히 고정시키는 데에 다시 집중하라. 그런 다음에는 단순히 마음을 쉬면서 놓아버리라.

대상 없는 두 번째 사마타 행법에서는 시선을 낮춰서 허공의 위쪽이 아닌 조금 낮은 곳을 바라본다. 이번에도 집중하는 특별한 대상은 없다. 그러니까, 바닥을 보는 것이 아니라 허공을 바라보는 것이다. 단지 아래로 향하는 시선으로, 즉 다른 각도에서 허공을 경험하는 것이다. 그와 동시에 마음을 편안히 이완시켜야 한다. 두 가지 방법에서 주요한 차이점은 시선으로 무엇을 하느냐에 있다. 첫 번째 방법은 집중의 측면이 강조되고 있고, 두 번째 방법은 마음을 이완시키는 측면이 좀더 강조되고 있다. 마음에 집중할 대상을 가져오지 않고, 단지 허공을 경험하면서 허공에 주의를 두는 것이다.

불不명상

대상 없는 두 가지 사마타 행법은 마하무드라와 족첸의 실제 명상법인 불명상(nonmeditation)의 특성을 띠고 있다. 수행을 할 때 집중의 대상을 강하게 붙잡고서 '나는 명상을 하고 있어'라고 생각한다면 그것은 전혀 명상하는 것이 아니다. 대신 대상에 대한 인식과 명상에 대한 생각을 품고 있는 것일 뿐이다. 특정 대상을 붙들고 있기 때문에 마음은 자유롭지 않다. 고요하고 명료한 마음상태에 머물고 있는 것이 아니다. '나는 명상을 하고 있어… 나는 명상을 하고 있어…'라고 생각하고 있을 때 거기에는 미세한 동요의 느낌이 자리 잡고 있다. 이 가르침이, 실질적인 명상은 명상하지 않는 것, 곧 불명상이라고 말하는 것은 그 때문이다.

앉아서 수행할 때, 명상에 대한 생각으로부터 벗어나는 것이 가장 중요하다. 명상이 얼마나 잘 되고 있는지, 혹은 명상 방법에 대한 생각에서조차 벗어나 있어야 한다. 우리는 흔히 이런 생각에 빠지곤 한다. '내가 잘 하고 있나?' '지금 올바른 자세를 취하고 있나?' '집중을 잘 못 하고 있나?' 이 모든 것이 산만한 잡념일 뿐이다. 이것은 명상이 아니다. 이러한 생각에서 벗어나 그저 허공 속에서 쉬는 것이 불명상의 시작이다.

짧게 자주 반복하는 명상

현생의 바르도에서는 자기만의 수행 리듬을 만들어내어 규칙성을 유지하는 것이 중요하다. 가장 효과적인 수행은 날마다 하는 수행이다. 이따금씩 수행하는 것도 도움이 되지만 효과적이진 못하다. 10분이든 한 시간이든 간에 날마다 수행하면 마음과 함께 긍정적인 환경을 만들어가는 작업의 흐름, 마음과 함께 자기 자신과 친숙해지는 과정의 끊이지 않는 흐름의 느낌이 생겨난다. 지속적인 수행은 당신으로 하여금 부정적인 감정에 덜 지배받고, 자신의 행위에 더욱 의식적으로 선택권을 행사할 수 있게 만든다. 상황에 즉각적으로 반응하는 대신 안정되고 맑은 마음으로 상황을 바라볼 수 있게 된다. 이처럼 깨어 있기와 알아차리기의 힘은 죽음과 죽음 이후의 바르도의 경험에서 강력한 영향력을 미친다. 이 같은 꾸준한 수행이야말로 뒷부분의 세 바르도인 죽음의 바르도와 법성의 바르도와 화현의 바르도에 대처하는 열쇠가 된다.

파드마삼바바는 사마타 수행시간을 짧게 가지되 자주 자주 하라고 말한다. 이것은 한 번의 명상시간 동안 짧은 명상시간을 많이 가지라는 뜻이다. '명상시간'이란 특별한 기법을 가르침에 따라 정진 수행하는 시간이다. 명상시간 사이에 쉰다는 것은 단순히 기법을 내려놓고 잠시 마음을 쉬는 것을 말한다. 예컨대 마음을 호흡에다 두고 쉬거나, 아니면 그저 자유롭게 마음을 쉬게 하는 것이다. 생각이 일어나도 상관없다. 그저 편안히 이완하도록 하라. 그런 다음에 다시 기법으로 돌아온다. 이 과정을 한 번의 명상시간 동안에 여러 차례 반복할 수 있다. 이것은 5분마다 일어났다가 다시 앉아서 명상하라는 뜻이 '아니다'.

명상시간을 짧게 하면 혼침昏沈과 도거掉擧라는 명상의 두 가지 주요한 장애로부터 벗어날 수 있다고 말해진다. 휴식 없이 명상시간만 길면 마음이 산만해지기가 쉽다. 어떤 때는 마음이 동요하여 들뜨고(도거), 어떤 때는 졸리거나 정신적 상태가 흐릿해져서 불명확해진다(혼침). 어느 경우든 당신은 수행에 불만을 느끼고 동기를 잃어버리게 된다. 이처럼 혼침이나 도거를 느끼면서 수행을 끝내는 것은 명상시간을 마무리하기에는 좋지 않은 방법이다. 이것은 당신으로 하여금 명상석에 다시 앉기가 싫어지게 할 것이다. 그러니 이 대신 온전히 집중하여 정진할 수 있는 짧은 명상을 하는 것이 중요하다. 이것은 수행을 촉진시켜 관념을 벗어난 명상의 참된 경험으로 나아갈 수 있도록 도와준다.

마음의 본성을 깨닫게 하는 가르침은 무수히 많다. 일반적으로 사마타 수행은 다른 수행법을 본수행으로서 행하기 전에 먼저 일정 시간 동안 행하는 수행법이다. 사마타를 안정적으로 확실히 수행하고 나면 깨달음을 가속시켜줄 본존 요가와 같은 다른 방편들을 택하여 몰두할 수 있다.

본존 요가

본존 요가는 우리 자신을 미혹된 중생으로 보는 자아상에 대한 집착을 궁극의 붓다나 존격의 형체 속에 온전히 깨어 존재하는 우리의 본성에 대한 확신과 긍지로 바꿔놓는 한 방법이다. 파드마삼바바에 따르면, 타고난 현생의 바르도에서는 금강승 전승의 본존 요가야말로 감정을 변화시키고 마음의 본성을 깨닫게 하는 가장 중요한 방편 중의 하나다. 이 수행을 통해서 우리는 존재에 대한 집착과, 현상이 견고하고 실재한다고 여기는 집착을 제거해주는, 현상과 공이 하나라는 심오한 관점을 깨닫는다. 우리는 최대한 예리하고 정확하게 마음의 여실한 현상들을 경험하도록, 그리고 그것이 여여히 명료한 마음의 현현, 혹은 유희임을 깨닫도록 자신을 단련시킨다.

본존 요가는 아미타불과 금강살타와 같은 존재를 심상화하는 수행을 포함한다. 이런 심상화 수행을 하는 것은 곧 이번 생의 현상들을 깨달음의 길로 몸소 이끄는 일을 하는 것이다. 부정하고 세속적인 현상들을 순수한 현상으로 변화시키고 있는 것이다.

이 훈련은 매우 중차대하다. 왜냐하면 현생, 또는 죽음 이후의 삶에서 경험하는 현상들은 모두가 오로지 우리의 마음으로부터 일어나는 것이기 때문이다. 마음 밖에 실체로서 실재하는 것은 아무것도 없다. 대상에 대한 경험뿐만 아니라 대상을 규정짓는 우리의 방식은 단지 우리 마음의 투사일 뿐이다. 두렵든 환희롭든 간에 우리의 경험은 마음으로부터 일어난다. 우리가 죽고 나서 어떤 경험을 겪든 간에 이 또한 단지 우리 마음의 투사일 뿐이다. 마음의 본성과 성질을 깨달아 미혹을 극복할 수만 있다면 모든 현상에 대한 우리의 경험은 매우 다루기가 용이하게 된다.

본존 요가는 특히 여섯 번째의 바르도인 화현의 바르도의 경험과 관련되어 있다. 이번 생에서 본존 요가를 수행해놓으면 나중에 또 다른 존재로의 환생을 막아야만 할 상황에 처할 때 우리는 본존의 형상으로 일어나서 주변 환경을 신성한 만달라로 만들어낼 수 있다. 이것을 완벽한 확신으로 해낼 수 있으면 우리는 해탈을 얻을 것이다. 설사 해탈을 얻지 못하더라도 최소한 길상吉上한 환생[7]은 보장된다.

본존 요가는 또한 사마타와 위빠사나에 대한 금강승의 접근법을 보여주고 있다. 금강승의 방편은 심상의 생성 단계인 생기차제(creation stage)와 완성 단계인 원만차제(completion stage)로 알려져 있는 두 가지 훈련으로 구성되어 있다. 특정한 존격을 명확히 심상화하는 생기차제는 사마타의 측면이고, 이러한 심상화가 해체되는 원만차제는 위빠사나의 측면이다. 사마타 수행과 위빠사나 수행은 마하무드라와 족첸의 전통에서도 가르쳐진다.

여기서 우리는 사마타 수행과 위빠사나 수행이 한갓 초보자를 위한 수행법이 아님을 알 수 있다. 이것은 이번 생의 현상들을 다루는 가장 수준 높은 수행법이다. 우리는 감각적 지각에서부터 생각과 감정에 이르기까지 무수한 형태의 현상들을 활용하여 모든 경험을 영적인 길로 이끌 수 있다. 처음에는 깨어서 알아차리는 힘을 기르기 위해 다소간의 노력이 필요하지만 시간이 지나면 알아차림이 절로 일어나는 것을 깨닫게 될 것이다. 그것은 갈수록 점차 지속적으로 유지된다. 이 알아차림은 죽음의 바르도와 죽음 이후의 바르도를 통해서도 여전히 지속된다. 그런 순간에도 우리는 당시의 경험에 대한 분명하고 정확하고 안정된 자각의식을 지니게 된다. 깨달음의 기회가 오면 우리는 그 기회를 잘 활용할 준비가 되어 있을 것이다. 그렇지 못하더라도 최소한 바르도의 여정과 다음 생의 환생을 스스로 어느 정도 통제할 수는 있게 될 것이다.

수행을 위한 발심

현생의 짧은 시간을 최대한 활용하기 위해서는 우리의 수행을 어떻게 하면 가장 효과적으로 할 수 있을지를 생각해야 한다. 수행의 혜택을 뒤로 미루면서 여기서 우리의 시간을 낭비할 여유가 없다. 가능한 한 이 상황을 최대한 효과적으로 이용해야만 한다.

어떤 수행이건 시작하기 이전에 먼저 자신의 동기를 아주 잘 들여다보아야 한다. 배움과 사유와 명상의 세 단계 과정에 들어서면 그것을 수행하는 이유가 매우 구체적이고 명확해야만 한다. 이렇게 자신에게 상기시켜야 한다. '나는 나의 부정적 감정과 에고에 대한 집착을 벗어나기 위해서 이것을 수행한다.' 이것은 구체적인 동기의 일반적인 예를 든 것이다. 하지만 더 정확하게는, 자신의 개인적 번뇌의 고유한 측면을 고려해야 한다. 자신의 가장 강렬한 감정을 파악하면 그 감정을 완화시켜줄 수행에 집중할 수 있다. 우리는 가장 강렬한 감정에서부터 시작해서 다음으로 강렬한 감정, 그리고 그다음의 순서로 다루어간다.

이런 식으로 수행의 우선순위를 매기는 것이 중요하다. 배움과 사유와 명상의 세 가지 단계 모두에서 자신의 의도를 분명히 해야 한다. 사마타 수행이나 여타의 수행을 하는 동안 생각이 일어나면, 자신의 목적이 불편한 감정과 번뇌를 제거하는 데에 있음을 상기하라. 마음에 의지력과 결단력을 지녀야 한다. 처방이 잘 듣게 하기 위해서는 자신에게 다음과 같이 말해야 한다. "그래! 이 분노를 벗어날 거야! 이것을 다스리겠어!" 그렇지 않고 명확한 인식 없이 막연하고 모호한 의도로 그저 자리에 앉아만 있다면 그 결과 역시 모호하게 될 것이다. 한 시간 동안 시간을 낭비하지 않고 앉아 있더라도 의도를 분명히 하지 않으면 경험도 빗나가고 비효율적인 것이 될 것이다.

불편한 감정과 에고에 대한 집착을 최대한 직접적으로 대면하는 것이 중요하다. 우리의 수행은 예컨대 일반적인 알아차림 수행보다 더 초점을 정확히 맞추어 집중되어야 한다. 수행이 구체적인 의도를 지향하면 효과는 확실해지고, 그렇지 않으면 효과도 따라서 불확실해진다. 그것은 직접적인 대처법과 간접적인 대처법의 차이와 비슷하다. 간접적인 대처법의 예를 들자면, 배고픈 사람에게 식료품 가게의 위치를 알려주는 것과 같다. 직접적 대처법의 예는 배고픈 사람에게 즉석에서 음식을 주는 것과 같다. 그러면 배고픔의 고통은 즉시 해소될 것이다. 예리하게 초점을 맞추지 않으면 우리의 수행은 간접적인 대처법이 될 것이다. 반면에 명확하게 초점을 맞추면 그것은 즉석의 효과를 얻어내는 대처법이 될 것이다.

불편한 감정과 뿌리 깊은 에고에 대한 집착에 직접적이고 효과적으로 대응하는 것은 활을 쏘는 것과 유사하다. 활을 쏘기 전에 우리는 먼저 맞히려는 표적을 확인해야만 한다. 그래야만 그것을 맞출 수 있다. 우리는 사유와 분석적 명상을 통해서 표적을 확인한다. 표적을 찾을 때 우리는 형상과 소리와 냄새와 맛과 촉각의 대상 등 외부적인 현상을 분석하는 것이 아니다. 대신 우리는 먼저 마음을 분석한다. 자신의 마음을 최대한 정밀하게 들여다보고, 표적인 지배적인 감정을 파악한다. 우리에게 활은 에고에 대한 집착과 불편한 감정에 대한 해결책인 '듣고 사유하고 명상하는 수행'이다.

각 명상시간의 끝에는 공덕을 회향해야 한다. 우리는 참된 수행자로서 다음과 같이 말해야 한다. "이 특정한 번뇌로 고통받는 나와 모든 존재들이 그것을 극복하고 그리하여 두려움과 고통에서 벗어나기를." 나아가 명상 후의 모든 수행 역시 동일한 의도로 회향해야 한다.

나날의 수행을 꾸준히 지켜나가는 것이 선한 습관과 성향을 길러줄지는 몰라도 의도적인 발심이 없으면 수행이 기계적인 자동행위가 되어버릴 수 있다. 당신은 아침에 일어나서 자리에 앉아 수행하고, 직장에 가고, 집에 와서 다시 자리에 앉는 것을 무심히 되풀이하고 있을 것이다. 반면에 방법을 분명히 하고, 동기를 신선하고 진실하게 가지고 목표를 다질 때 수행은 잘 쏘아진 화살과 같아서 표적을 정확히 맞출 것이다.

길지 않은 귀한 시간

현생의 바르도는 영원히 지속되지 않는다. 호텔에 머무는 투숙객과 같은 우리의 마음은 이 몸에 단지 임시거처를 꾸린 것일 뿐이다. 우리가 이번 삶의 도전과 다가올 바르도의 절박한 도전에 직면할 때 배움과 사유와 명상, 이 세 단계의 공부는 어떻게 우리를 도와줄 수 있을까? 이 세 가지를 실천함으로써 우리는 마음을 안정시키는 기술을 터득하고, 마음이 어떻게 작용하는지를 통찰하는 힘을 기르게 된다. 우리는 먼저 마음의 본성에 대한 이해를 얻고 그다음으로 본성을 경험한다. 그리고 마지막으로 궁극의 결실, 곧 본성을 완전히 깨닫게 된다.

이렇게 단계별로 수행해가는 것은 여행에 꼭 필요한 물건들을 꼼꼼히 챙겨놓는 것과도 같다. 여행 가방을 꾸릴 때가 되면 더 이상 찾을 필요가 없을 정도로 필요한 것은 다 구비하고 있게 될 것이다. 마지막 순간에 지도와 여행안내서를 사러 나가야 하는 일은 없을 것이다. 혹시 중요한 것을 빠뜨린 것이 없는지 걱정할 필요도 없을 것이다.

우리는 깨달음으로 이끌어줄 지혜와 경험을 가지고 있기 때문에 그어떤 상황에도 대처할 수 있다. 우리는 자기 자신과 가르침과 전승법맥의 스승들의 영적 인도에 대한 확신을 가지고 있다. 이제 이 시점에서 우리는 모든 의심과 망설임을 내려놓을 수 있다. 파드마삼바바의 가르침을 가슴속에 확고히 간직하고서 어디에 있든지 자신의 본성으로서 그저 편안히 이완할 수 있다.

현생의 바르도의 미혹에 대해 시시콜콜 논하자면 그것은 끝이 없을 것이다. 그 이야기에는 우리 개개인들의 미혹뿐만 아니라 윤회의 여섯 가지 존재영역[8]의 전반적인 미혹도 포함되어야 할 것이다. 하지만 이 책에서는 단순히 현생의 바르도의 가장 중요한 요소들만을 다루었다. 이 바르도의 정의, 즉 성질, 그리고 이 바르도의 경험, 즉 깨달은 존재들과 평범한 존재들이 각자 현생의 현상을 인식하고 그것을 대하는 방식, 그리고 주된 수행법, 즉 바르도의 경험을 깨달음의 수단으로 바꿔놓는 방법인 배움과 사유와 명상의 세 가지 수행법 말이다.

정규적인 명상과 더불어, 명상이 끝난 이후에도 깨어 있는 의식상태의 느낌을 계속 유지하는 것이 중요하다. 우리로서는 명상 이후를 논하는 것이 어떤 면에서는 쉽다. 우리는 언제나 세상 속에서 머물고 있고, 몸과 언어가 동원되는 온갖 활동에 바쁘게 종사하고 있기 때문이다. 그런 활동들 속에서도 깨어서 알아차리기를 조금만 실천하면 우리의 수행은 훨씬 더 강력해진다. 우리는 현생에서 깨어서 알아차리기가 얼마나 필요한 것인지를 알 수 있다. 현생의 바르도에서 그런 상태에 늘 머물러 있으면 이번 생의 탄생과 삶의 경험은 매우 유익한 것이 되고 그 여건도 좋아진다. 정규적인 명상수행은 일상의 삶에도 긍정적인 분위기를 북돋아주고, 그것은 다시 정규적인 명상수행을 안정적으로 지속되게 해준다. 만일 명상시간이 끝난 후에도 깨어서 알아차리기를 유지할 수만 있다면 그것은 우리의 수행을 가속시켜줄 연료가 될 것이다. 명상시간과 명상 이후의 시간은 서로를 강화시켜주는 상호보완적 요소다.

이번 생의 시간을 유용하게 쓰지 못한다면 우리는 매우 소중한 기회를 놓치고 있는 것이다. 이처럼 귀한 기회를 다시 얻기는 매우 어렵다. 불교의 모든 계파의 가르침들도, 이 귀한 인간생을 얻어서 그것을 올바로 이용할 수만 있다면 그것은 바로 이 바르도의 끝없는 윤회에 종식을 고하는 지극한 청정상태와 완전한 깨달음을 이루기 위한 강력한 밑받침이 된다고 이구동성으로 말한다.

3

꿈꾸는 자 깨우기: 꿈의 바르도

　타고난 현생의 바르도에서 우리는 깨어 있기와 잠들어 있기의 교차를 경험한다. 날마다 마음은 깨어 있는 상태로부터 잠의 상태로, 잠으로부터 꿈의 상태로 미끄러져 들어간다. 꿈이라는 중간 상태에서 우리는 전혀 통제할 수 없거나 거의 통제하지 못하는 이 심상의 세계를 의식이 전혀 없거나 흐릿한 의식 상태로 떠다닌다. 그러다가는 과정이 역전되어 다시 깨어 있는 의식 상태로 돌아오고, '현실' 세계와 다시 연결된다. 이런 경험을 겪는 동안 우리는 기뻐하기도 하고 어리둥절해하기도 하고 끔찍해하기도 한다.

　깨어 있는 상태에서 꿈으로 옮아가고 다시 돌아오는 이 과정이 항상 선을 그은 듯 분명하지는 않다. 꿈을 깨는 꿈을 꾸어본 적이 있을 것이다. 꿈을 깨는 것조차 꿈이었음을 깨닫는 것이다. 실제로 깬 것이 아니라 단지 꿈을 깨는 꿈을 꾸고 있었던 것이다. 지금 이 순간 우리는 깨어 있다고 믿는다. 하지만 '그래, 나는 깨어 있어'라고 생각하지는 않는다. 그것을 의식하고 있는 일은 거의 없다. 자신의 경험을 주의 깊게 살펴보면 우리는 자주 반쯤 잠든 듯이 움직이고 있음을 알 수 있다. 꿈에서 그러하듯이, 우리는 눈앞의 현상에 그저 자동반응할 뿐이다.

절대적인 관점, 깨달음의 관점에서 보면 현생의 경험은 결코 깨어 있는 상태가 아니다. 이것은 윤회전생輪回轉生(samsara)이라 불리는 좀더 긴 꿈일 뿐이다. 평소에 우리가 꿈이라 부르는 것은 실제로는 '이중의 환영', 곧 '꿈속의 꿈'이고, 나날의 깨어 있는 삶은 타고난 본래의 환영이다. 파드마삼바바의 가르침은 두 번째 바르도인 이 꿈이라는 중간 상태를 다루는 방법을 제시한다. 이 수행법은 꿈의 상태를 알아차리고 그것을 진정으로 깨어 있는 경험으로 바꿔놓는 방법이다.

두 번째 바탕 시는 이렇게 말한다.

에 마!
꿈의 바르도가 네 앞에 나타나는 이때,
미망의 꿈에 빠진 시체와 같은 부주의를 버리고
방황함 없이 깨어서 알아차리는 본성 속으로 들어가라.
꿈을 알아차림으로써 변화와 광명을 수행하라.

꿈의 바르도는 현재의 깨어 있는 상태의 현상들이 사라졌다가, 다음 깨어 있는 상태의 현상들이 일어나기 전까지 그 사이의 시간이다. 다른 말로, 오늘 밤에 잠에 들면 우리는 '이 세계를 떠나서' 꿈의 바르도에 들어선다. 내일 아침 깨어나면 다시 세상이라는 현상이 우리에게 펼쳐진다. 잠들었다가 다시 깨어나는 사이의 시간에 우리는 꿈이 일어나는 상태를 경험한다. 때로는 낮에도 백일몽 속에서 이런 상태를 경험할 수 있다.

현상-공(空)

파드마삼바바는 꿈의 바르도의 미혹을 다루고, 그 경험을 깨달음의 길로 이끌기 위한 세 가지의 중요한 방법을 가르친다. 그것은 환영의 몸, 꿈의 요가, 광명의 요가 수행이다. 이 수행은 낮시간과 밤시간의 현상들은 곧 '불가분한 현상-공'임을 알아차리고, 깊은 잠의 상태는 곧 깨어 있는 광명한 의식임을 알아차림으로써 마음의 진정한 본성을 깨닫게 한다.

이 수행법을 효과적으로 해나가기 위해서는 '현상'과 '공성'이라는 개념을 이해하는 것이 필수적이다. 현상과 공성은 둘 중 하나를 알지 못하면 나머지도 온전히 알 수가 없다. 통념적으로 우리는 어떤 것이 존재하든가, 아니면 존재하지 않는 것으로 생각한다. 존재하는 것이라면 그것을 보거나 듣거나 만지거나 하는 등으로 느낄 수 있다. 그것은 하나의 현상으로서 지각되고 관념적으로 인식된다. 존재하지 않는 것이라면 지각하고 알고 관념화할 만한 것이 없다. 마치 진공과 같은 공성, 곧 존재의 부재만이 있을 뿐이다. 그러므로 이런 관점에서 보자면 존재하는 것은 존재하지 않는 것의 반대이다. 따라서 우리의 일상적 경험에 비추어보자면 '현상'과 '공성'은 상호배타적이다. 그러나 불교의 관점에서 보면 현상과 공성은 실제로 서로 떼놓을 수가 없다. 그리고 바로 이 불가분한 성질이 꿈의 요가 수행법의 기반을 이룬다. 마음과 현상의 실상이 이와 다르다면 우리는 그것을 어떻게 알 수 있을까?

현상과 공성에 대한 불교적 관점을 이해하기 위해서는 상대적 진실(속제俗諦)과 절대적 진실(진제眞諦)이라는 양쪽의 시각에서 현상을 바라봐야만 한다. 상대적인 관점에서 보자면 세상의 모든 사물과 경험은 드러나고 존재한다. 반면에 절대적인 관점에서 보면 동일한 그것은 우리의 눈에 보이고 마음에 여겨지는 그것이 아니다. 분석적 명상이라는 논리적 사유법을 사용하든 과학의 실증적 방법을 사용하든 간에, 사물에 더 가까이 다가가 면밀히 들여다보면 그것의 견고성은 허물어지고 만다. 사물을 상이한 부분들로 점점 더 작게 분해하여 아무것도 남지 않을 때까지 쪼개는 단계적인 과정을 거쳐가다 보면 현상에 대한 우리의 인식은 변한다.

통념적으로, 우리는 물질이 미세한 차원에서는 무수한 소립자와 원자로서 존재하고, 그것이 좀더 거친 차원에서 더 큰 형체의 단위가 되는 벽돌과 같은 역할을 하는 것으로 받아들인다. 그렇지만 다양한 분석적 방법을 통해서 이 미립자를 들여다보면 실제로 존재하는 견고한 물리적 실체는 발견되지 않는다. 대신 우리는 이 미립자들이 더 작게 쪼개질 수 있기 때문에 그것이 '최종의 물체'가 아님을 알게 된다. 아무리 정밀하고 심도 깊게 분석해 들어가더라도, 우리는 거친 물질을 구성하는 어떤 종류의 '기초 벽돌'도 발견할 수가 없을 것이다.

아무리 철저히 분석해도 미세한 차원에서 실제로 존재하는 물질을 발견할 수가 없다면 우리가 날마다 접하고 사용하는 사물의 기반은 도대체 무엇인지를 의문시하지 않을 수가 없다. 대양이나 산맥과 같은 거대한 자연물로부터 일상 속의 작은 사물에 이르기까지 모든 형체들은 미립자의 차원까지 쪼개질 수 있다. 예를 들어 핸드폰의 진정한 실체를 살펴보고자 한다면 동일한 분석방법을 적용할 수 있다. 먼저 대상을 핸드폰이라고 인식하고 나서, 그것을 케이스와 키패드 등의 더 작은 구성물로 해체할 수 있다. 그런 다음 그것들은 점차 본래의 정체성을 잃은 구성요소들로 줄어들 것이다. 그것은 다시 분석적 과정을 통해서 더 이상 '핸드폰'이라 부를 수 없는 단순한 플라스틱 파편들로 전락할 것이다. 그 파편들을 원자 차원까지 분해해 들어가면 우리는 그 원자들을 '플라스틱 파편'이라 부를 수도 없게 될 것이다. 심지어 원자들을 그보다 더 미세하게 분해하기로 마음먹는다면, 우리는 아주 미세하고 미묘한 물질과 마음의 차원에 가닿는다. 이와 같이 물질의 미세한 흔적들을 분석해보면 견고하게 실제로 존재하는 '물질 자체'로 남는 것은 없다는 것을 발견할 것이다. 거기에는 그저 분석하는 마음과 동일한 상태인 허공과 에너지가 있을 뿐이다. 그러면 이러한 의문이 일어난다. '그럼 핸드폰은 어떻게 존재하지?' 한술 더 떠서 이런 의문이 들 수도 있다. '지금 핸드폰과 내 마음 사이의 경계는 어디에 있는 거지?'

핸드폰은 여전히 거기에 있지만, 그것은 형상을 지닌 공이 된다. 벨이 울리거나 통화하거나 요금을 지불할 때, 그것은 거기에 엄연히 존재하여 우리가 보고 듣고 느낀다. 그러나 궁극적으로 말하자면 핸드폰은 거기에 존재하지 않는다. 그것은 진정으로 존재하지 않으면서도 인습적인 현실의 차원에서 완벽하게 제 기능을 하고 있다. 나아가서 이 같은 방식으로 분석해보면 일체의 현상이 다 동일하다는 것을 알 수 있다. 불교에서는 이것을 현상-공이라 일컫는다. 우리가 경험하는 이 모든 형체들은 투명하고 실체가 없으면서도 눈에 선명하게 보이는 무지개와도 같다. 또 그것은 풀장의 고요한 수면에 비친 달과도 같다. 이런 그림자를 볼 때 우리는 물 위에 비친 그 모습이 너무나 또렷해서 가끔은 혼동하기도 한다. '저게 뭐지? 진짜 달 아닌가?' 달의 그림자는 그토록 또렷하고 생생하여 진짜 같다. 하지만 그렇다고 해서 물 위에 실제로 달이 있는 것은 아니다. 이러한 '견고한 사물의 부재성'은 우리로 하여금 그 그림자를 지각하는 의식, 곧 자아 역시 신기루와 같다는 점을 이해하게 한다.

어떤 사물이 절대적 차원에서 실제로 존재하는지를 판단하는 것이 이 분석의 목적임을 상기하는 것이 중요하다. 이 과정에서 우리가 찾고 있는 것은 그것이다. 상대적인 차원에서는 그것이 눈앞에 실제로 존재 하는지를 우리도 의심하지 않는다. 분석에 들어가기 전인 처음에는 지 각의 대상과 지각하는 의식인 주체 양쪽이 다 존재한다. 분석해가는 과 정에서 대상의 물질적 존재의 더 미세한 차원에 가닿으면 지각하는 의 식인 주체 쪽이 그것을 감지한다.

그러다가 '아무것도 없음'을 발견하는 마지막 단계에 이르면 지각하 는 의식이 바뀐다. 지각의 대상과 지각하는 행위가 끊겼기 때문에 그것 은 더 이상 지각하는 의식이 아니다. 대상의 실체성은 더 이상 남아 있 지 않고, 거기에는 투명한 현상과 동시에 투명한 의식만이 있다. 견고 한 실체성이 없이는 무엇을 묘사하거나 규정할 방법이 더 이상 없다. 그러므로 자아와 타자, 주체와 대상의 분별은 환영이 되어버린다.

그 순간에 일어나는 것이 주체와 대상의 분별을 벗어난 마음의 궁극 적 본성에 대한 직접적인 감지다. 본질적으로 거기에는 허공과 자각의 식(awareness)만이 있다. 물론 상대적인 차원에서는 여전히 주체와 대상 이 존재한다. 분석은 상대적인 현상세계를 파괴하지도 않고 공성을 파 괴하지도 않는다.

이와 같은 관점과 이해를 지니고 명상을 하면 우리는 우리의 비관념 적 경험 속에 본연의 명료한 상태가 존재함을 깨닫게 된다. 우리가 공 성을 논할 때, 그것은 존재와 비존재, 탄생과 죽음이라는 이원성을 넘 어선 자각의식 상태를 말하는 것이다. 공성은 모든 종류의 관념 너머에 있다. 단순한 '존재의 부재'가 아닌 이 명료한 상태가 바로 우리 마음의 본성, 곧 붓다의 지혜(jnana) 안에서 찬란하게 빛나는 공성인 것이다. 공성은 열반과 윤회계의 모든 현상의 근원인 허공과 자각의식의 합일이다. 그것은 외부세계와 내면세계의 모든 양극을 통합하는 깨달음의 상태다.

마음의 참된 본성과 상대적인 모든 현상을 현상–공으로 알아차리면 마음을 통달한 깨달은 존재의 지각인 '청정한 현상'을 직접 경험하게 된다. 이와 반대로 현상–공을 알아차리지 못하면 '부정한 현상'을 직접 경험하게 된다. 그것은 현상을 마음과 완전히 분리된 항상恒常한 것으로 보고 집착의 근거로 삼는 미혹된 존재의 지각이다. 현상의 본성에 대한 이 같은 그릇된 관념은 우리로 하여금 여섯 바르도의 어디서든 일어날 수 있는 강한 두려움과 분노와 혼란과 같은 부정적인 상태를 선하고 환희로운 상태로 바꿔놓을 수 있는 방법을 보지 못하도록 훼방한다. 그러므로 환영의 몸과 꿈의 요가를 수행할 때에는 특히 이 상대적 현상을 마음의 초월적 본성을 알아차리기 위한 수단으로 삼고 공부해야 한다.

부정한 꿈과 청정한 꿈

꿈 상태로의 진입

잠에 들 때 우리는 일체의 토대의식(all-base consciousness), 곧 알라야식阿賴耶識(alaya-vijnana)으로 불리는 깊은 마음의 차원 속으로 다섯 가지 감각의식이 소멸되어 들어가는 것을 경험한다. 모든 감각의식이 소멸하는 이 시점은 마치 실신하는 경험과 같이 텅 빈 순간이 된다. 실제로 죽음의 상태와 아주 유사한 무의식의 상태가 되는 것이다. 따라서 이러한 소멸의 과정을 지켜보는 것은 죽음의 경험을 다루는 데에 매우 유용한 수행이다.

소멸이 진행되는 동안 일어나는 일은, 감각의식이 외부 대상에 대한 능동적인 작용을 거두어들이기 시작하는 것이다.[9] 따라서 우리는 의식이 혼미해지고 흐릿해지는 것을 느끼기 시작한다. 하지만 그와 동시에 우리는 그러한 지각을 비관념적으로 경험하고 있다.

예를 들어 우리는 잠에 빠져드는 동안에 뭔가를 — 등불의 형상이라든가 달빛에 비친 커튼 색깔과 같은 것을 — 보게 될 것이다. 그것을 마음에 새김이 없이 말이다. 그 결과로 그것에 대한 생각은 남지 않는다. 이와 유사하게 시계의 째깍거리는 소리와 같은 소리를 희미하게 인식할 수는 있지만 마음이 거기에 이름을 갖다 붙이지 않기 때문에 그것은 단순히 비관념적인 소리의 경험으로 남는다. 마찬가지로, 덮고 있는 담요에 대해서도 구체적인 생각을 형성하지 않고 그저 담요의 무게와 질감을 느낀다. 바로 이런 순간에 비관념적인 지각의 경험을 목격할 수 있다.

미혹의 속편

잠속으로 빠져드는 과정에서 감각이 소멸한 후에도, 우리는 습관적 경향에 의해서 또 다른 일체의 현상이 일어나는 곳인 꿈의 상태로 옮겨간다. 꿈의 현상이 일어날 때 그것이 꿈이라는 것을 알아차리지 못하는 한, 우리는 그 모든 현상을 깨어 있을 때의 경험과 마찬가지로 실재하는 견고한 경험으로 받아들인다. 그래서 평범한 존재들에게는 꿈이란 미혹의 속편인 것이다.

의식의 여섯 가지 대상들은 꿈속에도 모두 존재한다. 우리는 형상을 보고, 소리를 듣는다. 냄새와 맛과 감촉을 경험하기도 한다. 우리는 정신의 기능으로 온갖 생각을 하고, 깨어 있는 삶에서 겪는 모든 희망과 두려움과 욕망과 분노로써 꿈의 경험에 반응한다. 낮시간에 겪는 경험과 마찬가지로, 모든 현상들이 생생하고 견고하게 거기에 있다. 예를 들어 꿈속에서 책상에 손을 갖다 대면 손은 책상의 표면을 통과하지 않고 표면에 대어져 있다. 독사를 보면 자기도 모르게 두려움을 느끼고 도망간다. 꿈속의 아름다운 대상을 보면 그것을 탐하여 가까이 다가가고 싶어한다. 자신이 꿈을 꾸고 있다는 사실을 알아차리지 못하는 한 우리는 똑같이 이렇게 반응한다.

꿈에서 깨어 있기

그러나 꿈을 꿈으로 알아차리면 그것은 미혹의 치료제가 될 수 있다. 이것이 어떻게 가능할까? 꿈을 꿈으로 인식하지 못하는 것이 미혹 — 그리고 그래서 윤회적 — 이라면 꿈을 알아차리는 것이 어떻게 미혹을 변화시키는 동인이 될 수 있을까? 우리가 꿈속에서 '깨어 있고', 꿈의 현상들의 본성을 현상-공으로 인식하면 꿈은 더 이상 미혹이 아니기 때문에 그것이 가능한 것이다. 그것은 더 이상 꿈을 현실인 줄로 오인하는 우리의 습관적 경향성과 마음의 번뇌에 한데 뒤섞이지 않는다. 우리는 이렇게 말할 수 있게 된다. "나는 내가 꿈을 꾸고 있다는 걸 알아. 이 현상들이 환영이라는 걸 알고 있어." 그래서 꿈을 꿈으로 알아차리면 그것이 치료제가 되는 것이다. 꿈을 알아차리지 못한다면 그것은 그저 미혹 위에 더해진 미혹일 뿐이다. 다른 일반적인 미혹도 마찬가지다. 자신의 미혹을 알아차리면 그것은 치료제가 된다. 그렇지만 미혹을 알아차리지 못하면 그것은 더 깊은 미혹이 우거질 터가 된다.

꿈의 상태가 정화되면 그것을 무엇이라 할 수 있을까? 이 시점에서는 꿈속에서 일어나는 모든 것은 무지개와 같은 현상-공이다. 꿈의 현상들은 마음 그 자체이다. 형상과 소리 등등은 우리 자신의 마음이지, 마음을 떠나서는 인식자와 인식 대상이란 식으로 존재하지 못한다. 현상을 실재하는 것으로 보고 집착하는 습성은 제거된다. 현상의 진정한 본성을 앎으로써 우리는 마음을 지배할 힘을 얻고, 원치 않는 곳으로 끌려다니지도 않고 두려움이나 욕망이나 미움에 압도되지도 않는다. 미혹은 쫓겨나고, 지혜가 쌓인다.

꿈의 바르도에서 마음과 현상의 본성을 깨닫게 하는 본수행법은 환영의 몸과 꿈의 요가와 광명의 요가이다. 환영의 몸 수행은 낮 동안의 현상을 다루는 법이고, 꿈의 요가는 밤에 꿈속에서 나타나는 현상을 다룬다.[10] 광명의 요가는 깊은 잠의 상태를 다룬다. 이 수행법들은 심오하고, 때로는 어려운 행법이다. 이 수행에서 오는 이해는 죽음의 바르도에서 지극히 유용하게 쓰인다. 현생의 바르도에서보다 죽음의 바르도에서 겪는 현상들이 마음과 상관없는 외부의 현상으로 오인되기가 훨씬 더 쉽다.

132

환영의 몸 수행

꿈의 요가의 첫 번째 수행법인 환영의 몸 수행은 부정한 환영의 몸에 대한 수행과 청정한 환영의 몸에 대한 수행, 두 가지로 구성되어 있다. 두 가지 수행에서 모두, 일상생활 속에서 깨어서 알아차리는 태도를 유지하고, 애초의 보리심을 잊지 않고 간직하는 것이 중요하다. 자신을 이렇게 상기시켜야 한다. "나는 모든 존재를 이롭게 하기 위해 이 수행을 하여 깨달음을 이룰 것이다. 그들도 모두 환영인 이 세계의 실상을 경험할 수 있기를."

부정한 환영의 몸 수행

우리는 먼저 부정한 환영의 몸을 닦는다. 이제 우리는 세상을 바라보면서 자신에게 이 세계는 꿈이나 무지개와 같은 환영임을 상기시킨다. 세상은 궁극적인 실재가 아니고, 거기에 거주하는 존재들 역시 실제로 존재하는 것이 아니다. 이 현상들 안에서는 아무것도 발견할 것이 없다는 사실을 상기하라. 형이상학도, 과학도 이 현상들이 실제로 존재함을 증명할 길을 찾지 못한다. 결국은 둘 다 동일한 결론에 도달하고 만다.

현재의 경험의 꿈과 같은 성질을 이해하는 방법 중 하나는, 오늘의 시점에서 어제의 경험을 바라보는 것이다. 그러면 어제 일어난 모든 일들이 지금은 단지 기억으로서만 존재한다는 것을 알게 된다. 어제 우리가 했던 대화와 행동과 생각, 그리고 감정은 물론, 어제의 장면이나 소리조차도 지난밤 꿈에 나타났던 형상들보다 현실적이지 않다. 오늘이라는 관점에서 보면 어제의 일들과 꿈속의 형상들 사이에 큰 차이점이 없다. 지난밤의 꿈보다 어제 낮 동안에 일어났던 경험의 기억이 더 강럴할지라도, 이제는 모두가 한갓 기억일 뿐이다. 바로 지금 실재하는 듯 만져지는 오늘의 경험조차도 내일이 되어서 뒤돌아보면 꿈과 같은 기억으로 남을 것이다.

먼저 우리는 자신을 이러한 관점으로 향하게 해야 하고, 이런 식으로 세상을 바라보는 데에 익숙해져야 한다. 자신의 경험이 꿈이나 환영과 같음을 삶의 모든 상황에서 상기해야 한다. 호의적인 상황에 처해서 좋은 시절을 보내고 있거나, 열악한 상황에서 끔찍한 시간을 보내고 있더라도 현재 경험하는 모든 현상은 마음이 비춰내는 환영이고, 그것의 진짜 본성은 현상-공임을 상기해야 한다. 좋은 시절을 보내고 있을 때는 그것을 잊어버리기가 쉽고, 역경을 겪고 있을 때는 마음이 그 자리에 있지 못하여 그것을 기억할 만한 정신력이 모자라기가 쉽다. 하지만 일이 그럭저럭 풀려가는 동안에는 그것을 기억하는 습관을 쌓을 수 있고, 그러면 그것은 우리가 가장 필요로 할 때 스스로 우리를 찾아올 것이다. 사랑하는 사람과 헤어지거나 사고가 나거나 병에 걸리는 등의 끔찍한 일이 삶에서 일어날 때 우리는 그것을 바라보며 이렇게 말할 수 있을 것이다. "이것은 꿈과 같고, 환영과 같다."

마찬가지로, 불교의 가르침들은 만사가 완전히 어그러지고 바닥을 치고 있을 때가 수행을 위해서는 최고의, 가장 가능성 높은 순간이라고 말한다. 이런 힘든 순간들이야말로 자신의 삶을 깊이 들여다보고, 자신의 수행과 자신이 경험하고 있는 것 사이의 진정한 상관관계를 깨닫기에 가장 좋은 순간이다. 희망을 포기했고, 그래서 두려움이 없기 때문에 그것은 매우 강렬한 순간이 되는 것이다. 거기에는 희망도 없지만 동시에 두려움도 없다. 그리고 '나'라는 느낌에 고통스럽도록 매달리지 않게 되고, 에고의 자기중심적인 관심사에 그토록 빠져들지 않는다.

134

그와 반대로 우리는 시각이 고착되지도 않고, 자기중심적인 관심사 때문에 노심초사하지도 않게 된다. 우리는 단순히 이렇게 말할 수 있다. "일이 내가 계획한 대로는 안 돌아가는구나." 물론 이것은 우리의 윤회하는 삶에서는 최악의 시간이지만, 더 이상 잃을 것이 없기 때문에 수행을 위해서는 아주 멋진 시간이기도 하다.

우리가 지금 경험하고 있는 것은 꿈과 똑같이 환영이다. 우리는 바로 지금 꿈속에 있다. 내일의 시점에서 보면 지금 이것은 진짜가 아니다. 잠에서 깨어서 간밤의 꿈의 경험을 상기해보면 꿈속의 현상들이 얼마나 견고하고 믿을 만하게 보였는지를 알 수 있다. 하지만 꿈에서 깨어나면 그 현상들은 더 이상 거기에 없다. 그것은 모두가 그저 환영일 뿐이다. 마찬가지로, 견고하고 감쪽같은 이 세계의 환영은 우리가 이 삼사라의 꿈으로부터 불성, 곧 깨달음 속으로 깨어날 때 사라진다.

형상-공   부정한 환영의 몸 수행은 상대적 현상의 세 가지 측면, 즉 형상-공, 소리-공, 자각의식-공에 대한 훈련을 포함한다. 형상-공의 훈련은 물질적 세계가 환영임을 스스로 볼 수 있게끔 하는 훈련이다. 파드마삼바바가 제시한 방법은, 거울을 보면서 거울에 비친 모든 형상에 초점을 맞추는 것이다. 자신의 얼굴, 몸, 방 안의 가구, 창밖의 나무와 저 너머 보이는 산 등등을 주시하라. 환영인 세상의 본질을 깨닫겠노라는 강한 염원과 함께 깨어서 알아차리는 자각의식으로써 그것들을 주시하라. 이것이 이 수행의 첫 번째 단계이다.

두 번째 단계는 자기 자신에게 직접 말하는 것이다. 거울 안에 있는 자신의 형상을 향해 말을 걸라. 이 가르침은 칭찬과 비난, 두 가지 주제에 초점을 맞추도록 제안한다. 먼저 이렇게 말하며 스스로를 칭찬한다.

"그래, 너 오늘 아주 좋아 보이는걸." 그러면서 다른 칭찬도 해주라. 스스로를 칭찬한 후 자신이 어떻게 느끼는지를 살펴보라. 그 순간 자신의 느낌을 바라보고, 그 감정을 환영으로 바라보라. 칭찬 자체와 칭찬받는 형상 역시도 환영으로 바라보아야 한다. 우리가 보려고 하는 것이 바로 이것이다. 당신은 자신의 모습을 보면서 칭찬을 듣고 기뻐하고 있지만, 거기에는 칭찬할 대상 자체가 존재하지 않는다.

칭찬을 다 한 다음, 거울 속 모습에 대한 태도를 바꿔서 이번에는 자신을 비난하기 시작하라. 이 방법은 유쾌하지 않다. 거친 말로 자신을 마구 깎아내리고 자신의 결점을 꼬집어내야 한다. 당신의 육체적 자아에 관해 듣고 싶지 않은 말도 표현하라. 그 경험과 일어나는 불쾌한 느낌을 똑바로 바라보라. 비난과 올라오는 감정과 비난받는 자를 환영으로 바라보라.

다음에는 거울 안에 있는 환영의 몸을 자기 자신 안으로 해체시키라. 이때 거울 속에 있는 환영의 형상은 거울 앞에 서 있는 당신 자신으로부터 떼놓을 수가 없다. 그들은 해체되어 하나가 된다. 그런 다음 자리에 앉아 자신의 육신이 거울 속의 형상과도 마찬가지라는 느낌을 북돋우면서 현상-공을 명상하라. 거울 속의 형상이 환영, 그저 빛의 그림자인 것과 마찬가지로 당신의 물질적 형상도 환영, 순전히 빛의 몸이다. 가능한 한 오랫동안 그 현상-공 속에서 쉬라.

반야경에서 붓다는 현상의 참된 본성을 가르치기 위해 몇 가지 예를 들었다. 붓다는 만물은 마술처럼 만들어진 환영이요 꿈이요 신기루이고, 물 위에 비친 달이요 거울에 비친 그림자라고 말했다. 이러한 예들은 현상-공인 우리의 육신과 마음과 세상의 본질을 명확히 인식하는 데 도움이 된다. 허수아비가 사람처럼 보이는 것과 같이, 사실 우리의 육신도 — 다른 모든 것들도 마찬가지지만 — 빛의 몸임에도 불구하고 만 져지는 진짜 사람인 것처럼 보이는 것이다.

초기에는 낮시간 동안 자신에게 이렇게 말함으로써 이 경험을 향상 시키고 증장시키는 것이 중요하다. "이것은 꿈이고 환영이야. 모든 게 거울 속의 그림자요 물 위에 비친 그림자일 뿐이야." 가르침은 이러한 말을 암기할 뿐만 아니라, 가끔씩 자신을 향해 소리 내어 말하라고 한 다. 환영인 현상의 본성을 알아차리는 상태를 유지하는 것은 여섯 바르 도의 수행 모두에 매우 중요하다.

소리-공　형상-공과 관련하여 부정한 환영의 몸을 수행하면 우리는 물리적인 상대적 형상들의 모습을 바꿔놓고 있는 것이다. 마찬가지로, 환영의 몸 수행에는 존재의 또 다른 근본적 측면인 소리와 말이라는 상 대적 현상의 수행도 포함되어 있다. 우리는 소리를 들을 때 그것을 실 질적으로 존재하는 어떤 것으로 경험한다. 예를 들어 누군가가 우리에 게 악담을 하면 그것은 마치 물리적으로 구타를 당한 것 같이 매우 실 제적인 느낌으로 느껴진다. 우리는 불편한 감정과 마음의 고뇌를 불러 일으키는 말과 그 배후의 메시지가 실재하는 것임을 믿어 의심치 않는 다. 그래서 우리는 소리와 소리의 모든 측면들의 나타남 — 입으로 하 는 말, 언어와 그 의미, 그리고 자연의 소리 — 을 소리-공으로 이해하 는 훈련도 해야 한다.

책을 읽을 때 우리가 보는 인쇄된 단어들은 형상-공의 현상이다. 그 것을 소리 내어 읽을 때 들리는 소리는 소리-공의 경험이다. 입으로 하 는 말을 소리-공으로 듣도록 훈련시키는 수행법 중 하나는 메아리를 듣 는 수행법이다.

방법은 자신의 목소리로 소리를 만들어내고, 그것이 반향되어 돌아오는 메아리를 듣는 것이다. 물질적 형상을 가지고 훈련하기 위해 거울 속 그림자를 이용했던 것과 같이, 여기서는 소리를 가지고 훈련하기 위해 목소리의 메아리를 이용한다. 예를 들어 긴 복도나 터널에서 "안녕" 하고 소리를 지르면 동일한 소리가 메아리로 들려온다. 이 수행은 자신의 말과 그 메아리 그 각각의 특성과 유사성에 주목하면서 소리를 듣는 것이다. 사실 당신의 목소리는 메아리 자체가 그런 것과 마찬가지로 실체가 아니다. 둘 다 어떤 종류든 견고한 성질이라 할 만한 것이 전혀 없다. 이 수행을 하는 동안 깨어 있기와 알아차리기를 유지하는 것이 중요하다. 그저 소리를 질러보라는 건 아니니까 말이다. 이 수행은 동굴이나 계곡에서도 할 수 있고, 찬양이나 만트라 소리로도 할 수 있다.

이 연습은 티벳 사원에서 염불의식 집도자(티벳어로는 옴지umdzes)가 되려는 수도자들이 자주 한다. 그들은 자신의 목소리를 닦기 위해서 폭포가 있는 강가로 자주 가곤 한다. 폭포는 소리를 잘 공명시키기 때문에 이 훈련에는 특히 좋은 장소이다. 수도승은 자신의 목소리를 강물의 깊고 지속적인 울림에 조율시킨 채, 물소리와 함께 독송한다. 이 방법을 통해 그들의 목소리는 더욱 강하고 깊이 있어진다. 좋은 염불의식 집도자는 독송만 잘할 뿐 아니라 소리-공 수행도 한다. 그러지 않고 '내가 최고의 옴지야' 하고 자만심에 가득 차 있는 집도자는 단지 에고의 훈련을 하고 있는 것일 뿐이다.

소리-공 수행을 하는 것은 소리의 본성 자체에 대한 이해에만 국한되지 않고, 의사소통 체계로서 언어를 어떻게 이해하느냐 하는 것과도 관계된다. 소리-공의 이러한 측면을 훈련하는 것은 중요하다. 왜냐하면 우리는 전반적으로 언어를 이해하지 못한 결과로 불편한 감정들을 경험할 뿐만 아니라, 에고의 엄청난 집착과 미혹을 겪게 되기 때문이다. 예를 들어 우리는 어떤 말을 들으면 거기에 특별한 의미를 부여하려고 한다. 그리고 그 말에 자신만의 의미를 투사하고, 그것을 확고한 현실처럼 붙잡는다. "그 사람이 나를 오만하다고 했어!" 그러면 그 사람은 당장 우리의 적이 되거나 적어도 공적에 포함될 것이다. 결론적으로 우리는 말의 소리를 들으면서 마음을 훈련해야 할 뿐만 아니라 그 말의 의미가 우리의 사고과정과 관념에 어떻게 연결되는지를 깨달아야 한다. 이리하여 우리는 우리가 어떻게 소리와 소리에 관한 자신의 생각을 버무려서 견고한 세상, 견고한 현실을 만들어내는지를 깨닫게 된다. 이 사실을 분명히 알수록 우리는 소리와 의미가 어떻게 꿈에서와 같은 방식으로 — 환영의 그림자, 혹은 상대적 세계의 메아리로서 — 함께 일어나는지를 더욱 분명히 깨닫게 된다. 그러므로 소리-공 수행은 삶과 죽음의 전체 바르도를 거쳐가는 우리의 여정에 꼭 필요한 준비물이다.

자각의식-공 세 번째로 우리는 자각의식-공에 대한 환영의 몸 수행을 한다. 이번 경우에는 생각의 형태를 띤 마음의 상대적 현상을 다룬다. 우리는 우리의 생각을 바라보는 방식을 전면적으로 바꿔놓을 것이다. 우리는 생각을, 마음의 본성에 '이르기' 위해서 복종시키고 길들이고 극복해야 할 대상으로 여기지 않고, 생각 자체를 마음의 청정하고 광명한 본성의 직접적인 표현으로 바라본다. 생각 자체가 마음의 궁극적 본성을 알아차리는 길이 되는 것이다. 이 수준의 수행법은 사고의 전개과정을 지켜보는 것과 더불어 낱낱의 생각의 순간들을 지켜보는 것에도 의존하기 때문에 매우 확고한 알아차림과 안정적인 사마타 수행력이 있어야만 한다.

상대적인 수준에서는 생각이 마음에게 나타난다. 생각은 일어나서 한 순간 머물다가 이내 사라진다. 그렇다면 생각의 본성은 무엇인가? 생각은 물질적 현상이 아니다. 그것은 정신적인 사건, 마음 자체의 움직임이다. 생각은 담겨진 내용물에 따라서 우리의 세계를 물들이고 형상화하지만, 그 내용물 자체는 색깔이나 크기나 모양과 같은 어떤 형상도 지니고 있지 않다. 생각의 본성과 생각이 발생하는 곳인 마음의 본성은 모두 동일한 자각의식-공이다. 이 단계에서 우리는 자신의 생각을 면밀히 들여다보아 그 본질을 직접 확인하고 경험한다.

전반적으로 지각과 생각은 매우 밀접하게 연관되어 있다. 우리가 형상을 보거나 소리를 듣거나 느낌과 연결되자마자 마음은 그 지각을 새기고, 그다음 단계로 우리는 생각을 품고, 그에 대한 관념을 형성시킨다. 이런 생각들은 우리의 마음에 나타나지만 견고한 형상을 지닌 것이 아니다. 단지 우리가 그것을 견고하게 만든다. 아니, 최소한 그것이 견고하다고 여긴다. 사물을 대상화하고 거기에 '진짜' 존재감을 부여하는 우리의 습관적 성향을 통해서 말이다. 우리는 동일한 패턴을 끊임없이 반복하고 있다. — 우리는 마음을 견고한 현실로 만들고, 그로써 생각의 생기 차게 진동하는 에너지와 지혜로부터 우리 자신을 차단시킨다. 그 생각이 욕망이든, 분노이든, 무지이든, 질투이든, 자만이든, 다른 무엇에 대한 것이든 그것은 중요하지 않다. 지금 우리가 마음을 훈련시켜 모든 생각을 현상-공으로 인식하도록 길들일 수만 있다면 죽음의 순간이나 죽음 이후의 여정에서 한 생각이나 지각을 통해 마음의 본성을 깨닫게 될 수도 있을 것이다.

생각을 올바로 살펴보면 그것이 과연 자각의식-공임을 분명히 알 수 있다. 생각은 그저 일어났다가 절로 사라진다. 다른 생각이 들어올 자리를 마련하기 위해서 지금의 생각을 쫓아내려고 어떤 짓도 할 필요가 없다. 생각을 치료해줄 필요도 없고 밀어낼 필요도 없다. 낱낱의 생각은 마음이라는 맑고 텅 빈 공간에 무지개처럼 생겨난다. 그 각각의 생각은 독특하고, 독창적이고 자기만의 아름다움을 지니고 있다. 그리고는 다음 순간 사라져버린다.

이런 관점에서 보면 생각은 마음의 장신구라고 말할 수 있다. 생각은 마치 백합이 연못가를 수놓는 것처럼 마음을 아름답게 꾸며준다. 백합이 없다면 연못은 썰렁하게 느껴질 것이다. 그러니 우리가 생각을 견고한 것으로 만들지만 않는다면 그것은 하나의 아름다운 경험이다. 그러나 우리가 생각을 견고한 것으로 만들어놓으면 그것은 끝없이 다양한 형태로 우리에게 고통을 가져다준다. 선택은 우리에게 달려 있다. 가르침에 따르면 지각에 관한 생각이든 관념적인 생각이든 간에 모든 마음의 경험은 견고한 것이 될 때 우리에게 고통을 안겨준다. 자신의 경험을 견고한 것으로 만들지만 않으면 생각은 우리의 의식을 더욱 명료하게 해준다. 생각과 감정은 모두 우리가 그것을 이름표로 축소시키거나 관념 속에 가두어 견고한 것으로 만들지만 않으면 의식을 더욱 명료하게 만들어주는 긍정적인 성질을 지니고 있다.

자각의식-공을 훈련할 때는 단지 자신의 생각을 지켜보기만 하면 된다. 생각이 최초로 반짝 나타나는 것을 관찰하고, 그것이 일어나는 것을 지켜보라. 그 생각의 성질을 살피되 그것을 그저 있는 그대로 바라보기만 할 뿐, 바꿔놓으려 들지 말라. 생각을 경험한 후에 그것이 사라질 때에는 사라지게 내버려두라. 다른 생각이 틀림없이 또 올 것이므로 마음이 외로울까봐 어떤 생각이든 붙잡아놓으려고 애쓸 필요는 없다. 우리는 생각 없이 남겨져 있지 않을 것이다. 최소한 그리 오랜 시간 동안은 말이다.

가르침은 생각의 흐름을 어떤 인위도 조작도 없이 가능한 한 자연스럽게 직접 지켜보라고 말한다. 이것은 똑똑한 척하고 나서서 생각을 바라보는 방법을 치밀하게 연구하라는 뜻이 아니다. 그 생각에다가 새로운 생각과 이름표와 개념을 덕지덕지 덧붙이지도 말라. 우리는 생각의 흐름에 이름을 붙임으로써 자신의 경험으로부터 멀어지게 된다. 이것이 대상을 바라보고 거기에 이름을 붙이고, 그 대상과 이름을 동일한 것으로 여길 때 일어나는 일이다. 어떤 의미에서 이름은 대상 그 자체의 직접경험에서 우리의 마음을 멀어지게 한다. 예를 들어 우리는 어떤 것을 '책상'으로 인식하지만, 책상이라는 이름은 대상 자체와 아무런 관계도 없다. 그것은 단지 주어진 이름일 뿐이고, 대상은 그 밖의 다른 명칭으로 불리더라도 변하지 않는다. 마찬가지로 생각이 일어날 때도 우리는 그것에 이름을 붙이고 분류하려 든다. 이것은 대상을 그것이 아닌 뭔가로 만들어놓는다. 따라서 마음을 분명히 이해하기 위해서는 생각을 관념화하지 말고 그저 경험해야 한다. 이것이 생각을 마음의 자각의식-공이라는 측면으로서 인식하는 방법이다.

이것이 부정한 환영의 몸을 위한 수행의 세 가지의 주요 단계, 곧 환영인 형상과 환영인 소리와 환영인 마음에 대한 훈련이다. 이 세 가지 수행을 마친 후에야 '세상은 환영이다'라는 말을 이해할 수 있게 된다. 이것은 주체는 환영이 아니고 대상만이 환영이라는 뜻이 아니다. 환영인 세계를 바라보는 주체가 실재한다는 뜻이 아니다. 단지 꿈과 같은 세계를 인식하는 꿈과 같은 마음이 있을 뿐이다. 꿈과 같은 형상을 바라보는 꿈과 같은 시각의식과 꿈과 같은 소리를 듣는 꿈과 같은 청각의식 등등이 있을 뿐이다. 이 모든 수행에서 우리는 주체와 대상과 행위라는 경험의 세 가지 측면 모두를 환영으로 인식하는 현상-공의 관점을 취한다.

청정한 환영의 몸 수행

두 번째로 우리는 청정한 환영의 몸을 수행한다. 여기서는 청정한 현상을 다룬다. 이 수행은 본존本尊 요가와 관련이 있다. 밀교 전통에서 보면 셀 수 없이 많은 존격尊格들이 있지만 그것은 모두가 수행자 자신의 깨달은 본성이 인격화하여 화현한 것으로 간주된다. 존격을 외부에 존재하는 신이나 초자연적 존재로 간주해선 안 된다. 존격의 신체적 특징과 자세와 장신구 등은 마음의 본성 안에 언제나 현존하면서 본성이 깨어날 때 꽃을 피우는 내적 각성상태와 지혜와 자비 등 깨달음의 다양한 품성들이 상징적으로 표현된 것이다. 우리는 본존과 본존을 둘러싼 세계인 만달라와 같은 청정한 형상을 심상화하는 수행을 통해서 마음과 현상의 참된 본성을 깨닫도록 자신을 훈련시키고 있는 것이다. 처음에는 관념적으로 만들어진 형상을 가지고 시작하지만, 그것은 항존恒存하는 마음의 광명을 직접 보는 신성한 시각의 비관념적 경험으로 우리를 이끌 것이다.

마음속에 심상화된 형상을 만들어낼 때, 그 형상이 모든 면에서 세밀하고 선명하게 그려지도록 집중력을 길러야 한다. 이를 위해서는 자신이 택한 존격(본존)의 사진을 보는 것부터 시작하라. 예를 들면 금강살타(Vajrasattva)는 본존 요가 심상화 수행의 기본으로 자주 사용된다. 일반적으로 금강살타는 연꽃 위 달 모양의 방석에 결가부좌를 하고 앉아 있는 모습으로 묘사된다. 금강살타는 흰색이고 보관寶冠과 비단옷과 다양한 장신구로 장식을 하고 있다. 그는 지극한 청정과 관련된 존격으로서, 자비와 지혜를 상징하는 금강저金剛杵와 금강령金剛鈴을 지니고 있다.

심상화 능력을 키우는 데에 도움이 되는 기법들이 있다. 먼저 금강살타의 사진을 눈이 다소 피로해지거나 저리고 시야가 약간 희미해질 때까지 응시한다. 그런 다음 두 눈을 감고 허공에 이 형상을 심상화한다. 다음에 눈을 뜨고 다시 사진을 바라본 후 이전과 같이 눈을 감는다. 마음속에 금강살타의 대강의 형상이 나타날 때까지 이러한 과정을 반복한다. 실제 사진을 배경으로부터 윤곽을 오려내어 어두운 배경 위에다 두는 것도 도움이 된다. 세밀하고 명확하게 심상화가 될 때까지 이 방식으로 수행을 계속하면서 형상을 다듬어가야 한다.

이 단계에서 당신이 만들어내고 있는 심상을 청정한 환영의 몸이라 부른다. 이것은 현상-공의 심상화된 형상이다. 이 형상은 눈에 명백하게 나타나지만 실체가 있는 것은 아니다. 이것은 생생하게 진동하지만 실체가 없다. 그러므로 당신이 심상화한 본존은 물 위에 비친 달과 같다. 심상화의 이 단계가 안정되면 다음 단계로서 본존의 외적 형상인 심상을 당신 자신 속으로 녹아들게 하라. 그러면 당신과 본존은 불가분의 상태가 된다. 당신, 당신 자신이 청정한 환영의 몸인 본존이다. 본존인 당신이 지각하는 세계, 즉 무수한 현상들로 이루어진 사위四圍의 만달라는 당신의 청정한 시야를 통해 신성한 세계로 화한다.

이 순간 우리는 일상적인 지각과 관념을 초월하여 깨달음의 견지에서 세상을 바라보게 된다. 자신을 본존으로 심상화할 때 에고에 대한 집착과 애착에 뿌리를 둔 세속적인 자만심은 '금강의 자부심'으로 변한다. 금강의 자부심은 다른 사람과의 관계에서 우월감을 느끼는 것도 아니고, 단순히 자신에 대한 자의식을 높게 가지는 것도 아니다. 금강의 자부심은 마음의 본성이 본래 청정하고 깨어 있으며, 깨달음의 품성으로 가득한 불성임을 아는, 그런 자부심과 자신감을 말한다. 그러므로 우리는 이렇게 말할 수 있다. "나 자신이 본존이다. 나 자신이 붓다다."

일반적인 불교의 가르침들은 모두 공성의 관점과 불성에 대해 말한다. 하지만 이 같은 본성은 영적인 길로 나아가는 동안 드러날 잠재된 가능성이라고 가르친다. 이에 반해 금강승에서는 우리는 바로 이 순간, 지금 바로 붓다이다. 우리는 이에 대해 완전한 자부심으로 이렇게 말한다. "그래, 내 마음의 본성이 곧 부처이고, 이곳이 바로 불국佛國이다." 이 금강의 자부심을 온전히 체현하면 우리의 몸은 환영의 몸이고, 우리의 주변세계는 깨달음의 세계의 현현이다. 이것이 본존 요가의 핵심이다.

이 가르침은 또 자신의 직계 스승의 형상과 본존의 형상을 하나로 통합시키라고 한다. 이것은 예컨대 구루 요가 수행을 할 때 행해진다. 이것은 구루 요가 입문의식인 관정灌頂(abhisheka)을 받기 위한 필수조건이다. 이때 구루는 존격으로 나타나 의식의 참가자에게 그 존격의 수행을 할 수 있는 힘을 준다. 자신의 구루를 존격으로 바라본다면 당신은 청정한 환영의 몸 수행에 입문한 것이다.

부정한 환영의 몸과 청정한 환영의 몸에 대한 수행은 다음 단계인 꿈의 요가 수행을 위해 필수적이다. 사실 이것은 꿈의 바르도를 위한 수행의 바탕인 예비수행(ngondro)으로 볼 수 있다. 깨어 있을 때의 경험들이 환영인 꿈과 같음을 진정으로 인식하기 시작하면, 우리는 그 현상들을 밤에 꾸는 꿈의 현상들과 통합시키기 시작하고 있는 것이다. 우리는 이 두 가지 상태를 서로 가까이 가져가고 있는 것이다.

환영의 몸에 대한 수행은 현생의 바르도에서만이 아니라 죽음의 바르도와 죽음 이후의 바르도에서도 역시 중요하다. 죽음이 드리워질 때

의식이 해체되고 육체적 기능이 정지하는 과정을 겪는 동안 우리는 두려움과 불안감에 직면한다. 이와 동시에 광명한 온갖 현상들이 일어나서 더 큰 혼돈과 공황상태를 야기한다. 죽음의 바르도와 죽음 이후의 상태에서 우리는 가는 데마다 낯설고도 생생한 현상들로 닥쳐오는 자신의 마음을 조우해야 하는 도전에 직면할 것이다.

이처럼 중대한 순간에 우리는 그런 현상들을 마음의 광명한 본성으로부터 일어나는, '공이 현상화한 형상'으로 바라봄으로써 고통에서 즉각적으로 벗어날 수 있다. 이번 생에 환영의 몸 수행을 확실히 한다면 다양한 바르도의 상태들과 지금 이 순간의 경험에 잘 대비할 수 있을 것이다. 견고한 바닥은 존재하지 않는다는 느낌을 느낄 때마다 우리는 친숙한 세계, 곧 청정한 현상의 발생을 포용하는 품인 완전히 열린 공간 속에 있게 될 것이다.

꿈의 요가 수행

꿈의 바르도에서 파드마삼바바가 가르친 두 번째 주된 수행법은 꿈의 요가이다. 이 일련의 수행법들에는 꿈을 알아차리는 훈련, 곧 '자각몽' 훈련이 포함되어 있다. 여기서는 꿈에 대한 자각을 통해 꿈의 상태를 변화시키고 고급 수행법을 통해 장애물을 극복할 수 있다.

꿈의 경험은 낮시간 동안의 경험과 마찬가지로 우리 자신의 습관적인 성향으로부터 일어난다. 이러한 습관적 성향의 형성과 발전은 인식하고 사유하고 행동하는 방식을 결정하는 과거로부터 쌓인 카르마와 관계가 있다. 우리가 쌓아온 모든 긍정적, 부정적 카르마의 씨앗은 그것이 구체적 형태로 싹을 틔우게 하는 새로운 원인과 조건을 만날 때까지 잠재적인 형태로 마음의 흐름 속에 남아 있다. 하나의 카르마의 씨앗이 성숙해서 결실을 맺고 시들자마자 거기서 결과된 행위는 또 다른 — 아마도 더욱 강력한 — 씨앗을 발현시키는 원인으로 작용하므로, 이 순환의 동력은 고갈되는 일이 잘 없다.

낮 동안에는 환영의 몸 수행을 통해서 기른, 깨어 있음과 알아차림을 유지하는 것이 중요하다. 다음과 같이 거듭거듭 자기 자신을 상기시키라. "일체 현상의 궁극적 본성은 공성이다. 그리고 그것의 상대적 표현은 불가분한 현상-공이다. 그러니 이것은 꿈이요, 환영과 같다." 그런 다음 밤이 되어 잠에 들 때, 꿈의 상태를 알아차리는 것으로 시작되는 꿈의 요가를 수행해야 한다. 이것은 꿈속에서 꿈을 꾸고 있음을 의식하는 것을 말한다. 우리는 자신이 꿈을 꾸고 있다는 것을 알지만 꿈에서 깨어나지는 않는다. 파드마삼바바는 잠들기 전에 다음과 같은 말로써 보리심을 일으켜야 한다고 말한다. "나 자신과 다른 존재들을 삼사라의 바다에서 해방시키기 위해서 삼사라의 고통과 두려움과 혼돈에서 벗어나게 할 힘을 지닌 꿈의 요가를 수행하고자 하나니, 모든 존재들이 완전한 행복을 얻고 깨달음을 성취하기를." 이러한 발심과, 꿈을 알아차리고자 하는 강한 의도를 품고 잠에 들어야 한다.

꿈 알아차리기

첫 번째 방법: 구루   동기와 의도를 확고히 한 후에 특정한 자세를 취하라. 그냥 단순히 잠에 빠져드는 것이 아니다. 가르침에서는 잠자는 사자獅子의 자세를 제시한다. 이것은 석가모니 붓다께서 반열반般涅槃

(parinirvana)에 들어가실 때 취한 자세이다. 반열반이란 용어는 붓다나 완전히 성취한 스승의 입멸을 가리킨다. 이러한 죽음은 깨달음의 상태에 들어서는 것으로 간주된다. 붓다의 반열반을 묘사하는 수많은 불상들과 사진들을 통해서도, 붓다가 오른쪽 방향으로 돌아누워 있는 모습을 볼 수 있다. 붓다의 오른쪽 손은 뺨을 괴고 있고 왼쪽 팔은 자연스럽게 왼쪽 면에 두고 있다. 우리도 역시 이와 동일한 자세를 취해야 한다. 나아가 오른손의 손가락으로 부드럽게 오른쪽 콧구멍을 막고, 왼쪽 콧구멍으로 편안하게 숨을 쉰다. 그런 다음 이 자세를 취한 채 잠에 든다.

이 자세에 덧붙여서 특정한 심상을 만들어내는 가르침들도 있다. 만일 자신이 금강승을 수행하는 수행자라면 자신을 금강살타와 같은 개인적 인연이 깊은 존격으로 심상화한다. 명확한 심상을 만들어낼 수 없다면 단순히 존격에 대한 금강의 자부심을 느끼라. 그런 다음 자신의 머리 위에 앉아 있는 직계 스승을 심상화한다. 때로는 자신의 베개를 스승의 무릎으로 심상화해도 된다. 이 경우에는 스승의 무릎 위에서 잠드는 것이다. 이어서 자신의 목 중추에 금강 스승인 구루 린포체의 약

2.5센티미터 크기로 축소된 형상을 심상화한다. 금강 스승인 구루 린 포체는 당신의 직계 스승과 불가분한 것으로 간주되는 파드마삼바바를 가리킨다. 일반적으로 심상들은 당신의 방향과 동일한 방향을 향한다. 모든 대상을 현상-공으로 심상화해야 한다. 마치 물 위에 비친 달처럼 현상-공인 본존과 현상-공인 스승으로 심상화해야 하는 것이다. 현상-공인 대상에는 견고한 존재성이 없다.

잠에 빠져들어갈 때 금강의 자부심을 유지하고, 의식을 집중하여 목 중추에다 심상화를 하라. 더불어 자각몽을 꾸겠다는 열망, 꿈을 알아차리겠다는 염원을 늘 품고 있으라. 당신이 원하는 것은 일상적인 혼란한 꿈의 상태에 빠지지 않는 것이다. 다음과 같이 기도하라. "꿈을 꿈으로, 환영을 환영으로, 미혹을 미혹으로 알아차려 궁극적인 마음의 본성인 만물의 실상을 볼 수 있도록 가피를 내리소서." 이렇게 수시로 탄원하라. 복잡한 기도나 찬송을 올릴 필요는 없다. 그저 요점을 정리해서 자신의 언어로 편안하게 느껴지는 방식으로 탄원하라.

이 시간은 산만하지 않아야 하고, 아침에 일어나야 할 시간이나 내일 해야 할 일 등에 관한 잡념의 방해를 받지 않는 것이 매우 중요하다. 잡념이야말로 꿈을 알아차리지 못하도록 방해하는 큰 장애물이다. 그것은 또한 현 순간을 자각하지 못하게 끊임없이 방해하는 일상생활 속에서 자신이 혼란에 빠져 있음을 알아차리지 못하게 하는 방해물이다. 우리는 보통 다음처럼 멈추어서 알아차리지 못한다. "내가 혼란에 빠졌군.", "내가 화를 내고 있군.", "내가 질투를 하고 있어." 우리는 그것을 전혀 보지 못한다. 이 모든 생각과 감정들은 그저 너무나 자연스러운 우리의 일상이다.

여기에서 중요한 것은, 온갖 종류의 잡념으로 인해서 마음이 너무 산만해지지 않는 것이다. 이 수행을 하는 동안에는 목 중추에 심상화한 구루의 형상과, 자각몽을 꾸고자 하는 자신의 염원에 마음을 집중해야 한다.

대부분의 사람들에게는 이 같은 알아차림이 한두 번의 시도로 이루어지지는 않을 것이다. 꿈의 요가가 당신에게 자연스러운 것이 될 때까지 이 방법을 거듭해서 반복적으로 익힐 필요가 있다. 그러면 산만함이 없이 마음을 집중할 수 있고, 쉽게 잠에 빠져들게 되고, 큰 노력 없이도 자각몽 상태로 진입할 수 있을 것이다.

깨어난 후에 자신이 꿈을 꾸긴 했는데 그것을 자각하지 못했다는 것을 깨닫는다면 그런 꿈이 이 생의 현상과 별개의 것이 아님을 인정하고 이해하도록 애써야 한다. 수행 이후, 곧 이 경우에는 잠에서 깨어난 후에는 이 세상의 꿈같고 환영 같은 본질에 대한 인식을 가다듬는 노력을 할 수 있다. 그리고 미혹에서 자신과 다른 존재들을 해방시키고자 하는 발심을 다지고, 꿈의 상태를 알아차리고자 하는 염원을 가다듬어야 한다.

두 번째 방법: 존격 구루를 통한 방법을 어느 정도 적용한 후에도 꿈을 알아차릴 수가 없다면 두 번째 방법의 가르침을 수행해야 한다. 전과 마찬가지로 잠자는 사자 자세로 눕는다. 그런 다음 직계 스승을 머리 위 정수리 중추에다 심상화하고, 자신을 하나의 존격으로 심상화한다. 하지만 목 중추에는 금강 스승 대신 축소된 형태의 동일한 존격을 심상화한다. 예를 들어 자신을 금강살타로 심상화한다면 목 중추에도 역시 축소된 금강살타를 심상화한다.

이러한 수행으로도 금방 자각몽을 꾸지 못한다면 잠시 인내심을 발휘하도록 하라. 하나의 방법에 익숙해지기도 전에 다른 방법으로 뛰어넘지 않는 것이 중요하다. 다른 방법을 시도하기 전에 먼저 하나의 방법을 오랫동안 집중적으로 훈련해야만 한다. 그러지 않으면 좀더 오래 그 방법을 시도했다면 효과를 얻을 수 있었을지, 아니면 그것이 어떤 결과도 일궈내지 못해서 정말 방법을 바꾸는 것이 필요했는지를 알 수가 없다. 방법을 너무 자주 바꾼다면 그것을 알아낼 도리가 없다. 한동안은 한 가지 방법에 매달리라. 그 방법을 반복해서 적용해보고 이렇게 확실하게 말할 수 있어야 한다. "난 이 수행법을 여러 주일 동안 열심히 해봤는데도 여전히 꿈을 자각하지 못하고 있어." 그런 다음에는 다음 방법으로 옮겨가도 된다. 이것이 통용될 수 있는 좋은 지침이다.

세 번째 방법: 비할 데 없는 음절　　이전과 마찬가지로 올바른 자세를 취하고, 정수리에 직계 스승이 앉아 있는 모습을 심상화하고 자신을 존격으로 심상화한다. 그다음 목 중추에 네 잎이 펼쳐진 붉은 연꽃을 심상화한다. 그 위에는 '옴', '아', '누', '따', '라'의 음절이 배치되어 있다. 연꽃에다 마음을 집중한 채 시작하라. '옴' 음절은 가운데에 위치하고, '아' 음절은 앞쪽의 잎 위에 놓여 있고, '누' 음절은 오른쪽의 잎 위에 놓여 있고, '따' 음절은 뒤쪽의 잎 위에 놓여 있고, '라' 음절은 왼쪽의 잎 위에 놓여 있다.

　마음속에 이러한 심상을 선명하게 유지해야 한다. 그다음 잠으로 점차 빠져드는 동안 하나의 음절에서 다른 음절로 주의를 옮겨가라. 먼저 잠시 동안 마음을 그저 '옴' 음절 위에다 두고 거기에 집중한다. 졸린 기분이 들기 시작하고, 외적인 접촉으로부터 감각이 거두어지는 것을 느낄 때 앞쪽의 '아' 음절에 집중한다. 묵직해지는 느낌이 느껴지면서 몸이 이완되기 시작하면 오른쪽 잎 위의 '누' 음절에 집중하라. 잠의 상태로 깊게 빠지는 것을 느끼고, 몸이 더욱 무겁게 느껴지면 뒤쪽의 잎 위의 '따' 음절에 집중하라. 마지막으로 지금 바로 잠에 빠진다는 생각이 들면 왼쪽의 잎 위의 '라' 음절에 집중하라.

가르침은 실제로 막 잠에 빠지려 할 때 다시 '옴'으로 돌아가라고 한다. 깨어 있는 의식을 잃기 직전의 순간에는 자신의 염원을 다시 한 번 다지라. "나는 나 자신의 꿈을 알아차리기를 원한다." 염원과 잠 사이에 훼방하는 어떠한 생각도 없다면 염원이 자리를 잡아 결국 성공할 수 있을 것이다.

네 번째 방법: 빈두　음절 역시 심상화할 수가 없다면 파드마삼바바의 마지막 방법을 수행해야 한다. 여기서도 이전과 같이 기본적인 심상화를 한다. 그리고 목 중추에다 옅은 빨간 색의 빈두, 곧 빛의 구체를 심상화하라. 빈두는 무지개처럼 늘 진동하고 반짝이며 밝고 투명하다. 이렇게 빈두를 심상화하고 나서 잠에 빠져드는 순간 마음을 빈두에다 두라. 의식을 잃기 직전에 꿈을 알아차리겠노라는 염원을 다지라.

개인적인 차이

이 방법들 중 하나는 당신에게 맞아야 한다. 하지만 우리는 저마다 기질이 다르기 때문에 경험은 개인적인 것이 될 것이다. 어떤 사람은 꿈을 거의 꾸지 않기 때문에 꿈을 알아차리는 것이 어렵다는 것을 깨닫는다. 이것이 단순히 육체적인 기질의 문제라면 전혀 걱정할 필요가 없다. 또 어떤 사람들은 그저 꿈을 쉽게 알아차린다. 이것이 반드시 그들이 꿈 알아차리기를 어려워하는 사람들보다 깨달음의 경지가 높다는 뜻은 아니다. 어떤 경우이든 간에 우리는 스스로 최선의 노력을 다해야 한다. 다양한 수행법들을 어떻게 대해야 가장 좋을지에 대해 개인적 충고를 해줄 수 있는 스승과 상담해볼 수도 있을 것이다.

그렇지만 경우에 따라서는 이 상황이 특정한 미혹이나 강한 번뇌 때문에 일어나는 것일 수도 있다. 금강승의 수행자라면 어쩌면 이것은 삼마야(금강승의 계율)에 관련된 문제일 수도 있다. 이런 상황이라면 공덕과 지혜를 쌓기 위해 귀의와 보리심과 육바라밀을 행하는 대승의 수행법으로 돌아가는 것이 좋다. 구루 요가의 수행도 진정한 금강승의 길로 다시 돌아가도록 도와주는 아주 좋은 수행법이다. 특히 금강승 수행자를 위해서는 축제의 수행인 '가나차크라ganachakra'가 정화를 위한 좋은 방법이다.

꿈의 현상 변화시키기

꿈을 알아차린 후에는 무엇을 할 수 있을까? 파드마삼바바는 자신의 꿈을 변화시킬 필요가 있다고 말한다. 따라서 다음의 수행은 꿈에서 접하는 현상들을 변화시키는 방법에 관한 것이다.

꿈을 자각할 수 있는 의식을 갖추고 어느 정도 자각을 유지할 수 있게 되면 자신이 보고 행하는 것들을 변화시킬 수 있는 기회를 얻는다. 현실에서 예컨대 책상을 꽃으로 변화시키려면 평소보다 훨씬 더 강력한 마음의 힘이 필요할 것이다. 위대한 요기 밀라레빠와 같은 깨달음의 경지와 능력이 필요하다. 그렇지만 꿈의 현상을 변화시키는 수행에서는 꿈속에서 이 같은 힘을 계발할 수 있도록 훈련한다. 예를 들어 꿈에서 꽃을 보고 있는데 그것을 변화시키려고 마음만 먹으면 그것을 새든 구름이든 연이든 변화시키고자 하는 어떤 것으로도 쉽게 변화시킬 수 있다. 뿐만 아니라 야생 짐승이나 자신을 살해하려는 존재와 같은 무서운 대상을 만나게 될 때 그 존재를 존격과 같은 깨달은 형상으로 변화시키고, 그들이 당신의 에고를 죽여주게끔 할 수도 있다. 또 혼돈과 혼란의 소용돌이 한가운데에 처한다면 그 상황을 본존 만달라와 같이 신성한 세계의 경험으로 바꿔놓을 수도 있다. 원전의 가르침은 단계적으로 하늘을 나는 것 같은 일도 시도해볼 수 있다고 말한다. 그렇지만 너무 조급하게 덤비지는 말아야 한다. 너무 성급하게 공중을 나는 훈련을 하기 위해 절벽에서 뛰어내린다면 두려움으로 인해 이내 잠에서 깨어 버릴 것이다. 그러면 당신은 꿈에 대한 알아차림을 놓치고, 동시에 수행을 위한 좋은 기회도 놓치게 된다. 그러면 다음 기회를 기다려야 한다. 하지만 변화술의 수행에 익숙해지고 나면 그런 행위에 대해서도 두려움이 일어나지 않을 것이다.

변화술 수행을 어느 정도 하고 나면 꿈속 세계를 돌아다니며 놀 수 있게 된다. 파드마삼바바의 원전은 붓다의 신성한 세계를 경험하고자 하는 강렬한 열망이 있다면 잠들기 전에 다음과 같이 염원하라고 말한다. "나는 단지 꿈을 알아차리기만을 바라는 것이 아니다. 나는 꿈속에서 수많은 붓다들의 심오한 가르침을 듣기 위해 붓다의 정토를 여행하기를 열망한다." 자신의 꿈을 신성한 세계의 경험으로 바꿔놓을 수 있게 되면 당신은 마치 커피 테이블에 앉아서 친구와 애기하듯이 붓다와 보살들을 만나 담소를 나눌 수 있다. 그런 다음 다시 돌아오면 된다.

어느 날 네팔의 카트만두에 있는 안나푸르나 커피점에서 나의 스승인 켄뽀 출팀 갸초 린포체와 함께 하고 있을 때, 린포체가 가르침을 전하기 시작했다. 나는 습관적으로 공책을 꺼내어 그의 말을 기록하기 시작했다. 몇 가지 질문을 하고 받아 적기를 끝내자 린포체가 갑자기 밀라레빠의 게송을 부르기 시작했고, 나는 이것도 역시 다른 내용과 함께 기록했다. 그러다가 우리는 둘 다 꽤 큰 소리로 함께 노래하고 얘기를 나눴다. 그러다가 나는 문득 내가 있는 곳을 의식했다. 그곳이 번잡한 커피숍이라는 것을 까맣게 잊고 있었던 것이다. 주위를 둘러보자 모든 사람들이 우리를 이상하다는 듯이 째려보고 있었다. 그때의 경험은 마치 꿈속에서 깨어 있는 듯한 경험이었다. 카트만두의 커피숍에서 나는 붓다와 함께 오붓한 담소를 나누고 있었던 것이다. 만일 우리가 자신의 꿈을 알아차릴 수 있게 된다면 삼세제불과 보살들을 만나서 이와 똑같은 경험을 할 수 있을 것이다.

궁극의 변화술

꿈의 바르도에서 궁극의 변화술은 미혹되게 하는 현상들을 지혜의 경험으로 바꿔놓는 것이다. 꿈속의 현상들을 변화시키는 능력은 산만하지 않은 확고한 마음상태를 유지하는 능력과 직결된다. 사마타 수행의 핵심이 바로 이 능력이다. 꿈속에서 어떤 형상을 바라볼 때, 마음이 거기에 얼마나 정확히, 그리고 안정적으로 집중할 수 있는지를 살펴보라. 그리고 마음으로 그 현상들의 진정한 실체를 어느 정도까지나 경험할 수 있는지도 살펴보라. 이것이 이번 수행의 목표이다. 이것은 단순히 멋진 꿈을 꾸고 거기서 놀며 즐기기 위한 것이 아니다. 이 수행의 목표는 현상-공과 소리-공과 자각의식-공의 직접적인 감지를 통해서 절대적 실재 — 마음의 진정한 본성 — 를 깨닫는 데에 있다.

원전의 가르침은 꿈을 알아차리는 것이 어렵다면 환영의 몸 수행을 더 열심히 해야 한다고 충고한다. 수행 중에는 활짝 깨어서 알아차리는 마음상태를 유지하여 잡념과 습관적 성향에 의해 훼방받지 않도록 해야 한다.

예를 들어 갑작스럽게 분노가 일어나면 다음 순간 당신은 상대방에게 고함을 지르고 있는 자신을 발견한다. 그와 함께 자신과, 자신의 분노와, 분노의 대상은 별안간 매우 견고한 실체로 느껴진다. 이때 이렇게 생각하라. '이것은 환영에 불과하다. 이것은 꿈이다.' 고함을 질러서는 안 된다는 것이 아니다. 고함을 지를 수도 있지만, 깨어 있는 의식으로써 그렇게 해야 한다. 그렇게 하면 당신의 사고방식이 바뀔 것이다. 당신은 '난 꿈속에서 소리를 지르고 있는 거야'라고 생각할 수 있다. 고함을 지르려면 이것이 더 나은 방법이다. 이 경험을 통해서 당신이 다소간에 깨달음을 얻게 되었다면 상대방도 좋은 카르마를 나눠 받는다. ― 그가 당신의 통찰을 촉발하는 도구가 되어주었으니까 말이다.

장애의 극복

파드마삼바바는 꿈의 요가 가르침의 세 번째 측면으로서, 우리의 일반적인 꿈 습관과, 일어날 수 있는 문제들과 관련된 몇 가지 수행법을 제시한다.

첫 번째 습관은 꿈을 알아차리자마자 잠을 깨버리는 것이다. 알아차리는 의식이 우리를 꿈에서 깨게 하여 꿈을 끝내버리는 것이다. 두 번째 습관은 망각이다. 꿈을 알아차리고 나서는 금방 자각력을 잃고 또다시 꿈속으로 빠져드는 것이다. 꿈을 알아차리고 꿈속의 현상들을 변화시키라고 한 가르침을 우리는 잊어버린다. 세 번째 습관은 명료한 상태와 혼란된 상태가 교차하는 것이다. 꿈 상태임을 알아차렸다가는 이내 습성에 의해 자각의식을 잃어버리고 꿈속으로 떨어진다. 그런 다음에 또 힐끗 알아차렸다가는 또다시 혼란 상태가 된다. 이런 식으로 우리는 알아차림과 알아차리지 못함 사이를 왕복하는 경험을 한다. 네 번째 습관은, 계속 완전히 깨어 있는 것이다. 꿈 수행을 기대하면서 기다리는 마음 때문에 잠이 아예 오지 않는 것이다.

파드마삼바바는 이런 각각의 문제에 대해 구체적인 대응법을 제시해 준다. 꿈을 알아차리자마자 잠을 깨버리게 될 때의 대응법은 심상화하는 동안에 집중하는 대상을 바꾸는 것이다. 목 중추에 있는 형상에 집중하는 대신 초점을 낮춰서 가슴 중추에 주의를 두어야 한다. 또한 양 발바닥에다 두 개의 검은색 빈두를 심상화할 수도 있다. 이 빈두는 검지만 밝고 부드러운 빛의 형태를 띠고 있다. 이 빈두에 집중하는 것은 잠이 유지되도록 돕는다. 이것은 불면증으로 고통받는 사람에게도 도움이 될 수 있다.

모든 문제에 공통적으로 적용할 수 있는 다른 대응법은 환영의 몸 수행을 더 집중적으로 하는 것이다. 이 수행이 정말로 효과를 나타내기 시작하면 망각과 혼란을 모두 극복하게 될 것이다. 일상적 삶의 환영과 같은 성질을 깨어서 알아차리는 능력을 키우면 잠에 떨어지는 순간과 꿈속에서도 그 자각의식이 지속될 것이다. 눈을 감는 순간 알아차리는 의식이 멈추어버리지 않게 되는 것이다. 그러므로 자각의식을 기르기 위해서는 잠자리에 들기 전에 몇 시간 정도 특별한 정진을 해야 한다. 평소에 우리가 마음을 관찰하기 위한 의도를 품고 잠자리에 드는 일은 없다. 전등을 꺼버리듯이 곧장 잠에 골아떨어질 수 있는 것을 최고의 복으로 여기는 것이다. 이같이 한다면 꿈속의 자각은 결코 일어나지 않을 것이다.

잠에 빠지기 전에 마지막으로 떠올린 생각이 꿈을 꾸는 동안의 정신적 상태에 매우 강력한 영향력을 미친다. 자신의 마음과 경험에 주의를 기울인 채 잠이 들면 지속되는 알아차림의 상태가 최소한 꿈의 경험에

도 긍정적인 영향을 준다. 그러므로 격한 감정 상태에서 잠에 빠지지
않는 것도 매우 중요하다. 격한 감정이 일어나고 있는 것을 발견하면
그것을 가라앉힐 수 있는 방법을 무엇이든 사용해야 한다. 감정의 본질
을 직시하거나, 아니면 단순히 그것을 빠져나가야 한다. 감정이 제멋대
로 날뛰게 내버려두어서는 안 된다. 격한 감정을 내버려두면 혼란스러
운 에너지가 지속되고, 결국 꿈의 경험에까지 부정적인 영향을 미칠 것
이다.

광명의 요가 수행

꿈의 바르도를 깨달음의 길로 이끄는 파드마삼바바의 세 번째 주요
방법은 깊은 수면의 요가인 광명의 요가를 수행하는 것이다. 수면상태
는 여섯 가지 의식(六識)이 모든 의식의 근간인 알라야식 속으로 소멸할
때 일어난다. 이것은 의식이 더 이상 외부로 향하지 않는 것을 의미한
다. 의식은 더 이상 대상을 향해 움직이거나 대상을 접하지 않는다.
예컨대 눈의 의식은 외적인 형상을 인식하지 않게 된다. 따라서 깊은
잠에 빠질 때 여섯 가지 의식의 명료한 측면은 소멸한다. 그러니 잠이
란 이 소멸이 일어난 후의, 의식의 불명료한 측면인 것이다. 마음의 궁
극적 본성은 명료하므로, 마음의 명료한 측면이 부재한다고 말할 때 그
것은 마음의 총체적 부재가 아닌 단지 여섯 가지 의식의 부재를 의미한
다. 사실상 깊은 수면의 본질은 마음의 진정한 본성인 크나큰 광명이
다. 그것은 지극히 밝고 지극히 생생하다. 그것은 밀도 높은 명료함이
다. 그리고 그 명료함은 너무나 밀도가 높아서 혼란한 마음에게는 눈을

멀게끔 한다. 깊은 수면의 무지를 정화하여 그 미혹에서 벗어나고, 더 나아가 그 강렬한 명료함의 상태를 관통하고 나면 우리는 명료하고 광명한 마음의 본성을 체험하게 된다.

그렇다면 언제 이 광명에 대해 명상해야 할까? 우선은, 깨어 있는 상태가 사라지는 바로 그 순간에 마음의 참된 본성을 직접적으로 경험하도록 노력해야 한다. 이때 우리는 산만한 생각의 방해를 받지 않으면서 깨달음의 마음인 보리심을 일으키고, 마음의 명료한 측면을 관찰하려는 의도를 갖고 깨어 있는 자각의식으로써 마음 자체를 곧바로 주시해야 한다. 가르침은 잠에 떨어지는 바로 그 순간에 광휘와 생기로 가득 찬 순수한 자각의식이 명료하게 빛난다고 말하고 있다. 이것은 매우 짧은 순간에 불과하다. 우리가 처음에는, 아니, 몇 번이고 이것을 놓칠지라도 이렇게 바라보기에 익숙해지고 나면 결국은 광명을 바라볼 수 있게 될 것이다. 깨어 있는 상태에서 꿈의 상태로 옮겨갈 때 의식이 산만하게 방황하도록 내버려두지만 않으면 이러한 경험을 지속시킬 수 있게 된다. 나아가 이 수행이 어느 정도 안정되면 이 같은 경험을 꿈에서도 지속시킬 수 있고, 꿈을 제어할 수 있게 된다. 자각의식을 유지함과 더불어, 마음을 편안하게 이완해야 한다. 그러지 않으면 잠들 수가 없을 것이다. 그러므로 꽉 조인 상태와 느슨한 상태 사이의 균형이 필요하고, 이 균형 상태에서 광명을 바라봐야 한다.

깊은 수면의 광명 속에서 성공적으로 수행하여 잠과 꿈의 미혹을 극복할 수 있게 되면 죽음의 상태에서도 이 능력을 발휘할 수 있게 된다. 죽음의 광명에다 깊은 수면의 광명을 통합시키면 미혹을 벗어난 청정한 지혜의 몸이 생겨나는 것이다.

광명에 대한 명상은 나로빠 육법으로 알려진 수행의 한 부분이다. 이 수행의 복잡한 방법은 스승의 개별적인 지도하에 배워야만 한다. 이 책에 설명된 방식을 따라 혼자서 수행하려는 것은 유익하지 않을 뿐 아니라 오히려 해가 될 것이다.

수행의 열매

환영의 몸과 꿈의 요가와 광명의 요가를 수행함으로써 우리는 꿈의 바르도의 평범한 미혹을 변화시켜 그것을 완전히 넘어설 수 있다. 이 수행의 완전한 성취는 깨달은 마음의 본성의 세 가지 측면 중 두 가지인 법신(dharmakaya)과 보신(sambhogakaya)을 얻게 한다.

법신이란, 모든 현상의 본질인 마음의 공한 본성이다. 그것은 관념을 떠난 자각의식이어서 모든 언어와 생각과 표현 너머에 있다. 그것은 원시 청정한 마음의 벌거벗은 상태의 진정한 경험이다. 깊은 수면의 미혹을 정화하고 마음의 공성, 그 광명한 본성을 깨달을 때 우리는 법신의 경지를 이룬다.

보신이란, 다양한 형태의 청정한 형상으로 나투는 엄청난 힘을 지닌 이 마음의 본성으로부터 방사되는 찬란하고 환희로운 에너지이다. 이러한 본성은 법신의 지혜와 불가분한 것으로서 스스로 존재한다. 존재하지 않는 것을 존재하는 것으로 오인하는 미혹과 꿈의 상태를 정화하면 우리는 보신의 경지를 이루고, 깨달은 마음과 법계의 청정하고 상징적인 형상들을 지각하게 된다.

세 번째 측면인 화신(nirmanakaya)이란, 마음의 공성과 그것의 끊임없는 창조력이라는 두 가지 에너지가 물리적 형태로 거침없이 나투어진

것을 말한다. 그것은 원시 청정한 마음의 본성과 청정하거나 부정한 형태로 무수히 나투는 스스로 현존하는 광명한 마음의 본성의 합일이다. 실재를 현상에 속한 것으로 오인하여 주체와 대상과 행위라는 삼상三相에 대한 이원적 고착상태에 빠지는 깨어 있는 일상적 마음 상태의 미혹을 정화하고 나면 우리는 화신의 경지를 이루게 된다.

깨달음을 이룬 마음의 본성의 이 세 가지 측면은 서로 떼놓을 수가 없다. 그것은 마음 자체의 본연의 성질로서, 고통스런 죽음의 바르도와 광명한 법성의 바르도와 업력에 의한 화현의 바르도라는 세 가지 바르도의 경험과 상응한다. 만약 현생의 바르도를 지나는 동안에 실재의 본성에 대한 완전한 자각상태인 깨달음을 얻지 못한다 하더라도, 앞서 말한 것처럼 죽음의 바르도에 들어설 때 그보다 더 좋은 기회가 기다리고 있다. 이 각각의 전이 상태에는 미혹된 경험을 깨달음의 경험으로 바꿔놓을 수 있는 가능성이 놓여 있다. 죽음의 시점에서 마음의 본성인 정광명을 알아차리면 우리는 법신의 실현을 성취한다. 광명한 법성의 바르도가 일어날 때 그 청정한 광경들의 본성을 알아차리면 우리는 보신의 실현을 성취한다. 업력이 드러나는 화현의 바르도가 일어날 때 그 미혹되게 하는 현상의 본질을 알아차리면 우리는 화신의 실현을 성취하여 길상한 환생을 맞이하게 된다. 이 세 가지 몸(三身)은 서로 떼놓을 수가 없기 때문에 어느 하나를 완전히 깨달으면 세 가지 모두가 깨달아진다. 그러니 우리는 삼신으로 이뤄진 마음의 본성에 대한 완전한 깨달음으로 이어지는 세 가지 기회 혹은 세 가지 방법을 가진 셈이다.

이러한 상태에 대해서는 나중에 더 상세히 논하겠다. 아무튼 우리에게는 법성의 바르도에서 겪게 될 경험을 대비해서 꿈의 바르도에서 미리 훈련할 수 있는 기회가 있다. 법성의 바르도에서는 보신의 광명이 마치 자신의 밖에 있는 것처럼, 자신의 통제를 벗어나 있는 것처럼 보이는 형상들로 생생히 나타난다. 그러므로 이때 나타나는 형상과 소리는 마음이 만들어내어 펼쳐놓은 것임을 반드시 알아차려야 한다. 이 훈련은 화현의 바르도에 이르면 훨씬 더 요긴해진다. 화현의 바르도는 미혹된 자신의 마음이 강력한 투사를 일으켜 우리를 극심한 고통의 상태와 평탄치 않은 환생으로 끌고 갈 수 있는 시기이기 때문이다.

이러한 관점을 이론과 개인적 경험을 토대로 이해하고, 수행을 통해 능력을 길러놓으면 우리는 죽음의 바르도에서도 자신을 지킬 수 있다. 죽음을 수행의 길로 이용할 수 있게 되는 것이다. 우리는 죽음도 역시 하나의 꿈임을 알게 된다. 꿈에 대한 마음의 지배력을 얻으면 죽음에 대한 마음의 지배력도 얻을 수 있을 것이고, 꿈에서 어느 곳이라도 갈 수 있는 것처럼 죽을 때도 자기가 원하는 곳으로 갈 수 있게 될 것이다. 반대로 꿈에 대한 지배력을 얻지 못하면 속수무책으로 이리저리 꿈에 이끌려 다닐 것이다. 그러므로 꿈의 바르도에 관한 모든 수행은 바로 마음을 제어하고 지배하는 힘을 얻기 위한 방법들이다.

꿈과 꿈꾸는 자

꿈의 경험이란 우리가 잠에 빠져들 때 들어서는 환영의 상태이다. 그렇지만 꿈이라는 개념을 좀더 폭넓게 바라보자면, 그것은 우리의 현실의 모든 측면, 곧 우리의 전체 경험을 모두 포괄한다. 전통적으로 꿈은 그 실재감의 정도, 꿈꾸는 자의 자각 수준, 그리고 꿈의 지속시간에 따라 세 가지 방식으로 분류된다.

꿈 살펴보기

꿈의 바르도의 관점에서 꿈의 상태를 살펴볼 때, 그 실재감으로 따지자면 우리는 세 가지 종류의 꿈을 경험하고 있다는 것을 발견하게 된다. 그 세 가지란 맛보기 꿈, 실제 꿈, 그리고 임종 시의 꿈이다. 꿈의 요가 수행에서 통상 '꿈'이라 부르는 밤시간의 경험은 '맛보기 꿈'이라고 할 수 있다. '실제 꿈'은 환영의 몸 수행과 관련된, 일상적인 낮시간의 경험이다. '임종 시의 꿈'은 한 바퀴 주기의 끝, 곧 한 삶과 그 일련의 경험들의 끝을 장식하는 죽음의 경험을 가리킨다. 이 꿈은 죽음의 바르도와 사후의 시간과 관련되어 있다. 이 세 가지 유형의 꿈은 인간이든 동물이든 다른 형태를 지닌 존재이든 간에 마음 또는 감성을 지닌 모든 존재들의 경험이다. 지금 현재 우리는 인간이고, 이 인간의 세계에서 우리는 우리가 좋거나 나쁘거나, 맛있거나 맛없다는 등으로 꼬리표를 붙이는 감각적 경험을 하고 있다. 이와 동일한 감각적 경험이 존재의 모든 영역에서 일어난다. 예를 들어 우리는 레스토랑에 가서 다채로운 진수성찬을 즐기곤 한다. 하지만 우리가 당나귀로 태어났다면 푸른 초원이 진수성찬이 가득한 만찬장이 될 것이다. 이런 모든 현상들이 각 영역의 실제 꿈속에서 일어난다. 그리고 그 꿈이 끝나면 마지막 꿈, 곧 임종 시의 꿈의 경험이 시작된다.

꿈꾸는 자 살펴보기

꿈은 꿈꾸는 자가 지닌 깨달음의 정도에 의해서 분류될 수도 있다. 이 관점에서 보면 여기서도 세 가지 유형의 꿈이 있다. 불교적인 언어로 말하자면 이것은 중생의 꿈과 수행자의 꿈, 그리고 보살 지위에 오른 존재들의 꿈으로 나누어진다. 중생은 세계를 통념적으로 인식하는 자이고, 에고에 대한 집착과 습관적 성향에 완전히 지배받는다. 따라서 중생의 꿈은 매우 견고하고 진짜 같아서 착각하기가 매우 쉽다. 반면에 수행자는 영적인 길을 따르는 자이고, 마음의 본성에 대해 어느 정도의 깨달음을 가지고 있다. 티벳 불교의 관점에서 보면 이 길이란 금강승의 길이다. 그러므로 이러한 수행자의 꿈은 사뭇 다르다. 그들의 꿈은 어느 정도 현상–공의 경험이 될 것이다. 세 번째 유형은 공성을 완전히 깨치고 붓다의 수행 후 상태에 머무는 보살 지위에 오른, 최상의 깨달음을 이룬 존재들이다. 말할 필요도 없이 이런 존재들의 꿈은 완전히 초월적인 경험의 성격을 띤다. 그러므로 이 세 가지 유형의 꿈은 내면적이고 개인적인 수준에 따라 분류된 것이다.

지속시간 살펴보기

세 번째 분류는 지속시간에 따라 꿈을 나눈다. 이에 따른 세 가지 유형은 '작은 꿈'과 '중간 꿈'과 '큰 꿈'으로 불린다. 여기서 작은 꿈은 짧다는 뜻이지 열등함을 의미하지는 않는다. 중간 꿈은 이보다 시간이 더 긴 것을 말한다. 그리고 큰 꿈은 매우 오랜 시간 동안 지속될 수 있는 꿈을 말한다.

작은 꿈이란 우리가 잠에 빠져서 꿈의 바르도에 들어설 때 일어나는 현상을 말한다. 이 밤시간의 꿈은 일반적으로 매우 짧다. 우리는 하룻밤에 20여 가지의 다른 꿈을 꿀 수도 있다. 어떤 꿈은 단지 몇 초 동안 지속되고, 어떤 꿈은 5분 정도 지속된다. 이런 꿈들은 기억하지도 못할 정도로 매우 덧없이 지나가는 현상이다. 우리는 잠에서 깨어나 이렇게 말한다. "꿈을 꾸긴 꿨는데 도대체 기억이 나지 않네." 이것은 이 현상이 얼마나 찰나적이고, 그것이 마음의 흐름에 남기는 흔적이 얼마나 피상적인지를 보여준다.

중간 꿈이란 사후에 꾸는 꿈을 말한다. 특히 이것은 약 49일간 지속되는 것으로 알려져 있는 화현의 바르도와 관련되어 있으며, 밤에 꾸는 꿈보다는 훨씬 더 길다. 중간 꿈은 몇 주 동안 지속되지만 이 동안에 마음은 전혀 안정되어 있지 않다. 지각과 생각은 쏜살같이 스쳐 지나가고 매우 변덕스럽다. 여기는 견고한 물질적 형체가 존재하지 않고, 우리는 정신적인 몸(mental body)밖에 지닐 수 없기 때문에 발 디딜 데가 상실된 것 같은 느낌이다.

큰 꿈이란 이 윤회계 속의 나날의 경험이라는 꿈, 곧 타고난 현생의 바르도를 말한다. 이 꿈은 견고하고 감쪽같은 현상들을 보여주므로 우리의 눈에는 훨씬 더 물질적 현실 속에 뿌리를 박고 있는 것처럼 보인다. 하지만 그것이 이 꿈이 진짜라는 뜻은 아니다. 단지 그것이 우리에게는 견고성과 존재감과 지속적인 성질을 좀더 많이 지닌 것처럼 보이는 것뿐이다. 예를 들어 우리가 내일 아침에 잠을 깨면 간밤에 잠들었던 그 장소에서 깨어날 것이다. 하지만 꿈에서 깨면 우리는 더 이상 꿈속에서 있었던 그곳에 있지 않다. 우리는 하룻밤 사이에도 다양한 장소를 여행하는 수많은 꿈들을 꾼다. 꿈속에서는 모든 것이 매우 빠르게 변화한다. 한 순간 히말라야에서 트레킹을 하다가도, 다음 순간에는 뉴올리언스의 마르디 그라스를 향해서 이륙하기도 한다. 그런 다음에는 멕시코의 해변에서 휴식을 즐기기도 하고, 또다시 자신의 집으로 돌아와 명상 방석에 앉아 있곤 한다. 그렇지만 이러한 모든 꿈에서 깨어났을 때, 우리는 자신을 위의 장소 어디에서도 발견할 수 없다. 우리는 어젯밤에 눈을 감았던 그 장소에서 눈을 뜬다. 이 '대낮의 꿈' 속으로 깨어날 때마다 우리 앞에는 동일한 현실이 펼쳐져 있다.

파드마삼바바는 큰 꿈의 실질적인 의미를 가장 안정되고 뿌리 깊은 미혹에 빠진 상태로 설명한다. 이와 반대로 다른 꿈의 상태들에서는 미혹의 변동이 심하여 예측할 수 없다. 예를 들어 사후의 바르도 경험에서 우리는 자신이 더 이상 물질적 형체 안에 존재하지 않는다는 사실을 단지 간헐적으로만 깨닫는다. 이 같은 사실에 부딪히면 우리는 극도의 공포심을 느끼게 된다. 그러나 현생의 바르도에서는 자신이 언제나 거기에 있다고 느끼기 때문에 우리의 미혹은 더 강한 기반을 지니게 된다. 어떤 의미에서 이런 깊은 미혹은 좋기도 하다. 그것은 미혹을 완전히 초월할 수 있는 든든한 기반을 제공해주기 때문이다. 반면에 경험이 쏜살같이 흘러가버리면 집중하기가 매우 어렵기 때문에 사마타 수행을 통해서 마음을 매우 안정되게 만들지 않는 한 그것을 초월하기가 매우 힘들다.

어둠 속의 횃불

꿈의 바르도를 지나가도록 안내하는 가르침은 '어둠 속에 횃불 밝히기'로 알려져 있다. 여기서 어둠이란 무지를 말한다. 잠과 꿈의 상태에 들어서는 것은 매우 깊은 무지의 상태로 접어드는 것이다. 어둠을 밝히는 횃불은 보통 우리 자신을 집어삼키는 미혹을 멸하는 청정하고 광명한 자각의식을 의미한다. 이 자각의식을 인식하면 그 깨달음의 빛이 잠과 꿈의 미혹된 상태의 구석구석을 밝혀준다.

현상의 환영 같고 꿈 같은 본질에 대한 가르침은 기본적으로 대승불교의 가르침과 연관되어 있다. 그러므로 붓다가 반야경에서 가르치고, 뒤이어 중관학파中觀學派의 창시자인 나가르주나와 유식학파唯識學派의 창시자인 아상가가 설명한 공성에 대한 대승의 관점을 공부하는 것은 매우 중요하다. 유식학파의 마음만이 존재한다는 관점은 상대적 현실을 이해하는 데에 매우 유용하다. 유식학파는 마음이 투사를 만들어내는 방식을 설명해주는 다양하고 상세한 의식의 분류법을 제시한다. 유식의 가르침을 공부하면 견고해 보이는 환영이 일어나는 이치와, 그것이 왜 사실은 마음이 일으키는 현상인지를 배울 수 있다. 한편 중관학파의 관점과 분석적 방법론을 공부하면 참된 실체성이 결여된 모든 상대적 현상의 절대적 본질에 대한 이해를 얻는다.

환영의 몸과 꿈의 요가에 대한 금강승의 수행법과 더불어 유식과 중관이라는 두 가지 관점을 함께 공부하면 우리의 수행은 훨씬 쉬워진다. 공성의 관점을 모른다면 견고한 세계를 느닷없이 무지개와 같이 견고성 없는 것으로 보려고 무진 애를 써야만 할 것이다. 이것은 그리 쉽지 않다. 하지만 낮시간 동안에 이것이 환영이고 꿈임을 자신에게 지속적으로 되새겨주면 밤시간 동안에도 자각몽을 꾸게 되고, 꿈속의 현상들을 변화시킬 수 있게 된다.

4

마음의 통달: 명상의 바르도

마음의 진정한 본성을 알아차릴 때, 우리는 그 공한 본질뿐만 아니라 생생하게 현존하는 깨어 있음과 명료한 자각의식의 성질도 알아차리게 된다. 이 자각의식은 깨달은 상태에서 자연스럽게 드러나는 지혜요 자비다. 이것은 마음의 본성 속에 원초적으로 내재한다. 그것은 성스러운 존재나 성스러운 행위에 의해서 과거에 창조된 것이 아니며, 관념과 사상 너머에 있어서 시작도 없고 끝도 없다. 그것은 우리 마음의 본성이며 우주의 본성이다. 우리가 그 어떤 마음 상태에 있든지, 그 어떤 생각과 감정을 경험하든지 간에 일체의 현상은 지혜의 성품 안에 존재한다. 윤회계의 모든 경험은 편만하고 거침없는 지혜의 표현이자 유희이다. 궁극적으로, 해탈의 상태에 있지 않은 것은 없으므로 두려워할 대상은 존재하지 않는다. 모든 형상과 소리와 생각과 감정들은 물 위에 비친 달과 같이 현상-공이다. 이 완벽히 청정한 공간 속에, 저절로 방사되는 환희와 생기와 완전한 자유가 있다. 우리는 자신을 있는 그대로 받아들이고, 어떤 경험이 일어나든지 음미하고 감사한다. 현상에 집착하거나 저항함으로써 자신을 속박하지 않는다. 그리하여 몸부림은 멈추고 진정 평화로운 상태가 찾아온다.

에 마!
명상의 바르도가 네 앞에 나타나는 이때,
산만과 미혹만 쌓아올리기를 그치고
방황도 붙들림도 없는 양극을 여읜 본성 속에서 쉬라.
생기차제와 원만차제를 정착시키라.

명상의 바르도는 우리 마음의 명상적인 상태를 말한다. 그것은 언제든지 우리가 산만하지 않고 맑게 깨어서 지금 이 순간 속에서 마음을 쉬고 있을 때 시작된다. 그리고 언제든지 그런 상태가 깨어져 산만해질 때, 명상의 바르도는 끝난다. 그러므로 명상의 바르도에 머물 수 있는 시간의 길이는 개인에 따라 달라진다. 그것은 우리가 집중하면서도 이완되고, 깨어 있으면서도 쉬는 상태에 얼마나 오래 머물 수 있느냐에 달려 있다.

바르도로서의 명상

마음의 본성 속으로 곧바로 들어가 쉬는 명상 상태야말로 진정한 바르도 경험이다. 이것은 '틈새'의 경험, 곧 윤회와 열반 혹은 미혹과 해탈 너머의 비관념적 자각의식의 경험이다. 이것은 여정에서 갈림길을 마주칠 때와 같은 진실의 순간이다. 그 순간이 얼마나 오래 지속되었는지와는 상관없이, 그 순간이 끝나면 우리는 해탈의 방향, 아니면 미혹의 방향을 향해 나온다. 마음의 본성을 알아차리는 것은 갈림길에서 해탈을 향한 길을 택하는 것이고, 마음의 본성을 알아차리기에 실패하는 것은 미혹의 길을 따르는 것이다.

후자를 따라왔다면 우리는 계속 이원성의 형태로 부정한 현상들을 겪어야만 한다. 우리는 견고한 '나'의 느낌을 느끼고, 그것이 똑같이 견고한 '너', '그것', '다른 것'들과는 분리된 별개의 것이라고 느낀다. 늘 의문스럽고 변덕을 부리는 이 둘 사이의 관계는 지속적인 투쟁 상태를 야기한다. 우리는 희망에 이끌리는가 하다 보면 어느새 두려움에 쫓기고 있다. 우리는 자신의 모습에 불만족하여 '다른 사람'을 향해 분노와 욕망과 경멸적인 무관심으로 반응한다. 한 순간 행복해하기도 하지만 다음 순간에 곧 혼란스러워지고, 화내고 탐욕스러워지고, 아니면 단순히 둔해지거나 얼빠진 상태가 된다. 그런 상황 속에서 우리는 미혹에 의해 마음이 혼란되고 가둬진 정도만큼 압박과 부담감을 느낀다.

차이는 단순히, 자각 상태에 들어 있는 습관과 무지에 빠져 있는 습관 중 어느 쪽에 의지하느냐에 따라 생겨난다. 그것은 이번 생의 경험뿐 아니라 죽음의 경험도 달라지게 한다. 죽음에 이를 때도 습관적인 마음은 지속된다. 피할 수도 없는 자신의 마음의 반영에 의해서 우리는 두려움에 휩싸이고 압도된다. 자신의 마음을 피해 숨을 수 있는 곳은 어디에도 없다. 마음의 본성을 일별하고 그 본성 속에서 쉬는 훈련을 했다면 그런 현상들이 마음이 스스로 지어낸 것임을 알아차릴 것이다. 그것은 마음의 본성을 더 깊이 알아차리고 깨닫도록 도와줄 것이다. 그리하여 우리는 완전한 해탈을 이룰 기회를 얻을 것이다. 설사 그것을 놓쳐버리더라도 적어도 죽음의 바르도를 무사히 통과할 수 있는 기술은 자신할 수 있을 것이다. 어떤 불확실한 순간도 제어할 수 있을 것이며 생각과 감정과 현상, 무엇이 일어나든지 미혹과 두려움의 방향으로 끌려가지 않을 것이다. 위빠사나 명상 수행은 미혹과 두려움 속으로 들어가서 그것을 안정된 경험으로 바꿔놓는 직접적인 방법이다.

위빠사나

하루의 힘든 일을 마친 후 지쳐서 집에 돌아오면 우리는 손을 놓고 그저 쉴 태세가 절로 갖춰진다. 만일 건설 일이나 세탁 일이나 단순반복적인 고된 막노동을 끝낸 이후라면 더욱 자연스럽게 극도의 피로감을 느낄 것이다. 힘든 일에 매진하다가 마지막 기력조차도 소진되면 우리는 깊은 숨을 내쉬며 자리에 털썩 주저앉게 된다. 이런 순간에 자신을 완전히 내려놓고 편안히 쉬게 하면 마음은 완전히 관념을 벗어나게 된다. 머릿속에는 아무런 생각도 일어나지 않고, 몸과 마음은 고요해지고 편안해지지만 산만해지지도 않는다. 온전히 현존하고 그 순간을 음미하는 느낌만이 있을 뿐이다. 힘든 일을 마친 후에 안도와 함께 누리는 휴식의 경험 — 명상의 바르도는 비유하자면 이와도 흡사하다.

명상의 바르도에 관한 파드마삼바바의 가르침은 위빠사나의 경험과 연결된다. 위빠사나는 '명료하게 봄' 혹은 '수승한 봄(觀)'을 의미한다. 이때 바라보는 대상은 마음의 본성, 즉 평상심, 아무것도 걸치지 않은 우리의 깨어 있는 의식의 본성이다. 따라서 위빠사나는 이 마음의 본성을 직접 깨닫게 하는 관(觀)이라고 할 수 있다. 이것을 때로는 '공성을 들여다보는 관(觀)'이라고 표현하기도 한다. 이 높은 깨달음은 자아와 다른 존재들, 마음과 그 현상들 양쪽 모두의 공성과 관련되어 있다.

그러므로 위빠사나 수행의 핵심은 알아차림에 있다. 알아차림이란 무엇인가? 그것은 단순히 지금 이 순간으로부터 흩어지지 않은 마음 상태이다. 마음을 흐트러뜨리지 않고 그 자체의 상태, 그것의 고유한 성질 속에서 쉬게 하면 이때 우리는 현 순간을 자각하는 상태에 있게 되는 것이다. 외부적인 상황이나 내적인 마음 상태와 상관없이 바로 이 순간의 경험 속에 현존하면, 이 순간을 완전히 경험하고 있다면 그것이 바로 산만하지 않은 상태이다. 이것이 알아차림이고 명상이다. 그러니 알아차림과 산만하지 않음과 명상은 하나이고 같은 것이다.

　금강승에서 위빠사나 명상은 공성에 관한 명상수행으로 시작한다. 이 관점에서 수행한다면 집중의 대상은 마음의 본성 자체, 그것의 명료한 공성의 측면이다. 그렇지만 이 방식을 통해서 마음을 쉬게 하려면 2장에서 논했던 고요함을 유지하는 명상인 사마타의 바탕에 의지해야만 한다. 사마타 수행을 잘 하면 마음이 조약돌이든 붓다의 형상이든 허공이든 어떤 대상에나 머물러 흔들림 없이 거기서 쉴 수 있게 된다. 따라서 사마타의 마음 상태는 두 가지 측면을 지닌다. 그것은 고요할 뿐만 아니라 가져다놓는 곳 어디에나 머문다. 이 기술에 숙달되고 나면 실질적인 집중의 대상이 없는 공의 상태에도 마음이 머물러 쉬게 하는 것이 가능해진다.

　사마타 없이는 위빠사나를 익힐 수가 없다. 하지만 위빠사나에 정진하지 않으면 사마타 자체는 우리에게 별 도움이 안 된다. 사마타는 마음을 고요하게 가라앉힐 수 있는 반면에 산만한 감정을 완전히 뿌리 뽑을 수는 없다. 위빠사나라는 수승한 관觀만이 그것을 할 수 있다. 사마타와 위빠사나의 관계를 설명하는 옛말은 사마타를 연못에 비유하고, 위빠사나는 연못을 아름답게 수놓은 꽃에 비유한다. 위대한 요기 밀라레빠는 다음과 같이 노래했다.

사마타의 연못에 집착하지 않음으로
위빠사나의 꽃이 활짝 피어나기를.

그러므로 고통과 고통의 원인을 모두 근절하는 위빠사나는 명상의 더 본질적인 측면이라고 볼 수 있다.

명상의 바르도가 전체 여섯 바르도의 상태를 변화시키는 도전과 기회에 우리의 마음을 단련시키는 곳임을 아는 것이 중요하다. 우리는 단지 평화로운 명상시간을 가지려거나 평온한 사람이 되기 위해서 애쓰고 있는 것이 아니다. 단순히 현생의 바르도에서 처한 상황이나 심리상태를 호의적으로 바꿔놓으려는 것도 아니다. 수행이 가져다주는 유익은 그런 것을 넘어서 있다. 여기서의 수행을 어디를 가든지 ─ 현생 너머로의 여행에조차 ─ 지니고 다닐 수 있는 귀한 도구를 얻기 위한 것으로 여긴다면 당신은 파드마삼바바와 법맥의 가르침을 제대로 듣고 있는 것이다. 가르침은 분명하다. ─ 마음의 본성을 알아차리는 것이 곧 해탈의 열쇠를 얻는 것이다. 명상의 바르도에서 우리가 하는 모든 수행이 여기에 귀결된다. 명상에 대한 설명은 대개 장황하고 복잡하기 때문에 전체적인 요점을 놓치기가 쉽다. 그러니 위빠사나 수행과 바르도를 지나는 우리의 여정 사이의 연관성을 잊지 않도록 스스로 늘 상기시킬 필요가 있다. 그 어떤 바르도를 통과하더라도, 우리가 미혹에서 깨어나 마음의 본성을 알아차리기만 하면 바르도는 초월된다.

날뛰는 마음 길들이기

　위빠사나의 목표는 일상의 이원적인 의식을 초월하도록 마음을 길들이는 데에 있다. 이 과정을 묘사하기 위해 자주 사용되는 보기는 마음을 거친 말에 비유하는 것이다. 날뛰는 말을 길들이기 위해서는 우선 말을 붙잡아야 한다. 여기에는 상당한 신중함과 기술이 요구된다. 그냥 다가가서 붙잡는 것은 불가능하기 때문에 매우 조심스럽게 접근해야 한다. 요즘은 거친 말들을 길들이기 위해서 헬리콥터로 그저 둥글게 몰아서 부자연스럽게 길들이기도 한다. 하지만 이보다 자연스런 방식은 자신이 원하는 말과 개별적으로 접촉하면서 길들여 나가는 것이다. 결국 우리가 원하는 것은 야생마 대량판매 사업이 아니다. 우리의 동기는 이보다 더 개인적인 것이다. 우리는 멀리서 한 마리의 아름다운 야생마를 보고 사랑에 빠지게 된 것이다.

　개별적인 접촉과 기술적인 방법을 이용해서 말에 접근하고 붙잡았다면, 말을 길들이는 데 필요한 적당한 심리적 공간과 환경이 갖추어진 것이다. 당신은 말에 대해 점차 많은 것을 알아가게 될 것이고, 말 역시 주인을 알아가게 될 것이다. 이러한 접촉을 통해서 서로 간의 이해와 호감과 친근함과 정이 쌓여간다. 결국 거칠었던 말은 유순해지고, 올라타는 것이 가능할 정도로 길들여진다. 하지만 처음으로 말을 탈 때는 아직도 주의가 필요하다. 말이 길들여졌음에도 불구하고 어떤 돌발적인 일이 일어날지 알 수 없는 것이다. 심지어 몇 달이 지나고 몇 년이 지나더라도 여전히 주의와 경각심은 필요하다.

　마음을 길들일 때도 이와 유사한 방식으로 해야 한다. 우리가 미국의 카우보이이든지, 티벳의 야크를 돌보는 목동이든지, 인도의 버팔로를 돌보는 소년이든지 간에 우리는 각자가 마음이라는 야생마를 길들여야만 한다. 우리는 모두가 같은 일을 하고 있다. 먼저 날뛰는 마음과 개별적으로 접촉해야 한다. 그리고 길들여지지 않은 자연의 아름다움을 음미하는 법을 배워야 한다. 그런 다음에는 알아차리기를 이용해서 마음을 사로잡아야 한다. 그리고 마지막으로 이 마음을 더욱더 기술적으로 훈련시켜야 한다. 언젠가는 우리가 이 말을 타고 마음대로 달릴 수 있게 될 때가 올 것이다. 롤링 스톤즈의 노래에 이런 가사가 있다.

거친 말들이 날 끌고 가진 못했지.
거칠고 거친 야생마들아, 언젠간 우리가 너희를 탈 거야.[11]

이것이 우리가 도달해야 하는 경지이다. 거친 말들도 우리를 현 순간에 대한 자각으로부터 끌어내지 못하는 경지 말이다. 수행의 이 단계에 들어서면 우리는 죽음의 바르도에서조차도 모든 난관을 넘어 깨달음과 해탈로 향하도록 마음을 이끌어갈 수 있을 것이다.

또 다른 잘 알려진 비유가 있다. 이것은 날뛰는 마음을 그릇 가게 안에 들어온 미친 코끼리에 비유한다. 길들여지지 않은 코끼리는 가게 안의 그릇을 간단히 다 깨부술 수 있고, 가게 건물 자체도 파괴할 수 있다. 한 번 움직이면 한쪽 벽이 무너지고, 또 한 번 움직이면 다른 쪽 벽이 무너진다. 네 번만 움직이면 코끼리는 건물을 완전히 무너뜨릴 수 있다. 마찬가지로, 우리의 마음을 길들이지 않는다면 무수한 선행으로 쌓아온 공덕과 지혜, 곧 모든 선업을 모조리 쉽게 무너뜨릴 수 있는 것이다.

위빠사나 수행은 마음을 길들이고 훈련시키는 과정이다. 어떻게 하는가? 우리는 사마타로써 자신의 마음을 사로잡고, 위빠사나로는 그것을 길들인다. 그런 다음 더 폭넓은 주변에 대한 인식을 유지한 채 깨어 있는 의식으로써 마음 위에 올라탄다. 이 방법을 따르면 우리는 목표에 아주 빨리 다다를 수 있다. 특히, 무상無常을 상기하는 것은 마치 채찍질을 가하는 것과도 같다.

무아 수련

공성에 대한 명상은 단계별로 가르쳐진다. 그 각각의 단계들은 저마다 자아와 마음과 세계에 대한 고유의 관점을 반영한다. 소승과 대승의 수행에서 공성에 대한 위빠사나 명상은 절대적 진리의 관점으로부터 자아 혹은 자아상이라는 개념을 바라보게 하는 분석적 명상과 함께 시작한다. 절대적 진리 혹은 궁극적 실재에 대해서 말할 때는 두 가지 공성, 곧 사람의 무아(인무아人無我)와 현상의 무아(법무아法無我)의 의미를 이해해야 한다. 다시 말하자면 이것은 '사람에게 자아가 없음'과 '현상에 자성이 없음'이다. 우리는 체계적인 사유과정을 통해서 이 같은 이해에 다가가는데, 그것은 공성을 직접 일별하게 한다. 하지만 그러한 일별에 진정으로 연결된다는 것은 우리가 가슴과 지성 양쪽 모두와 연결되어서 단지 무미건조한 사유에만 매달리지 않는 것을 의미한다. 이러한 과정은 매우 관념적이고 이원적으로 들리겠지만 올바로 하기만 하면 그것은 공성의 체험을 불러올 것이다. 그것은 공성의 반향을 만들어낸다. 우리가 그 체험 속에 편히 있을 수 있다면 공성은 갈수록 깊어져서 우리의 모든 경험 속에 더욱 깊이 자리 잡게 될 것이다.

명상에서 실제로 하는 일은, 자아라는 것이 정말 존재하여 발견할 수 있는 것인지를 적극적으로 찾아보는 것이다. 먼저 우리는 사람의 자아에 대해 숙고해보고, 그것이 어디에 있으며 정확히 무엇인지를 알아내기 위해서 우리의 경험을 분석한다. 그토록 탄탄하고 의심의 여지 없이 실재하는 것처럼 느껴지는 자아를 찾으려면 어디를 뒤져봐야 할까? 우선은 가장 강하게 집착하는 몸과 마음을 바라봐야 한다. 그러나 몸과 마음을 가까이 다가가서 살펴보면 그것들은 단일한 실체가 아니라 무수한 부분들로 이루어진 집합체이다. 다섯 가지로 이루어진 이러한 집합체들을 불교 용어로 오온五蘊(skandhas)이라 한다. 이 다섯 가지 무더기가 모여서 우리가 '자아'라 부르는 총체를 이룬다. 오온은 우리로 하여금 '이것은 나다', '저것은 다른 것이다'라고 생각하게 만드는 근거가 된다. 그리고 오온은 육체와 관련된 물질의 무더기(색온色蘊), 그리고 마음과 관련된 느낌(수온受蘊)과 인식(상온想蘊)과 심리현상(행온行蘊)과 의식(식온識蘊)이라는 네 가지 무더기를 포함한다. 오온은 우리가 세계를 더욱 관념적이고 견고하게 인식하고 파악하기 위한 수단으로 쓰인다.

우리는 먼저 자아라는 것이 오온 중의 하나에만 있는지, 혹은 오온의 총합 속에 있는지를 알아보기 위해서 이 오온을 살펴본다. 예를 들어 자아가 물질의 무더기 안에 존재한다고 결론을 내린다면 몸의 어느 부분을 자아라고 할 수 있을지 몸을 살펴본다. 이때 자아는 몸 전체인가, 아니면 몸의 한 부분인가? 만일 부분이라면 그것은 어느 부분인가? 그것은 두뇌인가, 아니면 가슴인가? 어느 정도 살펴본 후에 물질의 무더기 안에는 자아가 존재하지 않는다고 결론짓는다면 다음에는 남아 있는 무더기들에 대해서도 동일한 방식의 탐문을 해본다. 이 같은 분석을 자아를 찾거나, 아니면 못 찾겠다는 결론에 도달할 때까지 해야 한다.

오온 속에서 인격적 자아가 발견되지 않으면 그다음에는 '타아他我'는 정말 존재하는지, 현상의 자아를 찾아보아야 한다. 이렇게 우리가 '나'와 '너', 혹은 '나'와 '나의 것'이라고 붙들고 있는 것들을 탐사하여 '뒤집어보지 않은 돌이 없도록' 모든 가능성을 다 뒤져보아야 한다. 이 분석의 결론은, 개인적 신분의 형태로든 외부적 현상의 성질로서든 본래적으로 존재하는 자아란 어디서도 발견할 수가 없다는 것이다. 이리하여 우리는 자아란 존재하지 않는다는 깨달음으로 나아간다. 모든 현상 속에는 자성이 없다. 여기에 이르면 우리의 마음은 더 이상 아무런 생각 없이 편안히 쉴 수 있게 된다.

공성에 대한 올바른 이해, 즉 그 의미를 상대적 현상의 극단적이고 전면적인 부정인 허무주의로 왜곡하지 않는 정확한 이해는 위대한 스승인 나가르주나의 대승불교 중관의 관점을 이해하는 데서 온다. 나가르주나의 가르침이 완전히 이해될 때 이원적인 자아와 타아의 분리를 부정하고 넘어서는 통합의 상태인 공성을 이해하게 된다. 이러한 상태는 다양한 이름으로 불린다. 대승의 전통에서는 이것을 '궁극의 진리', '불성' 혹은 '실재'라고 부른다. 이것은 모두 가장 깊고 참된 차원의 실재를 일컫는 말이다. 그것은 관념을 초월한 상상할 수 없는 지혜의 상태이다. 그래서 관념적 마음이 그것을 찾아보려고 해도 결국은 아무것도 발견해내지 못할 것이다.[12]

마하무드라와 족첸의 전통에서 위빠사나 명상은 스승이 가리켜 보여준 마음의 본성, 곧 실재의 궁극적 상태에서 쉬는 것이다. 마하무드라에서는 스승이 가리켜 보여주는 이 자각의식을 '평상심'(티벳어로는 타말기 세빠)이라 부르고, 족첸에서는 그것을 '벌거벗은 자각의식'(티벳어로는 릭빠)이라 부른다. 이 두 전통의 주요 수행법은 관념을 벗어나 쉬는 명상이지만 좀더 관념적인 수행법도 있다. 마하무드라에는 마음의 본성을 탐구하는 특별한 수행법이 있고, 족첸에는 의식으로부터 릭빠를 식별해내는 방법이 있다.

이러한 수행법들에 대한 자세한 설명은 직계 스승으로부터 개별적으로 받아야 한다. 스승과 가슴 깊은 인연을 맺고 직접적인 가르침을 받으면 스승도 당신을 알게 되고, 당신 역시 구루를 알기 때문에 그것은 훨씬 더 개인적이고 강렬한 체험이 된다. 마음의 본성을 직접 가리켜 보여주는 전승의 순간은 강렬한 만남의 장, 마음과 마음의 진정한 만남이 된다. 이런 식의 가르침은 스승으로부터 위빠사나에 대한 일반적인 설명을 듣는 것보다 훨씬 더 효과적이다.

마음의 본성 가리키기

우리는 가끔씩 안경을 주머니 속이나 머리 위에다 두고는 두리번거리며 찾아 헤매곤 한다. 이것은 아주 흔한 일이다. 온 데를 다 뒤져보지만 안경은 보이지 않는다. 그래서 "네 안경 거기 있잖아"라고 말해줄 수 있는 구루가 필요한 것이다. 이것이 마하무드라와 족첸의 스승들이 하는 일의 전부이다. 스승들은 그저 가리켜 보여줄 뿐이다. 그들이 가리키는 것은 우리가 이미 지니고 있는 것이다. 그것은 스승에게서 받는 것이 아니다. 그들이 새 안경을 주는 것이 아니다. 그들은 새 안경을 줄 수는 없지만 당신의 안경이 어디에 있는지를 가리켜줄 수는 있다.

직계 스승으로부터 가리켜 보여주는 가르침을 전수받을 때 우리는 마음의 본성을 직접, 발가벗겨진 채로 만나게 된다. 이러한 가르침은 스스로 가르침을 받을 준비가 되어 있을 때 매우 효과적이다. 이를 위한 준비단계로 세 가지의 반야 수행이 있다. 앞서 설명한 대로 이것은 영적인 길에 대한 철학적 관점을 배우는 것과, 그 관점을 자신의 이해에 통합시키기 위해 사유하는 것과, 이어서 명상 단계의 예비수행과 본수행을 하는 것이다.

가리켜 보여준다는 것은 구름이 짙게 드리워 있을 때 하늘을 가리키는 것과 흡사하다. 당신이 누군가에게 "저기 파란 하늘이 있어"라고 말한다면 그는 하늘을 쳐다보면서 말할 것이다. "어디?" 그러면 당신은 이렇게 말한다. "파란 하늘은 구름 뒤에 있어." 그 사람은 처음에는 파란 하늘을 보지 못한다. 하지만 하늘이 한 조각이라도 얼굴을 드러내면 당신은 말할 수 있다. "봐! 저기 파란 하늘이 있잖아." 그때 그 사람은 직접적인 체험을 하게 된다. 그는 구름이 걷히면 완전히 모습을 드러낼 푸른 하늘이 거기 있음을 경험적으로 알게 된다.

마찬가지로 배움과 사유를 통해 심오한 이해를 키우고, 사마타 수행을 통해 명상의 토대를 닦았다면 그때의 평화로움과 명료함의 경험은 마음의 본성을 힐끗 보는 것과도 같다. 스승이 마음의 본성을 가리켜줄 때 당신은 파란 하늘 조각을 알아차린 사람과 마찬가지로 그것을 알아차리게 될 것이다. 당신은 이렇게 말할 것이다. "아! 이것이 마음의 본성이구나." 자유롭게 쉴 수 있게만 된다면 구름이 걷히고 푸른 하늘이 완전히 드러나듯이 모든 것이 그렇게 드러난다. 그러니 마음의 본성을 스승으로부터 제대로 가리켜 받으려면 안정적인 사마타 수행을 통해 그 기반을 마련해야 함을 원전의 가르침은 말하고 있다.

마음 직시하기

명상의 바르도에서 우리가 수행을 하는 핵심은, 스승이 가리켜준 마음의 본성을 명료하게 보는 것이다. 단순히 생각과 감정들의 현존함을 알아차리는 것만으로는 충분하지 않다. 그것들의 참된 본성을 인식하고, 그 경험 속에서 푹 쉬어야 하는 것이다.

파드마삼바바가 전한 족첸의 전통에서는 '명료하게 바라보기', 곧 위빠사나 명상은 어떤 관념도 생각도 없이 단지 벌거벗은 자각의식 속에서 쉬는 것으로써 성취된다. 이것은 어떻게 하는 것일까?

먼저 자각의식을 시각 의식으로 데려와서 자기 앞에 놓인 빈 공간을 주시하라. 그런 다음 그저 고착됨 없이 편안하게 쉬라. 가르침은 이렇게 말한다.

자각의식을 눈으로 가져오라.
눈을 허공 속으로 향하라.
편안히 쉬고 있으면 지혜는 절로 일어난다.

산만함 없는 상태로 머물면서 생생하고 또렷하게 집중된 마음으로 바라보고, 그 안에서 쉬라. 경험 속으로 어떤 생각도 끌어들이지 말라. 고요해지거나 명료해져야 함을 상기하거나 그 어떤 가르침도 상기할 필요가 없다. 그저 아무런 생각도 없이 바라보라.

원전의 가르침은 눈을 크게 뜨고 전방의 허공을 똑바로 바라보면 관념을 벗어난 릭빠의 경험이 일어날 것이라고 말하고 있다. 일반적인 소승과 대승의 방편을 수행할 때는 시선을 아래쪽을 향하게 한다. 금강승

182

의 방편을 수행할 때는 허공을 올려다본다. 그리고 마하무드라와 족첸의 수행에서는 허공을 똑바로 주시하는 것이 중요하다.[13] 원전에서는 명상시간을 짧게 하고 자주 반복하는 것이 중요하다고 말한다. 수행이 익숙해지고 자연스럽게 되면 점차 명상시간을 늘릴 수 있다.

우리가 찾고 있는 마음의 참된 본성은 지금 이 순간의 경험 속에서만 발견될 수 있다. 그것을 벗어나서는 '참된 본성'은 존재하지 않는다. 구루가 가리켜 보이는 것은 바로 이것이다. 우리의 일상적인 문제는, 번뇌가 일어날 때 그것의 궁극적 본성, 즉 그것의 근본적인 공성을 인식하지 못하는 것이다. 우리는 번뇌가 진짜처럼 생생하게 일어나게 하는 에너지가 우리 자신의 본연의 청정한 자각의식, 곧 우리 내면의 깨어 있는 의식으로부터 펼쳐져 나오는 것임을 알아차리지 못하고 그것을 순전히 독으로, 번뇌로만 여긴다.

그 번뇌가 분노라면 우리는 이렇게 생각하곤 한다. '이런 분노를 품어서는 안 돼! 난 마음의 본성을 경험하고 있어야만 해." 그래서 우리는 분노를 몰아내고, 다른 곳에서 마음의 본성을 찾으려고 애쓴다. 하지만 다른 곳에서는 아무것도 찾을 수가 없다. 우리가 지금 경험하고 있는 분노를 벗어나서 마음의 본성을 찾을 곳은 없다. 그러니 가능한 한 똑바로 이 분노를 직시해야 한다. 눈의 의식으로 허공을 주시하듯이, 우리는 그것을 똑바로 주시해야 한다.

이와 같은 방식으로 우리는 자신에게 일어나는 혼란한 감정들을 직시할 수 있다. 그것에 이름을 붙이지도 말고, 바꿔놓으려고 하지도 말고, 어느 순간에 의식에 무엇이 일어나든지 그것을 똑바로 바라보아야 한다. 분노든 욕망이든 질투든, 가공되지 않은 자연 그대로의 느낌을 경험하는 것이 중요하다. 그것은 어떤 느낌인가? 그것은 어떤 맛인가?

우리는 보통 이런 경험을 온전히 맛보지 않는다. 반대로 그 경험에 접어들려는 순간 도망쳐버리거나, 아니면 관념과 생각으로써 그것을 뭔가 다른 것으로 완전히 바꿔놓는다. 그 결과 우리는 온전한 경험, 그 경험의 총체를 놓쳐버린다.

분노가 일어나면 당신은 그것을 관념화한다. 즉 거기에다 꼬리표를 붙이고 생각한다. '이것은 분노다.' 그러면 그것은 매우 생생한 현실이 된다. 그렇지만 분노를 있는 그대로의 날것으로 경험하면 그것은 저절로 허공 속으로 흩어져 스스로 해방된다. 분노를 소멸시킨 것은 어떤 것도 아니다. 우리 자신이나 그 순간에 존재했던 다른 어떤 요소가 그 변화를 일으킨 것이 아니다. 그것은 스스로 변한다. 그것은 스스로 허공 속으로 흩어진다. 이것이 감정이 본래 지니고 있는 성질이다.

분노가 마음속에 일어나는 방식이 당신이 불교도가 된다고 갑자기 바뀌는 것은 아니다. 분노는 불교도가 되기 이전과 똑같은 방식으로 일어난다. 타 종교를 가진 사람이거나 종교가 없는 사람일지라도 이것은 동일하다. 뿐만 아니라 이것은 당신이 인간이든 다른 동물이든 상관없이 동일하다. 마음의 성질은 동일하다. 그것은 그것의 자연스런 상태로 자각의식의 공간 속에 일어나 모습을 드러낸다. 그러니 분노의 참된 상태는 분노가 아니다. '분노'는 우리가 특정한 경험에 붙여놓은 이름이다. '탐욕'은 또 다른 경험에 붙인 이름이다. 가공되지 않은 생생하고 예리한 분노와 탐욕의 경험을 주시하면 우리는 그것들이 서로 구별할 수 없는 것임을 깨닫게 된다. 경험이라는 관점에서 바라보면 어떤 것은 분노라고 하고 어떤 것은 탐욕이라고, 무지라고, 질투라고 이름붙일 수가 없다.

이 같은 이해를 어떻게 나 자신의 개인적 경험 속으로 가져올 수 있을까? 고귀한 생각이든 부정적이고 불편한 감정이든 간에, 그것이 경험되는 그 순간에 그것을 똑바로 주시하는 용기와 깨어 있는 의식을 지니고 있을 때 비로소 우리는 마음의 본성을 깨달을 것이다. 마음의 본성은 지금 바로 여기에 있다. 마음의 본성을 인식하지 못하는 이유는, 그것이 여기 이곳에 없기 때문이 아니라 우리가 그것을 다른 곳에서 찾고 있기 때문이다.

마음의 본성을 깨닫고 그 인식을 확고하게 하기 위해서는 순간순간의 경험을 꾸준히 주시해야 한다. 그러기 위해서는 자기규율이 필요하며 동시에 유머감각도 필요하다. 포용적인 감각과 더불어 이완도 필요하다. 대부분의 사람들은 명상을 매우 고된 일로 여긴다. 그것은 명상이 아니다. 명상은 스트레스와 애씀에서 벗어나는 법을 배우기 위한 것이다. 우리는 쉬는 법을 배워야 하고, 그것이 우리가 지금 하고 있는 것이다. 마음의 본성 속에서 쉬는 것 말이다. 마하무드라와 족첸의 모든 스승들은 마음의 본성을 알아차리는 유일한 방법은 온전히 쉬는 데에 있다고 가르친다. 마하무드라의 가르침에서는 가장 잘 쉴 수 있는 자가 최고의 명상을 한 것이고, 중간 정도 쉴 수 있는 자는 보통의 명상을 한 것이고, 전혀 쉴 수 없는 자는 명상을 가장 덜한 것이라고 말한다. 다른 스승들도 이 같은 가르침을 되풀이해서 언급하고 있다. 현장의 경험 속에서 쉴 수 있는 능력은 죽음의 순간이나 사후의 바르도에 들어설 때에 특히 중요하다.

어떤 경험이든지 현재의 경험 속에서 쉴 수 있을 때, 거기에 희망이 있다. 그것이 그 경험을 단지 살짝 맛보는 수준일지라도 그 맛보기를 지속시킬 수만 있으면 그것은 깨달음이 된다. 우리는 마음의 현상이 얼마나 무상하고 덧없는 것인지, 생각과 감정들이 얼마나 그저 아름다운 경험일 뿐인지를 깨닫게 될 것이다. 우리를 두렵게 하고 위협할 수 있는 것은 없다. 하지만 실제 경험에서 벗어나 감정에 이름을 갖다 붙이기 시작하면 우리의 기회는 상실될 것이다. '이것은 분노다. 나는 어떠 어떠한 이유로 누구누구에 대해 이렇게 느낀다'고 생각하기 시작하면 우리는 자신의 분노를 지지하고 키워줄 온갖 이유를 발견할 것이다. 생각이 불어나면 우리는 더 많은 아픔과 혼란과 고통을 경험한다. 이와 반대로 자신을 잠시만이라도 쉴 수 있도록 허용한다면 그 순간은 곧 해탈의 경험이 된다.

해탈에 대한 확신 기르기

핵심을 찌르는 세 가지 말씀

족첸 법맥의 최초의 스승이자 위대한 각자인 가랍 도르제는 '핵심을 찌르는 세 가지 말씀'[14]으로 알려진, 해탈의 본질적 핵심에 대한 아주 명쾌한 가르침을 전했다. 이후에 파드마삼바바가 이에 대해 재차 가르침을 펼쳤고, 후대에 이르러 빠뚤 린포체가 거기에 매우 아름다운 언어로 주석을 달았다. 여기서 우리가 찌르고자 하는 핵심은 마음의 참된 본성의 경험과 실현인 깨달음이고, 세 가지 말씀은 바로 그 핵심으로 데려다주는 요점의 가르침이다.

첫 번째 말씀은, '한 가지를 똑바로 확신하라'는 것이다. 무엇을 확신한다는 것일까? 바로 이 순간 의식은 그 자체로서 해탈해 있음을 확신하는 것이다. 고통이나 행복과 같은 감정들의 경험은 바로 우리의 순수한 자각의식인 릭빠의 표현이다. 우리는 이러한 확신을 지녀야만 한다. 최소한 마음의 본성을 이해하겠노라는 의도를 확고히 하고, 참된 깨달음을 향해 정진해야 한다. 이 같은 확신이 핵심을 가리키는 첫 번째 말씀이다.

두 번째 말씀은 '자신의 본성을 곧바로 알아차리라'는 것이다. 우리는 마음의 핵심의 본성인 릭빠를 곧바로 만난다. 지금 이 순간의 바로 이 경험 외에는 가리킬 것이 아무것도 없음을 깨닫는다. 우리는 '이것이 바로 그것'임을 깨닫는다. 시방삼세의 모든 붓다들과 보살들과 다카와 다키니들이 눈앞에 나타날지라도 가리킬 것은 더 이상 아무것도 없다. 이 같은 깨달음에 이르는 것이 핵심을 가리키는 두 번째 말씀이다.

세 번째 말씀은 '해탈에 대한 확신을 얻으라'는 것이다. 이것은 스스로 해탈해 있음에 대한 확신을 말한다. 우리는 지금 이 순간 경험하고 있는 바로 이 마음은 스스로 해탈해 있다는 확신을 얻는다. 이 마음을 똑바로 바라보면 그것이 태어난 적이 없음을 절로 알게 되고, 깨달음의 체험을 맛보게 된다. 이러한 확신을 키우는 것이 핵심을 가리키는 세 번째 말씀으로 알려져 있다.

이 가르침들은 족첸 법맥에서 '해탈의 네 가지 위대한 방식'을 통해서 가르쳐지고 있다.

족첸의 해탈의 네 가지 위대한 방식

족첸 법맥에서는 해탈의 과정 혹은 상태를 몇 가지 측면에서 조명한다. 이것은 해탈의 네 가지 위대한 방식으로 알려져 있다. 해탈의 네 가지 위대한 방식이란 곧 원초적 해탈, 스스로 해탈함, 있는 그대로의 해탈, 완전한 해탈이다. 여기서는 탐욕의 예를 들어 네 가지 방식을 요약 설명했다. 해탈에 대한 확신을 얻으면 해탈의 이 네 가지 측면에 대한 확신도 커진다.

원초적 해탈

탐욕이 무럭무럭 일어나는 순간에도 그 탐욕의 본성은 원초적으로 해탈해 있다. 이런 의미에서 '원초적'이라는 말은 밑바탕 상태, 곧 공성이라는 탐욕의 근본적 상태를 가리킨다. 탐욕이 일어나는 순간 그것은 이미 자성이 없는 상태(shunyata)이다. 그것의 본성은 윤회계의 미혹의 흔적에 털끝만큼도 오염된 적이 없다. 그것은 이미 관념을 벗어나 있다. 그러므로 그것은 원초적으로, 그리고 전적으로 해탈해 있다. 공성이라는 바탕은 다시 만들어낼 필요가 없다. 그것은 이미 거기에 있기 때문이다. 이 근본적 상태는 끊이지 않는 명료한 의식상태의 빛나는 경험이다. 이것이 원초적 해탈이다.

스스로 해탈함

일어나는 탐욕은 그 자신 외의 그 무엇에 의해서 해방되는 것이 아니다. 스스로 똬리를 푸는 뱀과 같이, 탐욕은 외부의 도움에 의지하지 않고 본연의 상태로 되돌아간다. 그것은 스스로 해탈한다. 그것은 이미,

참된 마음의 본성인 릭빠의 초월적 본성 속에 있다. 상대적인 관점에서 보아도 탐욕은 일어나서 계속 변화해가다가는 스스로 사라진다. 우리가 아무리 탐욕을 단단히 뭉쳐서 잠시라도 더 붙들고 있으려 해도, 그것은 머물러 있지 않는다. 그래서 금강승은 탐욕 자체를 통하지 않고는 탐욕을 정화하거나 변화시킬 수 없다고 가르친다. 이것이 스스로 해탈한다는 것의 의미이다.

있는 그대로의 해탈

있는 그대로의 해탈은 마음이 마음 자신을 관찰할 때 일어난다. 탐욕이 일어나서 그것을 있는 그대로 똑바로 바라볼 때, 우리는 정말로 실재하는 무엇을 보고 있는 것이 아니다. 탐욕의 경험 그 자체는 관념 없이 탐욕을 바라볼 때 남는, 그저 '있음(isness)'의 성질을 띤다. 우리가 탐욕의 마음을 있는 그대로 똑바로 바라볼 때, 바로 그 바라봄이 탐욕의 경험을 해탈시키기 때문에 그것을 있는 그대로의 해탈이라고 부른다. 릭빠의 참된 본성은 의식의 이원적 경험으로부터 본래 자유롭다. 우리가 견고한 관념을 갖다 붙이지 않으면 거기에는 명멸하는 불꽃처럼 생생한 에너지와 움직임의 느낌만 남는다. 이처럼 진동하며 방사되는 성질은 우리가 상대적인 세상에서 일반적으로 경험하는 것과는 달리, 실제로 공허한 마음의 본성을 보여준다. 이것이 있는 그대로의 해탈이라 불리는 것이다.

완전한 해탈

완전한 해탈은 마음이 탐욕의 경험을 다시금 다시금 관찰함으로써 탐욕이 더욱 해방될 때 일어난다. 탐욕이 처음 일어나는 순간에 우리가 그것을 똑바로 바라보면 그것은 스스로 해탈한다. 두 번째 순간에 그것을 다시 똑바로 바라보면 그것은 자신을 더욱 해방시킨다. 이 탐욕의 세계를 계속 있는 그대로 똑바로 바라보고 있으면 그것은 순간순간 자신을 더욱더, 더 완전하게 해탈시킨다. 이 방법은 짧게, 반복적으로 수행해야 한다. 우리는 이를 통해서 릭빠의 본질이 과거, 현재, 미래 어디에도 머물지 않고, 완전히 해탈해 있음을 알 수 있게 된다. 이 과정은 사마타 수행의 '주시자'의 역할과 비슷하다. 주시자는 우리의 수행에 '관찰자'로서 참여하는, 자신을 의식하는 마음의 측면이다. 우리가 그 주시자를 바라보면 그것은 소멸한다. 그러다가 주시자는 다시 돌아오고, 우리가 바라보면 그것은 다시 소멸한다. 그러다가 마침내 주시자는 돌아오지 않게 된다. 이것이 완전한 해탈이다.

본질적으로 이것은 마음의 본성과 그것을 바라보는 방법에 관한 가르침이다. 원초적 해탈에 관한 한, 인위나 조작 없이 바라보는 것이 중요하다. 스스로의 해탈에 관련해서는, 좋다거나 나쁘다는 생각의 꼬리표와 같은 관념과 분별에 빠지지 않고 바라보는 것이 중요하다. 어떤 때는 관념적인 마음을 동원하거나 분석을 해야 하기도 하고, 또 어떤 때는 그런 일에서 빠져나오는 것이 중요해지기도 한다. 각각의 올바른 때를 아는 것을 방편이 능하다고 한다. 실제로 족첸이나 마하무드라의 수행을 할 때는 마음의 관념적 작용에서 완전히 벗어나서 그냥 쉬는 것이 중요하다. 있는 그대로의 해탈에 관련해서는, 자연스럽게 쉬면서 마음의 본성을 관찰하는 것이 중요하다. 무엇이 일어나든지 그것을 제자리에서 쉬게 하라. 완전한 해탈과 관련해서는, 영적인 길의 모든 단계와 명상 수행을 거칠 필요가 있다. 그러므로 이런 수행을 위해서는 스승이 짚어주는 가르침은 필수적인 요소가 된다. 이 가르침은 참된 법맥

으로 전해져온 전승을 보유한 개인적인 스승을 통해 직접 전수받아야
한다.

해탈의 가르침을 가슴에 새기기

생각과 감정을 가까이 들여다보면 그것들의 스스로 해탈하는 성질을
깨달을 수 있다. 현상-공인 그것들의 성질을 깨달으면 그것들에는 본연
의 존재성이 없음을 알게 된다. 그것은 생겨난 적이 없으므로 머묾도
없고, 없어짐도 없다. 생각과 감정은 마음의 본성으로부터 스스로 나타
나고, 그 본성 속으로 절로 소멸해 들어간다. 이것을 깨달으면 생각과
감정이 우리에게 짐을 지우거나 어떻게든 속박할 수도 없음을 알게 된
다. 따라서 생각과 감정은 고통의 진짜 원인이 아니다. 생각과 감정이
스스로 해방되는 것을 알면 우리 자신도 해방된다. 생각과 감정을 따라
가거나, 공고하게 굳히거나, 그에 따라 행동하거나, 그 주변에다 하나
의 세계를 만들어낼 필요도 없다. 이것은 현생의 바르도에서도, 마음의
투사가 매우 생생하고 강렬해지는 죽음의 바르도에서도 마찬가지다.

감정의 궁극적인 본성에 다가가서 바로 그 본성 속에서 쉬고 있으면
스스로의 해탈은 항상 일어나고 있음을 깨닫게 된다. 다른 해탈의 방법
은 필요하지도 않을뿐더러 가능하지도 않음을 알 수 있다. 예를 들어
우리는 분노를 경험할 때 그것을 더 이상 경험하고 싶지 않아서 외적인
대응법을 강구하게 된다. 그렇지만 그저 그 분노 속에서 쉴 수 있다면
그것은 스스로 자신을 해방시킨다. '일단 성가신 분노부터 없앤 후에

마음의 본성 속에서 쉬어야겠다'는 식으로 생각할 필요가 없다. 하지만 마음은 이 같은 사고방식에 길들어 있다. 그것은 적부터 물리치고 나서 평화를 가지겠다는 생각과도 같다. 그렇지만 적을 물리친 후에 과연 평화가 찾아올지는 아무도 모르는 일이다. 확신할 근거가 어디에 있는가? 또 다른 적, 또 다른 분노의 순간이 일어날지도 모른다.

궁극적으로 말해서, 스스로의 해탈 외에는 그 어떤 방법도 분노를 없애주지 못한다. 분노를 극복하기 위해서 숫자를 열까지 세고 분노를 행복한 생각으로 바꿔놓거나, 혹은 명상석에 앉아서 호흡을 따라가기로 했다면 그것은 일시적인 도움밖에 안 되는 상대적인 방편이다. 이것은 분노를 뿌리 뽑아 제거하는 것이 아니라 단지 억눌러놓을 뿐이다. 분노를 완전히 뿌리 뽑기 위해서는 완전한 감정의 경험 속에 머물면서 그 본질을 통찰해야 한다. 그것의 진정한 본질을 깨달아야 하는 것이다. 그러면 우리가 자신의 분노를 실제로 해방시키는 것도, 우리가 자신을 해탈시키는 것도 아님을 깨닫게 된다. 우리의 분노는 본래 해탈해 있기 때문에 스스로 해탈한다. 이것이 분노의 본성이다. 분노는 새롭게 해탈하는 것이 아니다. 화를 화로부터 해방시키거나, 그것을 '유쾌하고 긍정적인' 것으로 바꿔놓을 필요도 없다. 우리가 '분노'라고 부르는 것은 사실 분노였던 적이 없었다. 여실하게 올라오는 그 에너지는 분노라는 개념의 속박을 당한 적이 없다. 스스로 해탈하는 이 자연의 과정을 깨달으면 우리는 깊고 완전한 평화의 느낌을 찾을 것이다.

중관사상에서도 역시 위빠사나의 방법은 똑같이 중요하고, 감정이 스스로 해탈함을 깨닫게 해주는 강력한 도구이다. 우리는 먼저 분석적 방법을 통해서 분노가 일어나는 것을 바라본다. 분노의 일어남이 존재하지 않음을 깨달으면 자연히 그 분노의 머묾도, 멸함도 있을 수 없게 된다. 이것은 모든 감정에 대해 동일하다. 그래서 중관사상은 과정을 애초에 근절해버리는 '일어남 없음'을 계속 강조한다.

마하무드라와 족첸과 마찬가지로 중관사상에서는 본성을 통찰하게 하는 분석 외에는 감정의 발생을 억압하거나 제거하는 대처법을 쓰지 않는다. 이렇게 감정을 분석하면 그것은 스스로 해방된다. 이것이 단순히 교학적인 것이 아님을 이해하는 것이 중요하다. 티벳에서는 교리과정 중 격렬한 논박을 나누던 가운데 깨달음을 얻은 스님들의 이야기가 많이 전해진다. 어떤 시점에서 그들은 하나의 간극을 경험하게 된다. 뭔가가 반짝했고 그들은 "아!" 하고 외쳤다. 교학적 논박은 단순히 상대방을 물리치기 위한 것이 아니다. 그 핵심은 생각과 사상을 넘어서 마음의 본성을 곧장 통찰하는 데에 있다.

수용과 거부

마음의 본성 속에서 쉬기 위한 열쇠는, 그 어떤 변고에 처하든지 간에 그저 그 순간 속에 머무는 것이다. 이것은 자신을 있는 그대로 받아들이고, 자신의 경험을 인정하고, 그것의 근본적 가치를 인식하는 것을 의미한다. 하지만 이를 위해서는 우리의 습관적 성향인 궁핍감, 곧 영구적 불만상태라는 이 난제를 극복해야만 한다. 우리는 자신에게 미덕이 부족하다고 느끼면 자신을 거부하고 다른 누군가가 되길 원한다. '나는 요기가 되고 싶어. 이렇게 나이 든 나 자신이 싫어. 나 자신이 지겨워. 내가 밀라레빠처럼 되었으면 좋겠어'라고 생각하게 된다. 하지만 이것은 너무나 비현실적이고 극단적인 욕망이다. 우리가 어떻게 밀라레빠가 될 수 있는가? 밀레레빠는 밀라레빠일 뿐이다. 여기서 우리가 열망하는 것은 밀라레빠의 깨달음이고, 밀라레빠의 자각이다. 우리는 모두 깨달음을 얻기를 원한다. 마음의 본성에 대한 깨달음을 얻고자 하지만, 누구의 마음 말인가? 자신의 마음의 본성을 깨닫기 원하는가? 아니면 밀라레빠의 마음인가? 밀라레빠는 이미 깨달음에 이르렀기 때문에 밀라레빠의 마음의 본성을 깨달을 필요는 없다. 이 같은 욕망은 불합리하고 쓸데없는 일일 뿐 아니라 진실성도 없다. 그것은 명확하지도 않고 분별력도 없다.

　인도의 독립을 이루어낸 위인인 마하트마 간디에 대한 이야기가 있다. 어느 날 간디가 정신병원을 방문했다. 간디가 만난 많은 사람 가운데 함께 앉아서 얘기를 나눈 입원환자가 있었다. 입원환자는 매우 분별력 있게 말했다. 그에게선 정신적으로 이상한 징조를 발견할 수 없었고, 아주 자연스럽고 일상적으로 말을 했다. 간디는 이 환자가 왜 병원에 갇혀 있는지에 대한 의문이 들기 시작했다. 바로 그 순간 입원환자는 간디에게 물었다. "당신 이름이 어떻게 되죠?" 간디라고 대답하자 그는 말했다. "아, 그러세요? 여기 오는 모든 사람들이 자기가 간디라고 하지요. 당신도 곧 알게 될 겁니다." 그곳에 있던 모든 사람들이 마하트마 간디가 되길 원하듯, 우리는 자신이 아닌 다른 누군가가 되길 원한다. 마음의 본성에 대한 깨달음을 방해하는 문제가 바로 이것이다.

　다른 누군가가 되길 원하는 욕망의 한 측면은 자신의 경험을 거부하는 경향이다. 우리는 화났을 때 자기 자신과 이렇게 싸운다. '난 이 화를 느끼길 원치 않아! 이보다는 다른 기분을 느끼는 편이 나을 거야. 차라리 질투심을 느끼는 것이 이보다는 나을 거야.' 감정을 다른 것으로 바꾸려고 함으로써 그 감정에서 도피할 때, 그 경험은 더 이상 진짜가 아니다. 열쇠는 자기 자신이 되는 것이다. 그것은 용기와 지혜를 필요로 한다. 그냥 다짜고짜 자기 자신을 받아들이면서 자신의 미혹 속으로 뛰어드는 것이 아니다. 이와 반대로, 깨어서 알아차리는 의식으로써 우리 존재의 근본적인 상태를 마주하고 음미하는 것이다. 당신이 화난 사람이 되든지, 질투 난 사람이 되든지, 탐욕이 일어난 사람이 되든지, 약간 무지한 사람이 되든지 상관없이 그것이 당신 자신이다. 다른 누군가가 되려고 하는 것은 도움이 되지 않는다.

이것은 입원환자와 애기를 나눈 간디의 이야기와 같다. 간디는 그 자신이 간디라고 생각한다. 그러나 절대적 현실의 차원에서는 그는 간디가 아니다. 절대적인 관점에서 보면 그는 공空이다. 우리는 이렇게 생각한다. '나는 아무개이고 이러저러한 사람이다.' 하지만 그 생각의 기저를 분석해보면 우리는 자신이 그 사람이 아니라는 것을 깨닫게 된다. 이것은 매우 역설적이다. 간디의 이야기를 살펴보면 그 입원환자는 오히려 우리가 깨어나도록 일러주는 요기 같다. 누가 미친 사람인지 누가 알겠는가? 이 이야기는 상대적인 관점에서뿐만 아니라 절대적 관점에서도 매우 흥미롭다.

붓다는 현교 경전과 밀교 경전에서 존재의 여섯 가지 영역을 설명할 때 인간 존재의 고통을, '궁핍감'이라 불리는 불만족과 '다망함'이라 불리는 산만한 상태에 끝없이 사로잡혀 있는 경향으로 묘사했다. 이것은 인간의 삶, 인간의 고통의 중요한 특징이다. 어쨌든 우리는 이러한 고통에서 벗어나는 법과 인간의 근본성향을 바꿔놓을 깨달음의 경험을 발견해야 한다.

감정과 인식과 사고의 본질을 경험해보면 거기에는 순전히 마음이 지어낸 것인 궁핍하고 다망한 성질이 존재하지 않는다. 그러니 다가올 바르도의 상태에서만이 아니라 지금 당장 이것들을 변화시키기 위해서는 스스로의 해탈에 대한 가르침을 가슴 깊이 명심해야 한다. 마음이 잡념에 흐트러지지 않고 경험을 어떤 식으로도 바꿔놓으려 들지 않고, 그저 마음을 현 순간의 경험 속에서 쉬게 할 수 있을 때 우리는 마음이 지어낸 모든 것을 꿰뚫을 수 있게 된다. 그러면 그것은 그저 비관념적 자각의식의 공간 속으로 소멸해버린다. 자기 자신을 받아들이고, 일어나는 낱낱의 경험을 받아들이고, 그런 경험이 제공하는 기회를 진정으로 음미할 때 모든 생각과 감정들은 자연스럽게 스스로 해탈한다.

스스로 존재하는 지혜

지금 여기에 있는 마음 자체보다 뛰어난 지혜는 없다. 우리 본래의 스스로 존재하는 지혜와 연결될 기회는 경험의 모든 차원 속에 갖추어져 있다. 자신이 긍정적인 성질을 드러내고 있든 부정적인 성질을 드러내고 있든, 사람을 너그럽고 친절하고 동정적으로 대하고 있든 심술궂은 악의로 대하고 있든 간에, 우리는 그것을 인정하고 거기에 현존해야 한다. 분노와 같은 감정을 똑바로 바라볼 때, 어디를 어떻게 살펴보더라도 거기서는 견고하고 실질적인 무엇을 찾아낼 수가 없다. 분노는 물위에 비친 달그림자와 같아서 분명히 모습을 비추지만 자성自性은 전무하다. 그것은 단지 공한 자각의식의 지혜로부터 일어나는 마음의 빛이 펼쳐 내는 그림자다.

오늘의 관점에서 어제의 분노를 바라보고, 내일의 관점에서 오늘의 분노를 바라보면 우리는 분노의 환영과 같은 성질을 알 수 있다. 이 방법은 앞서 환영의 몸 수행과 관련하여 언급했었다. 분노의 순간이나 격렬한 감정이 올라오는 순간에, 지금은 내일이어서 당신이 오늘의 일을 되돌아보고 있는 것으로 상상해보라. 지금 우리가 말하고 행동하는 구체적 방식과 같은, 너무나 생생한 현실처럼 보이는 것이 내일의 관점에서 바라보면 신기루만큼이나 실재성과 중요성이 희박해 보일 수도 있다. 자신의 감정을 진정으로 바라볼 때, 우리는 그것이 그저 하나의 펼쳐짐, 곧 스스로 존재하고 스스로 일어나는 지혜의 표현물임을 깨닫는다. 감정은 마음의 본성의 표현이고, 일상적 마음의 표현이며, 릭빠의 표현이다. 그것은 단지 마음의 본래의 명료함이 현상화한 것일 뿐이다.

　이 영적 여정에서 우리의 모든 노력은 붓다의 지혜이자 우리 자신의 선천적 깨어 있음인 스스로 존재하는 이 지혜를 깨닫는 것을 지향한다. 이런 감정들은 그 광명한 마음의 표현물일진대, 그것을 왜 거부하거나 버려야 하고, 어떻게 그럴 수가 있겠는가? 마하무드라와 족첸과 금강승의 입장에서는 어떤 감정도 버릴 필요가 없다. 그것은 우리의 깨달음을 장식해주는 장식물로 간주된다. 감정은 마음을 아름답게 수놓아 풍성하게 만든다. 감정을 버리는 것은 가능하지도, 필요하지도 않다. 감정을 다시는 경험하지 않기 위해 그것을 종식시켜줄 무엇을 찾아 헤매도 그런 것은 발견할 수 없을 것이다. 깨어 의식하는 우리 자신의 상태를 어떻게 없앨 수 있겠는가? 미혹을 제거하는 것은 가능하지만, 죽음이 닥치더라도 지혜의 표현은 멈출 수도 파괴할 수도 없다.

해탈 내려놓기

일반적으로 말해서, 우리가 해탈을 얻기를 원한다면 그것은 불가능하다. 하지만 깨달음이라는 관념을 내려놓을 수 있으면 그때 해탈은 절로 찾아온다. 그러니 해탈이니 자유니 하는 등의 관념을 너무 붙들고 있지 말아야 한다. 오늘날 우리의 세계에서 많은 예를 볼 수 있듯이, 특정한 견해나 신념에 매달려 있으면 대개는 더 많은 고통만 불러올 뿐이다.

우리 자신의 삶에서도 어떤 것을 너무 갈구하면 그에 대한 생각을 내려놓지 못하게 된다. 그것이 물건이든 사람이든 마음의 상태이든 무엇이든 간에, 우리는 그것을 열망하지만 그것은 늘 저만큼 손닿지 않는 곳에 있다. 그러다가 오히려 완전히 포기하고 잊어버리면 그토록 바라던 것을 얻게 된다.

마찬가지로 우리가 해탈을 얻으려는 노력을 내려놓고 그저 편안히 쉬면서 감정을 있는 그대로 경험할 수 있게 되면 그때가 늘 그 자리에 있는 해탈을 경험할 수 있는 때다. 금강승과 족첸과 마하무드라의 입장에서 보면 마음의 본성인 릭빠를 알아차리고 그 본성 속에서 쉴 수 있을 때 우리는 해탈을 찾아 헤맬 필요가 없게 된다. ― 깨달음이 우리에게로 오는 것이다. 그리고 그것은 바로 이번 생에도 일어날 수 있는 일이다.

'지금 이 생각'을 제쳐놓고는 명상할 대상이 없다고 가르침은 분명히 말한다. 우리를 생각 없는 상태 ― 비관념적이고 비이원적인 지혜 ― 로 이끌어줄 지금 이 순간의 마음 말고는 그 대상이 없다. 마찬가지로, 감정의 참된 본성을 있는 그대로 직접 경험하는 것 말고는 그런 상태에 도달할 방법이 없다. 이 비관념적 지혜를 경험하면 우리는 희망과 두려움 모두를 넘어선다. 무엇을 희망하고, 무엇을 두려워하겠는가? 진짜 해탈은 이미 바로 그 경험 속에 있다. 희망도 두려움도 없을 때, 그것을 해탈이라 부르는 것이다. 이것이 명상의 바르도 수행을 통해서 우리가 얻는 것이다.

일체의 본성

하나의 생각이나 감정의 본성을 살핌으로써 마음의 본성을 깨달으면 모든 생각과 감정들의 본성을 깨닫게 된다. 다른 모든 것을 끝까지 하나하나 힘들게 살필 필요는 물론 없다. 이렇게 생각할 필요는 없다. '자, 하나를 처치했으니 이젠 다음 것을 처치하자.' 이것은 또한 '하나의 공성은 곧 일체의 공성'이라는 중관사상의 관점이다.

이것은 개인의 자아의 공성을 깨달으면 현상의 자성이 공함을 또한 깨닫게 된다는 뜻이다. 이 둘의 공성은 다른 것이 아니다. 예컨대 탁자와 같은 물체의 공성은 한 사람의 공성과 다르지 않다. 공성, 곧 에고가 없다는 사실은 동일하다. 마찬가지로 마음이 탐욕으로 나타나든 분노로 나타나든 무지로 나타나든 간에 마음의 본성은 동일하게 남아 있다.

그러므로 원전의 가르침은 일어나는 낱낱의 생각과 감정을 바라보고, 그 경험을 받아들이고, 그 본성을 명료하게 깨닫는 것이 중요하다고 말한다. 화가 난 마음의 본성을 깨닫고 나면, 질투가 일어날 때도 질투하는 마음의 본성을 당신은 이미 깨달아 있다. 원전은 이것이 물의 본성을 깨닫는 것과 비슷하다고 말한다. 물방울 하나를 분석해서 두 개의 수소와 하나의 산소로 이루어진 구조를 이해하고 나면 우리는 모든 물이 동일한 방식으로 이뤄져 있음을 알게 된다. 모든 물을 일일이 다 분석할 필요는 없는 것이다. 물병에 들어 있든, 유리잔에 들어 있든, 술통에 들어 있든, 세면대에 있든지 간에 모든 물은 동일하다는 것을 알게 된다. 그러니 자기 앞에 찾아온 기회를 회피하지 않는 것이 중요하다. 어떤 경험이든, 그 경험을 꿰뚫으라.

이것을 이론적으로는 다 이해한다고 하더라도, 어려운 경험은 일단 제쳐놓는 것이 우리의 천성이다. 분노가 힘들게 느껴지면 우리는 분노가 찾아올 때 이렇게 말할 것이다. '분노는 너무 어려운 문제여서 지금은 분노를 다룰 수가 없어. 그보다 내가 잘 다룰 수 있는 것은 탐욕이니 탐욕이 일어날 때 그걸 다루어 봐야겠어.' 하지만 탐욕이 찾아와도 스토리는 똑같다. '분노보다는 탐욕이 다루기 쉽다고 생각했는데 그게 아니네. 차라리 분노가 낫겠어. 그래, 분노가 일어날 때 마음의 본성을 들여다봐야지.' 이처럼 우리는 왔다갔다 헤매기를 반복한다. 분노에서 질투로, 질투에서 탐욕으로, 탐욕에서 자만심으로 집중의 대상들 사이를 전전한다. 우리는 주변을 돌고 또 돈다. 이것이 바로 우리가 윤회적 존재라 일컫는 것이다. 이것은 해탈을 향한 길이 아니다. 이것이 자기 앞에 놓인 경험이 가장 중요한 이유이다. 바로 그 자리에서 노력하여 치밀하고 분명하게 극복해나가야 한다.

그러니 어떤 감정을 통해서든 마음의 본성을 올바로 이해할 수 있다면 단지 한 번의 올바른 이해, 그것이 필요한 전부이다. 가장 도전적인 감정을 정확히 지목하여 다룰 수 있다면 훨씬 더 효과적일 것이다. 다른 감정들이 강렬하게 일어난다면 그것들도 다루어야 한다. 하지만 무엇보다도 가장 완강한 감정을 제대로 다룰 수 있도록 하라. 그러고 나면 당신의 모든 감정을 손쉽게 다룰 수 있게 될 것이다. 이리저리 건너

뛰면서 단숨에 많은 감정을 다루려 든다면 결국은 아무것도 다루지 못한다. 모든 것이 미끄러지듯 빠져나가 버린 것을 발견할 것이다. 당신은 경험도 깨달음도 얻지 못하고 출발점에 다시 와 있다.

자각의식 지키기

간단히 말하자면 명상의 바르도는 마음이 이완되어서, 대상인 마음의 본성에서 주의가 흐트러지지 않는 삼매의 상태이다. 그리하여 마음은 합일의 상태 — 자각의식과 허공의 불가분성 — 속에서 쉬고 있다. 명상의 바르도에서 가장 중요한 수행은 최상의 깨달음을 일구어내고, 마음의 본성을 똑바로 보는 통찰을 이끌어내는 행법인 위빠사나이다. 여기서 우리는 족첸의 관점을 포함하여 위빠사나의 함양과 깨달음에 다가가는 몇 가지 접근법을 논했다. 어떤 방법을 쓰든 간에 마음이 흐트러지지 않는 것이 중요하다. 마음이 흐트러지지 않는 것이야말로 명상의 실체다. 그것이 우리의 수행에 가장 필수적인 바탕인 것이다.

이러한 가르침에 의하면 명상 상태에서 어떤 감정이 일어나든지, 그것 이외의 어떤 것에도 마음이 뺏기지 않는 것이 중요하다. 어떤 감정이든지 그 감정의 에너지를 놓치지 말라. 그저 마음을 쉬면서 그것을 바라보라.

명상 상태에서 일어나는 생각은 거친 생각과 미묘한 생각 두 가지 유형으로 나눌 수 있다. 두 가지의 생각 모두에 주의를 기울이는 것이 중요하다. 거친 생각은 강도와 같고, 미묘한 생각은 좀도둑과 같다고 말한다. 거친 생각은 쉽게 인지할 수 있다. 거친 생각은 바로 우리 눈앞에서 우리의 자각의식을 거칠게 강탈해가는 조심성 없는 노상강도와 같다. 반면에 미묘한 생각은 우리 주의의 표면 아래에 숨어 있다. 우리는 그것의 존재를 번번이 놓치곤 한다. 미묘한 생각은 좀더 교활한 방법으로 우리의 자각의식을 훔쳐간다. 미묘한 생각은 우리가 그 존재를 알아차리지도 못한 새에 주의를 흩트러놓을 수 있다. 우리가 잠시 그것을 알아차리더라도 그것은 금방 도망가서 다시 숨어버린다. 미묘한 생각은 우리의 알아차림과 집중력과 명상의 초점을 훔쳐간다. 그래서 가르침이란 모름지기 우리의 자각의식을 지켜주기 위하여 존재하는 것이다.

능한 방편의 길

사마타와 위빠사나에 대한 가르침과 더불어 명상의 바르도에 대한 가르침은 능한 방편의 길인 금강승의 본존 요가 수행의 길을 포함한다. 일반적으로 본존 요가는 심상의 생성 단계인 생기차제(utpattikrama)와 완성 단계인 원만차제(sampannakrama) 두 가지가 있다. 본존 요가는 수많은 형태가 있으며 존격에 따라 그 형태가 다르기 때문에 이 수행을 하기 위해서는 스승에게서 개별적인 가르침을 받을 필요가 있다. 본존 요가는 윤회적 존재로 환생하기 직전의 시간인 화현의 바르도를 위한 금강승의 주요 수행법이다. 따라서 본존 요가는 화현의 바르도에서 함께 논의될 것이다. 하지만 흐트러짐 없이 집중하는 방법과 마음의 본성을 알아차리는 방법은 동일하게 적용된다. 사마타 수행이든 위빠사나 수행이든 본존 수행이든 어떤 방법을 사용하든 간에, 모든 방편은 마음의 본성을 경험하게 하기 위해 사용된다는 것을 명심해야 한다.

삶에서 죽음으로

처음의 세 가지 바르도인 현생의 바르도와 꿈의 바르도와 명상의 바르도는 현생에서 일어나기 때문에 현생의 바르도 안에 포함시킬 수 있다. 우리는 지금 이 순간 이 바르도에 머물고 있기 때문에 이 세 가지 바르도에 관한 가르침이 주요 수행법이 되고, 그것은 각자의 길을 위해 매우 중요하다. 하지만 장차 경험하게 될 다음 바르도들에 대해서도 이번 생 동안에 깊이 숙고하고 친숙해져야 한다. 궁극적인 관점에서 보면 이번 생의 수행은 이번 생에 깨달음을 성취할지 어떨지를 결정하기 때문에 중요하며, 상대적인 관점에서 보면 그것은 우리가 죽음을 맞이하는 태도와 사후의 바르도를 헤쳐가는 방법을 결정하기 때문에 중요하다.

어떤 면에서는 처음의 세 가지 바르도와 나머지 바르도 사이의 직접적인 연관성을 찾기가 어려울 수도 있다. 지금으로서는 이번 생과 삶을 떠난 이후에 일어날 일들 사이의 연관성을 알기가 힘들지만 거기에는 분명한 연관성이 있다. 우리가 현생에서 수행을 습관화한다면 죽음과 죽음 이후의 바르도에서의 경험은 친숙한 것이 될 것이고, 생전의 수행은 마음의 본성을 알아차리기 위한 강력한 도구가 될 것이다. 그러므로 이번 생의 수행은 죽음과 그 너머의 시간을 맞이했을 때의 우리의 수행에 든든한 밑받침이 되어줄 것이다. 당신이 이번 생에서 이미 능숙한 수행자가 되었다면 이제 당신의 수행력은 마음의 본성에 대한 강력하고 생생한 체험을 가져다줄 것이다. 그 결과로 죽음의 바르도에 들어설 때도 전혀 낯선 곳에 와 있다는 느낌이 들지는 않을 것이다. 오히려 죽음과의 만남이 과거 생에서부터 알고 지낸 신뢰 깊은 오랜 친구를 만나는 것과 같이 느껴질 것이다.

5

증발하는 현실: 고통스러운 죽음의 바르도

　현생의 바르도에서 당신은 마음의 궁극적 본성에 대해 열심히 숙고하고, 명상을 통해 그것을 경험해보기 위해서 아주 열심히 정진하고 있을지 모른다. 하지만 죽음의 순간에 이르면 바로 그 경험이 노력하지 않아도 저절로 일어난다. 모든 이원적 현상이 소멸되는 시점에 접어들면 우리는 완전히 깨어서 자각하게 되는 순간, 모든 것이 살아 있는 듯 생생하고 명료해지는 순간을 경험하게 된다. 그것은 날씨가 변하는 것과도 같아서, 하늘이 개어 무겁게 덮고 있던 구름이 사라지면 갑자기 광활한 창공이 펼쳐진다. 이 순간 마음은 곧장 자신의 본바탕에 다다른다. 그것은 마치 고향집에 돌아온 것과도 같다.

　우리는 늘 외부세계의 현상들로 인해 마음이 너무나 산만해져 있어서 마음 자체를 인지하는 일이 없다. 그런데 이제는 남아 있는 것이라고는 마음뿐이다. 과거와 미래에 대한 인식으로 휩쓸려들게 할 만한 것이 없기 때문에 어떤 면에서는 마치 함정 속에 갇힌 것처럼 느껴진다. 하지만 편안히 이완하여 현 순간의 평화와 자유를 음미할 수만 있다면 이것은 엄청난 경험이다. 대승의 전통은 다음과 같이 가르친다. ― 상황을 바꿔놓을 수 있다면, 걱정할 이유가 있는가? 상황을 바꿔놓을 수 없다고 해도, 걱정할 이유가 있는가? 그러니 그저 편안히 쉬라.

마음이 고향집인 본래의 상태로 돌아오면 우리의 경험은 완전히 자연스러워진다. 이에 반해 일상의 삶 속에서 우리는 자신의 행동이 다소 속박되고 자연스럽지 못한 것을 느끼곤 한다. 예를 들어 연회에 초대되어 외출할 때, 우리는 입을 옷을 신경 써서 고른다. 단순히 좋아하는 옷을 아무거나 입을 수는 없다. 연회 장소에 도착해서도 현관에서 신발을 아무렇게나 벗어 팽개치면 안 된다. 신발은 얌전하게 벗어서 지정된 장소에 놓아둬야 한다. 연회장에 앉을 때도 격식 없이 앉지 않고 예의 바르고 조심스럽게 앉는다. 하지만 집에 돌아오면 훨씬 편하게 행동할 수 있다. 옷과 신발을 아무 데나 던져놓고는 자리에 앉아 편하게 쉰다. 이원적 현상이 소멸된 느낌도 마치 집에 돌아온 것과 같다. 마음이 그냥 편안해지고, 모든 것이 내려놓아진다. 마찬가지로 우리가 마음의 궁극적 상태, 그것의 공하고 광명한 본성을 관하게 되면 그것은 마치 내 집에 돌아와 편안히 쉬는 것과도 같은 느낌이다. 그것은 아주 쾌적한 경험이다. 그러니 죽음이란 것이 반드시 육체적 고통과 마음의 고뇌에 시달리는 힘겨운 시간만은 아닌 것이다. 모든 것이 명료해지는 강력한 순간들도 무수히 맞이하게 된다.

그러니 현생에서 어느 정도 수행을 쌓으면 죽음은 유익한 시간이 될 것이다. 그것은 고통의 시간이 아니라 축하하고 즐겨야 할 시간이 될 것이다. 이와 반대로 수행을 하지 않은 사람에게는 그것은 파티를 마무리해야 할 시간이 된다. 그러므로 요기와 요기니들은 죽음을 두려워하지 않는다. 요기들에게 죽음이란 스승이 가리켜준 평상심과 있는 그대로의 순수한 자각의식을 알아차릴 시간인 것이다. 죽음의 경험은 스승이 마음의 본성을 가리켜 보여주었던 순간과 같다. 완전히 똑같다! 우리가 스승의 면전에 앉아서 가르침을 받을 때, 그것은 깨어남의 순간이고 환희롭고 고양된 순간이다. 죽음의 경험도 그와 같다.

바로 이 순간의 바탕 위에서 우리는 해탈할 수 있다. 죽음의 순간에 해탈할 수 없다면 사후의 바르도에 대한 가르침을 반드시 지녀야 한다. 그러나 해탈을 이루면 나머지 바르도는 일어나지 않는다.

에 마!
죽음의 바르도가 네 앞에 나타나는 이때,
모든 미혹과 갈애와 고착을 버리고
명확한 구전 가르침의 본질 속으로 오롯이 들어가라.
스스로 일어나는 자각의식의 태어난 적 없는 공간 속으로 옮겨가라.

현생의 현상들이 모두 소멸되어버리게 하는 어떤 불편한 상태에 처하게 되었을 때부터, 고통스러운 죽음의 바르도가 시작된다. 그것은 사고나 불치병으로 인한 것일 수도 있고, 육체의 소진을 가져오는 노화 같은 자연적인 원인에 의한 것일 수도 있다. 죽음의 바르도는 그다음 단계인 법성의 바르도가 엄습하기 직전인 내적 호흡의 정지와 함께 끝난다.

파드마삼바바와 같은 깨달은 존재들에게는 고통스런 죽음의 바르도가 존재하지 않는다. 따라서 이어지는 나머지 두 가지 바르도 역시 존재하지 않는다. 하지만 당신이 깨달은 존재가 아니라면 ― 그런 경험들을 피해서 지나갈 수 있는 방법을 충분히 알고 있다고 느끼더라도 ― 고통스러운 죽음의 바르도라 불리는 시간은 거쳐야만 한다. 현생의 현상들과의 접촉을 잃어가기 시작하면서 육신의 사대四大가 해체될 때는 다소간의 육체적, 심리적인 아픔과 고통을 경험하게 되기 때문에 그것을 고통스러운 바르도라고 부르는 것이다.

현생에 대한 집착

죽음의 시간이 오면 우리는 슬픔과 두려움과 고통의 감정에 압도될 수 있다. 이 같은 고통과 아픔의 근원은 무엇일까? 그것의 근원은 우리의 집착이다. — 현생의 현상에 집착하여 떨어지지 않으려는 것 말이다. 우리는 그것이 배우자이든 가족이든 일이든 재산이든 명예든 간에 내려놓고 싶지 않은 것이다. 이것이 죽음의 바르도의 고통을 야기하는 주원인이다.

지금 이 순간에도 우리는 죽음을 떠올리면 동일한 두려움과 집착을 느끼게 된다. 이러한 감정이 떠오를 때마다 그것이 아무런 도움도 되지 않는다는 사실을 다시금 다시금 상기해야만 한다. 자신이 이런 상태에서 주춤거리고 있는 것을 발견하게 된다면 죽는 사람이 나 혼자만은 아님을 상기해야 한다. 태어남이 있으면 언젠가는 죽음을 맞이하게 된다. 오래전에 태어났던 모든 사람들이 죽음을 맞이했다. 살아 있는 모든 존재들은 지금 이 순간에도 죽음을 향해 가고 있으며, 결국 죽음에 이를 것이다. 미래에 태어나게 될 모든 존재들 역시 예외 없이 죽음을 맞이할 것이다. 혼자 남아 영원히 사는 사람은 아무도 없다. 2,500살 된 사람은 찾을 수가 없다. 백 살 넘게 장수할 수는 있으리라. 하지만 그러고 나서는 얼마 안 가 죽을 것이다.

다른 사람은 죽지 않는데 자신만 죽어야 한다거나 자신만 죽음의 형벌을 받는다면 그때는 물론 슬픔과 두려움을 느끼는 것이 당연하다. 당신은 이렇게 말할 수 있을 것이다. "왜 나만 죽어야 하지?" 하지만 이같은 경우가 아니라는 것을 알면서도 우리는 죽음이 닥쳐오면 반문하곤 한다. "'내가' 왜 죽어야 하지?" 혹은 "왜 '지금' 죽어야 하나?"라고. 죽을 날을 정확히 예측할 수가 없기 때문에 죽음을 준비하는 것이 중요해지는 것이다. 응급조치 훈련을 받는 것은 응급상황이 왔을 때 생명을 구하기 위해서 심폐소생술과 같은 응급조치를 하기 위함이다. 응급상황이 언제 일어날지는 몰라도 전화를 받으면 언제든지 훈련받은 것을 유용하게 써먹을 준비가 되어 있어야 하는 것이다. 이와 마찬가지로 우리도 죽음이 임박해 있음을 알리는 선고를 받으면 그동안 받은 가르침을 실천할 준비가 되어있어야 한다. 최대한 효과적이고 강력하게 구급상자 속의 도구를 사용할 준비가 되어 있어야 하는 것이다. 이것이 이 가르침을 공부하는 목적의 전부다. 집착을 내려놓을 수 있다면 이 바르도는 더 이상 '고통스러운' 죽음의 바르도가 아니다. 그것은 명료하게 깨어서 경험할 수 있는 '죽음의 바르도'가 될 것이다. 그렇지 않으면 우리의 마음은 집착과 갈애에 압도되어서 경험을 송두리째 놓쳐버린다. 일어나고 있는 일을 있는 그대로 알아차릴 수 있는 기회를 잃어버리는 것이다. 마음의 본성이 드러날 때마다 번번이 못 보고 지나치고, 그러면 이 바르도의 경험을 온전히 거쳐서 가야 할 길을 제대로 가지 못하게 된다. 이런 우려를 불식하고 더 긍정적인 상황을 만들어내기 위해서는 현생에 대한 집착을 내려놓는 수행을 해야 한다.

집착을 잘 들여다보면 그것은 단지 습관에 불과하다는 것을 알게 된다. 우리는 지속적으로 특정한 패턴을 길러왔다. 우리는 집착과 갈애의 패턴에 사로잡혔고, 그 습관이 굳어진 나머지 그것을 더 이상 스스로 인식하지도 못하게 되었다. 그러니 우리는 자신을 되돌려놓아야 한다. 오래된 패턴을 본래대로 되돌리고, 집착을 벗어놓게 하는 경험과 연결되도록 새로운 생활방식을 습관화해야 한다. 가장 효과적인 방법은, 깨어 있기와 알아차림 수행을 습관화하는 것이다. 따라서 어떤 상황에서든 이 수행을 늘 실천하도록 자신을 상기시키는 것이 중요하다. 명상석에 앉을 때까지 기다려서는 안 된다. 그러면 너무나 많은 시간을 낭비하는 것이다. 지금 이 순간 습관적인 집착과 갈애를 되돌릴 수 있다면 우리는 죽음의 바르도의 고통을 초월할 수 있게 된다.

수행자의 세 가지 수준

전통의 가르침은 수행자들이 각자의 역량에 따라 죽음의 바르도에서 서로 다른 경험을 하게 된다고 말한다. 이들은 최고의 역량을 가진 수행자와 중간의 역량을 가진 수행자, 그리고 하위의 역량을 가진 수행자로 나뉜다. 각 유형의 수행자들은 죽는 방식과 바르도를 경험하는 방식이 서로 다르다.

최고 역량을 가진 수행자

모든 이원적 집착과 갈애에서 벗어난 자인 최상의 역량을 가진 수행자는 일반적인 죽음의 과정을 초월하여 '무지개 몸'(rainbow body)으로 알려진 경지를 성취한다. 죽음의 순간이 오면 그들의 청정한 마음은 마음과 모든 현상의 완전하고 순수한 본성인 궁극의 실재, 곧 법성

(dharmata) 속으로 해체되어 돌아가고, 그들의 몸을 구성하는 거친 원소들은 근본적인 실재인 공(shunyata) 속으로 해체되어 돌아간다. 깨달음의 외적인 징표로서, 그들의 몸은 줄어들고, 훼손하지 않고 놓아두면 육신은 사라져버린다. 그들은 육신조차 남겨두지 않는 것이다. 육신의 가장 거친 부분인 머리카락이나 손톱만이 남는데, 이 잔유물을 제자들이 모아서 안치한다.

파드마삼바바는 무지개 몸을 성취했고, 파드마삼바바의 수많은 제자들도 역시 무지개 몸을 성취했다. 이런 일은 일어날 수 있다. 이 같은 물리적 변화는 그리 대단한 일이 아니다. 이보다 훨씬 더 놀라운 일이 일어날 수 있다. 미혹된 마음이 깨달음의 경지로 변하는 일 말이다. 이것이야말로 우리가 정말로 놀라워해야 할 일이다. 이에 비해 무지개 몸이나 그 밖의 물리적 현상은 단지 수행을 훌륭히 했다는 징표로서 이해되어야 한다.

중간 역량을 가진 수행자

중간의 역량을 가진 수행자는 죽음을 두려움과 발버둥침 없이 맞이한다. 그들은 현생의 현상에 대한 집착에서 벗어났기 때문에 법성 삼매 속에서, 마음의 본성 속에서 그저 편안히 쉴 수 있다. 이 단계의 수행자는 육신을 무지개 몸으로 해체시키지 않는다. 그들은 많은 큰 스승들이 그랬듯이 자신의 육신을 남기고 간다. 그럼에도 불구하고 그들은 죽음의 때에 마음의 참된 본성을 깨닫는다.

이 두 가지 역량을 지닌 수행자들은 죽음의 바르도의 경험을 겪지 않는다. 그래서 그들은 이 바르도에 대한 가르침과 지시사항에는 신경 쓸 필요가 없다. 그들에게 죽음은 깊은 삼매와 심오한 깨달음의 경험이 된다. 밀라레빠와 파담빠 상계와 같은 요기들은 이에 대한 게송을 늘 읊었었다. 요기에게 죽음은 죽음이 아니라 작은 깨달음이라고 그들은 말한다. 이것은 수세기에 걸쳐서 되풀이되고 반향되는, 이들 같은 성취자들의 노래이다. 만약 우리도 죽음을 이렇게 맞이할 수 있다면 그와 같은 경험을 맛볼 것이다.

하위 역량을 가진 수행자

마음의 본성에 대한 안정적이고 강력한 깨달음을 지니지 못한 하위 역량의 수행자는 죽음의 순간에 바르도를 경험하게 된다. 따라서 그들에게 파드마삼바바의 가르침은 매우 중요하다. 그것은 일이 계획대로만 굴러가지 않는 비상시에 사용하기 위한 구급상자와 같다. 그럴 경우에 우리에게는 준비된 계획이 있다. 첫 번째 계획이 제대로 되지 않는다면 적어도 두 번째 계획으로 갈 수는 있다.

마음 읽기

상위 역량과 중간 역량과 하위 역량 중 누가 어떤 역량을 가졌는지를 어떻게 판단할 수 있을까? 이것은 겉모습을 통해서는 평가할 수가 없다. 그들이 어떻게 앉는지, 얼마나 오랫동안 앉아서 수행을 하거나 수행하지 않는지를 통해서는 평가할 수가 없는 것이다. 오직 단지 내적인 발전 정도만을 근거로 역량을 평가할 수 있다. 그 사람의 마음속에서 어떤 일이 일어나고 있는가? 이것만이 개인의 수행 역량을 알아볼 수 있는 유일한 방법이다.

역사를 돌이켜보면 이 진실을 여실히 보여주는 실례를 발견할 수 있다. 오늘날 우리가 인도에 가서 대각자인 틸로빠를 만난다면 그를 못 알아볼 가능성이 다분하다. "저 요기 틸로빠는 위대한 영적 인물이야"라고 누군가가 말하더라도 그의 불결한 행색을 살펴보고는 이렇게 생각할 것이다. '갠지스 강가의 저 더러운 행색의 어부가 위대한 인물일리는 없어. 물고기를 잡아 죽여서는 그 자리에서 먹어버리는걸! 아유, 잔인해!' 우리가 틸로빠를 겉모습만 보고 판단한다면 완전히 틀릴 것이다. 이것이 가르침들이 겉모습은 믿을 수 없다고 하는 이유이다. 우리의 마음은 상대방을 판단하는 습관에 늘 젖어 있다. 어떤 사람을 보고는 신뢰할 만한 사람이라고 하고, 다른 사람을 보고는 신뢰할 수 없는 사람이라고 한다. 어떤 사람은 좋고, 어떤 사람은 나쁘다. 우리는 또 누가 좋은 스승이고 누가 나쁜 스승이며, 누가 훌륭한 제자이고 누가 형편없는 제자인지를 따진다.

우리 자신이 깨달은 존재가 되기 전에는 타인의 영적 수준을 평가할 수 없다. 이 같은 평가는 우리가 타인의 마음을 바로 읽을 수 있는 깨달음을 지녔을 때에만 가능하다. 그럴 때는 이렇게 말할 수 있을 것이다. "그래 이 사람은 부정적인 생각에 휩싸여 있군." 또는 "이 사람은 긍정적인 생각을 많이 하고 있군." 이때가 된다면 비로소 타인의 마음이 고요하다거나 소란스럽다거나, 아니면 수행을 많이 했는지 수행이 부족한지에 대해서 말할 수 있을 것이다. "나는 이렇게 생각해."라고 말하는 것으로는 충분치 않다. 명백하게 볼 수 있어야만 하는 것이다.

마찬가지로, 우리 자신의 수행에 대해 판단할 수 있는 유일한 방법 또한 자신의 마음속에서 무슨 일이 일어나고 있는지를 읽어보는 것이다. 하루 동안 명상한 시간이나 외적인 행위에 비추어서는 판단할 수가 없다. 이러한 것들은 판단의 근거가 될 수 없다. 수행의 정도를 평가할 수 있는 유효한 방법은 자신의 마음을 읽어 생각의 패턴과 감정과 전반적인 습관적 성향을 살펴보는 것이다. 우리가 세상에 얼마나 집착하고 있는지, 거기에 얼마나 매달려 있는지를 살피기 위해서 자신의 마음을 읽어야 하는 것이다. 지금 당장 어느 정도까지 세상에 대한 집착을 내려놓고 그저 고요하고 명료한 의식 상태로 앉아 있을 수 있는가? 오직 이 방법으로만 자신을 평가할 수 있다. 이것은 다른 누구도 할 수 없다.

학교에서는 선생님이 학생들이 어떤 과목을 잘 공부하고 있는지를 알아보기 위해 문제를 내곤 하지만 이런 식의 점검은 궁극적인 평가가 될 수 없다. 참된 평가는 자기 스스로 하는 것이다. 우리는 자신이 어떻게 하고 있는지를 살피기 위해 자신을 — 감정과 생각을 — 들여다본다. 요점은 자신의 강점과 약점을 제대로 파악하는 데에 있다. 그런 다음에 부족한 점이 있다면 발전시켜야 할 것이다. 스스로 하는 평가는 유익하기 때문에 여기에 정말 주의를 기울여야 한다. 자기평가에 주의를 기울이면서 자신의 수행을 진전시켜가야 하는 것이다.

죽음의 준비

죽음의 시간이 점점 다가오고 있음을 알게 되면 평온을 유지하겠다는 염원을 품음으로써 자신을 거기에 준비시킬 수 있다. 우리는 자신에게 이렇게 말할 수 있다. '이제 죽음이 다가오고 있어. 내가 죽을 때가 왔어. 이건 나에게 매우 소중한 순간이야.' 이 시점에서는 미처 마무리하지 못한 일이나 자신의 삶을 연장시킬 방법에 몰두하는 대신, 자신의 의도에다 마음을 집중해야 한다. 죽음의 때가 오면 아무도 그것을 멈출 수 없다는 사실을 잊지 말아야 한다.

214

어떤 티벳 왕의 어린 딸의 죽음에 관한 이야기가 있다. 왕의 어린 딸은 파드마삼바바의 무릎에 누운 채로 죽음을 맞게 되었다. 왕은 그 처절한 고통에 어린 딸을 되살려달라고 파드마삼바바에게 간청했다. 파드마삼바바는 강력한 신통력을 지니고 있었다. 그는 티벳에서 다르마를 수행하지 못하도록 방해하는 막강한 마라maras를 모두 정벌하는 등의 상상할 수 없는 위력을 발휘했었다. 하지만 파드마삼바바는 왕의 소원을 들어줄 수 없었다.

죽음의 순간이 엄습하면 아무리 삶을 연장하려고 발버둥치더라도 할 수 있는 일이 아무것도 없다. 아무도 자신의 카르마를 바꿀 수 없다. 우리는 속수무책으로 그것을 따라야 한다. 우리에게 도움이 되는 것은 평온하고 깨어 있는 상태로 죽음을 맞이하고자 하는 염원을 확고히 다짐으로써 죽음의 준비를 시작하는 것이다. 죽음의 각 단계들을 마음에 익히면서 평온하게 지금 여기서 깨어 알아차리는 의식을 유지하려는 의도를 다짐으로써 자신을 준비시킨다. 지금 이러한 염원을 일으키고 행하는 것은 매우 중요하다. 그런 다음 죽음의 순간이 오면 평화롭고도 깨어 있는 마음상태에 머물겠노라는 일념의 각오와 염원을 다시금 다시금 다지며 계속 유지해가야 한다.

이와 동시에, 자신의 동기가 두려움과 고통에 의해 이따금씩 방해받을 수 있다는 점을 알고 있어야 한다. 그래서 동기를 거듭해서 확인하고 다지는 것이 중요하다. 때로 우리는 동기를 한 번 일으킨 것만으로도 충분하다고 생각한다. 예를 들어 보살계를 받을 때 우리는 모든 존재들을 해탈하게 하고자 하는 열망인 보리심을 일으킨다. 그래서 우리는 그것으로 충분하다고 생각하지만, 그렇지 않다. 날마다, 그냥 날마다가 아니라 매일 적어도 세 번은 이 같은 보리심의 염원을 일으켜야 한다. 마찬가지로, 죽음의 순간에도 우리는 의도가 확고하게 뿌리를 박을 때까지 그것을 거듭거듭 소리 내어 표현해야 한다. 몸과 마음의 차원에서 이 의도와 하나가 되면, 그것만으로도 매우 유용하고 강력한 수행이 된다.

몸의 원소들의 해체

가르침에 따르면 우리의 몸은 흙, 물, 불, 바람, 허공의 다섯 가지 원소들로 이루어져 있다. 우리가 태어날 때 이 다섯 가지 원소들이 결합하여 신체가 존재하게 한다. 죽음의 순간에는 이 원소들이 결합한 것과는 반대로 해체되어 떨어져 나가 흩어진다. 육신의 해체를 상세하게 논하기 전에 거친 몸과 미묘한 몸에 대해 이해하는 것이 도움이 될 것이다.

거친 몸과 미묘한 몸

마하무드라와 족첸과 금강승의 관점에서 보면 다섯 가지 원소로 구성된 우리의 육신은 '거친 몸'이다. '미묘한 몸' 혹은 '금강의 몸'으로 불리는 내면의 본질적인 몸은 눈으로 볼 수 있는 것이 아니다. 미묘한 몸은 통로인 '나디', 에너지 혹은 바람인 '프라나', 육신의 정수인 '빈두'로 구성된다. 나디는 미묘한 에너지인 프라나가 움직이는 통로이다. 프라나는 육신의 정수인 빈두를 실어 나른다. 나디와 프라나와 빈두가

216

서로 어떻게 관계를 맺고 있는지를 설명하는 몇 가지 예가 있다. 그중한 예에서는 나디는 집에 비유되고, 프라나는 집에 머무는 사람으로 비유되고, 빈두는 사람의 마음으로 비유된다. 다른 예에서는 나디는 육체로 비유되고, 프라나는 호흡에 비유되고, 빈두는 마음에 비유된다.

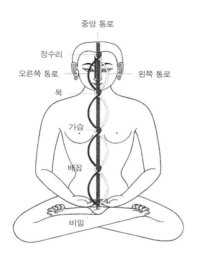

이 가르침의 관점에서 보면 환희－공(bliss-emptiness)의 선천적 지혜로 일컬어지는 마음의 본성은 내면의 본질적 몸인 미묘한 몸을 발달시키는 바탕이 된다. 내면의 본질적 몸은 다시 거친 몸을 발달시키는 바탕이 된다. 따라서 태양에서 햇빛이 비치는 것과 마찬가지로 마음에서 육신이 일어난다. 원소의 관점에서 보면 몸의 발달은 허공이라는 원소에서부터 비롯하는 발달 추이를 따른다. 즉, 허공 원소에서 의식이 일어난다. 의식에서 바람 원소가 일어나고, 바람 원소에서 불 원소가 일어난다. 불 원소에서 물 원소가 일어나고, 물 원소에서 흙 원소가 일어난다. 육체와 원소들 간의 상응관계는 다음과 같다. 살은 흙 원소와 상응하고, 체액과 혈액은 물 원소와 상응하고, 체온은 불 원소와 상응하고, 호흡은 바람 원소와 상응하고, 마음의 의식은 허공 원소와 상응한다. 이 모든 원소들이 결합한 결과, 거친 차원과 미묘한 차원 양쪽에서 몸과 마음이 완전히 형성된 것이다.

거친 몸의 성질을 이해하면 미묘한 몸의 성질을 이해하는 데에 도움이 된다. 그리고 미묘한 몸의 성질을 이해하면 마음의 궁극적인 본성을 깨닫는 데에 도움이 된다. 그러므로 거친 몸과 미묘한 몸과 마음의 본성은 모두 상호의존적으로 연결되어 있다. 이 같은 이유에서 몸이 해체되는 방식뿐만 아니라 몸이 형성되어 존재하게 되는 방식을 연구하는 것은 중요한 일이다. 이 관점은 육신의 형성을 부정적 카르마의 결과로, 그리고 고통의 근거지로 인식하는 소승의 관점과도 다르고, 몸을 환영과 같은, 상대적 진리의 미혹되게 하는 현상으로 인식하는 대승의 관점과도 다르다.

일반적으로 금강승에서는 몸에 세 가지의 주요 통로가 있다고 말한다. 중앙 통로(avadhuti)와 오른쪽 통로(rasana)와 왼쪽 통로(lalana)가 그것이다. 중앙 통로는 정수리로부터 배꼽에서 네 손가락 너비 정도 아래 지점까지 이르는 선으로, 미묘한 몸의 중앙에 위치해있다. 경전과 가르침에 따라서는 이에 대해 저마다 약간씩 다른 방식으로 설명한다. 예를 들어 일반적으로 중앙 통로는 푸른색으로 빛난다고 하지만 가끔은 밝게 빛나는 노란색이나 황금색으로 묘사되기도 한다. 중앙 통로상의 특정 지점들에서 미묘한 몸의 다른 통로가 중앙 통로와 교차하면서 바퀴, 곧 차크라를 형성하고, 이 각각의 차크라 속에서 생명 에너지인 프라나가 움직인다는 것이다. 차크라는 여럿 있지만 그중 네 가지의 주요 차크라는 미묘한 몸의 중앙 통로를 따라서 정수리와 목과 가슴과 배꼽에 놓여 있다. 그리고 중앙 통로에는 포함되지 않지만 그 아래쪽에 위치한 또 다른 주요 차크라가 있다. 그것은 '비밀의 차크라'라고 불리고 생식기 주변에 위치해 있다.

또한 바람, 곧 프라나의 흐름에 대한 다양한 분류법이 있다. 예를 들어 다섯 가지의 뿌리 에너지와 다섯 가지의 가지 에너지가 있다. 이 에너지들은 각각 특정한 원소, 몸의 기능, 무더기(온蘊)와 지혜와 관련되어 있고, 몸 안의 특정한 곳에 위치하고 있다. 죽음이 진행되는 동안에 다섯 가지 원소들이 사라지듯이, 몸 안에서 나디와 프라나와 빈두의 에너지도 소멸된다. 그리하여 신체는 갈수록 점점 더 효율과 기능이 떨어지기 시작한다.

각 원소들이 해체되면 그것과 상응하는 감각의 의식과 지혜 역시 멈춘다. 물론 다섯 가지 지혜의 궁극적 본성은 초월적이고 영속하기 때문에 지혜 그 자체는 멈추지 않는다. 그렇지만 지혜의 상대적이고 이원적인 표현물은 상응하는 원소의 해체와 함께 멈춘다. 예를 들어 거울과 같은 지혜가 소멸하면 복합적인 형상을 한꺼번에 명확하게 볼 수 있는 능력을 잃는다.

이 체계와 과정에 관한 상세한 내용은 금강승의 가르침을 통해서 배울 수 있다.[15]

거친 해체 과정

죽음의 징조

거친 차원에서 보면 몸의 원소들은 다음의 네 단계를 통해서 해체된다. 흙 원소는 물로 해체되고, 물 원소는 불로 해체되고, 불 원소는 바람으로 해체되고, 바람 원소는 의식으로 해체된다. 각각의 원소들이 해체될 때 우리는 그 원소의 성질이 잠시 강해졌다가 사라지는 것을 경험한다. 이 과정과 함께 죽음의 징조가 외적 차원과 내적 차원과 은밀한 차원에서 나타난다. 외적 징조는 육체적 경험과 관련되어 있고, 내적 징조는 인지적 기능인 마음의 경험과 관련되어 있고, 은밀한 징조는 광명의 경험과 관련되어 있다. 외적 징조가 나타날 때 내적 징조도 나타난다. 이 두 가지 징조는 다른 사람들도 감지할 수 있다.

이러한 징조들과 더불어 죽음의 바르도를 겪는 본인만이 인지할 수 있는 '섬광'처럼 번뜩이는 은밀한 징조가 이 시기에 나타난다. 외적 징조와 내적 징조는 마음과 외적, 상대적 세계 사이뿐만 아니라 마음과 육신 사이의 연결이 약해짐을 시사하는 조짐이다. 이에 반해 은밀한 징조는 궁극적 본성의 경험이 다가오고 있음을 알려준다. 일상적인 인식 기능은 흐릿해지고 더 혼란스러워지는 한편, 마음의 명료한 공성의 측면은 점점 뚜렷해진다. 공한 마음의 본성으로부터 청정한 자각의식의 광채가 서로 떼놓을 수 없는 공성과 광명으로서 드러나기 시작한다. 이것은 단계적으로 일어난다. 죽음의 단계와 사후의 단계에서 보이는 실제 광명의 예고편으로서, 먼저 은밀한 징조가 '맛보기 광명'으로서 나타나는 것이다. 뭉뚱그려서 이 모든 것이 모든 사람에게 공통적으로 나타나는 죽음의 징조들이다.

처음에는 이런 단계들의 시시콜콜한 설명이 혼란스러울 것이다. 하지만 각각의 기본적인 경험을 살펴보면 그것은 매우 단순하고 분명하다. 그것은 일상생활 속에서 흔히 하는 몸과 마음의 경험과 상응한다. 예를 들자면 육체적 감각은 환경조건과 건강상태와 연령에 따라 변화한다. 우리의 정신적 상태 역시 변화한다. 햇볕이 따스하게 비칠 때는 유쾌한 감정을 느끼고, 비가 오는 날에는 무기력함을 느끼곤 한다. 그리고 아침에 일어나면 흐리멍덩한 기분을 느끼지만 저녁에는 의식이 깨어 있고 머리가 맑아진다. 하루의 끝자락에 이르러 피곤이 밀려오면 멍하게 되어 알아차림을 잃기 쉽고, 친구 이름이나 주차해둔 장소 등을 까먹기도 한다. 병에 시달리거나 골치 아픈 문제를 만나면 몸과 마음의 고통에 대한 내외부의 징후가 더 예리하게 경험된다. 우리는 심신의 경험의 이 같은 변화에 주의를 기울이지 않는다. 하지만 마음과 현상들의 더 깊은 본질을 알게 되면 죽음의 바르도에서 다양한 차원의 징조들이 나타날 때 그것이 마음의 실상을 깨달아 이해를 완성시킬 기회임을 알아차려 붙잡을 수 있을 것이다.

각 단계에서 가장 중요한 경험이 무엇인지를 마음에 새기고 있으면 함께 일어나는 덜 중요한 현상들에 마음이 빼앗겨 헤매지 않게 하는 데 도움이 된다. 각 단계에서 주요한 육체적, 정신적 징조들 중에 가장 일반적인 것들을 먼저 간단하게 설명한 후, 좀더 포괄적인 설명을 이어가겠다.

첫 번째 단계: 흙 원소가 해체될 때 우리는 신체의 힘과 민첩성이 떨어지는 것을 경험하고, 정신적으로는 인식이 불분명해진다.

두 번째 단계: 물 원소가 해체될 때 우리는 건조함과 갈증을 자주 느낀다. 마음은 쉽게 동요하고 혼란스러워진다.

세 번째 단계: 불 원소가 해체될 때는 추위를 느끼기 시작하고, 외부 현상에 대한 지각이 명확해졌다가 흐릿해졌다가 하기를 반복한다.

네 번째 단계: 바람 원소가 해체될 때는 호흡곤란을 경험하고, 생각이 생생해져서 생각에 빠져 정신이 헷갈리기도 한다.

이러한 단계들에 수반되는 은밀한 징조들은 인지될 수도 있고 인지되지 않을 수도 있다. 하지만 은밀한 징조란 단지 늘 거기에 있는 마음의 광명(빛)을 경험하는 것일 뿐이다.

첫 번째 해체: 흙이 물로

첫 번째 해체는 배꼽 센터에 있는 차크라가 해체될 때 일어난다. 이것은 흙 원소가 물 원소로 해체되는 것과 상응한다. 처음에는 외적 징조가 몸이 갈수록 무거워지는 느낌으로 나타난다. 해체의 과정이 진행되는 동안 우리는 몸이 해체되어 점점 흐물흐물해지는 것을 느끼기 시작할 수도 있다. 이와 동시에 몸의 힘과 탄력과 균형감각이 줄어드는 징조가 나타난다. 예컨대 손에 든 숟가락이 무겁게 느껴지고, 고개를 들거나 서 있기가 힘드는 것을 느낀다. 또 몸이 작아지고 여위어 보일 수도 있고 침이나 소변 같은 체액이 누출되기도 한다. 이때 시각 의식과 물질의 무더기(색온色蘊)와 세속적 수준의 거울 같은 지혜(the munda-ne level of the mirror-like wisdom)도 소멸한다.

인지적 차원의 내적 징조는 마음이 무겁고 맥이 풀리는 느낌이다. 인지력이 흐려져서 마치 방 안의 불빛이 약해진 것처럼 현상들은 불분명하고 침침하게 보인다.

이때 일어나는 은밀한 징조는 공성의 경험과 연결되어 있다. 거친 차원의 현상들이 희미해지기 시작하면서 신기루나 꿈 같은 현상을 한 순간 혹은 몇 차례 보게 될 수도 있다. 이런 현상들은 그 본성이 명백히 환영과 같지만 현상-공이라는 상대적 진실의 차원에서는 여전히 하나의 경험으로 간주된다.

두 번째 해체: 물이 불로

두 번째 해체는 가슴 차크라가 해체될 때 일어난다. 이때 물 원소는 불 원소로 해체되어 들어가기 시작한다. 외적 징조는 처음에는 물에 잠기는 듯한 느낌으로 나타난다. 그런 다음에는 몸이 건조해지기 시작한다. 예컨대 몸의 체액이 줄어들면서 입과 코와 혀가 말라서 불편한 느낌을 느끼게 된다. 이때 극심한 갈증을 느낄 수도 있다. 청각 의식과 느낌의 무더기(수온受蘊)와 세속적 수준의 평정의 지혜(the wisdom of equanimity)도 소멸한다.

내적 징조는 마음이 점점 더 흐릿해지는 것이다. 가슴 차크라는 마음의 기능과 밀접한 관계가 있기 때문에 가슴 차크라가 해체되는 동안 의식도 어렴풋해지고 몽롱해진다. 이와 동시에 마음이 분주하게 동요하게 될 수도 있다. 감정이 북받쳐서 쉽게 열 받고 흥분하여 순식간에 분노하기도 한다. 아픈 사람에게서 이런 반응을 자주 볼 수 있다. 죽음의 이 단계에서는 경험이 그보다 더 깊고 강렬해진다.

이때 나타나는 은밀한 징조는 연기나 구름이나 수증기와 같은 현상을 인식하는 것이다. 이전의 신기루의 경험에 비해 이 시각적 경험은 견고성과 실재감이 덜하다. 그것은 실재의 궁극적 진실의 차원에 더 가까운 공성의 더 깊고 명료한 경험이다.

세 번째 해체: 불이 바람으로

　세 번째 해체는 목 차크라가 해체될 때 일어나고, 불 원소는 바람 원소로 해체된다. 외적 징조는 몸의 열이 올라가다가 떨어지는 것이다. 몸의 열기는 호흡을 통해 빠져나가서 숨이 점점 차가워지고, 피부의 구멍으로 빠져나가는 수증기를 통해서도 빼앗긴다. 열기의 손실은 손발에서 시작해서 가슴으로 향한다. 먼저 손과 발이 차가워지고, 다음에는 팔과 다리가 굳어지고 불편한 냉기를 느끼게 된다. 우리가 몹시 아플 때도 가끔 이런 증상을 경험하게 된다. 티벳 의학에서 보면 이런 증상은 기氣(티벳어로는 룽lung)의 불균형으로 인한 병이 났을 때 생긴다. 이런 불균형을 바로잡는 데는 몸에 열기를 일으키는 특별한 약을 발바닥 부분에 문지르면 도움이 된다. 세 번째 해체가 일어날 때 후각 의식과 인식의 무더기(상온想蘊)와 세속적 수준의 분별적 지혜(the discriminating awareness)도 소멸한다.

　내적 징조로는 마음의 명료성이 불안정해져서 명료하다가 흐려지기를 반복한다. 가끔은 깨어 있다가 가끔은 인식이 없는 상태가 되는 것이다. 이 시점에서는 의식의 경험과 연결이 끊어져 가는 것이 분명히 보인다. 이러한 내적 징조는 사람을 알아보지 못하는 것으로 나타난다. 전반적으로 외부의 현상을 또렷이 인지하지 못하는 것이다.

　은밀한 징조로는 반딧불이와 같은 모습의 빛의 섬광이 나타난다. 이것은 마음의 광명이 일어나는 신호로서, 전 단계인 연기 같은 현상보다 밝고 명확해진다. 이 단계 이전의 은밀한 징조들은 마음의 본성의 공한 측면의 표출이었다. 이제는 마음의 본성의 광명한 측면이 더 뚜렷해진다. 이 섬광은 마치 반딧불이처럼 잠시 보였다가 사라지고, 다시 보였다가 사라지곤 한다.

224

네 번째 해체: 바람이 의식으로

네 번째 해체는 생식기 근처에 위치한 은밀한 차크라가 해체될 때 일어나고, 바람 원소는 의식 속으로 해체된다. 이번에도 마찬가지로 바람 원소는 잠시 강해졌다가 약화된다. 외적 징조로는 호흡이 현저하게 짧아진다. 호흡이 점차 힘들어지면서 결국은 날숨이 들숨보다 길어지고, 가끔씩 그륵거리는 소리를 내기도 한다. 이때부터 안구가 위로 돌아가기 시작한다. 그렇게 될 때마다 안구는 그 위치에서 더 오래 머문다. 미각과 촉각 의식과 심리현상의 무더기(행온行蘊)와 세속적 수준의 일체를 성취하는 지혜(the all-accomplishing wisdom)도 소멸된다.

결국 호흡이 멈추는데, 거친 해체과정의 관점에서 보면 이때가 사망의 시점이다. 그러나 가르침에 따르면 이것은 단지 외적인 호흡의 멈춤일 뿐이고, 실제 사망 시점인 내적 호흡의 멈춤이 일어나는 해체 과정이 뒤따른다.

내적 징조로는 마음이 극도로 혼란되고 불안정해진다. 이전 단계에서는 낯익은 사람이나 물건을 인지하는 능력이 작동하지 않기 시작했었다. 이 단계에서는 마음이 점점 흐려지면서 환각을 경험하기 시작한다. 가르침에 따르면 우리가 경험할 환각의 내용은 카르마의 씨앗, 즉 과거로부터 쌓아온 습관적 성향에 따라 달라진다. 예컨대 다른 존재를 해치는 것과 같은 부정적인 생각과 상상이 습관화되어 있었다면 해체의 이 과정에서도 유사한 환각을 보게 된다. 이와 반대로 긍정적인 생각이 습관화되어 있었다면 그것이 이어져서, 경험하는 환각도 긍정적인 내용이 된다. 어쨌든 간에 이러한 정신적 현상은 평소의 생각보다 더 생생하고 현실감 있게 경험되기 때문에 마음에 훨씬 더 강력한 영향을 미친다. 비록 우리는 그것을 환각이라고 부르지만, 절대적인 관점에서 보면 그것은 우리가 지금 하고 있는 생각과 전혀 다르지 않다. 단지 더 강렬할 뿐이다.

타고난 현생의 바르도에서 부정적인 생각이 일어날 때는 그것이 반드시 큰 문젯거리가 되지는 않는다. 하지만 죽음의 바르도에서는 자신이 육체나 물질세계와의 연결을 점차 잃어가고, 마음의 현상에 더 가까워져 있는 것을 발견하게 된다. 마음이 평온한 상태라면 어디든지 원하는 곳에 마음을 집중하여 거기에 머물게 할 수 있다. 그렇지 않다면 약물에 중독된 것처럼 갈피를 못 잡고 균형을 잃은 느낌이 들 것이다.

깨달은 존재의 형상을 심상화하는 수행인 금강승의 본존 요가에 익숙한 사람에게는 이때에 신성한 세계의 현상들이 일어날 것이다. 예를 들어 특정한 본존 요가를 수행해서 마음이 안정되고 선정력이 쌓이면 그 존격의 만달라의 형상이 공하면서도 선명하게 나타나는 것을 보게 될 것이다. 또 만약 당신이 헌신의 길을 따르고 있다면 당신이 헌신해온 스승의 만달라가 나타나는 것을 볼 것이다. 이 시기에 일어나는 현상들은 모두가 깨달음의 지혜의 정수를 전하는 청정한 현상이다. 당신은 지금 명상의 바르도에서 수행할 때와 마찬가지로, 마음을 평화롭게 쉴 수 있게 된다. 하지만 이 죽음의 바르도에서 마음을 쉬는 경험은 훨씬 더 강렬하다. 신성한 만달라의 축복이 강렬하게 내려와서 마음의 본성의 자발적 현시顯示(티벳어로는 롤빠rolpa)와 그 부동不動의 에너지(티벳어로는 짤tsal)를 볼 수 있게 해준다. 마하무드라와 족첸 수행을 할 때처럼 이 경험 속에서 마음을 쉴 수 있으면 이것은 참으로 상서로운 시간이 된다. 이것은 마음의 본성을 깨우칠 강력한 기회다.

은밀한 징조는 밝게 빛나는 횃불이나 등불과 같다고 말해진다. 이 빛은 실제 정광명淨光明(ground luminosity)은 아니지만 이것이 나타나는 것은 곧 정광명이 나타날 것임을 알리는 전조이다. 이런 은밀한 징조가 나타날 때는 주의를 기울이면서 이 징조 속에서 마음을 쉬고 있는 것이 매우 중요하다. 다시 강조하지만, 외적 징조와 내적 징조에 동요되어 헤매지 않는 것이 중요하다.

미묘한 해체 과정

다섯 번째 해체: 의식이 허공으로

처음의 흙, 물, 불, 바람, 네 가지 기본 원소들의 해체는 거친 몸을 이루는 것이기 때문에 함께 묶을 수 있다. 하지만 의식이 허공으로 해체되는 다섯 번째 해체는 미묘한 몸의 차원에서 일어나기 때문에 별도로 분류된다. 불교의 관점에서는 '의식'이란 단일한 존재가 아니라 거친 차원으로부터 미묘한 차원에 이르기까지 여러 가지 의식들의 집합체로서, 그것들이 모여서 함께 기능하여 우리의 일상적인 세상 경험뿐만 아니라 자아와 타아라는 기본적인 느낌을 만들어낸다.

의식의 좀더 거칠고 표피적인 측면은 '육식六識'으로 알려져 있다. 저마다의 대상을 직접 인식하는 다섯 가지 감각 의식과, 정신적 인식 및 지각인 의식을 합하면 육식이 된다. 정신적인 의식은 기본적으로 '생각하는', 즉 추론적인 마음이다. 이보다 미묘한 측면의 의식은 그릇된 생각과 관념을 부추겨 불편한 감정을 일으키는 괴로워하는 의식, 곧 번뇌심으로 알려져 있다. 그것은 바탕의 마음을 인식하고는 거기에 그릇 집착하여 그것을 실재하는 '자아'로 알고 대상은 '타아', 곧 실재하는 외부의 현상으로 인식한다. 이 바탕 마음은 의식의 가장 근본적인 일면이다. 그것은 의식의 창고, 본거지, 일체의 토대 의식 등으로 다양하게 말해지지만, 산스크리트어로는 알라야식(alaya-vijnana)으로 불린다. 알라야식은 순간에서 순간으로 이어지면서 카르마의 씨앗, 곧 과거행위들의 자취뿐만 아니라 그것이 장차 긍정적, 부정적 행위로 열매 맺게 할 잠재력을 실어 나르는 의식의 흐름이다.

이 모두가 합하여 의식의 무더기(식온識蘊)를 이루는데, 좀더 일반적인 의미로 말하자면 생각과 감정의 영역이다. 앞서 외적 호흡이 멈추었던 것과 마찬가지로, 의식의 해체와 함께 이원적 마음 — 대상을 인식하고 관념화하고 거기에 집착하고 자아와 타아를 투사하고 번뇌를 일으키는 힘 — 도 멈춘다.

우리는 각각의 마음 상태가 일어났다 사라지는 마지막 순간인 이 멈춤의 순간을 일상 속에서 끊임없이 경험하고 있다. 한 생각이 사라지면 간극이 생기고, 다음 순간 또 새로운 생각이 일어난다. 그것은 일어났다가는 희미해져서 사라지기를 끝없이 되풀이한다. 하지만 이번에는 이번 생애의 그 과정 전체가 완전히 멈추는 것이다. 그러니 우리는 이 생이라는 현상이 송두리째 해체되는 광경을 지켜보고 있는 것이다.

일어남, 늘어남, 다함 의식이 허공으로 해체되는 과정은 '일어남(appearance)'과 '늘어남(increase)'과 '다함(attainment)'의 세 가지 단계에 걸쳐 일어난다. 해체의 방식을 설명하기 이전에 이런 표현들의 의미를 살펴보는 것이 도움이 될 것이다. 전반적으로 이 말은 마음이 비관념적인 본래의 상태로부터 관념적 마음으로 진화해가다가 그 과정이 소진되어 멈춤에 이르는, 세 단계를 가리킨다. 즉, 관념적인 마음의 발생과 지속과 소멸을 가리키는 말이라 할 수 있다.

간단히 설명하자면, 정광명淨光明으로부터 의식의 일면이 발생하고, 그것이 대상을 향해 움직여 대상을 인식하고, 관념으로써 그것과 관계를 맺고, 그에 대한 생각과 감정을 만들어내고, 그러고 나서는 저절로 정광명 속으로 다시 사라진다. 그리고 다음 순간 이 과정은 반복된다. 이와 같은 과정을 대양의 수면에서 일어났다가 다시 그 속으로 가라앉는 파도에 비유하기도 한다. 외부의 온갖 대상을 향하는 마음의 이 끊임없는 움직임으로부터 이 생이라는 윤회적 현상이 일어나는 것이다.

그러나 죽음의 바르도에 이르면 이 과정은 역전된다. 먼저 상대적, 관념적인 마음의 기능이 멈춘다. 그러면 의식은 대상을 파악하는 기능을 멈추고, 대상과 관념적으로 관계를 맺기도 멈춘다. 그리하여 결국은 이원적 의식의 정지와 함께 현생의 윤회적인 현상들도 사라진다.

우리가 현생의 바르도의 일상적 경험 속에서 관념적 마음의 이 세 가지 측면 — 일어나는 마음, 늘어나는 마음, 다한 마음 — 을 인식한다면 그것은 곧 인식과 관념의 과정이 작용하는 세 가지 특징적인 순간을 알아차리는 것이다.

마음의 일어남이란 감각기관, 예컨대 시각을 통해 대상을 인식하는 마음에 의해 대상이 파악되는 순간을 가리킨다. 마음과 대상의 첫 번째 접촉은 있는 그대로의 지각, 직접적인 봄의 순간이므로 비관념적이다. 대상에 대한 어떤 생각도 존재하지 않는다. 일반적으로 대부분의 정신적 상태는 처음에는 비관념적인 상태로 있다. 예컨대 아침에 처음 깨어날 때 우리는 비관념적인 정신상태로 깨어나고, 나중에 서서히 생각이 끼어든다. 의식이 해체되는 첫 번째 단계에서 대상을 지각하는 능력이 멈추는 것은 일어나는 마음이 늘어나는 마음으로 해체되기 때문이다.

마음의 늘어남이란 관념적 마음이 있는 그대로의 지각을 만나 섞여서 생각과 관념을 만들어내는 때를 가리킨다. 대상에 대한 마음의 몰두가 늘어나는 것이다. 우리는 비관념적인 현상에 집착하여 거기에 주의가 고착되기 시작한다. 그러면 우리는 이렇게 생각한다. '이건 찻잔이야. 중국산이지.' 이에 반해 늘어나는 마음이 다한 마음으로 해체되면 대상을 관념적으로 대하는 — 대상을 붙들고 꼬리표를 붙이는 — 능력도 멈춘다.

마음의 다함에 대해서는 다양한 설명이 있다. 그 하나는 다한 마음은 관념적 생각이 포화점까지 발달하여 해체되기 시작하는 순간을 가리킨다고 말한다. 이것은 끊임없이 변화하는 현상들은 일시적인 것이어서 생각과 관념이 현상과 영원히 관계를 맺고 있을 수가 없음을 보여준다. 그러므로 이 설명에서 다함이란 관념의 해체를 뜻한다.

다른 설명에서는 '다함(attainment)'이란 말이 관념이 정점까지 발달한 상태를 특정하여 가리킨다. 그러므로 이 경우에 '완전한 다함'(완전한 성취)이라는 말은 관념적 생각이 광명으로 해체되어 돌아간 순간을 가리킨다. 우리는 지금 이 후자의 설명을 따르고 있다. 다한 마음은 의식과 관련된 원소인 허공으로 해체된다. 이때 마음의 인지하는 능력이 멈춘다. 더 이상은 생각이나 감정이 일어나지 않는다.

전통적 가르침은 이 세 단계의 해체과정에 멈추게 되는 여든 가지 형태의 내재적인 생각 — 삼독三毒의 현상화 — 이 있다고 한다. 이 여든 가지 중에서 서른세 가지는 분노와 관련되어 있고, 마흔 가지는 탐욕과 집착과 관련되고 있고, 일곱 가지는 무지와 관련되어 있다. 이것들은 알라야식에 깊게 뿌리내려 저장된 성향들이다. 혼란한 감정들과 관련된 모든 마음의 움직임이 멈춘다. 따라서 혼란한 감정들의 작용, 곧 번뇌도 이 시점에서 멈춘다.

잇달아 허공 자체가 정광명으로 해체된다. 이때 우리는 완전한 다함의 단계에 도달한다. 자아와 타아, 존재와 비존재, 좋고 나쁨 등의 모든 관념은 법신의 품 안으로 완전히 해체되고 비관념적 자각의식의 지혜가 완전히 드러난다. 의식의 모든 측면들이 모든 말과 생각과 표현 너머에 있는 근원적 본성으로 돌아간다.

이러한 세 가지 단계에 대한 다른 설명들도 있다. 금강승의 가르침은 일어남과 늘어남과 다함을 외적 측면과 내적 측면과 은밀한 측면, 또는 생기차제와 원만차제와 관련지어 설명한다. 아무튼 간에, 이것은 생각과 감정을 수반하는 지각과 관념에 관련된 모든 의식은 갈수록 약해지고 미묘해지는 반면에 이 의식들의 본질인 지혜의 측면은 점점 뚜렷해지고 강해지는 변화과정이다. 달리 말해서, 의식의 이원적인 측면은 약해지고 의식의 본질인 비이원적 지혜가 뚜렷이 드러나는 것이다.

해체의 양상 　살아가는 동안, 우리가 부모로부터 물려받은 생식력의 정수는 광명하게 빛나는 빛의 구, 곧 빈두의 형태로 중앙 통로 속 머문다. 그중 하나는 흰색의 거꾸로 놓인 '함HĀM' 음절의 형상으로 중앙 통로 맨 위에 위치한 정수리 차크라에 머문다. 그리고 다른 하나는 촛불의 화염과 같이 붉은 '아ASHE' 음절의 형상으로 중앙 통로의 아래 끝에 머문다.

흰색의 빈두는 아버지에게서 물려받은 남성적 에너지의 요소에, 자비의 표현과 능한 방편에, 그리고 형상과 공성의 합일체 중 형상의 측면에 상응한다. 붉은색의 빈두는 어머니에게서 물려받은 여성적 에너지에, 지혜, 곧 반야에, 형상과 공성의 합일체 중 공성의 측면에 상응한다. 모든 생명은 이 남성적 에너지와 여성적 에너지를 함께 지니고 있다. 수태의 순간에 이 희고 붉은 양성의 에너지가 결합함으로써 우리는 존재계로 진입한다. 이와 유사하게, 해체의 과정에서도 이 두 요소가 재결합한다.

죽음이 막 일어나려 할 때 이 두 빈두는 서로를 향해 이동하기 시작한다. 먼저 정수리 차크라에 있는 흰색의 빈두가 중앙 통로를 통해 가슴 차크라를 향해 내려옴으로써, 의식이 '일어나는 마음'으로 해체된다. 이때 구름 없는 하늘에 달빛이 비치는 것과 같다고 일컬어지는 백광 현상이 일어난다. 동시에 첫 번째 근본번뇌인 분노와 관련된 서른세 가지의 생각이 멈춘다.

두 번째 단계에서는 배꼽 아래에 위치한 붉은 빈두가 가슴 차크라로 상승하기 시작하면서 일어나는 마음은 '늘어나는 마음'으로 해체된다. 이때 구름이 없는 하늘에 햇빛이 비치는 것 같다고 일컬어지는 적광 현상이 일어난다. 이번에는 두 번째 근본번뇌인 탐욕과 관련된 생각의 마흔 가지 측면이 완전히 멈춘다.

세 번째 단계에서는 두 빈두가 가슴 차크라에서 만나 융합할 때 의식이 그 사이에서 압착되는 동안 늘어나는 마음이 '다한 마음'으로 해체된다. 이때는 세 번째 근본번뇌인 무지에 관련된 일곱 가지 생각이 멈추고, 해도 달도 별도, 구름조차 없는 하늘과 같다고 일컬어지는 완전한 암흑 현상이 일어난다. 이 시점이 내적 호흡이 멈추는 시점이고, 윤회의 맥락에서는 이 순간에 '죽음'이라는 이름을 붙인다. 만일 수행으로 마음을 단련하지 않았다면 우리는 이 시점에서 모든 자각의식을 잃고 혼절한다.

완전한 다함   일어남과 늘어남과 다함의 세 가지의 단계 중 의식이 해체되는 마지막 단계는 완전한 다함의 단계이다. 이것은 흰색의 빈두와 붉은색의 빈두가 가슴 차크라에서 만나 본원적 자각의식을 에워싸서 '암흑의 경험'을 일으킨 다음에 일어난다. 다음에는 의식이 허공으로 해체되고, 허공 자체는 가슴 차크라에서 붓다의 지혜, 곧 알라야식인 광명으로 해체된다. 우리가 생전에 마음을 평정하게 만들어 마음의 본성에 대한 통찰을 다소간 길러놓았다면 이 다음 순간에 마음의 궁극적 본성이 일어날 때 그것을 알아차릴 수 있을 것이다. 우리는 정광명, 곧 법신에 다름 아닌 마음의 공한 본질, 여여함을 깨달을 것이다.

어느 쪽이든 간에 이것은 죽음의 바르도가 끝났음을 나타낸다. 육신의 원소들과 마음의 의식이 해체되면서 우리는 삶과 죽음 사이의 경계를 지난다. 우리가 미혹에 빠져 있었든 명료한 의식을 유지했든 간에, 이 지점까지 겪어온 것이 현생의 바르도에 속한다. 이제 광명이 동터 오름과 함께 우리는 실제로 현생을 떠나 다음 생의 여행에 속하는 바르도에 진입한다.

설명을 듣다 보면 이 과정이 오랜 시간동안 지속되는 것 같지만, 전체 해체과정은 꽤 신속하게 진행된다. 하지만 이것은 사람마다 달라서 정해진 실질적인 시간표 같은 것은 없다.

광명의 단계

정광명이 동터 오르는 이 죽음의 시점은 마음의 광명한 본질이 온전히 드러나는 세 단계 중 맨 첫 단계에 대한 설명에 속한다. 죽음의 바르도에서 법성의 바르도로 옮겨가고, 법성의 바르도에서 화현의 바르도로 옮겨가는 동안에 정광명은 다양한 측면을 통해 드러난다. 전통적 가르침은 마음의 궁극적 본성이 깨달음의 불가분한 세 가지 측면, 곧 법신의 광명과 보신의 광명과 화신의 광명을 지니고 있다고 말한다. 달리 말하자면 이것은 각각 마음의 공한 본성, 마음의 광명한 에너지, 그리고 마음이 나투어내는 끊임없는 현상을 가리킨다.

이미 설명한 대로, 이 광명의 최초의 징조는 몸의 원소가 소멸하는 동안에 생기는 은밀한 징조의 형태로 나타난다. 일어남과 늘어남과 다함의 단계에서 경험하는 광명과 마찬가지로, 은밀한 징조는 아직은 참된 광명이 아니기 때문에 맛보기 광명이라고 할 수 있다. 생생하고 또렷하게 일어날 수 있는 이런 징조들은 다름 아니라 우리가 사람들의 오가는 풍경이나 고속도로의 풍경과 같은 일상의 광경을 바라볼 때 쓰는 마음과 동일한 마음인 평상심, 곧 있는 그대로의 벌거벗은 자각의식이 표현된 것이다. 우리는 보통 그런 움직이고 있는 것들을 그 세세한 내용을 알아차리지 못하고 무심히 바라본다. 하지만 시간이 느리게 지나가는 듯이 느껴지는 순간이 있다. 예를 들어 교통사고를 당하면 그 강한 충격이 우리를 혼잡한 마음속에서 끌어내어 지금 이 순간 속으로 내던진다. 실제로 계단에서 떨어지는 순간이나 타고 가던 차가 나무를 들이받게 될 때의 경험은 영화의 한 프레임, 한 프레임을 보는 것과 같이 순간에서 순간으로 펼쳐진다. 돌이켜보면 누구나 이 같은 경험의 생생한 기억을 많이 가지고 있을 것이다. 마찬가지로, 죽음의 순간에는 광명한 현상이 훨씬 더 생생하고 명확하게 일어난다. 마음은 느려지고, 평소에는 놓쳐버리는 상세한 내용의 일들이 눈에 들어온다.

참된 광명은 이원적인 의식이 소멸하는 죽음의 순간에 일어난다. 허공이 광명으로 해체될 때 우리는 맨 먼저 '현상 없는 광명'으로 알려진 법신의 정광명을 경험한다. 이것은 마음이 대상을 갖지 않게 되는 청정한 자각의식의 경험이다. 자각의식은 청명한 하늘과 같이 드넓게 활짝 열려 있다. 뒤를 이어 '현상의 광명'이 드러난다. 이것은 법성의 바르도에서 일어나는 보신의 광명의 청정하고 조건 없는 현상과, 화현의 바르도와 관련된 화신의 광명의 부정한 현상, 혹은 부정함과 청정함이 섞인 현상 양쪽을 다 가리킨다.

마음의 법신적 본성인 정광명의 경험은 가끔 죽음의 바르도에 속한 것으로 분류된다. 그러나 족첸의 가르침에서는 이 현상을 법성의 바르도의 첫 번째 단계로 분류한다. 그러니 이것은 법성의 바르도의 장에서 더 자세하게 이야기하겠다.

죽음의 과정에 대비하는 수행법

해체의 단계들 가운데서 특별히 암흑이 덮쳐오는 순간이나 관념 없는 광명이 번쩍이기 시작할 때, 우리는 현생에서 수행해온 방편을 무엇이든 — 마하무드라이든 족첸이든 금강승의 수행이든 — 적용해야 한다. 하지만 모든 사람이 똑같은 경험을 하지는 않는다는 사실을 이해하는 것이 중요하다. 우리는 모두가 해체의 과정을 겪지만 그것은 사람마다 조금씩 다른 식으로 경험된다. 예를 들어 내적 징조가 나타날 때 평정심을 어느 정도 갖춘 수행자는 거기에 미혹되거나 동요되지 않지만 그에 비해 마음의 안정된 바탕을 확립하지 못한 사람은 그로 인해 혼란을 겪을 수 있다. 해체를 경험하는 방식이 절대적으로 하나밖에 없다고 말해서는 결코 안 된다. 우리는 때로 지나치게 신중해져서 모든 것을 아주 정확하게 기록하려고 한다. 각각의 단계들이 정확히 몇 시간, 몇 분, 몇 초 동안 지속되는지라도 미리 알고 싶어한다. 그렇지만 우리가 이야기하고 있는 것은 육체가 아닌 마음의 경험에 관한 것이기 때문에 그것은 모든 사람에게 정확히 똑같지 않다.

당신이 마하무드라나 족첸에 익숙하다면 통찰력을 안정시키고, 마음의 본성을 잘 알아차릴 수 있게 해주고, 모든 생명에 대한 연민과 자비심을 키워주는 방법으로 배워온 다양한 수행법을 적용할 수 있다. 당신이 금강승의 본존 요가를 수행했다면 이때 프라나와 나디와 빈두 수행법을 적용할 수도 있다.[16] 하지만 가르침은 헌신도 하나의 길로 삼을 수 있다고 말한다. 헌신에 찬 가슴에 연결되는 순간 우리는 자기 안에 내재한 깨어 있는 상태와 연결될 뿐만 아니라 구루와 법맥의 깨어 있는 가슴과 즉각, 그리고 직접, 아주 강력하게 연결된다.

236

헌신의 길

헌신을 길로 삼으려면 스승을 떠올리고 스승의 모습을 해체가 일어나는 차크라에다 심상화해야 한다. 예컨대 배꼽 차크라가 해체되고 있다는 징조가 느껴지면 스승을 배꼽 차크라에다 또렷이 심상화하고, 그 형상에 일심 집중하여 구루와 법맥의 스승들께 탄원하라. 긍정적인 염원을 품은 채 지금 당장 마음의 본질을 깨닫고자 하는 뜻을 되풀이해서 말해야 한다. 가슴 차크라와 목 차크라와 은밀한 차크라의 해체과정에서도 이 방법을 동일하게 적용한다. 그러고 나서 흰색 빈두와 붉은색 빈두가 가슴 차크라로 이동하여 만날 때, 거기서도 스승을 심상화해야 한다.

헌신의 수행은 우리가 자신의 노력에만 의지하지 않고 있음을 뜻한다. 우리는 우리 본성의 반영이자 화현인 축복의 근원에다 자신을 완전히 열고 있는 것이다. 그리하여 진심을 다하여 구루와 법맥에 탄원하면 우리는 신성한 세계의 임재감을 느끼게 된다. 즉, 명료함과 온화함과 평화로움과 환희로움과 평정심이 자연스럽게 우리와 함께한다. 그래서 자신감 있고 편안해지고, 두려움이 없어진다. 금강살타와 같은 본존 요가를 수행한다면 본존에게도 탄원할 수 있다. 이것은 구루와 법맥에 탄원하는 것과 차이가 없다. 일반적으로 마하무드라와 족첸과 금강승의 전통에서는 헌신이야말로 마음의 가장 심오한 경험으로 통하는 문을 열어주는 열쇠로 여겨진다.

파드마삼바바에게 올리는 탄원인 '구루 린포체 기도'와 같은, 아름답고 영감을 주는 수많은 탄원의 기도들이 있다. 이 같은 기도 수행은 현생의 바르도에서, 그리고 죽음의 시간에도 규칙적으로 행해야 한다.

우리는 지금 현생에서 경험하는 두려움과 고통을 변화시키고, 동시에 앞으로 다가올 죽음과 겪게 될지도 모를 고통에 대한 자각을 유지하겠노라는 의도를 품고 이 기도문들을 독송한다. 그러면 죽음의 시간에도 똑같이 탄원을 올리려는 강력한 의도가 형성된다. 우리는 자신에게 이렇게 말한다. "나는 죽음의 바르도에서와 사후에도 지금 행하는 것과 똑같이 탄원할 것이다." 이런 식으로 자신을 이 수행에 연결되게 하는 습관을 길러놓으면 죽음과 죽음 이후의 바르도로 들어갈 때도 쉽게 탄원이 올라오게 할 수 있다. 그러면 탄원이 가슴 깊은 곳에서 아주 자연스럽게, 편안하게 우러나오게 된다.

마지막 기회 알아차리기

모든 혼란한 감정들은 미묘한 해체 과정에서 멈춰버렸기 때문에 전과 같이 우리 안에 나타나지 않는다. 마침내 번뇌가 완전히 없어졌기 때문에 우리는 행복할 것이다. 우리는 그 청정한 공간과 연결되어 심오한 깨달음을 얻기 위해 모든 노력을 다해야 한다. 지금까지 마음의 본성을 알아차리는 데에 실패했다면 죽음의 시간에 그것을 알아차리고 해탈을 이룰 수 있는 마지막 기회가 남아 있다.

이것이 우리가 명상수행을 할 때마다 자신감을 가지고 바로 그 자리에서 깨달음을 성취하리라는 의도를 일으키는 것이 중요한 이유이다. 그와 같이 자신감을 일으키는 데에 익숙해지면 죽음의 시간에도 자신의 수행에 대해 동일한 자신감과 신뢰를 가질 수 있게 된다. 어쨌든 당신은 이제 이번 삶에서는 마지막 한 번의 기회를 가지고 있다. 영구적으로 운명지어진 것은 없기 때문에 궁극적으로 말하자면 이것이 당신의 마지막 기회는 아니다. 하지만 죽음의 때는 '지금' 깨달음을 얻을 수 있는 마지막 기회이다. 따라서 자신의 수행을 대하는 태도는 매우 큰 차이를 만든다. '이렇게 하란 말이지, 해보지 뭐. 누가 알겠어. 될지도 모르고 안 될지도 모르지.' 이렇게 생각하면서 열의 없는 마음으로 대한다면, 여기에는 수행에 대한 신뢰와 기대가 미약하게나마 남아 있으므로 전혀 수행을 하지 않는 것보다야 낫기는 해도 태도가 강렬하지 않기 때문에 효과가 그리 크지 않을 것이다.

해체에 대한 이 세부적인 설명은 매우 복잡하게 들릴 수도 있지만, 우리가 해야 할 것은 단지 어떤 일이 일어나든지 활짝 열린 편안한 마음으로 그저 쉬는 것뿐이다. 이 이상으로는 우리가 할 수 있는 것이 별로 없다. 그러니 죽음을 준비하기 위해서 새로운 방법을 찾아 헤맬 필요는 없다. 그저 일상 속에서 날마다 해온 수행법인 마하무드라와 족첸의 위빠사나 수행과 금강승의 본존 요가를 적용하면 된다. 이것은 고통과 두려움의 뿌리를 제거하는 방법이므로 이것이야말로 죽음의 때에 요구되는 궁극의 처방이다. 이것만이 틀림없이 효과를 발휘할 수 있는 유일한 방법이다. 다른 방법을 써볼 수도 있겠지만 그것은 우리에겐 의심스럽다. 그것이 얼마나 오랫동안 효과를 발휘할까? 그것이 우리의 고통과 두려움을 얼마나 오랫동안 억눌러줄 수 있을까? 그러니 죽음의 때에는 자신이 익숙하게 수행해온 방법에 의지해야만 한다. 그 수행과 연결되게 하는 우리의 습관만이 우리가 직면할 모든 상황을 극복하도록 도와줄 것이다.

포와 수행법

포와는 특히 몸과 마음이 분리되어 현재와 같은 연결을 상실하기 시작하는 때인 죽음의 시간과 관련된 수행법이다. '포와'라는 말은 흔히 의식의 '전이' 혹은 '방사'로 번역된다. 포와는 법신의 포와, 보신의 포와, 화신의 포와, 구루의 포와 그리고 청정한 세계의 포와 등으로 분류되어 가르쳐진다. 이것을 지금부터 좀더 자세히 설명할 것이다. 하지만 먼저 포와가 무엇인지에 대한 개괄적인 이해를 갖는 것이 중요하다. 우리가 죽음의 때에 하는 일의 핵심은 의식을 부정하고 미혹된 상태에서 청정한 적멸의 상태로 전이시키는 것이다. 우리는 의식을 변화시켜 마음의 참된 본성과 즉석의 모든 현상의 실체와 연결된다.

전반적으로 포와의 가르침은 마하무드라와 족첸의 가르침과 크게 다르지 않다. 마하무드라와 족첸의 의도는 자신의 미혹을 꿰뚫고 비관념적인 궁극의 본성 혹은 지혜를 보는 것이다. 화신의 포와의 목적도 이와 동일하지만 금강승의 심상화 방법을 사용한다. 모두가 마음의 미혹된 상태를 적멸의 상태로 변화시키는 데 쓰이는 수행법들이다. 가르쳐지고 있는 포와의 다섯 가지 유형들 중에서 죽음의 때에 평범한 존재들에 의해 수행되는 것은 화신의 포와이다. 그리고 포와 수행과 관련해서 가장 흔히 연상되는 것이 이 포와이다.

간단히 설명하자면, 화신의 포와의 근본적 목표는 정수리의 차크라를 통해 의식을 불시에 방사하여 해방시켜서, 붓다나 존격의 심상이 상징하는 깨달음의 상태 혹은 영역으로 의식을 전이시키는 데에 있다. 가르침은, 죽음이 다가와서 의식이 몸을 떠날 때 우리의 의식은 지나갈 수 있는 문이 아홉 개가 있는 것을 감지하게 된다고 말한다. 아홉 가지

문 중에서 여덟 가지 문은 우리를 욕계와 색계와 무색계라는 삼사라의 세 가지 존재영역들 중 한 곳에서 환생하도록 이끈다.[17] 이 문들이란 우리 몸에 있는 눈, 귀, 코, 입, 배꼽, 생식기, 항문, 눈썹 사이의 인당 등 여덟 개의 구멍이다.

우리를 해탈로 이끄는 유일한 문은 머리 위의 정수리에 위치해 있다. 정수리는 중앙 통로의 문이고, 이 구멍은 마하무드라의 직접적인 깨달음으로 향하는 관문으로 여겨진다. 우리는 마음이 다른 문들이 아닌 이 문을 통해서 육신을 떠나기를 원한다. 그래서 포와의 가르침은 몸의 원소들이 해체되는 징조를 보이기 시작할 때 주의가 몸의 아랫부분으로 떨어지도록 내버려두지 말고 위로 향해 집중하려고 애써야 한다고 말한다.[18] 먼저 주의의 초점을 몸의 윗부분인 어깨 정도에 머물게 한 다음 머리 쪽으로 천천히 옮기고 다음에는 정수리에 집중한다. 해체의 초기단계에 의식을 그곳 가까이에 두고 있으면 포와를 행해야 할 때가 왔을 때 마음을 거기에 집중하기가 더 쉬워질 것이다.

포와 수행은 반드시 해야 함에도 불구하고 포와를 실제로 적용하는 것은 언제나 최후의 수단이다. 어쩌면 평생 동안 깨달음을 얻기 위해 온갖 방법을 다 시도해봤지만 아무런 소득도 없었을 수도 있다. 게다가 죽음의 때에 이르러서 전과 같은 방법을 써봤지만 성공하지 못했을 수도 있다. 이런 경우에만 포와의 방편을 쓸 수 있다. 다만 포와 행법은 가르침에 명시된 내용을 엄격하게 지켜서 따라해야만 한다. 포와는 최후의 순간에만 행해야 한다. 병을 앓거나 질병과 관련된 고통과 두려움을 경험하고 있을 때는 포와를 행해선 안 된다. 이 같은 상황에서는 침착성을 잃지 말고 자신이 닦아온 수행을 계속해야만 한다. 해체의 특정단계에서 삶의 마지막 순간이 찾아온 것이 정말 확실할 때만 포와를 이용할 수 있다.

포와가 나로빠 육법六法 중의 하나로 가르쳐질 때는 여섯 번째의, 최후의 요가로서 가르쳐진다.[19) 마하무드라나 족첸의 깨달음을 이미 성취했다면 이 가르침은 필요하지 않기 때문에 맨 마지막으로 제시되는 것이다. 하지만 깨달은 스승들 중에서도 자신이 죽을 때 포와를 수행한 이들이 있다. 예를 들어 까규 법맥의 아버지이자 위대한 역경사인 마르빠와 위대한 각자이자 족첸의 스승인 메롱 도제는 모두 포화를 수행했다. 이 스승들은 상징적으로 포와를 수행했다. 첫째는 제자들을 가르치기 위한 것이었고, 둘째는 그들에게 포와를 상기시켜주기 위한 것이었다. 이 같은 스승들이 포와를 시범 보일 때 어떤 사람들은 그의 머리에서 빛이 솟아오르는 것과 같은 명확한 외적 징조를 목격하기도 했다. 하지만 그것을 목격하느냐 마느냐는 전적으로 참관한 사람들 각자의 상태에 달려 있다. 스승들이 포와를 행하는 방식은 무지개 몸이 나타나는 방식과 거의 일치한다고 한다.

훈련 단계

마음이 늘 머물던 곳에 더 이상 머물 수 없게 되고, 우리의 여정의 다음 단계가 시작되면 우리의 몸은 뒤에 남겨두고 갈 모든 세계를 상징하는 상징물이 된다. 예컨대 우리가 여행을 할 때, 그것을 어떤 방식으로 하게 될지는 가지고 있는 승차권 ― 일등석, 비즈니스석, 일반석, 혹은 이등석 ― 과 운송수단 ― 비행기. 기차, 버스, 자동차, 오토바이, 혹은 자전거 ― 에 달려 있다. 알뜰하게 모아놓은 마일리지 포인트가 있어서 여행을 훨씬 더 편안하고 쉽게 만들어줄 일등석으로 등급을 올릴 수 있을지도 모른다.

바르도의 여행도 이와 비슷해서 우리가 여행할 방식은 우리가 현생에서 쌓아온 업의 총합에 달려 있다. 그러므로 우리가 현재 하고 있는 수행의 질이 죽어서 하는 우리의 여행의 질을 좌우한다. 지혜와 방편을 잘 닦아 나아가면 우리는 높은 등급의 좌석을 얻을 것이다. 그러면 우리의 여행은 전체적으로 더 부드럽고 편안해질 것이다. 여행길이 편안하고 재미있고 유익한 시간이 되리라는 것을 안다면 우리는 그 여행을 고대하게 될 것이다. 그것은 힘들이지 않는 즐거운 경험이 될 것이고, 그러면서도 의미심장한 여행이 될 것이다. 이에 반해서 우리가 훈련도 쌓지 않고 마일리지 포인트도 가진 게 없다면 여기저기서 거친 여정을 겪게 될 것이다.

죽음의 순간에 실제로 포와를 수행한다는 것은 사전에 충분히 익숙해져 있지 않다면 호락호락한 일이 아니다. 따라서 핵심은, 나중에 수행하게 될 실전에 대비해 지금 미리 훈련을 해두는 것이다. 그러니까 훈련기간을 거친 다음에 실제 임무수행에 들어가는 것이다. 먼저 훈련을 하고 나서 작전을 수행하는 것이다. 실제 임무는 매우 위험할 수 있다. 적들이 언제 공격해올지 모르기 때문에 용의주도하게 기술을 구사해야 한다.

그렇다면 이 적들은 실제로 누구인가? 그것은 우리 자신의 투사물, 곧 마음의 현상들이다. 외부의 적은 없다. 외부에 '나쁜 놈들'이 존재하는 것이 아니다. 죽음의 바르도에서 지각하는 모든 외적인 현상들은 다름 아닌 번뇌심, 곧 에고의 마음의 투사물이다. 우리가 실제로 대항해서 싸우고 있는 것은 우리 자신의 투사물이다. 사실은 우리 자신조차도 하나의 투사물이다. 그러니까 투사물이 투사물과 맞서서 싸우고 있는 것이다. 마음의 한 투사물이 마음의 다른 투사물과 맞붙어 싸우고 있는 것이다. 이것이 이 현상을 바라보는 멋진 방식이다. 절대의 관점에서 보면 두려워하거나 불안해하거나 감정을 곤두세울 대상이 존재하지 않는다. 상대적인 의미에서는 존재하지만, 궁극적으로는 아무것도 존재하지 않는 것이다.

이 같은 관점에서 마음의 작용을 한 발짝 물러나 바라볼 수 있다면 그것은 극장에서 관객이 무대에서 연기하고 있는 두 배우를 보는 것과 같을 것이다. 두 배우는 서로 다른 역할을 하고 있기 때문에 다양한 감정을 경험한다. 한 순간에는 유쾌하고 행복한 기분이 되었다가 어느 순간에는 불쾌하고 열받은 기분이 되기도 한다. 그러다가는 또 탐욕이 일어났다가, 불길한 기분이 되었다가 한다. 그러나 우리는 그것이 환영임을 알고 있기 때문에 연극을 즐길 수 있다. 연극이 감동을 줄 수는 있지만 우릴 속여 넘기지는 못한다. 마찬가지로 죽음의 바르도에 이르면 우리는 온갖 생생한 감정들을 경험하게 된다. 우리는 이 다채로운 현상들에 대처할 방법을 찾아야 하고, 최소한의 부차적인 손실만으로 자신의 임무를 성공시켜야 한다.

포와를 훈련하는 것은 이 가르침을 익히는 가장 중요한 시간이 된다. 우리는 이 포와의 방편에 매우 능숙해져야 한다. 포와를 써먹어야 할 순간이 왔을 때 가르침을 기록한 것을 다시 들여다보거나 녹음한 것을 들어봐야겠다고 생각하고 있어선 안 되는 것이다. 그때는 이미 늦다. 임무가 개시되고 나면 지휘관에게 되돌아가서 물어볼 수 없다. "어떻게 해야 한다고 하셨죠?" 만일 이런 상황에 처한다면 낭패를 겪을 것이다. 가르침을 완전히 숙지하고 제대로 적용해야만 한다. 특정한 훈련을 반복적으로 수행하다 보면 그것은 본능적이고 자동적인 동작이 된다.

이것은 사마타 수행과도 유사하다. 처음으로 자리에 앉을 때는 집중해야 할 대상을 기억하지 못하고 자꾸 마음이 엉뚱한 곳을 향하게 된다. 가르침을 다시금 떠올리고, 관념적인 방식으로 가르침을 적용하기를 계속해야 한다. 결국에는 관념적 과정은 사라지고, 수행은 자연스러워질 것이다. 더 이상 스승의 가르침을 기억해내려고 하거나 지켜야 할 지침을 생각해낼 필요가 없어진다. 자리에 앉는 순간 우리는 이미 사마타의 공간 속에 들어가 있다. 포와 역시 이와 같다. 훈련을 통해 사마타 수행과 같이 익숙하고 힘이 들지 않게 되어야 한다. 이것은 전혀 노력할 필요가 없어진다는 뜻이 아니다. 단지 기본적인 가르침과 절차를 상기해내기 위해서 안달할 필요가 없어질 것이라는 뜻이다.

의식전이의 방법

법신의 포와

법신의 포와는 마하무드라와 족첸의 위빠사나 명상 수행이다. 그것은 형상이 없는 수행이어서 심상화를 필요로 하지 않는다. 우리가 이종류의 위빠사나 수행으로부터 얻게 되는 꿰뚫는 통찰력으로 마음의 본성을 깨닫게 되면 미혹된 마음은 즉각 변화한다. 이 과정은 점진적이지 않다. 미혹의 상태에서 적멸의 상태로 즉각적인 의식의 전이가 일어나기 때문에 이것이 최고의 포와라고 말할 수 있다. 우리는 죽음의 순간에 마음의 본성인 비관념적 지혜 속에서 흐트러짐 없이 그저 편안히 쉬게 된다.

일반적으로 알려진 바에 의하면 포와란 자신의 의식을 몸 밖으로 방사하여 청정한 깨달음의 영역으로 옮겨가게 하는 것이다. 하지만 마음의 본성을 깨닫고 나면 포와의 목적은 다한 것이다. 마음은 이미 완전한 청정 상태에 있다. 마음이 산만하든, 탐욕이나 분노나 무지에 매여 있든, 아니면 단순히 대상을 지각하고 있든, 어떤 마음 상태에 있든 간에 우리가 마음의 본성을 깨닫는 순간, 의식은 장애물과 미혹에서 해방되어 즉각 전이된다. 이것이 법신의 포와다. 단순히 마하무드라와 족첸의 가르침을 듣고 나서 조금 사유해 보는 것이 법신의 포와가 될 수는 없다. 법신의 포와는 주어진 가르침을 철저히 사유하여 본인의 것으로 소화해내고, 그것이 깨달음으로 펼쳐지게 하는 것이다. 이것은 마하무드라와 족첸의 각자들과 밀라레빠와 같은 요기들에 의해서 수행되었던 종류의 포와이다.

보신의 포와

보신의 포와는 금강승의 본존 요가를 바탕으로 한다. 자신이 수행하는 존격의 형상으로 자신을 선명하게 심상화할 수 있어서 그 경험이 안정되고, 더불어 현상이 청정함을 깨닫고 신성한 시각에 눈을 뜨면 우리는 금강승의 포와 수행을 하고 있는 것이다. 이것은 자기 내면의 불성에 대한 흔들림 없는 금강의 자부심을 가지는 것을 의미한다. 우리는 자신의 마음의 본성은 신성한 붓다의 마음임을, 우주의 본성은 신성한 만달라임을 직접 체험한다. 이것은 현상-공의 완전한 깨달음이다. 따라서 환영의 몸 수행은 이 포와 수행의 성취를 도와준다. 우리가 금강의 자부심과 신성한 시각을 지니고 본존인 자신의 심상이 자연스럽게 저절로 또렷이 일어나게 할 수 있을 때, 이것이 금강승의 포와이다. 이 유형의 포와를 수행하는 수행자에게는 화신의 포와에서와 같이 중앙 통로에서 의식을 위로, 그리고 밖으로 이동시키는 구체적인 장면을 심상화하는 수행이 필요하지 않다. 죽음의 순간에 수행자는 심상화를 통해 단순히 본존으로서 현현할 뿐, 다른 변화의 방법은 필요로 하지 않는다.

화신의 포와

화신의 포와도 역시 금강승의 본존 요가를 바탕으로 한다. 화신의 포와는 평범한 존재들이 가장 일반적으로 행하는 의식전이 수행이어서 그 방편은 대개 이 가르침들과 연관되어 있다. 화신의 포와는 다른 방편들보다 더 자세한 형태의 심상화를 사용한다. 정식 수행에서는 먼저 붓다와 다르마와 승가에 귀의하고 보리심을 일으킨다. 그리고 수행에서는 몸의 자세, 호흡 혹은 프라나의 자세, 집중 혹은 심상화의 자세라는 세 가지 자세를 활용한다.

세 가지 자세   몸의 자세는 이미 설명한 대로 비로자나 칠지좌법이다.[20] 호흡, 곧 프라나의 자세는 프라나 에너지를 미묘한 몸의 중앙 통로로 가져오는 방법인 호흡에 대한 집중을 말한다. 먼저 우리는 호흡을 정화하는 연습을 아홉 번, 혹은 하고 있는 수행법이 지시하는 횟수대로 행한다.[21] 이에 대한 가르침은 매우 다양하다. 거기에 덧붙여서, 마음의 집중을 돕기 위해 호흡을 가볍게 유지하는 '항아리 호흡법'을 수행한다. 집중의 자세는 수행의 바탕인 선명한 심상화의 힘을 기르는 것, 그리고 거기에 일심으로 집중하는 것을 가리킨다. 이 세 가지 자세가 포와 수행을 완벽하게 확립할 수 있는 토대가 된다.

본수행 방법　　가장 일반적인 화신의 포와는 아미타불 포와이다. 따라서 여기서는 설명의 토대로 아미타불 포와를 사용하겠다.

　자리를 잡고 올바른 자세를 취하고 나서, 먼저 여덟 가지 부정한 문 혹은 구멍을 막는 '흐릿(HRI)' 음을 심상화한다. 이것은 의식이 여덟 가지의 문을 통해 육신을 빠져나가 윤회계로 환생하지 않도록 막기 위한 것이다. 다음에는 배꼽 조금 아래에서부터 머리 위의 정수리 차크라에 이르는 곧은 선으로 이어져 있는 중앙 통로를 심상화한다. 이 중앙 통로는 아홉 번째 문인 정수리 차크라와 만나는 지점에서 나팔처럼 열려 있는 모습으로 심상화한다. 중앙 통로 가운데에 위치한 가슴 차크라에는 불꽃과 같이 밝게 빛나고 투명한 붉은색의 빈두를 심상화한다. 이따금씩 여덟 가지의 문을 막고 있는 음인 '흐릿' 음의 글자를 이 빈두의 가운데에다 심상화한다. 평소에는 빈두만으로도 충분하다. 어느 경우든지 우리는 빈두에 집중한다. 빈두는 프라나와 마음의 불가분성을 상징한다. 빈두는 불꽃처럼 빛나고 깜빡이고 반짝이고, 가끔은 초가 탈 때 가끔씩 내는 것과 같은 소리를 낸다고들 말한다. 마음이 더욱 명확하고 선명하게 집중되도록 이러한 심상을 활용하는 것이다.

　다음에는 중앙 통로 입구의 정수리 위에 앉아 있는 붉은색의 몸을 지닌 아미타불을 심상화한다. 수행하는 동안에 아미타불의 다리가 정수리의 열린 부분을 막고 있다고 심상화함으로써 의식이 육신을 빠져나가는 것을 방지한다.

　다양한 붓다와 존격에 관련된 여러 가지의 포와 수행법이 있다. 기본적인 수행의 체계는 동일하지만 제각기 다른 특정 붓다와 존격과 연관된 형상을 심상화한다. 따라서 가끔은 빈두가 가슴 차크라에 있는 것을 심상화하고, 가끔은 빈두 대신 '흐릿' 음의 글자를 심상화한다. 또 어떤 때는 이 두 가지를 동시에 심상화한다. 법구와 같은 다른 심상을 사용할 수도 있다. 예를 들어 존격이 금강살타라면 빈두와 '흐릿' 음절 대신에 금강저(vajra)를 심상화한다. 금강저는 '훔' 음절이 그 중앙에 새겨져 있다. 만일 자신의 본수행이 금강살타라면 이 형상에 매우 익숙할 것이고, 심상화하기가 더 쉬울 것이다. 빈두나 '흐릿' 음절과 마찬가지로 금강저는 미묘한 마음을 상징한다.

　이 훈련은 가슴 차크라에 심상화한 빈두를 중앙 통로를 통해서 정수리 차크라로 되풀이해서 올려보낸다. 빈두는 아미타불의 금강좌를 취한 발에 가볍게 닿으면 즉시 가슴 차크라로 되돌아간다. 빈두가 올라가고 내려가는 것은 호흡과 일치한다. 말하자면 빈두가 '호흡을 타고' 오르내리는 것이다. 이 방법은 항아리 호흡법을 통해 연마된다. 배에서 숨 혹은 프라나를 가볍게 품고 있다가, 숨이 중앙 통로를 통해 위쪽으로 이동할 수 있도록 숨을 내쉰다. 숨을 내뱉으면 그것이 빈두가 가슴 차크라로부터 위쪽으로 이동하게 한다. 우리가 수행하는 것은 다섯 가지 주요 바람 중의 하나인 위쪽을 향한 바람과 관련된 것이다. '흐릿' 음절을 심상화하는 수행법에서는 '흐릿' 음절이 상승하는 동안 실제로 '흐릿, 흐릿, 흐릿…' 하고 소리 내어 말해야 한다. 마지막 '흐릿'을 말할 때 그 음절은 뛰어올라서 아미타불의 발에 닿은 후 즉시 가슴 차크라로 돌아온다. 그것은 마치 탁구공과 같이 상승하고 하강하고, 다시 상승하고 하강한다. 이 한 차례의 심상화를 계속 반복하라. 이것이 죽음의 순간에 하는 실전 포와가 아닌, 사전에 하는 훈련 포와 수행이다.

　수행 후에 할 일　의식을 전이시키는 수행은 수명을 단축시킬 수 있다고들 말한다. 여기서는 우리가 상호의존적인 현상을 다루고 있기 때문이다. 의식을 방사하는 수행을 하면 그것이 일어날 수 있는 성향이 형성된다. 이 문제를 극복하기 위해서 명상을 마무리하기 전에 개방된 정수리 차크라를 확실히 막아주는 '함' 음절이나 금강저를 심상화한다. 명상시간 이후에도 심상화를 유지하는 것이 중요하다.

자신의 수명을 보호하는 또 다른 방법으로서, 수행이 끝날 즈음에 아미타불이 장수를 관장하는 붓다인 무량수불(amitayus)로 변신하는 것을 심상화한다. 무량수불은 아미타불과 동일한 자세로 앉아 있고, 몸도 역시 붉은색이다. 하지만 두 손에 장수보병을 들고 있다. 족첸과 닝마파의 어떤 가르침에는 아미타불이 법신불로 알려져 있지만, 여기에서는 화신불로 여겨지고, 무량수불은 보신불로 여겨진다. 이 포와 수행법은 화신불인 아미타불과 연관되어 있어서 화신의 포와로 알려져 있다.

실상황에서의 적용　죽음의 순간에 화신의 포와를 수행할 때는 중앙 통로를 막지 않고 열려 있게 하기 위해서 아미타불이 머리 위 한 발 정도 위쪽에 앉아 있는 것으로 심상화한다. 또한 이 정수리의 문에다 아무런 음절이나 방해물도 갖다놓지 않는다. 정수리의 문은 활짝 열려 있다. 이때 빈두나 음절을 중앙 통로 위쪽으로 상승시키는 의도는 그것이 마지막 몸짓으로 아미타불의 가슴 속으로 도약하여 해체되게 하는 데에 있다. 이로써 우리의 마음은 아미타불의 가슴과 불가분의 상태가 되는데, 그것은 다름 아닌 우리 자신의 마음의 본성의 정수이다. 여기서 우리가 금강승 포와의 심상화 수행을 하는 것은, 우리가 아미타불에게서 보는 깨달음의 지혜와 자비로운 품성은 다름 아닌 우리 자신의 마음의 본성이 반영되어 보이는 것임을 스스로 상기시키기 위해 사용하는 수단일 뿐이다. 밖에서 우리를 기다리고 있는 아미타불 같은 것은 사실

존재하지 않는다.

이 방사는 언제 실제로 행해야 하는 것일까? 그것을 알려면 해체 과정의 단계들에 충분히 익숙해져야만 한다. 흙이 물로, 물이 불로 해체하는 등의 거친 소멸이 일어나는 초기의 징조가 생길 때는 포와 수행을 준비해야 할 때다. 준비가 단단히 되어 있어야 한다. 일반적으로 포와는 일어남의 단계와 늘어남의 단계와 다함의 단계 중의 어떤 시점에 실행되어야 한다. 다시 말해서 외적 호흡이 끊긴 이후부터 내적 호흡이 끊기기 전까지의 시간에 행해져야 한다. 어떤 가르침에서는 포와는 늘어남의 단계와 적광 현상이 일어나는 순간인 의식이 해체되는 두 번째 단계에서 바로 실행해야 한다고 말한다. 붉은색 빈두와 흰색 빈두는 가슴 차크라에서 하나가 된다는 점을 기억해야 한다. 그것들이 사이에 놓인 미묘한 의식을 가둬서 압착하면 의식은 허공으로 완전히 해체된다. 이때 암흑 현상이 일어나고 우리는 무의식 상태로 들어선다. 내적 호흡은 이 시점에서 끊기므로 이때는 포와를 실행하기엔 너무 늦게 된다.

포와를 적시에 실행했지만 실패해버렸다면 어떻게 될까? 우리는 여전히 마음의 본성을 깨닫지 못한 채 말하자면 '제자리에' 머물러 있을 것이다. 이 경우 해체의 과정은 동일한 방식으로 계속 진행된다. 우리는 다음 바르도인 법성의 바르도에서 일어나는 정광명을 알아차릴 수 있도록 주의력을 가다듬고, 알아차림을 유지하도록 애써야 한다.

이것이 세 번째 유형인 화신의 포와로서, 죽음의 순간에 평범한 존재들이 행하는 주요 수행법이다.

구루 포와

구루 포와는 화신의 포와와 유사하지만 수행하는 경우가 많지는 않다. 다른 제자들과 함께 하는 아미타불 포와 안거 수행도 있고, 누군가가 죽었을 때 승가에서 행하는 아미타불 수행이 있기도 하지만, 구루 포와는 개인적으로만 하는 수행이다. 구루 포와는 널리 강조되거나 수행되진 않지만 마하무드라나 족첸 수행자들은 구루 포와를 많이 수행한다.

구루 포와에서는 머리 위에다 아미타불을 심상화하는 대신 자신의 구루를 심상화한다. 나머지 부분들은 유사하다. 중앙 통로와 차크라 등의 상세한 심상은 생략해도 되고, 단순히 머리 위에다 구루만 심상화한다. 이것이 심상화의 가장 핵심적인 측면이자 주된 방법이다. 이것을 심상화하는 것이 어렵다면 가슴 차크라에다 구루를 심상화해도 된다. 어느 방법이든 그것을 실제로 수행하는 것이 중요하다.

청정한 영역의 포와

청정한 영역의 포와는 꿈의 요가 수행과 연결되어 있다. 이것은 아미타불 또는 아축불(akshobya)의 청정한 영역과 같은 정토나, 다카, 다키니와 보살들의 신성한 영역들 중 하나로 의식을 바로 전이시키는 것이다. 이 같은 전이를 일으키는 능력은 꿈의 요가 수행을 통해 길러진다. 꿈의 요가 수행에서 우리는 꿈의 상태를 알아차리기를 익힐 뿐만 아니라 꿈의 현상을 변화시키는 기술을 연마한다. 자신의 마음을 통제하는 정도까지 발전하면 우리는 꿈속에서 어떤 붓다의 영역이든지 여행할 수 있게 된다. 가르침에 따르면, 꿈속에서 어느 정도 힘을 발휘할 수 있게 되면 죽음의 바르도에서도 동일한 힘을 구사할 수 있다고 한다. 꿈

252

의 요가에 대한 이해와 경험을 가슴에 연결된 신성한 영역으로 자연스럽게 자신을 이동시키는 데 이용할 수 있게 되는 것이다. 예컨대 아미타불의 청정한 영역인 극락정토에 태어나기 위해서 깨달은 존재가 되어야만 하는 것은 아니다. 강렬한 열망을 지니고 선한 공덕을 쌓은 평범한 존재 역시 그곳에 태어날 수 있다. 이처럼 바람직한 곳에서 태어난다면 우리는 영적 수행을 지속할 수 있는 최적의 조건을 갖추게 된다. 그리하여 붓다와 보살들의 가피가 우리의 수행을 도와준다.

포와의 유형은 기본적으로 다섯 가지가 있다. 모두가 하나같이 매우 강력한 수행법들이다. 하지만 우리가 포와 수행을 할 때는 대개 세 번째 유형인 화신의 포와를 하게 된다. 물론 다른 유형의 포와와 깊은 인연이 있다면 그것을 수행해도 된다. 각자가 자신의 성향에 맞추어 수행하면 되는 것이다. 화신의 포와를 가장 널리 수행하는 이유는, 그것은 거의 누구나 할 수 있는 심상을 사용하기 때문이다. 이에 반해서 꿈의 경험을 다룰 수 있는 능력은 사람에 따라 다르다. 그러므로 자신이 그 수행과 인연이 있는지에 근거해서 방법을 택해야 한다.

갑작스러운 죽음

지금까지 개괄한 해체의 과정과 명상 수행에 대한 설명은 자신의 경험을 다룰 시간이 다소간에 주어지는 자연스러운 죽음의 경우에 해당한다. 우리의 몸은 서서히 죽어가고, 해체의 전 과정은 우리가 그것을 인식하든지 말든지 상관없이 불가피하게 일어난다. 그러나 갑작스러운 죽음의 경험은 상황이 완전히 다르다. 이런 경우에는 때로 해체의 과정이 전혀 경험되지 않는다고 한다. ─ 그는 그저 '혼절하여' 곧장 무의식 속으로 들어간다. 이 같은 상황을 위한 가르침은 단지 자신의 구루나 본존을 기억해내고, 떠오르는 심상을 즉시 머리 위 허공에다 비추는 것이다.

이러한 만일의 사태에 대비하는 가장 강력한 방법은 현생에서 가리킴을 받아 일별한 마하무드라나 족첸의 자각의식을 마음에 거듭거듭 떠올리는 것이다. 물론 하루 24시간 줄곧 이것을 하고 있을 수는 없다. 그래도 하루에 한두 번 정도 이처럼 자각의식 속으로 들어갈 수만 있어도 안 하는 것보다는 낫다. 일주일에 한 번보다는 나은 것이다.

디지털시계를 일정한 시간에 ─ 심지어 매 시간 ─ 울리게 하여 이것을 스스로 상기시킬 수도 있다. 경종 소리가 들리면 자신에게 말해야 한다. '이제 내 마음을 지켜보겠다.' 그런 다음 지켜보라. 스스로 상기하기에 편한 어떤 수단을 사용해도 좋다. 예를 들어 자동차로 출퇴근한다면 자신에게 이렇게 말하라. '누군가가 내게 경적을 울릴 때 나는 내 마음을 지켜보겠다.'

모든 수행은 결국 포와 수행이다

포와에 대한 이해가 넓어지면 포와 수행이 마음의 참된 본성의 깨달음이라는 동일한 목표를 지니고 있는 모든 수행법을 포괄하고 있음을 알게 된다. 마하무드라와 족첸과 금강승의 수행법은 모두가 이 목표를 성취한다. 즉, 의식을 삼사라로부터 열반의 경지로, 에고의 고통으로부터 깊은 평화와 열린 마음과 환희와 끝없는 자비의 상태로 옮겨가는 의식의 전이를 통해서 궁극의 자유를 성취하는 것이다.

마찬가지로 바르도라는 용어에 대한 우리의 통념적 이해는 매우 편협하다. 대체로 그것은 오직 죽음과만 관련된다. 하지만 이제 우리는 여섯 가지 바르도와, 바르도에 관련된 다양한 종류의 경험이 존재한다는 것을 알고 있다. 현생 이 자체와 명상과 꿈의 상태도 바르도이고, 죽음과 죽음 이후의 시간 역시도 바르도이다.

우리의 눈을 정말로 열어주고 이 가르침들을 제대로 수행할 수 있도록 돕는 것은 폭넓은 식견을 기르는 것이다. 우리는 듣고 사유하고 명상하는 단계별 과정을 통해 이런 식견을 기른다. 그 결과 우리는 각 수행의 의도와 위력을 명확히 알게 되어서, 현재 누리고 있는 것보다 낫다고 여겨지는 뭔가를 탐하는 궁핍한 심리에 빠지지 않게 된다. 우리는 대개 금세 자신의 수행에 불만을 느끼고 더 '높은' 수행법을 갈구하곤 한다. 바르도와 포와의 가르침이 지금 수행하고 있는 사마타, 위빠사나, 예비수행, 본존 요가 등보다 훨씬 더 초월적이라고 생각한다. 그러나 자신의 수행법에 대해 좀더 제대로 알게 되면 태도가 바뀐다. 그러면 우리는 깨달을 것이다. '스승께서 가르쳐주신 이 쉼의 명상은 일종의 포괄적인 바르도 수행이로구나!' 혹은 '이 분석 명상도 역시 포와 수행이구나!'

궁핍한 심리는 마음을 산만하고 과민해지게 만든다. 이 영적 여정의 요점은, 좁은 견해로 인해서 무수한 갈래로 분열된 마음을 그 반대인 건전한 의식과 선명하게 집중된 마음으로 키워가는 데에 있다. 수행의 길에 대한 이해를 더욱 세련시켜 깊어지게 하는 것이 수행의 궁극적 목표를 성취하는 데에 도움이 되는 것은 이 때문이다.

최후의 생각 준비하기

죽음의 바르도가 나타날 때는 가능한 한 고요하고 평화롭고 선한 마음의 상태를 유지하는 것이 중요하다. 이것은 마음에 일어난 마지막 생각이 죽음 이후의 여정과 환생에 강력한 영향력을 발휘하기 때문이다. 이 마지막 생각은 특정한 분위기를 조성하고, 그것이 우리의 여정을 좌우한다. 마지막 생각이 부정적인 것이었다면 부정적인 환경에 처한 자신을 발견하게 될 것이고, 마지막 생각이 긍정적인 것이었다면 자신 있고 편안하게 느껴지는 환경의 뒷받침을 받고 있는 자신을 발견하게 될 것이다. 포와 수행을 하고 있다면 마지막 생각은 아미타불이거나 가슴 차크라에서 빛나는 빈두 같은 깨달음의 다른 표상들일 것이다. 본질적으로, 우리는 이 모든 방편들을 통해 가장 큰 해탈을 가져다주는 긍정적 생각인 마음의 본성에 집중하게 된다.

마음이 현생과 소유물에 대한 투쟁적 감정이나 강한 집착으로 인해 혼란스러워진다면 이미 설명된 대로 그것을 다루는 방법을 수행할 수 있다. 예를 들어 내려놓기를 수행할 수도 있고, 마하무드라와 족첸의 가르침에 따라 감정이 올라오는 순간 그 본성을 바라볼 수도 있다. 그것을 단칼에 근절할 수 있다면 제일 좋다. 하지만 가르침을 제대로 수행하지 못한다면 무수한 잡념과 감정과 에고에 대한 집착 등의 현상이 다음에 올 법성의 바르도의 경험을 가로막을 것이다. 마음이 고요하고 명료하지 못하고 동요하고 있으면 화현의 바르도에서도 역시 혼란과 어려움을 겪게 될 것이다.

우리는 자신의 마음상태를 스스로 다스려야 하지만 죽음이 다가올 때에는 주위의 긍정적인 환경의 도움을 받는 것이 매우 유익하다. 티벳에서는 우리가 죽을 때 다른 누군가가 나서서 스승이나 라마뿐만 아니라 영적 형제자매까지 모셔 와서 함께 수행하는 것이 전통이다. 여러 날 동안 계속되는 영적 도반들의 모임은 죽음의 환경에 매우 긍정적인 영향을 미칠 수 있다.[22]

내다보고 챙기기

현생에서 포와를 수행하는 것과 죽음의 순간에 그것을 행하는 것은 상황이 완전히 다르다. 훈련으로 할 때는 유쾌한 기분으로 수행할 수도 있다. 이때는 단지 죽음의 순간을 맞는 것을 상상할 뿐이다. 우리는 이렇게 상상한다. '이제 가슴 차크라의 빈두가 상승하고 있다. 그것이 뛰어올라서 아미타불의 가슴에 가닿는다.' 하지만 죽음의 순간을 맞아 포와를 할 때는 그것은 진짜다. 의식이 움직여서 몸을 빠져나가 새로운 경험의 세계로 들어간다. 이것은 훈련 상황의 경험과는 매우 다르다. 그럼에도 불구하고 우리가 이전의 포와 수행에서 평온과 명료함과 안정감을 길러왔다면 그것이 마침내 일어날 때 그것은 마음의 본성을 알아차릴 수 있는 매우 좋은 기회가 될 것이다. 실제 경험은 훨씬 더 진하고 강력하기 때문이다.

마하무드라와 족첸의 이해를 쌓고 수행하는 동시에 포와를 행하는 능력까지 지닌다면 우리의 수행은 이중의 도움을 받게 된다. 그러면 마음의 참된 본성뿐만 아니라 의식을 마음의 본성으로 전이시키는 금강승의 방편도 동시에 경험할 수 있게 되는 것이다. 첫 번째 방법을 통해서 현생에서 해탈을 얻지 못할 경우에도 우리는 최후에 의지할 수 있는 또 다른 수단을 가지게 된다.

포와 수행을 하는 것은 비상시를 대비하는 것과 비슷하다. 예컨대 우리가 장기간의 여행을 위해서 여행 가방을 챙길 때, 구급상자를 가져가야 할지 말지를 망설이게 된다. 여행 가방이 무거워질수록 그것이 정말 필요할지 의심을 품는다. 여행 가방은 이미 가득 찼다. 사실 거의 들지도 못할 지경이 되어서 중량초과로 추가요금을 내야 할지도 모른다. 그러다가 결국은 구급상자를 가져가지 않게 된다. 하지만 나중에 외진 시골을 여행하다가 갑자기 쓰러지거나 상처가 나거나 타박상이 생길 수도 있다. 그렇게 되면 아파트에 두고 온 구급상자가 무척이나 아쉽게 느껴질 것이다. 그것이 사실은 얼마나 작고 넣어 오기 쉬운 품목이었는지를 그제야 떠올리게 되는 것이다.

구급상자는 여행길에서 늘 사용하는 것은 아니다. 그것은 옷이나 칫솔과는 다르다. 그렇지만 꼭 필요할 때를 대비해서 구급상자를 챙겨놓는 것은 좋은 일이다. 온갖 경이로운 수행법을 다 배워서 죽음의 바르도를 향한 여정의 준비가 충분하게 느껴진다고 하더라도 현생에 닦아놓은 포와 수행은 틀림없이 유용할 것이다. 그것을 오랜 세월 동안 수행했든 딱 한 번 했든 간에 그 대비는 가장 요긴한 때인 죽음의 순간이 올 때 미혹에서 벗어날 수 있도록 도와줄 것이다.

최상의 목표

마하무드라나 족첸의 깨달음을 성취한 사람은 죽음의 순간에 정수리 차크라를 통해 의식이 빠져나가는 것에 대해 걱정하지 않는다. 깨달음

258

을 성취한 존재들은 의식이 빠져나가는 문제에 대해서는 개의치 않는다. 깨달음을 얻은 존재들은 화신의 몸을 사용하여 자신을 나툴지라도 그 육신 속에 갇혀 있지 않는다. 그들은 이미 윤회와 열반의 분별을 넘어서 있다. 그들은 현상-공, 곧 형상과 공, 소리와 공, 자각의식과 공의 불가분성을 이미 완전히 깨달았다. 그들에게는 애초부터 견고한 몸이 없다. 윤회라 불리는 견고한 세계도, 또한 열반이라 불리는 견고한 세계도 존재하지 않는다. 그러니 그들은 빠져나갈 길을 찾을 필요도 없다.

하지만 그런 깨달음을 얻지 못해서 견고한 세계를 경험하는 이들에게는 탈출구가 필요하다. 포와를 제대로 행하지 못하고 정광명을 알아차리는 데에 실패해서 무의식 상태에서 다시 깨어나게 될 때, 우리의 의식은 여전히 몸속에 있을 것이다. 어떤 설명은 이것을 집 안에 갇혀서 밖으로 나가고 싶어하는 이의 심정에 비유한다. 의식은 빠져나갈 수 있는 문과 창문들만 — 몸의 구멍들만 — 바라보고 있다.

의식이 정확히 언제 몸을 빠져나가는지에 대해서는 다양한 설명이 있다는 것을 말해둬야겠다. 어떤 이들은 그것이 법신의 광명을 알아차리지 못한 채 암흑의 경험에서 깨어난 이후에 즉시 빠져나가고, 그다음에 법성의 바르도의 밝게 빛나는 광경이 나타난다고 말한다. 다른 이들은 이러한 광경이 보이는 동안에도 의식은 여전히 육신 속에 머물러 있다고 말한다. 또 다른 견해는 이 같은 생생한 현상 속으로 깨어날 때 그것은 마치 두 나라 사이의 국경에 서 있는 것과도 같다고 말한다. 예를 들어 우리가 미국과 캐나다의 국경선 위에 서 있다면 우리는 어디에 있다고 말할 수 있을까? 우리가 속해 있는 나라는 어느 나라인가?

그럼에도 불구하고 몸에서 의식이 떠나는 순간에 대한 생생한 묘사들이 있다. 이 시점에서 그 과정을 통제하기란 매우 어렵다. 그 과정은 매우 신속하게 일어난다. 이와 반대로 포와 수행을 하면 우리는 의식이 해탈 아니면 청정한 세계로의 환생으로 가는 출구인 정수리를 통해서 몸을 빠져나가도록 안내할 수 있다.

그렇지만 이에 대해서는 때로 의문이 일어난다. 예를 들어, 우리가 다른 존재들을 돕기 위해서 여기 이 세상에 다시 태어나고자 하는 열망을 품고 있거나, 스승에 대한 헌신을 느껴 다음 생에도 그의 곁에 남고자 한다면 포와를 어떻게 행해야 할까? 정수리의 차크라를 통해 의식이 빠져나가면 반드시 아미타불의 정토에 가게 되는 것일까? 그럼 영겁의 시간 동안 다시 이 세계에 돌아올 가능성은 없어지는 것일까?

가르침에 따르면 우리는 언제나 최상의 목표를 지향해야 한다. 그러면 비록 최상의 경지에는 이르지 못할지라도 더 높은 것을 성취할 수 있는 것이다. 예를 들어 활을 쏠 때 과녁을 맞히지는 못할지라도 최대한 멀리까지 도달할 수 있도록 가능한 한 활시위를 세게 당겨서 쏘게 된다. 마찬가지로 청정한 존재의 영역을 목표로 한다고 해서 그것이 꼭 그대로 이루어지는 것을 의미하지는 않는다. 그것은 전적으로 자신의 수행력에 달려 있다. 우리는 자신의 의식이 정수리를 통해서 몸을 떠나가도록 최선을 다해야 한다. 하지만 그것이 윤회계에서 더 고귀한 존재로 환생하거나 청정한 존재 영역인 정토에 환생하는 것을 의미할 수도 있다. 반드시 청정한 세계로 가리라는 보장은 없다고 하더라도, 더 고귀하고 길상한 환생을 맞을 수는 있다.

안정된 깨달음이 없는 평범한 존재들에게도 아미타불과 금강살타의 정토로 가고자 하는 열망은 언제나 유익하다. 이 열망은 단지 자신만을 윤회에서 구하고자 하는 것이 아니기 때문에 다른 존재들에게도 이로운 것이다. 우리의 의도는 붓다의 청정한 영토인 정토에서 깨달음을 이루고 다시 돌아오는 것이다. 다시 돌아오게 된다면 맥없이 그냥 돌아오지는 않을 것이다. 우리는 생명을 도울 수 있는 크나큰 능력을 지니게 되고, 생명을 돕는 방법에 더 능숙해져 있을 것이다. 그러나 만약 미혹된 채로 돌아온다면 우리는 다른 존재들에게 더욱 고통을 주어 미혹에 빠지게 할 것이다. 이와 반대로 명료한 의식과 지혜를 지닌 채 돌아온다면 석가모니 붓다가 그랬듯이 그것을 세상에 바칠 수 있게 될 것이다. 지금도 여전히 우리는 석가모니 붓다의 깨달음의 공덕을 향유하고 있지 않은가?

깨달은 존재란 무엇일까? 그것은 간단히, 마음과 현상의 참된 본성을 온전히 깨달은 자이다. 불교도는 이 같은 사람을 산스크리트어로 '깨달은 자'를 의미하는 붓다라는 이름으로 부른다. 그러나 불교도가 다른 영적 전통의 위대한 스승을 붓다라고 부르면 다른 전통의 추종자들은 매우 불쾌해할 것이다. 그들은 자신들의 스승은 붓다가 아니라 다른 존재라고 할 것이다. 하지만 그런 명칭은 중요하지 않다. 철학이나 종교 체계에 우리의 생각이나 이름을 갖다 붙일 필요는 없다. 누군가가 참된 깨달음을 얻었다면 그 사람이 깨달은 존재이다. 그는 뭇 존재들을 널리 이롭게 하는 경계 없는 자비와 지혜를 행하는 능력으로써 다른 존재들을 깨달음으로 이끌기 위해 청정한 경험의 세계를 펼쳐낸다.

정토란 반드시 실재하는 세계나 행성이 아니다. 정토는 깨달음을 성취할 수 있는 마음의 상태이다. 그것은 이 지구 위에 있을 수도 있고, 다른 우주에 있을 수도 있다. 그것은 전혀 중요하지 않다. 우리는 그곳을 열망한다. 그것은 우리에게도 언제나 최상의 것이고, 다른 존재들에게도 역시 최상의 것이다.

6

에고를 벗어난 여정: 광명한 법성의 바르도

죽음의 순간을 어떤 식으로 맞게 되었든 간에 마음의 여행은 계속된다. 우리는 육신과 현생의 모든 현상들을 뒤로 하고, 다음에 머물 조건과 겪게 될 경험들로 옮겨간다. 원소들과 의식 자체의 해체를 포함하여이 시점까지 겪어온 모든 것은 현생의 바르도에 속한다. 이제 우리는 '다음 생'이라고 알려진 목적지로 가는 첫 번째 단계인 광명한 법성의바르도에 들어선다. 법성의 바르도에서는 깨달음을 이룰 완벽한 기회가 주어지므로 우리는 이 경험을 고대해야 한다. '안 돼, 여기에 있고싶지 않아!' 하고 느끼기보다는 열의와 호기심으로 충만해야 하고, 고요함에 머물고자 하는 각오와 용기를 잃지 말아야 한다. 이것은 새로운장소를 탐험하는 것과 비슷하다. 들뜬 기대감이 있는 반면, 강렬한 희망과 두려움의 감정들도 수반한다.

에 마!
법성의 바르도가 네 앞에 나타나는 이때,
모든 충격과 경악과 공포를 여의고
일어나는 일체가 청정한 자각의식임을 아는

263

알아차림 속으로 들어가라.
바르도의 현상들을 이와 같이 알아차리라.

광명한 법성의 바르도는 허공 원소가 광명, 곧 법성으로 해체될 때 시작되고, 우리가 이 바르도의 온갖 현상들을 알아차리지 못하고 혼절하여 무의식 속으로 빠져들 때 끝난다. 족첸이나 바르도에 관한 닝마파의 전승에 따르면 이 바르도는 두 단계로 일어난다. 첫 번째 단계에서 우리는 '정광명淨光明', 곧 '현상이 멸한 광명'을 경험한다. 두 번째 단계에서는 '스스로 일어나는 광명' 곧 '현상의 광명'을 경험하게 된다. 두 번째 단계에서는 형상과 소리와 광채들의 다채로운 전개가 경험된다. 이 현상들은 세 가지의 특징적인 단계를 따라 펼쳐지는 것으로 묘사된다.

새로운 경험 탐사하기

우리는 이국적인 풍경의 나라들을 여행하는 것을 높이 산다. 서양에서 살고 있다면 동양에 가보는 것을 꿈꾸고, 동양에 산다면 그와 반대가 될 것이다. 하지만 외국을 여행할 때 그 경험의 성질을 좌우하는 것은 낯선 풍경들을 대하는 우리의 태도이다. 우리는 낯선 환경에 대한 두려움에 웅크릴 수도 있고, 상황을 신뢰하기로 마음먹을 수도 있다. 어느 쪽이든, 자기가 처해 있는 세계에 대한 우리의 반응이 우리의 모든 경험을 좌우한다.

예를 들어 인도에 여행을 가서 머물고 있는 호텔 밖으로 발을 내밀기를 두려워한다면 결국은 인도를 경험하지 못하고 겨우 델리에 있는 '홀리데이 인'이라는 호텔만 보고 돌아오게 될 것이다. 대다수의 사람들은 익숙하지 않은 장소에 가면 이처럼 행동한다. 다른 예로, 당신이 중국인이라서 인도에서도 중국음식점만을 찾아다닌다면 인도 요리의 참맛을 경험하지 못할 것이다. 혹은 인도 음식에 대한 실망만 경험하게 될지도 모른다! 당신이 일본인이라면 대체 왜 인도까지 와서 일본음식점만 찾아다니고, 미국인이라면 맥도날드만 찾아다니는가? 당신은 인도를 경험하지 못하고 있는 것이다.

늘 다니던 음식점만 기웃거리지 말고 조금 맵고 쌉쌀한 커리 양념에도 도전해봐야 한다. 달콤하고 쌉쌀한 인도 요리의 맛을 경험해보라. 요리를 맛본 후에라야 비로소 그 요리가 맛있었다든가 맛없었다는 둥 이야기를 할 수 있을 것이다. 사실 그건 중요한 문제가 아니다. 누구나 자신의 입맛에 따라 선택을 할 수 있다. 하지만 최소한 한 번은 열린 마음과 호기심을 가지고 먹어봐야 한다. 마찬가지의 태도로 거리를 걸으면서 조금 탁한 공기도 경험해보라. 시장에서 사람들과 살을 비벼보기도 하고, 상점과 박물관과 오래된 유적에도 가보라. 나중에 집에 돌아오면 자신이 제법 뭔가를 보고 경험한 느낌이 들 것이다. 다채로운 델리 시내를 걷기도 하고, 석가모니 붓다의 성스러운 유물들이 있는 국립박물관에 갔었다고 친구에게 얘기해줄 수도 있을 것이다.

이와 같이 열린 마음과, 경험을 몸소 탐사해보려는 의욕을 품고 법성의 바르도를 맞이할 수 있다면 이 같은 태도는 잠재적인 역경을 덜어줄 뿐만 아니라 마음의 본성을 알아차리는 데에도 도움이 될 것이다. 낯선 경험들에 대해 진지한 궁금증을 품고, 그것이 얼마나 맵고 부드럽고 달콤하고 쌉쌀한지 맛을 보고자 하는 의지가 있다면 마음은 편안히 이완

될 것이다. 당신은 스스로 이렇게 말할 수 있게 된다. '나는 이걸 기꺼이 대면해볼 거야. 이걸 최대한 진하게 경험해볼 거야.'

당신이 인도에 머물고 있는 미국인이라면 아직도 미국에서 살고 있는 것처럼 행동해서는 안 된다. 척하기로는 어떤 것도 변화시킬 수 없다. 당신은 여전히 인도에 있고, 여전히 똑같은 문제를 직면하게 될 것이다. 이와 마찬가지로 우리가 법성의 바르도에 이르러서도 여전히 현생의 바르도에서와 같이 행동하려 한다면 그것은 먹히지 않을 것이다. 아무리 발버둥쳐도 현생의 바르도에 머물게 되지는 않는다. 법성의 바르도에 머물 때는 그곳의 방식대로 거기에 머물러야만 한다

바르도의 모든 가르침을 이해하고 행하는 열쇠는 바로 이 순간인 현재에 머무는 것이다. 바르도에서의 자신의 경험과 진정으로 함께하는 것이 수행에 큰 성과를 거둘 수 있는 방법이다. 이와 반대로 있는 자리에 현존하지 않고 다른 어떤 곳에 있기를 갈구하는 것은 매우 퇴보적인 방식이고, 이것은 수행을 역행하게 만든다. 어느 지점까지 나아가놓고는 다시 돌아오려고 애쓴다. 그러나 바르도의 여행에서는 그럴 일이 없을 것이다. 이 시점에서는 이미 마음의 해체가 일어났다. 되돌아갈 길은 없다. 그러니 모든 저항을 내려놓고 온전히 거기에 있는 편이 낫다.

법신의 광명 : 현상이 멸한 광명

정광명: 법신의 지혜

죽음의 바르도의 끝자락에 이르러 육신의 모든 원소들과 의식이 해체될 때, 우리는 현생의 바르도를 떠나 법성의 바르도에 진입한다. 이 경험은 의식이 허공으로 해체되고, 허공은 우리의 가슴 차크라에서 붓다의 지혜인 광명으로 해체된 다음에 일어난다. 이 과정은 정광명의 징조인 '암흑의 빛' 현상이 나타남과 함께 완성된다. 앞서 설명한 것처럼 확고한 명상수행과 공하고 광명한 마음의 본성에 대한 경험이 없는 사람에게는 이것이 단지 텔레비전의 스위치를 끄는 것과 같은 순간일 뿐이다. 섬광이 번득인 후에 화면은 어두워진다.

정광명의 발생은 우리가 법성의 바르도의 첫 번째 단계에 진입했음을 알려준다. 이것은 마음의 참된 광명, 지혜의 완전한 경지에 대한 우리의 첫 번째 경험이다. 우리의 수행과 영적 여행의 관점에서 보면 이것은 비범한 순간이다. 정광명은 일체의 토대 의식인 알라야식의 모든 측면들이 지혜라는 근원적 상태로 해체되고 우리는 마음의 본래 공간, 즉 시작점으로 되돌아가는 시간이다. 마음의 상대적이고 관념적인 측면들이 모두 멈추었으므로 절대적인 본성의 모습이 드러난다. 그 절대적 본성은 곧 불성 혹은 여래장(tathagatagarbha)이기 때문에 이 시점의 우리의 경험은 깨달은 마음의 여실한 경험이 된다. 생전에 마음의 본성을 깨닫지 못했다 할지라도 이제는 그것이 너무나 강력하게 드러나서, 우리는 그것을 알아차릴 수 있는 훨씬 나은 기회를 맞이하고 있는 것이다.

족첸의 가르침은 이것을 법신의 본래 청정한 지혜의 일어남이라고 일컫는다. 이때 알아차림을 유지할 수 있다면 우리의 마음은 햇빛도 달빛도 별빛도 없고 구름 한 점 없는 청명한 하늘과 같다는 법성 자체인 정광명 안에서 쉴 수 있다.[23] 그것은 미혹의 얼룩이 묻지 않은 청정한 공성의 경험인, 준거점 없는 자각의식의 있는 그대로의 경험이다.

명상 수행을 하여 마음의 본성을 어느 정도 깨달은 사람은 이 시점에서 무의식에 떨어지는 대신에 정광명이 실재의 근본적 본성이요 자신의 마음의 정수임을 알아차려 깨달을 것이다. 그들은 이 광명 속에서 쉴 수 있게 된다. 하지만 이 광명의 경험은 수행자이든 수행자가 아니든 상관없이 모든 존재에게 반드시 주어진다.

미혹에 가린 법성

평소에 우리는 자신의 불성을 분명히 경험하지 못한다. 우리의 불성은 일체의 토대 의식인 알라야식에 의해 가려져 버린다. 알라야식은 순간에서 순간으로 이어지는 밑바탕의 마음이며, 우리의 모든 카르마의 씨앗을 저장하는 창고 역할을 한다. 컴퓨터 데이터가 하드디스크에 저장되는 것과 같이 긍정적이든 부정적이든 우리가 연루된 모든 행위는 알라야식에 인상을 남기게 된다. 낱낱의 인상들은 씨앗과 유사해서, 본래의 것과 유사한 또 다른 행위로 자라날 수 있는 가능성을 품고 있다. 우리가 특정한 행위를 규칙적으로 되풀이할수록 그 인상은 더욱 강하게 각인된다. 그러므로 카르마의 씨앗을 보관하고 있는 이 저장고야말로 특정한 행위를 끝없이 반복하는 우리의 성향, 곧 습관적 패턴의 뿌리, 근원이다. 우리의 마음에 인상을 남기는 '행위'란 애초에는 정신적인 행위로서, 생각이나 의도나 동기 따위의 움직임이다. 이런 정신적 행위가 결국은 말이나 몸의 움직임과 같은 물리적 행위로 이어진다.

바로 마음의 이러한 측면이 진정한 실재를 인식하지 못하도록 가리고 있다. 그래서 우리는 자신의 '본래면목本來面目', 곧 진정한 본성, 우리 자신의 불성을 알아차리는 데 실패한다. 대신 우리는 이 저장고 같은 의식으로부터 순간순간 일어나는 생각과 감정들의 흐름을 자기 자신인 줄로 오인한다. 수행의 유일한 목적은 이 착각을 깨우쳐 본연의 지혜를 찾아내는 것이다. 죽음의 순간에 의식이 허공으로 해체되고, 허공이 광명으로 해체되고 나면 마음의 공한 광휘를 가리는 이 흐름의 어떤 것도 남아 있지 못한다.

닷새간의 선정　　수행자인 우리의 의도는, 정광명 속에서 쉴 수 있게 되고, 가장 짧은 기간에 가장 덜 어려운 길을 통해서 깨달음이라는 종착지에 다다르고자 하는 것이다. 그래서 우리는 그것을 성취할 수 있게 하는 마음의 힘과 수행의 힘을 길러주는 사마타와 위빠사나 수행에 의지한다. 정광명이 왔을 때 우리는 거기서 얼마나 오랫동안 쉴 수 있을까?

가르침에 따르면 대략 5일의 '선정의 나날' 동안 정광명 속에서 쉴 수 있다고 한다. 선정의 하루란 흔들림 없는 명상상태를 규칙적으로 유지할 수 있는 만큼의 시간을 말한다. 이것은 당신이 현재 한 시간 동안 흔들림 없이 마음의 본성 속에서 쉴 수 있다면, 정광명 속에서는 다섯 시간 정도 쉴 수 있는 능력을 갖추고 있음을 뜻한다. 또 어떤 사람이 현재 5분 동안 흔들림 없는 상태에 머물 수 있다면, 정광명 속에서는 25분간 쉴 수 있을 것이다. 또 다른 어떤 사람이 현재 5초밖에 머물 수 없다면, 정광명에서도 단지 25초밖에 쉴 수가 없다. 그러니 '선정의 하루'의 길이는 사람에 따라 달라진다.

이에 반해서 당신이 쉽게 선정 속에서 쉴 수 있는 수행력 높은 요기나 요기니라면 법성의 바르도에서 깨달음을 얻을 것이다. 광명을 보면 당신은 그것을 알아차리고 이렇게 말할 것이다. '아! 이게 바로 그거야! 내가 수행할 때 봤던 게 바로 이거였어. 이걸 온전히 경험해보려고 지금까지 애써왔었지.' 이런 갑작스런 알아차림은 오랫동안 사색하고 숙고해왔던 것의 진정한 의미를 문득 깨닫는 순간과도 비슷하다. 우리는 자신이 보고 듣고 있는 그것이 불현듯한 깨우침을 촉발하기 전에는 그것을 온전히 '알' 수가 없다. 그래야만 '아하!' 하는 경험을 하게 되는 것이다.

이를 통해 법성의 바르도에서 해탈을 얻기 위해서는 사마타와 위빠사나 수행, 그리고 확고부동한 평온과 명료한 의식과 통찰력을 기르는 것이 얼마나 중요한지를 알 수 있다. 선정의 경험이 없는 사람은 법성의 바르도에서도 마음을 쉬면서 정광명을 알아차리지 못할 것이다. 그는 틀림없이 혼절하여 무의식의 상태로 떨어진다.

어머니 광명과 아이 광명의 만남

이 '아하!'의 경험을 우리는 어머니 광명과 아이 광명의 만남이라고 부른다. 어머니와 같은 광명은 모든 현상의 가장 근원적인 실상인 정광명(ground luminosity, 맨 밑바탕의 빛)이다. 아이와 같은 광명은 이 본성에 대한 우리 개개인의 경험이다. 사실 이 두 가지는 별개의 것이 아니다. 그것은 별개로 여기는 우리의 인식에 의해서만 별개의 것이 된다. 이 두 광명이 만나서 하나로 녹아들 때, 우리는 비이원적인 광명을 경험하게 된다. 법성의 바르도에서 해탈을 얻을 수 있는 것은 바로 이 순간이다. 우리가 이 경험을 알아차리고 그 속에서 쉴 수 있다면 해탈은 확실하다. 의심의 여지가 없다. 높은 경지의 요기가 바로 이 선정 속에서 쉬면서 마음의 본성을 깨달으면 그가 쉴 수 있는 시간에는 한계가 없어진다. 마음의 본성을 깨달으면 그것이 우리의 깨달음이고, 거기에는 측량할 시간이 존재하지 않는다. 우리의 쉼이 짧고 불안정할 때만 비이원적 상태에서 쉰 시간을 측정할 수 있는 것이다. 즉, 쉼의 상태에서 나왔을 때 그것을 뒤돌아보고 5분, 10분, 한 시간 혹은 두 시간 동안 쉬었다고 말할 수 있다. 그러니 지금 명상을 수행하는 것, 그리고 현생의 바르도에서 광명을 알아차리려고 매 순간 노력하는 것은 지극히 중요하다. 현생에서는 실패할지라도 법성의 바르도에서는 훈련 덕분에 그것을 알아차리게 될 수도 있다.

어머니 광명과 아이 광명이 만날 때, 그것은 전혀 낯선 두 사람이 만나는 것과는 사뭇 다르다. 그 둘은 서로가 연결되어 있음을 즉각, 강렬하게 알아차린다. 아이가 엄마를 만날 때 아이는 '엄마다!' 하고 즉시 알아차린다. 의문이 있을 수가 없다. '이 사람이 나의 엄마일까, 아닐까?' 하고 갸웃거리지 않는다. 당신은 엄마와 함께 살면서 자라나고, 그래서 언제 어디에서 보든지 자연스럽게 엄마를 알아본다. 아주 멀리서도 어머니의 목소리를 자연스럽게 인식할 수 있고, 심지어 발소리까지 알아차릴 수 있다.

어머니 같은 광명은 지혜, 곧 반야, 붓다의 지혜의 공한 측면이다. 영적인 길을 그 토대와 길과 성취의 관점에서 본다면, 어머니 광명은 모든 현상의 본성, 곧 토대의 측면이다. 어머니 광명은 '모든 것의 근본'이 되는 지혜이고, 우리의 신성한 세계의 근원이자 심장이다. 아이 같은 광명은 우파야upaya, 곧 길로서, 이 근본 지혜에 대한 우리의 경험의 측면이다. 우파야는 지혜를 경험하기 위해 우리가 사용하는 방편들 — 사마타와 위빠사나로부터 금강승의 본존 요가 수행에 이르는 — 이다. 우리는 정광명의 실상을 경험하기 위해서 이 모든 방편들과 함께 정진한다.

아이 같은 광명은 아직도 관념적이라는 점에서 약간 청정하지 못한 것으로 여겨진다. 예를 들어 우리가 수행의 길에서 무아를 처음으로 경험하기 시작할 때, 그것은 아직도 이론적이다. 우리는 그것을 지적으로 이해하기 위해 분석적 명상뿐만 아니라 공부와 사유에 의존한다. 그리고 나면 마음의 본성 속에서 쉬는 수행을 할 때, 비사유적, 비관념적인 자각 상태를 얻을 수 있을지 없을지에 대한 온갖 희망과 두려움이 일어난다. 하지만 우리가 수행의 길에서 얻어내는 깨달음의 일별은 모두가 아이 같은 광명, 곧 미숙한 단계의 자각의식으로서, 그럼에도 불구하고 그것은 가슴 깊이 연결된 근원인 어머니를 금방 알아볼 것이다. 우리의 깨달음은 성숙해가면서 차츰차츰 관념을 벗어낸다.

어머니 광명과 아이 광명이 하나로 합일할 때 토대와 길도 하나가 된다. 모든 현상들의 기본적 본성인 토대에 대한 인식과 깨달음이 온다. 이때 지혜, 곧 반야와 방편, 곧 우파야는 하나가 된다. 이 통합은 비이원적 경험을 가져온다. 그것은 여러 산으로부터 내려오는 강물이 바다로 흘러드는 것과 같다고들 말한다. 강물들은 제각기 다른 산으로부터 흘러오지만 결국은 서로 만나서 하나의 원소로 녹아든다. 마찬가지로 이 두 가지의 광명도 서로 만나서 하나가 된다.

광명의 경험을 가리키는 단어는 전통에 따라 매우 다양하지만, 모든 이름이 동일한 실재를 가리키고 있다. 현교(Sutrayana)에서는 이 경험을 지혜의 완성, 곧 반야바라밀이라 부르고, '위대한 어머니'라고도 한다. 중관(Madhyamaka)에서는 '궁극적 진리(승의제勝義諦)' 혹은 '절대적 진리(진제眞諦)'라고 부른다. 마하무드라Mahamudra에서는 이것을 '비관념적 지혜'(티벳어로는 타말기 세빠thamalgyi shepa) 곧 '평상심'이라고 부른다. 이 책의 주된 관점인 족첸의 가르침에서는 정광명은 '본래 청정한 법신의 광명'이라고 부른다. 정광명은 시작 없는 시원으로부터 언제나 청정한 상태였던, 있는 그대로의 벌거벗은 자각의식, 곧 릭빠의 상태이다. 금강승에서는 '대환희의 지혜', '금강의 심장', '금강의 마음', '금강의 본성', '옴 아 훔' 등 매우 다양한 용어와 상징들로써 이 경험을 가리켜 일컫는다. 무엇이라고 부르건 간에, 우리가 법성의 바르도에서 경험하는 것이 바로 그것이다. 그것은 아름답고 환희로운 경험이다.

집으로 가는 길 찾기

실재를 가리키는 이름은 무수하지만 지혜의 경험은 기본적으로 단순하고, 그것은 언제나 우리와 함께 있다. 그것은 우리의 현재 경험의 매 순간 속에서 발견할 수 있다. 우리가 그것을 알아차리지 못하는 이유는, 우리는 늘 뭔가 비범한 것을 찾아내려고 애쓰고 있기 때문이다. 이것이 우리가 처해 있는 문제다. 우리는 스스로 그것을 이해하고 있다고 생각할 수도 있다. 우리는 '분노도 그 본성은 완전히 청정해' 하고 무수히 되뇔지도 모른다. 하지만 실제로 분노가 치밀 때면 우리는 분노는 내버려두고 뭔가 청정한 것을 찾는다. 우리는 분노는 너무나 일상적이고 오염된 것이라고 생각한다. 그렇게 되면 우리는 또다시 핵심을 놓친 것이다. 자신이 찾고 있는 경험을 만나려면 그저 어디를 뒤져봐야 할지만 알면 된다.

깊은 가르침들은 모두가 바로 지금 눈앞에 있는 것을 똑바로 보기만 하면 평상심을 발견할 것이라고 말한다. 그것은 달갑지 않은 감정이나 생각일 수도 있다. 하지만 그것이 그 순간의 우리의 세계인 것이다. 평상심이란 히말라야 산이 아니라 바로 당신이 살고 있는 곳 — 말하자면 당신의 동네 골목길 — 에서 발견하는 무엇이다. 평상심을 찾는답시고 집을 떠나 낯선 나라의 방방곡곡을 뒤져봐도 그것은 거기에 없을 것이다. 위대한 요기 밀라레빠는 자신이 태어난 곳인 티벳에서 머물렀고, 자신이 늘 다니던 산속에서 평상심을 발견했다. 밀라레빠가 깨달음을 구해서 서양으로 떠났다는 기록은 어디에도 없다.

진흙 연못의 물속에서 아름답고 순결한 연꽃이 자라듯이, 윤회계의 부정하고 오염된 마음속에서 본래 청정하고 환희로운 지혜가 발견된다. 지금 이 자리에서 마음의 절대적 본성의 경험을 어느 정도 일으킬 수 있다면, 법성의 바르도에서 어머니 광명을 알아차려 깨달음을 얻는 것은 어렵지 않을 것이다. 이에 반해, 자신의 집 — 우리의 존재, 우리 자신의 마음 — 밖에서 평상심을 찾아 헤매는 습관이 들면 그 버릇은 죽음의 순간에도 자동으로 반복될 것이다. 우리는 바로 눈앞에 '엄마', 곧 어머니 광명이 나타나도 한 번도 '그녀'를 본 적이 없기 때문에 알아보지 못할 것이다. 하지만 늘 그녀의 얼굴을 보고 목소리를 들으면서 자라왔다면 그녀를 알아보지 못할 수가 없어서, 재회의 순간에 크나큰 환희를 느낄 것이다.

길상한 원인과 조건들

법맥과 법맥의 스승들의 가피와 인연을 맺어 평상심을 깨닫게 되면 수행의 환경은 성스럽게 변화한다. 알아차림은 깊어지고 더욱 강력해진다. 그런 성스러운 환경을 어떻게 만들고, 거기에 낄 수 있을까? 그것은 벽에 탱화를 내걸거나 스승의 의자와 탁자를 화려한 천으로 장식하거나 그 의자에 신기한 법의를 입은 사람을 앉히는 등, 외부적 환경을 꾸민다고 그렇게 되는 것이 아니다. 신성한 시각과 신성한 세계의 경험을 불러오는 원인과 조건은 오직 가슴에서 참된 헌신이 우러날 때만 생겨난다. 구루과 법맥의 스승들께 헌신의 가슴을 바치면 거기에 축복이 스스로 함께한다. 그것은 우리가 마음을 활짝 열 때 그 마음을 쓰다듬고 변화시켜주는, 스스로 존재하는 사랑의 빛이요, 순수한 자비이다. 우리는 (실제로든 느낌으로든) 법맥과 구루 앞에 있을 때도 이것을 강렬하게 경험한다. 왜냐하면 그들도 역시 활짝 열려 있기 때문이다. 우리는 스승들이 체화한 스스로 존재하는 지혜의 힘에 격려받고, 관념적인 마음의 안전망 너머로 나아가도록 자극받는다. 그러니 가피는 자신의 성취나 선행의 대가로 받는 선물이 아니며, 우리 밖에 있는 것도 아님을 명심해야 한다.

선정의 마음 일으키기

자신이 쌓을 수 있는 길상한 조건과 능한 방편이 무엇이든 간에, 우리는 그것을 통해 법성의 바르도의 첫 단계에서 일어나는 공성의 광명을 알아차리도록 노력해야 한다. 법성의 바르도의 기간은 선정의 하루로만 측정할 수 있어서 다른 방법으로는 헤아릴 수가 없다. 따라서 명상의 마음인 선정의 마음에 익숙해지도록 애써야 한다. 우리가 그 조건으로서 지식을 지니고 동시에 발심과 헌신과 연민과 순수한 자비를 지니면 그것을 알아차리는 것은 너무나 자연스러운 일이 될 것이다. 우리에게 무엇을 보장할 수 있는 존재는 아무도 없기 때문에 우리는 그것이 '보장된다'고 하기보다는 '저절로 온다'고 말한다. 당신이 스스로 자신에게 그것을 보장해야 한다. 그래서 우리는 법성의 바르도에서 정광명을 알아차리기 위해 현생의 바르도에 머무는 동안 명상수행에 정진하는 것이다.

앞서 이야기했던 사마타와 위빠사나 수행은 공성을 알아차리는 통찰력을 일궈내는 고도의 방편이다. 무상의 깨달음을 얻기 전에 우리는 먼저 궁극적 진리로 가는 길을 찾아내어 입문해야 한다. 공성이라는 공간에 들어서야 하고, 자아와 현상에 '나'란 것이 없음을 깨달아야 한다. 이에 대한 가르침에는 두 가지 접근법이 있다. 그것은 '추론의 길'과 '체험의 길'이다.

추론적인 접근법은 지적이고 관념적이다. 그것은 정확한 인지력과 과학적 추론과 논리적 분석법을 바탕으로 한다. 우리는 현상의 본질에 대해 추론하고, 그 결론을 정밀한 논증과정을 통해 검증한다. 이것을 분석적 명상이라고 하는데, 이것은 마음을 살피고 그 작용을 밝혀내는 강력한 도구다. 체험의 길은 지적이라기보다는 직관적이다. 이 접근법의 힘은 마음의 본성 속에서 쉬는 직접적인 경험에서 나온다.

276

추론의 길

이 두 가지 접근법에 대해 처음 들을 때는 체험의 길이 훨씬 더 쉽고 나은 길로 여겨지기 쉽다. 그러나 실제로는 자신이 현 순간의 자각의식, 곧 잡념 없는 상태에 그대로 머물러 있을 수 있는지 없는지를 스스로 잘 점검해봐야 한다. 나는 잡념에 빠져들지 않고 현재의 순간 속에 얼마나 오래 머물 수 있는가? 곧바로 마음을 쉬는 것이 실제로 쉽지 않다면 그때는 분석적 명상이 요긴해진다. 그런 문제가 거의 없거나 전혀 없다면 명상에 대한 분석적 접근법은 필요하지 않거나, 간혹 한 번씩만 의지해도 될 것이다.

어느 쪽이든 다르마를 공부할 때는 분석적 명상이 필수적이다. 분석적 명상은 지성을 날카롭게 해주고 정신적 정밀성을 길러주고 직관적 이해력이 깊어지게 한다. 지적인 분석력을 키울수록 공부에 더 많은 도움이 될 것이다. 그러니 가르침의 핵심을 온전히 꿰뚫기 위해서는 추론적인 접근법을 잘 익혀둘 필요가 있다.

이런 과정의 예를 들자면, 다섯 가지 무더기, 곧 오온五蘊을 살펴봄으로써 자아의 존재 여부(인무아人無我)를 밝히는 공성에 대한 명상이 있다. 이것은 자아란 존재하지 않는다는 견해에 대해 들어본 적은 있지만 무아의 경지를 체험해보지는 못했을 때 적합한 명상법이다. 간단히 말하자면, 자아를 지닌 경험을 하고 있는 관점으로부터 '자아의 공성'이란 것은 무엇을 의미하는지를 숙고해보는 것이다. 그 자아의 구성요소가 될 수 있는 모든 요소를 살펴보고, 그것이 어디에 있는지, 그것의 존재를 확인할 수 있는지를 밝힌다. 이 수행과 관련된 반야심경의 한 구절을 살펴보자. '물질은 공이고, 공은 물질이다. 공은 물질과 다르지 않고, 물질은 공과 다르지 않다.' 이것은 '사단논법'이라는 논리적 추론의 한 예이다. 결국 우리는 마음을 쉬는 것으로 결론을 내리게 된다. 또 다른 점검법은 현상에 실체가 있는지 없는지(법무아法無我)를 분석하는 방법이다. 여기서는 현상이 실제로 존재하는지를 밝히기 위해 외부의 현상들에 초점을 맞추어 분석한다.

추론적 접근법에는 많은 논제와 고도의 분석법들이 있다. 이것은 마음과 현상의 본성이 공임을 깨닫게 하는 강력한 '이해의 길'이다. 법성의 바르도의 정광명이 곧 공이기 때문에 이에 대한 이해에 도달해야만 하는 것이다.

체험의 길

마음의 공한 본성을 깨닫기 위한 두 번째 접근법은 체험의 길이다. 여기서 우리는 자신의 즉석의 체험을 명상의 길로 데려간다. 여기서는 외부의 현상을 살피거나 분석하지 않는다. 형상, 소리 등이 외부의 대상으로서 실제로 존재하는지에 대해서는 상관하지 않는다. 가구와 집과 인간과 온 우주가 거기에 실제로 존재하는지, 아니면 공하여 자아, 곧 에고가 없는지에 대해서는 숙고하지 않는다. 이것은 거기서부터 출발하지 않는다. 그 대신 우리는 마음 자체, 곧 지각과 생각과 감정의 생생한 경험을 직시하는 것으로부터 시작한다.

형상을 바라볼 때, 그 지각은 마음의 경험이다. 소리를 듣고 냄새를 맡고 맛을 보고 특정한 감각과 분별과 생각을 느낄 때, 그것은 모두가 마음의 다양한 사건들이다. 행복감에 도취되거나 슬픔에 빠질 때도 우리는 마음을 경험하고 있는 것이다. 고통 겪는 사람에 대해 자비심을 느끼거나 적대자에 대한 분노가 일어날 때도 우리는 단지 마음이 펼쳐내는 사건들을 경험하고 있는 것이다.

마음의 본성 속에서 그대로 쉴 수만 있게 되면 우리는 이 모든 경험을 단번에 꿰뚫어 통찰한다. 이것은 마음의 경험을 수행의 길로 가져다 놓는 접근법이다. 하지만 이 체험의 길에도 약간의 점검은 필요하다. 우리는 여기서 잠시 마음의 경험을 좀더 가까이서 들여다본다. 이 마음이란 것이 대체 무엇일까? 우리는 마음의 본성이 무엇인지 살펴보기 위해서 자신의 경험을 관찰한다. 마음은 어떤 형태를 띠고 일어나는가? 그 모양은 어떻고 색깔은 있는가? 얼마나 생생한가? 마음을 깊이 들여다보면서 그것을 꼬집어내려고 애쓰다 보면 우리는 문득 활짝 열려 있고 완전히 이완된 어떤 경험의 차원에 다다른다. 이 과정에서 생각이 일어난다면, 이렇게 물어보라. '이 생각은 어디에 위치해 있는가? 그것은 몸 안에 있는가, 아니면 몸 밖에 있는가? 그도 아니라면 둘 사이의 어딘가에 있는가? 그것은 어떻게 존재하는가?' 이것은 사실 분석이라고 할 수 없다. 그보다는, 약간의 분석을 통해 생각의 본성 속에서 쉬는 것이다.

　대부분의 경험은 '인식자'와 '인식의 대상'으로 분리되어 있다. 인식자란 대상을 경험하고 인지하는 측면의 마음이다. 인식의 대상이란 견고하게 존재하는 외부의 현상으로 대상화된 측면의 마음이다. 이 같은 분리 과정은 끊임없이 일어나고 있지만 우리는 이 모든 것이 일어나고 있는 마음을 짬 내어 들여다볼 생각을 하지 않는다. 마음을 들여다보지 않기 때문에, 우리가 '마음'이라고 할 때 그것은 마치 뇌나 심장과 같이 견고한 형체로서 존재하는 실물에 대해 이야기하는 것처럼 들린다. 하지만 형체, 느낌, 감정 등의 경험을 정말 잘 들여다보면 거기에는 진정한 실체가 없다는 것을 알게 된다. 거기에는 견고한 실체라고 할 수 있는 것이 없다. 마음을 견고한 사물로 여기던 평소의 생각이 그냥 무너져 내린다. 이때가 마음이란 것이 실제로 무엇인지를 깨닫기 시작하는 때이다.

이리하여 우리의 체험은 명상의 길로 인도되어 공성, 무아, 곧 에고로부터의 해방의 경험과 구별되지 않게 된다. 그러면 자연스럽게 평상심의 체험이 일어난다.

찾을 수 없는 마음

체험의 길을 통해서 마음을 바라보면 마음의 본질을 알아차리기 시작하게 된다. 마음의 모양과 색깔과 형태가 실제로 어떠한지를 알게 된다. 처음에 우리는 마음이 견고하고 실재하는 것이라고 여기지만 자신의 경험을 통찰해보면 이것이 착각임을 알게 된다. 그것의 실체는 어떤 식으로도, 어디에도 존재하지 않는다. 이것을 깨달음으로써 우리는 공의 상태, 진정한 실재, 곧 현상과 마음의 본질 속에 자신을 확고히 머물게 한다. 이 영역 ― 열린 공간 ― 으로 들어설 때 우리는 '법성의 마음'으로 알려진 마음의 본성을 경험하게 된다.

마음의 견고한 실체를 찾을 수 없는 이유는 우리의 탐사가 충분하지 않거나 기술이 없어서가 아니다. 만져지거나 인식되는 어떤 것도 찾을 수가 없는 것은, 우리가 찾고 있는 그것 ― 마음 ― 의 본성이 공하기 때문이다. 다시 말하지만 공성은 아무것도 없음을 의미하지는 않는다. 마음은 자아와 타아, 인식자와 인식 대상 등, 오로지 자신의 상대적 투사물만을 보는 이원적 의식의 이해를 넘어서 궁극적으로 존재한다. 마음은 보이지 않고 들리지 않더라도 그것을 직접 경험할 수 있다. 이것이 우리가 수행을 하는 목적이다. 따라서 마음을 찾아보다가 발견하지 못할 때 그 '발견 못함' 그 자체가 마음의 참된 본성의 발견인 것이다.

'발견 못함'은 탐사 자체의 오류도 아니고, 마음의 또 다른 조작이나 투사도 아니다. 그것은 궁극의 진실, 곧 마음의 본성의 실상을 발견한 것이다. 여기에 이르면 그것은 어둠 속에 불이 들어온 것과도 같고 계시의 순간과도 같다.

  본수행은 어렵지 않다. 왜냐하면 우리가 순간순간 쉬고 있는 곳은 단지 이미 우리와 함께 있는 관념적인 마음, 곧 생각과 감정의 속이기 때문이다. 우리는 지금 우리의 눈에 보이지도 않는 어떤 청정한 세계에서 쉬려고 하는 것이 아니다. 만일 그러려고 한다면 마음을 어디에다 두고 쉬어야 할지를 어떻게 찾을 수 있겠는가? 우리가 쉴 대상은 너무나 잘 보이기 때문에 아무런 문제가 없다. '체험의 길로 자신을 이끌기'로 알려진 이 명상법은 매우 단순하지만 우리가 훈련할 수 있는 가장 중요하고 강력한 수행법 중의 하나다. 이것은 법성의 바르도의 첫 번째 단계에서 나타나는 어머니 같은 광명을 알아차릴 수 있도록 우리를 준비시켜준다. 여기서 본래 청정한 법신의 광명을 깨달을 수 있다면 해탈을 얻고, 죽음의 바르도의 여정은 끝난다.

보신의 광명 : 현상의 광명

  만일 여기서도 해탈을 얻지 못한다면 우리는 여정을 계속 이어가야 한다. 정광명을 알아차리지 못하면 텔레비전은 한 번 번쩍한 후 꺼져버린다. 그것이 다시 한 번 번쩍할 때면 우리는 완전히 다른 상태, 곧 다른 세계에 있다. 현란한 광경들이 펼쳐지고, 찢어지는 듯한 소리가 우리를 에워싼다. 눈앞의 어떤 것도 이전과 같거나 기대와 같지 않으므로 불안감이나, 심지어는 공포가 밀려올 것이다.

스스로 일어나는 광명

법성의 바르도의 두 번째 단계에 들어서면 법신의 광명의 명료한 측면이 더욱 뚜렷해지기 시작한다. 지금 마음의 바탕 본성으로부터 일어나는 광명이 바로 현상의 광명이다. 이것은 '스스로 일어나는 광명' 혹은 '스스로 있는 광명'으로 불린다. 현상의 광명은 복잡다단한 현상 속에서 표현되는 스스로 일어나는 지혜이다. 이것은 '광명이 합일체 속으로 해체될' 때 일어난다. 여기에서 합일체란 현상과 공의 합일체를 말한다.

이때 공성의 지혜와 현상의 지혜는 하나로, 즉 현상-공 합일체로 해체된다. 이것은 또한 공성의 광명과 현상의 광명이 해체되어 하나가 되는 것으로, 혹은 마음의 명료한 측면과 법성의 성질인 마음의 여여함이 하나로 합일하는 것으로도 묘사될 수 있다. 중요한 것은, 합일은 지금 실제로 일어나고 있으며, 그와 함께 이원적 감각은 해체된다는 점이다.

앞서 우리는 현상과 관련된 광명을 맛보기 광명으로서 경험했다. 그러고 나서 공성과 관련된 광명을 현상이 멸한 광명으로 경험했다. 그리하여 이 시점까지 지혜는 두 가지 별개의 것으로 경험된다. 이 각각의 지혜에 대한 알아차림은 두 가지 지혜가 함께 해체됨으로부터 비롯하여 현상이 일어날 때, 그 합일된 상태도 알아차릴 수 있게 해준다. 현상-공의 본연의 단일성은 햇살이 밝게 빛나는 맑은 하늘에 비유할 수 있다. 이 하늘은 단지 맑기만 한 것이 아니라 빛으로 가득 차 있다. 빛이 나타나는 것, 이것이 이 합일로부터 발생하는 현상이 다가오고 있음을 알려주는 징조이다.

광명이 스스로 일어날 때 나타나는 현상은 좀 설명하기가 어렵다. 어떤 때는 뚜렷한 형상으로 나타나지만, 어떤 때는 빈두, 그러니까 '화소 (pixels)'와 같은 맑고 선명한 빛의 점, 혹은 구체로 나타난다. 이 현상은 또 그저 빛이나 밝게 조명된 상태로 나타날 수도 있다. 그것이 경험되는 방식은 다양하다는 점을 이해해야만 한다.

현상이 어떤 특정한 형상으로 일어나더라도 그 형상의 경험은 개인적인 것이다. 우리는 모두가 동일한 방식으로 본다고 생각하지만 사실은 그렇지 않다. 예를 들어 여러 사람이 동시에 동일한 대상을 바라볼 때도 각자가 그것을 보는 방식은 완전히 개인적인 것이다. 이것은 무엇 때문일까? 모든 것이 마음이고, 마음에는 절대적인 실체가 없기 때문에 우리의 경험은 저마다의 성질에 따라 고유하다. 그래서 현상이 나타나는 고정된 방식은 없는 것이다.

일백 존격

이제 스스로 일어나는 광명은 일백의 평화로운 존격과 진노한 존격들로 이루어진 깨달음의 만달라라는 현상 속에서 나타난다. 이때 나타나는 존격들은 우리 마음의 실상, 본성이다. 존격은 우리 마음의 본성인 본연의 지혜로부터 떼놓을 수 없는 깨달은 성품이 허공 속에 비춰진 것이다. 마음 자체의 바탕 본성인 이 자각의식의 근본 상태는 모든 현상의 기원이어서 존격들의 평화롭거나 진노한 표현이 나오는 원천이기도 하다.

이 본성은 법신불로도 알려진 보현보살(Samantabhadra)로 상징된다. 이 가르침에서 보현보살은 배우자인 여성불 사만타바드리Samantabhadri 와 함께 나타난다. 그들의 합일은 모든 양극단의 초월과, 허공과 자각 의식의 불가분성을 보여준다. 보현보살은 이 같은 지혜가 평화롭게 드 러나는 것을 상징한다. 그리고 보현보살의 진노한 측면은 마호따라 Mahottara,[24] 곧 '더없이 위대한 헤루카'로 알려져 있는데, 여성불인 코 데쉬바리Krodheshvari와 합일한 모습으로 나타난다. 헤루카란 '생혈을 마시는 자'란 뜻이다. 그리고 여기서는 지혜가 진노한 모습으로 나타나 서, 혼란스러운 감정과 에고에 대한 집착과 미혹의 생혈을 마시는 것을 상징한다. 코데쉬바리Krodheshvari에서 코다Krodha는 '흉폭한' 혹은 '진노한'을 의미하고, 이쉬바리ishvari는 '여성신'을 의미한다. 따라서 여기서 코데쉬바리는 지혜의 여성적 측면의 강력하고 긍정적인 에너지 를 가리킨다.

　족첸 법맥에서 보현보살은 원초적 청정의 화현이자 일백 존격의 정 수로 여겨지는 보신불 금강살타와 특별한 관계가 있다. 전통적으로 보 현보살은 족첸 법맥의 전체 전법을 금강살타에게 전했다고 가르쳐진 다. 그리고 금강살타는 그것을 인도의 대각자인 가랍 도제에게 전했다. 그 가르침은 다시 우리가 지금 배우고 있는 원전의 저자인 구루 파드마 삼바바에게 전해졌다. 그래서 금강살타는 일백의 평화로운 존격과 진 노한 존격 만달라의 주재자로 간주된다. 일백 존격은 그중 마흔둘이 평 화로운 존격이고, 쉰여덟은 진노한 존격이다.[25] 그들은 붓다의 다섯 종 성宗姓(family)의 만달라 형태로 나타난다. 각 만달라의 중심에는 남성불 과 여성불의 합일상이 있다. 각 종성은 저마다의 종자從者들을 거느리 고 있고, 저마다 특별한 색깔, 원소, 방위, 깨달음의 품성과 관련되어 있다.[26) 모든 만달라의 중심인물은 비로자나불(Vairochana)이다. 비로자나불은 평화로운 존격의 형태로 영적 배우자인 여성불 다트비쉬바리 Dhatvishvari와 합일한 모습으로 나타난다. 이 합일은 두 가지 진리의 합일, 즉 방편과 지혜의 합일, 환희─공(bliss-emptiness)의 합일을 상징한다. 그의 진노한 모습은 헤루카불(Heruka)로 변신하여 영적 배우자인 코데쉬바리Krodheshvari와 합일해있다.

마흔둘의 평화로운 존격은 본래불인 보현보살과 사만타바드리, 다섯 붓다 종성들의 다섯 남성불과 다섯 여성불, 여덟 남성보살과 여성보살, 여섯 존재계(육도六道)의 여섯 붓다, 네 명의 남성 사대천왕과 그들의 영적 배우자들로 이루어져 있다.

쉰여덟의 진노한 존격은 다섯 남성 헤루카와 그들의 영적 배우자, 그리고 다양한 이름으로 불리는 요기니와 여신들인 마흔여덟 인물로 이뤄져 있다. 곧, 여덟 가우리gauri, 여덟 트레멘tremen, 네 여성 천왕, 스물여덟 이쉬바리ishvari가 그들이다. 본래불의 진노한 측면인 마호따라 헤루카와 코데쉬바리까지 포함하면 진노한 존격의 수는 예순이 된다.

상징과 본질

상대적, 관념적인 명상을 할 때, 우리는 탱화에 나오는 것과 같은 모습의 존격을 심상화할 수 있다. 하지만 그것이 반드시 우리가 탱화에 나오는 것과 똑같은 모습의 존격을 보게 되리라는 뜻은 아니다. 이 형상들은 모두가 실제 모습 그대로라기보다는 상징이다. 본질적으로는 존격들의 독특한 형상들이 딱히 특별한 의미를 가지고 있는 것은 아니다. 관념적으로 연결지을 수 있도록 어떤 것을 형상화시키는 것이 필요하긴 해도, 경험은 형상을 초월해 있다. 예컨대 만달라의 전통적 구조를 이루는 사각형과 원형, 방위나 품성을 나타내는 다양한 색깔 등은 단지 순전히 이원적인 관점에서 볼 때만 그러할 뿐이다.[27] 지금 우리는 현상-공을 논하고 있다.

게다가 전통적인 표현양식에는 어느 정도의 이원성이 따라다니게 마련이다. 예를 들어 인도, 티벳, 미얀마, 태국, 중국, 한국, 일본 등의 아시아 문화권에는 저마다 다양한 방식으로 표현된 붓다의 형상들이 있다. 그리고 요즘에는 유럽과 미국의 붓다들도 볼 수 있다. 하지만 실제로 붓다란 무엇인가? 붓다는 우리가 생각하고 부여하는 모습으로는 나타나지 않는다. 하지만 우리가 금강승의 본존 만달라 수행과 금강의 자부심, 신성한 세계와 같은 개념에 친숙해 있다면 존격들의 상징적 형태는 그들이 체현하고 있는 붓다의 지혜의 측면들을 전해주는 강력한 수단이 된다. 그러므로 일백 존격 탱화를 참고하여 그것을 숙고하는 것도 도움이 된다. (부록 6을 보라.) 각각의 인물이나 존격들이 드러내고 있는 측면들을 다 이해하지는 못하더라도 그들의 지혜와 연결될 수는 있다. 특히 금강살타의 형상과 금강승의 수행에 어느 정도 친숙해지는 것이 중요하다. 금강승 수행에는 백 음절의 만트라를 독송하는 것도 포함된다. 이 만트라의 음절들은 실제로 일백의 평화로운 존격과 진노한 존격의 정수를 표현하는 음절들이다. 그러므로 금강살타 만트라를 독송하면 우리는 즉시 모든 존격들과 연결된다.

존격들이 출현할 때 우리는 형상들이 소리로 인식되는 경험을 할 수도 있다. 이 소리는 천 개의 벼락이 내리치면서 허공을 울리는 소리와도 같이 극도로 강렬하다고 한다. 이것을 가리키는 티벳 말의 뜻은 '용의 소리'이다. 물론 이것은 상징적인 가르침이어서 당신이 실제로 듣는 소리는 그것과 정확히 일치하지 않을 수도 있다. 아무튼 이때는 지각이

286

예민해지고 강렬해진다. 소리 역시 압도될 정도로 날카롭고 선명해서 불안감과 공포심을 불러일으킨다.

이때 일어나는 모든 현상은 바탕의 본래 지혜가 이 존격들의 형상과 소리와 빛으로 확장되어 나타나는 것이다. 때로는 진노한 존격이 먼저 일어난다고 가르쳐지고, 또 때로는 평화로운 존격이 먼저 일어난다고 한다. 하지만 현상은 실체가 없기 때문에 그것이 일어나는 순서는 중요하지 않다. 어쨌든 간에, 이때 나타나는 절대적 존격은 밝게 빛나면서도 텅 빈 우리 자신의 마음의 본성인 것이다.

다섯 붓다 종성들

다섯 붓다 종성들은 우리 마음의 궁극적 본성으로부터 표출되는 것임을 유념해둘 필요가 있다. 다섯 붓다 종성들은 우리 자신의 내면의 지혜가 표현된 것이다. 지혜 자체는 하나이지만 — 지혜에는 오직 하나의 근원, 하나의 바탕밖에 없다 — 이 바탕으로부터 다섯 붓다 종성들의 원리가 나온다. 본질적으로 각 종성들의 지혜는 동일하다. 그것은 실제로 전혀 다르지 않다. 하지만 그것이 현상화하는 방식 면에서 본다면 깨달음이 열어줄 가능성의 다섯 가지 상대적 측면과 관련된 다섯 가지의 지혜가 있다.

우리의 마음이 미혹에 휘둘리고 있으면 다섯 붓다 종성들의 표현인 본연의 에너지는 탐욕, 분노, 무지, 질투, 자만심이라는 다섯 가지 오염물, 곧 번뇌(kleshas)로 인식된다. 미혹에서 벗어나면 이 다섯 가지 오염물의 본질이 지혜임이 깨달아지고, 다섯 붓다 종성들을 인식할 수 있게 된다. 탄트라에서는 이 다섯 가지 오염물을 금강의 탐욕, 금강의 분노, 금강의 무지, 금강의 질투, 금강의 자만심으로 일컫는다. 이들의 본성은 지극히 순수하고 파괴되지 않는 다이아몬드와도 같다.

일체 존재의 마음속에 있는 깨우침의 기본적인 가능성은 이 다섯 종성의 원리와 연결되어 있다. 게다가 깨달음을 얻었을 때 각자가 꽃피울 잠재력도 각자의 지배적인 번뇌에 연결되어 있다고 한다. 자신의 마음속에서 특정한 번뇌가 더 강하면 의도하든 않든 상관없이 바로 그 특정한 유형의 지혜와 깊이 연결될 기회가 더 크게 주어진다는 것이다. 그것은 완전한 깨달음의 만달라로 들어가는 입구와 같다. 어느 입구로 들어가는지는 중요하지 않다. 외부에서 보면 그것은 서로 달라 보이지만 들어가서 보면 붓다의 지혜의 한 세계 안에 모든 종성들이 모여 있다.

이 가르침에 나오는 다섯 종성의 붓다들은 비로자나불(Vairochana), 금강살타(Vajrasattva), 보생불(Ratnasambhava), 아미타불(Amitabha), 불공성취불(Amogasiddhi)과 그들의 영적 배우자인 여성불들이다. 그들의 평화롭거나 진노한 측면은 12일 동안 우리에게 나타난다고 한다. 그러나 여기서 하루란 선정의 하루이기 때문에 열두 순간 동안 잠시 나타날 수도 있다. 만일 평화로운 붓다의 만달라가 먼저 나타난다면 첫째 날에는 비로자나불이 나타나고, 둘째 날은 금강살타가 나타나고, 이런 식으로 다섯째 날까지 진행된다. 여섯째 날에는 보현보살과 함께 다섯 붓다들이 일제히 나타난다. 일곱째 날에 우리는 자각의식의 다섯 수지인 비디야다라Vidyadhara들과 그들의 영적 배우자들이 나타난다.[28] 여덟째 날부터 열두째 날까지는 다섯 붓다들의 진노한 측면이 나타난다.

평화로운 측면과 진노한 측면은 다양한 목적으로 나타난다. 예를 들어 우리는 이번 생에서 쾌적한 환경과 기분 좋은 말과 형상들에 이끌려서 깨어날 수도 있다. 반면에 그런 평화로운 상황은 오히려 우리를 그저 잠든 상태나 무관심한 상태에 빠뜨려놓을 수도 있다. 이런 경우에 우리는 인생의 무상함을 직면하게 하는 매우 불쾌하고 충격적인 상황에 의해 비관념적 지혜로 깨어나게 될 수도 있다. 법성의 바르도에서 붓다의 평화로운 측면과 진노한 측면은 다름 아니라 우리를 일깨워주는 우리 자신의 마음속 지혜의 에너지이다.

다섯 붓다들의 만달라

비로자나불은 만달라의 중앙에 주재한다. 비로자나불은 흰색의 몸을 가지고 있고, 그의 종성은 '붓다 종성'으로 알려져 있다. 이 종성은 허공 원소와, 깨달음의 관점에서는 법계(dharmadhatu)의 지혜인 무지의 번뇌, 곧 혼란과 둔함과 관련되어 있다.

금강살타는 만달라의 동쪽에 주재한다. 금강살타는 푸른색의 몸을 가지고 있고, 그의 종성은 '금강 종성'으로 알려져 있다. 이 종성은 물 원소와, 깨달음의 관점에서는 거울과 같은 지혜인 분노의 번뇌와 관련되어 있다.

보생불은 만달라의 남쪽에 주재한다. 보생불은 노란색의 몸을 가지고 있고, 그의 종성은 '보배 종성'으로 알려져 있다. 이 종성은 흙 원소와, 깨달음의 관점에서는 평정의 지혜인 자만심의 번뇌와 관련되어 있다.

아미타불은 만달라의 서쪽에 주재한다. 아미타불은 붉은색의 몸을 가지고 있고, 그의 종성은 '연꽃 종성'으로 알려져 있다. 이 종성은 불 원소와, 깨달음의 관점에서는 분별적 자각의 지혜인 탐욕의 번뇌와 연관되어 있다.

불공성취불은 만달라의 북쪽에 주재한다. 불공성취불은 초록색의 몸을 가지고 있고, 그의 종성은 '업 종성'으로 알려져 있다. 이 종성은 바람 원소와, 깨달음의 관점에서는 일체를 성취하는 지혜인 질투의 번뇌와 관련되어 있다.

바르도에 대한 가르침들은 계속해서 각 존격들의 고유한 자세, 수인, 법구, 권속 등을 상세하게 묘사하고 있다. 이런 자세한 내용을 알고 싶으면 참고문헌을 살펴보라.[29] 이 모든 요소들 역시 상징적이고, 우리는 여기서 이 상징적인 가르침들의 의미를 이야기하고 있는 것이다. 이에 대한 우리의 경험에 대해서 말하자면, 일어나는 광명한 현상들을 그저 태어난 적 없는 마음이 펼쳐내는 현상으로 바라보는 것이 더 중요하다. 그것이 대환희-공인 마하수카mahasukha의 경험이다.

다섯 붓다 종성

붓다	위치	색깔	원소	번뇌	지혜
비로자나불	중앙	흰색	허공	무지	법계의 지혜
금강살타	동쪽	푸른색	물	분노	거울과 같은 지혜
보생불	남쪽	노란색	땅	자만심	평정의 지혜
아미타불	서쪽	붉은색	불	탐욕	분별적 자각의 지혜
불공성취불	북쪽	초록색	바람	질투	일체를 성취하는 지혜

광명과 번뇌

수행의 측면에서 보자면 각 붓다 종성은 우리의 번뇌와 직접, 그리고 의도적으로 관련되어 있는 만달라의 깨달음의 덕목들을 실현시키는 고유의 방법과 방식을 지니고 있다. 우리가 한 종성의 지혜 에너지와 온전히 연결되면 그 번뇌는 상응하는 지혜로 바뀐다. 예를 들어 우리가 강렬한 감정에 휩싸일 때, 일상적인 말로는 그것을 '번뇌의 침입'이라

고 한다. 하지만 금강승의 언어로는 이것을 드러남, 혹은 현현顯現이라
고 한다. 번뇌를 어느 정도의 명료함과 광명과 본래 지혜의 성질을 띠
고 나타나는 깨달은 붓다로 보는 것이다. 그러므로 이 같은 관점에서는
그 경험을 변화시킬 필요가 전혀 없다.

　번뇌의 경험이 나타날 때, 그것은 매우 강렬해서 압도적으로 느껴질
수도 있다. 단지 강렬하기만 할 뿐만 아니라 꿰뚫리는 듯이 날카롭기까
지 하다. 번뇌는 매우 강렬해서 어떤 때는 마치 강편치를 맞은 것처럼
느껴진다. 번뇌는 감춰진 경험이 아니다. 우리는 평소에 늘 그런 순간
들을 겪고 있다. 그 같은 현현은 눈부시게 밝고 압도적으로 강렬한 것
일 수도 있다. 그것은 감각이 견뎌낼 수 없게 느껴질 정도로 눈부시게
보일 수도 있다. 이러한 생생한 경험은 생각이 끊어진 느낌을 가져다주
는데, 바로 거기에 해체의 느낌이 있다. 해체가 오직 나중에, 죽음의 순
간에만 일어나는 것은 아니다. 그것은 그런 강렬한 광명 속에서, 지금
여기에서 일어난다. 그것은 이원성의 지각을 완전히 잠재운다. 이 강렬
한 광명을 여과할 수 있는 선글라스는 없다.

　명료함과 광명과 청정한 빛에 대해 이야기할 때 그것은 대개 매우 관
념적이고 추상적이다. 이야기가 끝나도 우리는 여전히 그 광명이란 것
이 실제로 무엇을 의미하는지를 의아해한다. 하지만 그것은 다름 아니
라 강렬한 감정들을 경험하는 것이다. 금강승에서 번뇌를 다루는 것은
마치 파도를 타는 것과도 같다. 파도를 탈 때, 파도를 바꿔놓으려고 애
써봤자 되지 않을 것이다. 하지만 파도를 타고 자연스럽게 파도와 함께
가면서 파도와 하나가 되면 거기에는 우아한 아름다움이 있다.

세 가지 청정함

　강렬히 발산되는 감정들을 경험할 때마다 우리는 이 붓다들을 만나고 있는 것이다. 지금 감정의 에너지에 마음을 열고 그것을 음미하는 법을 터득한다면 법성의 바르도에서도 우리의 경험은 다르지 않을 것이다. 우리는 압도되어 무력감을 느끼지 않을 것이다. 그 붓다들이 우리 자신의 마음임을 알아차릴 것이고, 그 마음이 펼쳐내는 현상이야말로 자신의 해탈의 근원임을 알 것이다.

　우리는 보통 감정을 에고의 필터를 통해서 경험한다. 그러나 법성의 바르도에서의 경험은 세 가지 청정함의 경험이다. 즉, 주체와 대상과 그들 간의 상호작용이 완전히 청정하고 에고가 없다는 것이다. 이원성은 이미 해체되었기 때문에 분리가 없다. 우리 마음의 지혜의 측면은 에고의 제약적인 고착 때문에 희석되거나 왜곡됨 없이 드러난다. 그러므로 평화로운 존격과 진노한 존격들이 나타날 때 그것은 엄청난 광명과 위력을 일으키지만, 거기에는 실체가 없다.

　지금 당장 존격의 청정한 형상을 심상화할 때, 우리는 관념 속에서 자신의 능력과 이해가 미치는 한 최고의 형상을 만들어내고 있다. 그것을 현상-공으로 인식할지라도 그것은 여전히 관념적인 차원의 이해다. 그것은 여전히 생각이 만들어낸 인위적인 것으로 느껴진다. 그러나 법성의 바르도에서 우리 앞에 일어나는 존격과 소리와 광휘의 현상은 우리가 생각해낸 것의 결과물이 아니다. 그것은 우리의 마음에서 스스로 일어나는 광명이다. 그리고 그러한 현상이 나타날 때, 그것은 있는 그대로의 직접적인 경험이다. 그것은 지극히 선명하고 광휘와 에너지로 가득하지만, 실체가 없다.

신성한 세계

청정한 현상의 토대   이와 같은 생생한 현상들이 우리 자신의 마음의 표현력이 현상화한 것임을 알아차리지 못하면 우리는 두려움에 휩싸인다. 당신 앞에 견고하여 진짜 같아 보이지 않는 형상이 나타나거나, 자신이 그곳에 서 있긴 하지만 정말로 거기에 있지는 않다고 느낀다면 거기에는 분명히 토대 없는 불확실성의 강한 느낌이 있을 것이다. 여기서 토대가 없다는 것은 무엇을 의미할까? 그것은 삼사라의 토대가 없다는 것이다. 에고는 토대가 없고 이원성도 토대가 없다. 완전히 환각적인 경험에 빠질 때 이와 같은 일이 일어난다. 처음에는 그것이 관념적인 것이 아니지만 다음 순간 당신은 그것을 관념화하고 두려워하게 된다. 당신의 경험은 변질되고 당신은 균형을 잃어버린다. 당신은 자신이 일상적 현실에 대한 지배력을 상실하고 있다고 느낀다.

이에 반해 현 순간의 경험의 비관념적인 본성 속에서 쉴 수 있다면 그것은 당신을 마음 자체의 순수한 토대로 다시 데려다준다. 법성은 토대이고, 광명은 그 위에 서 있는 사람 혹은 세계이다. 공성은 토대 역할을 하고 형상, 소리, 냄새, 맛, 촉감 등으로 일어나는 모든 경험은 그 토대와 하나가 된다. 이때 당신의 경험은 신성한 세계의 경험 — 만달라의 진정한 경험 — 으로 바뀌고, 당신은 정확히 자신이 원하는 곳에 있다. 현상을 깨달음의 길로 가져가는 훈련을 해왔다면 당신이 찾아왔던 경험이 바로 이것이다. 이것이 당신이 수행을 통해서 성취하려고 했던 목표이다.

신성한 시각을 온전히 갖추면 그 경험에는 어떠한 관념도 없기 때문에 두려움도 없다. 이때 우리는 존격이 인도인의 형상으로 나타나는지 티벳인의 형상으로 나타나는지에 대해서는 생각하지 않는다. 그처럼 꼬리표를 붙이는 일이 일어나지 않는 것이다. 이에 반해서 지금 하고 있는 우리의 수행에서는 존격을 생각하거나 신성한 세계의 '신성함'에 대해 생각하기 시작하는 순간, 경험은 몽땅 사라져버린다. 신성한 느낌은 상실되고 만달라의 참된 의미도 상실되고 우리는 금강의 세계에서 떨어져 나온다. 그렇지만 광명이 스스로 일어날 때는 관념적인 생각이 침범할 수 없다. 견고한 현실을 인식하는 일상적인 지각방식이 멈춰버린다.

생기차계와 원만차제의 수행 단계에 안착하면 그것이 마음의 본성, 곧 현상–공이 하나이고 소리–공이 하나이며 자각의식–공이 하나임을 깨닫는 순간이다. 우리는 모든 현상을 존격의 광명한 형상으로, 모든 소리를 존격의 가슴 울리게 하는 말씀으로, 모든 생각을 존격의 지고의 지혜로 알아차린다. 이것이 청정한 현상의 직접적인 인식이고, 금강의 자부심의 참된 경험이다.

신성한 시각을 가지고자 하는 열망   금강의 세계의 청정한 경험은 죽음의 단계를 지나 법성의 바르도에 도달한 모든 존재들이 반드시 겪게 되는 경험이다. 이것은 개미든 당나귀든 인간이든 모든 존재에게 동일한 경험이다. 이것은 되돌아갈 수 없다는 점에서 불가피한 경험이다. 마치 환각제를 이미 복용해버린 것과 같아서, 그 경험으로부터 빠져나올 수가 없다. '환각제를 먹지 말았어야 했어'라고 말하기엔 이미 늦었다. 죽지 말았어야 했다고 생각할 계제가 아닌 것이다. 우리는 이미 죽었고, 그것을 바꾸기엔 이미 늦었다. 바르도의 경험을 고스란히 겪는 수밖에는 달리 방도가 없다.

이것은 어떤 점에서는 롤러코스터를 타는 것과도 유사하다. 좌석에 앉아서 안전벨트가 잠기고 나면 이런 생각이 든다. '너무 늦었어! 할 수 없이 당해야 해.' 바르도의 경험도 이와 흡사하다. 롤러코스터가 멈출 때까지 어쨌든 타고 있어야만 한다. 편한 마음으로 즐길 수 있다면 롤러코스터가 우리 편인 것처럼 느껴질 것이다. 반면에 저항하는 마음으로 출발한다면 극한의 공포와 끔찍한 경험을 하게 될 것이다. 그런 태도는 아무 소용이 없다. 그러니 그저 경험에 대한 자신의 태도를 바꿔야만 한다.

누군가가 "당신의 태도에는 문제점이 있어"라고 당신을 지적한다면 처음에는 화가 날 것이다. 하지만 대신 당신은 그것을 '내가 세상을 어떻게 바라보고 있는 거지?' 하고 자신의 마음을 들여다볼 기회로 삼을 수도 있다. 자신의 태도가 부정적이어서 불신과 두려움으로 가득함을 깨닫게 된다면 이렇게 생각해볼 수도 있다. '그래, 나의 태도는 정말 문제가 있어. 이런 태도를 바꿔서 세상을 좀더 긍정적으로 봐야겠어.' 신성한 시각을 가지기를 염원하면 우리의 경험은 바뀌고 우리의 세계는 신성한 세계가 된다. 우리가 경험하는 것은 우리 자신의 마음의 신성한 본성이기 때문에 그 경험은 아무도 빼앗아 갈 수 없다.

당신이 롤러코스터를 즐기고 있을 때, 그 경험은 아무도 빼앗아 갈 수 없다. 반대로 그 경험을 싫어한다고 해도 누가 대신 그것을 즐거운 경험으로 바꿔줄 수는 없다. 우리의 경험이 신성해지도록 우리의 마음을 바꿔줄 수 있는 사람은 없다. 바로 이것이 어려운 점이다.

네 가지 지혜의 빛

현상의 광명의 다음 단계의 경험은 합일체가 지혜로 해체될 때 일어난다. 존격의 현상이 해체되면 그들의 지혜의 청정한 본질이 흰색과 파란색과 노란색과 붉은색의 광휘로운 빛으로 드러난다. 네 가지 색깔은 다섯 붓다 종성의 지혜 중 네 가지에 상응한다. 다섯 붓다의 다섯 가지 원리를 상징하는 다섯 번째 지혜의 빛인 초록색 빛은 나중에 나타난다.

흰색의 밝은 빛은 마음의 본래 청정한 법신의 본성인 릭빠의 현현이다. 이것은 현상의 진정한 본성을 보는 법계의 지혜이다. 이 본성은 태어난 적이 없기에 머묾도 없고 그침도 없다. 이것은 윤회계의 현상이란 실재한 적이 없음을 뜻한다. 미혹과 고통, 에고와 에고에 대한 집착, 그리고 온 우주는 실체가 없다. 릭빠의 현현인 희고 밝은 빛의 청정한 본성을 보지 못하면 우리는 그것을 무지로 경험한다.

파란색의 밝은 빛은 에고와의 동일시 너머에 있어서 미혹이 범접하지 못하는 붓다의 근본지혜의 변함없는 본성을 반영한다. 그것은 거울에 비친 형상처럼 삼세三世의 모든 현상을 동시에 선명하고 정확하게 비춰주는 '거울 같은 지혜'이다. 거울은 모든 형상들을 동시에 비춰준다. 가까이 있다고 먼저 비춰주고 멀리 있다고 나중에 비춰주지 않는다. 릭빠의 현현인 파랗고 밝은 빛의 청정한 본성을 보지 못하면 우리는 그것을 분노로 경험한다.

노란색의 밝은 빛은 청정한 지혜의 경지의 풍요와 완전함을 표현한다. 그것은 마음의 근본적 본성이 스스로 풍요롭고 스스로 가득한 본연의 풍요임을 의미한다. 그것은 모든 현상에 자성이 똑같이 비어 있음을 아는 '평등의 지혜'이다. 인식자와 인식 대상이 나뉘는 이원적 분별은 더 이상 일어나지 않는다. 릭빠의 현현인 노란색의 밝은 빛의 청정한 본성을 보지 못하면 우리는 그것을 자만심으로 경험한다.

붉은색의 밝은 빛은 모든 것을 보고 끌어당겨 궁극의 지혜로 이끄는 본연의 지혜의 자력磁力이 나타난 것이다. 그것은 상대적인 낱낱의 현상들의 특징과 성질을 구별하는 '식별력 있는 자각의식의 지혜'이다. 그것은 존재의 본질을 본다. 즉, 외부의 대상들의 무상함과 그것의 본성이 공함과, 나아가 미혹의 여러 층들을 식별해낸다. 릭빠의 현현인 붉은색의 밝은 빛의 청정한 본성을 보지 못하면 우리는 그것을 탐욕으로 경험한다.

붓다행의 빛

이때 우리가 네 가지 지혜를 알아차림으로써 마음의 본성에 관한 진실을 궁극적으로 깨닫는다면 깨달음을 성취할 것이다. 이 깨달음을 얻으면 모든 붓다행을 성취할 수 있게 될 것이다. 이것은 초록색의 밝은 빛인 마지막 빛이 밝히는 지혜의 본질이다. 이것은 붓다행을 나투려면 먼저 붓다가 되어야 하기 때문에 마지막 빛으로 나타난다. 이것은 일체를 성취하는 지혜로서, 붓다의 모든 지혜가 스스로, 저절로 일어나 존재들을 상대적으로, 그리고 궁극적으로 이롭게 한다. 이 같은 각자覺者의 행은 모든 존재를 향한 무조건적인 자비와 연민의 자연스런 드러남이다. 하지만 이 빛의 청정한 본성을 보지 못하면 우리는 그것을 질투로 경험한다.

마음의 본성을 알아차리려고 애쓰는 이 수행의 핵심은 오로지 뭇 존재를 널리 이롭게 하는 데에 있다. '모든' 존재라고 말할 때, 우리의 이 염원은 자동적으로 우리 자신의 행복과 영적 여행까지도 포함하게 된다. 우리는 깨달음을 얻지 못하거나 영적인 길에서 소외될까봐 걱정할 필요가 없다. 자비로운 붓다행을 이루고자 하는 염원은 깨달음을 더 빨리 이루도록 돕는다. 자비의 힘은 우리의 깨달음을 앞당기고 더 깊어지게 한다. 그러니 수행의 진척을 재촉하고자 한다면 자비와 연민과 보리심(bodhichita)의 가속 페달을 밟아야 한다. 이 탐구의 여정에서 뒤처지고 싶다면 개인의 해탈과 구원을 갈구하며 '자아'에만 더 집중하면 된다.

자재하는 광경

밝은 지혜의 빛이 나타나는 현상 다음에는 스스로 일어나는 광명이 펼쳐지는 마지막 단계가 뒤따른다. 지혜의 빛이 해체되는 것을 '자재함(spontaneous presence)으로 해체되는 지혜'라고 일컫는다. 이때, 형상과 소리와 빛 ― 눈부신 면과 선과 구체 ― 이 한꺼번에 일어나서 온 우주에 펼쳐지는 엄청난 경험을 겪게 된다. 청정한 영역과 부정한 영역의 광경들과 함께 이전의 모든 광경과 소리와 빛은 현상의 광명인 보신의 광명의 자재하는 하나의 모습(single, spontaneous vision)으로 모아진다. 이와 동시에 현상이 없는 청정한 자각의식-공인 법신의 광명이 청명한 하늘과 같이 머리 위에 나타나기 시작한다.[30]

물론 여기서 우리가 이 경험에 대해 하는 말은 단어와 개념에 의해

한정된 것이어서 실제 경험이 아니다. 우리는 빛이나 밝음에 대해 말하거나 '공성'이나 '신성함'과 같은 단어를 사용할 수 있다. 하지만 실제 경험은 가르침을 듣거나 책을 읽음으로써 얻는 지적 이해 너머에 있다. 실제 경험은 그것이 우리의 가슴속에 있을 때만 알 수 있다.

파드마삼바바는 본존, 만달라, 소리, 빛 등의 모든 현상은 우리 자신의 마음의 본성으로부터 일어난다고 아주 분명히 말하고 있다. 마음의 본성은 명료성–공, 소리–공, 자각의식–공의 형태로 드러난다. 외부에는, 우리의 밖에는 아무것도 존재하지 않는다. 이러한 경험을 다른 사람에게 이야기해주거나 스스로 이해하고자 할 때 우리는 다음과 같이 자문할 것이다. '빈두의 크기는 어느 정도일까? 그것은 평평할까, 아니면 공처럼 둥글까?' 하지만 우리는 단지 빈두와 빛의 상징적 의미에 대해서만 이야기하고 있기 때문에 이 같은 의문은 적절하지 않다. 빛이 얼마나 밝은지, 형광등 불빛 같은 것인지 아니면 햇빛 같은 것인지를 묻는다면 요점을 벗어나는 것이다. 이것들은 단지 상징적인 것임을 이해해야 한다. 우리가 추구해야 할 것은 실제 경험이다.

지혜의 빛들에 대한 깊고 개인적인 이해에 도달하는 것은 사마타를 이해하게 되는 것과 다르지 않다. 처음으로 사마타 수행을 위한 가르침을 받을 때는 평화롭고 명료한 마음 상태와, 나아가 소위 '생각이 끊긴' 경지로 데려다주는 '깨어서 지켜보기'란 것에 대해 이야기를 듣는다. 하지만 우리가 자리에 앉아서 가르침을 실제로 마음에 적용하여 실천해보기 전에는 그런 것들이 아무런 의미를 지니지 못한다. 그것이 무엇을 뜻하는지는 평화로운 경험을 맛보고 미혹의 한가운데서 떠오르는 명료한 마음 상태를 목격해봐야 한다. 사마타라는 말이 가리키는 것을 이해하기 위해서는 생각이 끊긴 자리에 있어 봐야 한다. 그런 다음에야 비로소 가르침의 참된 의미를 알았다고 말할 수 있다. 이 순간에 이르기 전에는 우리의 이해란 깊이가 없는 관념적인 이해일 뿐이다.

이와 마찬가지의 방법을 통해서 우리는 마음의 참된 본성이자 진정한 본향이고 지혜의 광휘인 광명에 대한 개인적이고 의미 있는 이해에 도달하게 된다. 마음의 본성에 대해 명상을 해야 그 광명이 현존하게 되고, 그것을 직접 경험할 수 있게 된다. 마음이 그 본연의 상태에서 쉴 수 있어야 그 광명을 느껴볼 수 있고, 공성과 무아를 느껴볼 수 있다. 그것은 추상적인 경험이 아니다. 그것은 우리가 음식을 맛보는 것과도 비슷하다. 맛을 보면 그것이 무엇인지를 안다. 거기에는 의심의 여지가 없다. 당신은 안다. 그것이 단지 짧은 순간의 일별에 불과할지라도, 우리가 여기서 실제 경험이라고 이야기하고 있는 것은 바로 그런 종류의 앎이다. 그러므로 가르침을 배우는 것도 중요하지만 완전한 이해에 도달하는 것은 명상 수행을 통해서이다.

법성의 바르도를 깨달음의 길로 이끌기

법성의 바르도의 경험을 위한 준비로서, 이 바르도를 깨달음의 길로 이끄는 몇 가지 방편이 가르쳐진다. 여기에는 첫 번째 단계의 정광명과, 이어지는 단계에서 일어나는 현상의 광명을 모두 깨닫기 위한 수행법들이 있다. 전통적으로 가르쳐지는 방편들에는 마음의 본성을 보는 것, 일백 존격들의 만달라를 심상화하는 것, 빛, 소리, 고통, 질병, 기쁨, 절망, 감정 등을 깨달음의 길로 삼는 것 등이 있다.

마음의 본성 보기

법성의 바르도를 깨달음의 길로 이끄는 주된 방편은 마음의 본성을 보는 수행이다. 이것은 첫 번째 단계의 정광명을 알아차리기 위한 최고의 방법으로 가르쳐진다. 이 방법에 대해서는 이미 상세히 설명했지만, 요약하자면 마음에서 무엇이 일어나든지 그것을 똑바로 바라보고, 바로 그 생각과 감정 속에서 쉬는 것이다. 이 방법으로 우리는 자신의 경험을 관통하여 마음의 본성을 직접 대면하게 된다. 이것이 법성의 바르도를 변화시킬 수 있는 본수행법이다. 그 경험 속에서 쉴 수 있을 때, 그것은 그 자체가 해방이다. 그 자체의 해방은 하나의 깨달음의 경험이다.

일백 존격의 심상화

일백 존격은 우리 마음의 본성과 분리된 것이 아니지만, 법성의 바르도에서 나타날 때는 마치 우리 외부에 있는 것처럼 보인다. 이 같은 현상에 익숙해져서 그것이 다름 아닌 우리의 마음이 스스로 펼쳐진 것임을 알아차리기 위해서는 자신의 몸 안에 일백 존격을 심상화하는 수행을 하면 된다. 이 방법으로 우리는 매우 이질적으로 느껴질 수 있는 것과 개인적인 연결을 맺을 수 있다.

먼저 일백 존격의 본질인 금강살타의 깨달은 형상 속에 자신을 심상화해야 한다. 가슴 차크라에는 평화로운 존격들의 만달라와 함께 사만타바드리와 합일한 본래불인 보현보살을 심상화하라. 다섯 남성불과 다섯 여성불이 여덟 남성 보살들과 여덟 여성 보살들에게 둘러싸여 있다. 이 회합상을 밝게 펼쳐진 무지갯빛 속에다 심상화하라. 다음으로 정수리 차크라에다 다양한 가우리grauri와 트라멘tremen과 천왕과 이쉬 바리ishvari로 둘러싸인 다섯 남녀 붓다 종성들의 진노한 형상으로 만달 라를 심상화하라. 그들은 찬란한 빛에 둘러싸여 있다. 마지막으로 목 차크라에다 눈부신 무지갯빛에 둘러싸여 있는 다섯 남녀 비디야다라 vidyadhara, 곧 지식의 수지자들을 약간 진노한 형상으로 심상화하라.

심상화가 안정되어 뚜렷해지고 이 같은 여실한 현상들에 친숙해지고 나면 우리는 법성의 바르도에서도 두려움에 휩싸이지 않고 오히려 일 백 존격들이 다름 아닌 우리 마음의 본성으로부터 스스로 일어나는 현 상임을 알아차릴 것이다. 이것이 바르도를 깨달음의 길로 삼는 하나의 방편이다.

빛을 깨달음의 길로

본존 명상과 더불어, 빛의 경험을 직접적으로 다루는 몇 가지 방법이 있다. 여기에는 암흑의 무문관 수행과 토갈 수행(thogal) 등의 족첸 수행 법이 있다. 족첸에서 토갈 수행은 초월적인 수행으로 여겨진다. 토갈은 '뛰어넘다' 혹은 '위로 건너가다'를 의미한다. 다시 말해서 세속적 존 재 상태로부터 광명의 자재함의 직접적 경험으로 즉각 뛰어넘거나 건 너가는 것을 말한다. 햇빛과 달빛과 낮의 빛과 촛불과 같은 빛 원소들 의 다양한 경험을 다루는 토갈 수행법들이 있다. 토갈 수행법은 허공을 응시하는 것이 주요한 특징 중의 하나이기 때문에 '하늘 응시하기'라 고도 불린다. 이 같은 수행법을 배우려는 마음의 준비가 되어 있으면 스승으로부터 자세한 가르침이 전수된다.

암흑 무문관

족첸 수행인 암흑 무문관 수행에는 갈수록 어두워지는 연속된 방들로 이뤄진 특별히 건축된 무문관이 필요하다. 첫 번째 방은 약간의 빛이 들어오고, 두 번째 방은 더 어두워지고, 가장 안쪽의 방은 칠흑같이 어둡다. 이 수행에서 우리는 잠에 빠질 때와 비슷하게 점차 완전한 암흑의 상태로 들어가게 된다. 이 어둠 속에 머물 때, 그것은 마치 깊은 잠의 상태와도 같다. 대개는 의식이 명료하지 않은 이 상태에 자각의식을 가져오면 마음의 명료하고 광휘에 찬 본성을 경험하게 된다.

족첸의 암흑 무문관 수행과 더불어 칼라차크라 탄트라Kalachakra Tantra와 카르마 까규[31]와 같은 새로운 탄트라 전통에서 가르치는 이 수행의 다른 형태들도 있다. 칼라차크라 전통의 암흑 무문관 수행은 육법으로 알려진 요가 수행법의 일면이다. 이것은 독립적인 수행법인 나로빠의 육법과는 다른 것이다. 하지만 나로빠 육법 중 깊은 잠의 상태와 관련되는 빛의 요가 수행은 이 같은 자각능력을 기르는 데에 특히 도움이 되는 방법이다.

법성으로부터 절로 일어나는 빛

토갈 수행 중에 아주 간단하게 할 수 있는 수행법이 있다. 먼저 비로자나불의 칠지좌법으로 바르게 앉아서 가능한 한 눈을 꽉 감는다. 때로는 두 손바닥으로 눈을 가려도 좋다. 두 눈이 외부의 빛에 노출되지 않게 한 다음 편안한 마음으로 그저 암흑을 바라보라. 처음에는 암흑밖에 없지만 계속 바라보다 보면 점차 다양한 빛의 형상들이 나타나기 시작한다. 당신은 파란색, 흰색, 노란색, 붉은색, 초록색, 심지어 검은색의 빈두를 볼 수도 있다. 중요한 것은 편안한 상태를 유지하면서 허공에 무엇이 나타나든 그것을 똑바로 바라보는 것이다.

빈두가 여러 개 나타나면 초점을 바꿔가면서 수행한다. 한 번은 빛의 전체 영역에다 의식을 두고, 다른 때는 하나의 빈두에 집중하라. 하나에만 집중할 때는 의식을 그 빈두에다 또렷이 둔 채 그저 거기서 마음이 쉬게 하라. 이것은 사마타 수행과 흡사하다. 시선과 주의가 흔들리도록 놔두지 말라. 눈을 떴을 때 보통의 대상들을 바라보는 것과 동일한 방식으로 빛의 구체를 바라보라. 계속 바라보고 있으면 빛은 더욱 생생하고 맑고 선명해진다. 빛은 가끔씩 형태가 변하기도 하고 크기가 변하기도 한다. 이 빛은 매우 반짝이고 밝아서 암흑이 더 이상 어둡지 않게 된다.

이 같은 경험을 살펴보면 정말로 빛이 있고, 당신은 그것을 볼 수 있다. 빛은 바로 당신의 눈앞에 있다. 하지만 동시에 당신은 그것이 자신의 마음 밖에 어떤 식으로든 견고하게 존재하는 것이 아님을 알 수 있다. 빛은 당신 자신의 마음에서, 바로 마음의 본성으로부터 일어난다. 빈두들이 실제로 존재하는 것처럼 보인다면 그것은 당신이 그것을 관념화하여 거기에 너무 집착하고 있는 것이다. 공성의 지혜로써 그런 성향을 잘라버리라. 그것을 전구처럼 실재하는 대상으로 보이게 만들지 말고 공성의 지혜로써 이 현상의 명료성−공을 알아차리라.

이런 방법으로 빛을 볼 때, 우리는 법성의 바르도에서 일어나는 광명한 공성의 경험을 직접 목격하고 있는 것이다. 그러므로 이것은 법성의 바르도를 깨달음의 길로 이끄는 수행법 중의 하나이다.

소리를 깨달음의 길로

소리라는 현상을 소리–공의 경험으로 이끄는 유사한 수행법들이 있다. 여기에서 소개되는 단순한 수행법은 자연스러운 법성의 소리에 귀를 기울이는 방법이다. 법성의 소리는 마음속에 늘 있지만 보통은 인식되지 않는다. 여기서도 마찬가지로 칠지좌법으로 올바른 자세를 갖춘 후 시작한다. 마음을 가라앉힌 후, 이를 악물고 귀를 손가락으로 막거나 손바닥으로 눌러서 외부의 소리를 차단하라. 이것은 법성의 소리를 증폭시켜 더 잘 들리게 해준다. 조용한 시간, 특히 밤에 이 소리를 듣기가 더 쉬워진다.

법성의 소리를 들을 수 있게 되면 동요되지 말고 그 소리에다 당신의 자각의식을 올려놓으라. 그 소리 속에서 마음을 쉬면서 귀를 기울여 그 소리 자체 속으로 깊이깊이 들어가라. 집중이 더 정확하고 뚜렷해질수록 소리도 더욱 생생하고 분명해질 것이다. 결국 그 소리에 대한 당신의 경험은 그것의 공성을 경험하게 되는 지경까지 깊어진다. 그것은 '법성의 공성으로부터 절로 울려나오는 소리'로 알려져 있다. 이것은 법성의 바르도에서 들리는 소리보다 강도는 약하지만 근본적으로 동일한 소리의 경험이다. 앞서 설명한 대로, 바르도에서는 감각이 극도로 예민해지기 때문에 소리가 워낙 날카롭고 꿰뚫는 듯이 들려서, 천 개의 벼락이 동시에 내리치는 소리에 비유된다.

대부분의 사람에게는 형상의 공성보다 소리의 공성을 이해하는 것이 더 쉽다. 이것은 시각적 대상은 오랜 시간 동안 눈앞에 남아 있는 반면 소리는 들렸다가 사라졌다가 하기 때문이다. 예컨대 우리가 책을 읽을 때, 읽는 동안에 그 페이지가 사라지지는 않는다. 어떤 페이지든 책장을 넘겨서 다시 읽을 수도 있다. 이에 반해서 목소리나 발소리나 휘파람 등의 소리를 들을 때는 바로 그다음 순간에 소리는 사라져버린다. 이전의 순간으로 되돌아가서 다시 들을 수가 없다. 그러므로 소리를 바짝 귀 기울여서 들어보면 그것은 마치 메아리를 듣는 것 같다. 이것은 공성이 주는 것과 동일한 메시지를 준다. 이것이 세속적인 소리의 경험을 초월하여 소리-공의 깨달음으로 바로 뛰어오르게 하는, '법성의 공성으로부터 절로 울려나오는 소리'의 수행법이다.

고통과 질병을 깨달음의 길로

법성의 바르도를 깨달음의 길로 이끄는 또 다른 방편은 질병과 고통을 깨달음의 길로 삼는 수행법이다. 여기서 병이란 육체적 질병과, 그와 관련된 통증을 말한다. 더불어서 거기에는 통증을 느낄 때 일어나는 정신적인 고통 ─ 사실상은 두려움 ─ 도 있다. 이 수행의 목표는 통증의 경험을 변화시킴으로써 그에 수반하는 정신적 고통도 변화시켜놓는 데에 있다.

통증을 다루는 작업을 시작할 기본 바탕이 없으면 깊은 고통의 경험을 변화시키기는 매우 힘들다. 그래서 가벼운 병과 통증을 먼저 다뤄보고 나서 이것을 어떻게 깨달음의 길로 이끌 것인지를 찾아내야 한다. 그러면 좀더 심각한 병이 생겼을 때 그 또한 수행의 길로 이끌 수 있을 것이다. 그리하여 결국은 가장 쇠약해진 상태까지도 깨달음의 길로 이끌 수 있게 되는 것이다. 정신적인 고통도 이와 같은 방법으로 다룰 수 있다. 약간의 불편함과 두려움이 일어나는 상황에서부터 시작해보라.

그런 상황에서 고통을 진정시킬 수 있게 되면 우리는 그보다 더 큰 문제를 대면하여 깨달음의 길로 이끌 수 있는 기반을 닦은 것이다.

그러니 가벼운 것에서부터 시작하는 것이 중요하다. 예를 들어 명상 중에 무릎이나 등이나 머리에서 생기는 통증을 가지고 훈련을 시작할 수도 있다. 어떤 형태의 통증이든지 그것을 그저 바라보아야 한다. 통증이 날카로운가, 무딘가? 뜨거운가, 차가운가? 일정한가, 맥동하는가? 처음에 통증을 지켜보면 그것은 고통스러울 것이다. 두 번째 역시, 세 번째 역시 고통스러울 것이다. 그러나 통증의 경험을 지켜보는 데 익숙해지면 ─ 그 지켜봄이 진짜여서 오롯이 그 감각의 한가운데서 마음이 쉬게 할 수 있으면 ─ 고통을 경험하는 당신의 방식이 달라진 것을 발견하게 될 것이다.

통증의 경험에 관해서 품어야 할 의문은, 통증이 실제로 그곳에 존재하는가 하는 것이 아니다. 우리가 물어야 할 의문은, '이 통증은 대체 무엇이고 나는 그것을 어떤 방식으로 경험하고 있는가?' 통증은 그저 한 번 아니면 두세 번 지켜보는 것만으로 그 자리에서 잘라낼 수 있는 것이 아니다. 하지만 통증에 대한 우리의 관념은 없앨 수 있다. 따라서 통증에 대한 우리의 지각과 그 경험을 송두리째 변화시킬 수 있다.

이 방법으로 육체적인 통증을 직접 다룰 수 있다면 그것은 당신이 있는 그대로의 자신의 경험 속에 함께하고 있음을 뜻한다. 당신은 통증에 대한 관념에서 벗어나 있다. 일어나고 있는 순수한 에너지에 꼬리표를 달지 않고 있는 것이다. 이것은 매우 흥미로운 경험이 될 수 있다. 때로는 이렇게 지켜보는 당신의 의식이 꿰뚫을 듯이 명료하여 통증 자체가 취한 느낌처럼 되는 수도 있다. 통증에 도취하면 그것은 덜 고통스러워진다. 이럴 때 우리는 통증이 스스로 작용하여 자신을 풀어놓고 있는 것을 목격할 수 있다.

　어떤 형태든지 고통을 바라볼 때는 마음의 본성을 바라볼 때와 동일한 방식을 적용한다. 고통은 하나의 경험이고, 모든 경험은 바로 마음의 본성 자체로부터 일어나는 마음의 경험이다. 따라서 고통의 경험을 통해서 마음의 본성을 보는 것이 매우 중요해진다. 깨어 있는 의식으로써 고통을 지속적으로 관찰하고 있으면 고통이 나타나는 방식이 변하기 시작한다. 고통의 현상이 변화되고, 따라서 고통에 대한 우리의 경험도 변화하게 하는 것은 어렵지 않다. 이 때문에 고통이 일어날 때마다 그것을 바라보아야 하는 것이다. 우리는 그것을 경험할 필요가 있고, 그런 다음에 그것을 놓아보내야 한다. 고통을 붙들고 있을 필요는 없다. 고통의 이전 순간을 되돌아볼 필요도 없고 고통의 다음 순간을 기다릴 필요도 없다. 그저 지금 여기의 고통의 경험을 직시해야 할 뿐이다.

　자신을 찾아오는 자잘한 병이나 고통을 어떤 것이든 즉각 수행의 길로 가져다놓을 수 있게 되면 우리는 변화의 과정을 시작한 것이다. 이 방법을 통해서 우리는 미약한 수준의 통증과 불편을 바라보는 일에 자신을 길들인다. 그러나 우리는 대개 사소한 것을 중요하고 가치 있는 일로 여기지 않는다. 예컨대 단지 5분 동안 명상할 시간이 주어진다면 이렇게 말할 것이다. "에이, 5분 정도는 아무것도 아니야. 내 삶을 바꿔놓기엔 턱없이 부족해. 적어도 한 시간은 명상을 해야 하는데…." 아마도 감기와 독감 등으로 가볍게 아플 때도 마찬가지일 것이다. 그저 약 먹고 쉬면 좋아질 거라고 생각한다.

　이것은 당시에는 꽤나 그럴듯하게 들리는 논리이다. 하지만 다른 종류의 논리는 이렇게 말한다. 작은 고통을 돌보지 않고 외면할 때마다 그 고통은 깊어진다. 고통이 스스로 떠나는 일은 없다. 5분을 활용하여 명상을 하거나, 가벼운 감기를 마음을 바라보기 위한 기초수행의 공부거리로 삼는다면 당신은 일상의 매 순간을 깨어서 알아차림으로 가져다놓는 수행에 자신을 길들이고 있는 것이다. 일상의 순간들은 다루기가 쉽다. 그것은 조깅을 하는 것과 비슷하다. 처음 조깅을 시작할 때 한 블록을 뛴다면 다음에는 두 블록을 쉽게 조깅할 수 있을 것이다. 오래지 않아서 당신은 장거리에도 도전해볼 수 있게 된다.

"당장 최악의 시나리오에 대처할 수 있어야만 해" 하고 덤비는 것은 물론 금물이다. 이것은 경험이 전무한 초보자가 큰 사업을 벌이려 드는 것과 같다. 그러면 상황이 매우 버거워진다. 이에 반해서 작은 규모에서부터 시작한다면 늘 성장의 여지가 주어지고, 사업이 성장해가는 것을 보면서 기뻐할 수 있을 것이다. 마찬가지로 우리의 수행이 사소한 것에서 시작해서 심오한 것으로 깊어질 때, 그것은 환희로운 경험이 될 것이다. 하지만 거창하게 시작했지만 날마다 움츠러든다면 그것은 고통스러운 경험이 될 것이다. 이런 방식은 실제 진척도 없고 유익하지도 않다는 것을 깨닫게 될 것이다.

요점은, 삶에서 겪게 되는 질병과 고통의 경험을 돌보는 마음, 수행의 마음으로 대하면 삶이 한결 수월해진다는 것이다. 결국은 깨어서 지켜보기가 더 쉬워지고, 덜컥 심각한 병에 걸리더라도 이전과 같이 나가떨어지지 않을 것이다. 그것이 이전처럼 큰 문젯거리나 충격이 되지 않을 것이다. 우리는 미지의 영역이 아니라 이미 익숙해 있는 영역을 마주하고 있기 때문에, 죽음의 아픔과 고통조차도 자신 있게 대면할 수 있게 된다. 실제로 죽음의 순간이 찾아왔을 때도 그 고통을 똑바로 바라보고 변화시킬 수 있게 된다.

기쁨과 절망을 깨달음의 길로

기쁨과 절망을 깨달음의 길로 삼는 수행은 법성의 바르도에서 맞이하게 될 경험들에 대비하는 또 다른 방편이다. 우리는 기쁨이나 고통의 매우 강렬한 경험들을 지켜보는 것으로 이 수행에 임한다. 이 같은 경험들을 바라보고, 그다음 그 경험과 연관하여 일어나는 모든 집착과 고착상태를 놓아보낸다. 우리의 일반적인 성향은 긍정적이든 부정적이든 간에 자신의 경험을 붙잡고 놓으려 들지 않는 것이다. 따라서 여기서의 핵심은 놓아보내는 수행이다. 나아가 현생에서 이 같은 경험이 일어날 때마다 우리는 죽음을 맞을 때와 죽음 이후의 바르도에서도 이런 일이 일어날 수 있다는 사실을 마음에 꼭꼭 새겨야 한다. 습관적인 성향은 피할 수 없이 되풀이된다. 따라서 이러한 성향을 변화시키기 위해서는 명상을 통해 그것을 깨달음의 길로 이끌어야 한다.

환희나 고뇌의 감정이 일어나기 시작하는 것을 느낄 때, 우리는 자신에게 이 같은 감정들 역시 마음의 상태이고, 마음의 본성으로부터 바로 일어나는 것임을 상기시켜야 한다. 여기서의 가르침은 마음의 본성을 바라보기 위한 가르침과 매우 유사하다. 단지 바라보는 대상이 다를 뿐이다. 기쁨이든 절망이든, 경험이 일어날 때 그것을 똑바로 바라보고 그 감정의 한가운데서 마음이 흔들림 없이 쉬게 하라. 이 두 가지 상태를 다루는 것은 수행을 통해 어렵게 쌓아온 깨어서 알아차리는 힘을 한 방에 날려버릴 위력을 지닌 법성의 바르도의 경험에 대비해서는 특히 요긴하다. 그것은 엄청나게 격앙되거나 광적인 에너지로 나타날 수 있다.

그렇다고 해서 그런 경험이 일어난다면 그 경험을 피해 숨어야 한다는 뜻은 아니다. 가르침은 그 대신 즉각 깨어서 지켜보는 마음으로써 거기에 합류해야 한다고 말한다. 일어나는 경험이 기쁨이라면, 기쁨의 절정을 바라보아야 한다. 경험을 거듭거듭 바라봄으로써 그 경험에 명료한 의식을 가져가고, 그런 후에 집착을 놓아보내라. 마찬가지로 비참한 감정이 일어난다면 그 경험의 절정을 바라보고, 놓아보내라. 놓아보내는 것이 이 수행의 핵심이다.

이 수행을 할 때 분석적 명상을 어느 정도 개입시키는 것이 도움이 될 수 있다. 예컨대 일상적인 명상시간의 끝에 강렬한 기쁨의 감정을 불러일으켜 보는 것이다. 강렬한 기쁨을 고취시키기가 어렵다면 과거에 경험했던 가장 행복했던 순간을 떠올리라. 아마도 오랜만에 만나는 재회의 순간이나 기대하지 않았던 도움이나 친절이나 우정의 표현을 받는 등의 일이 될 것이다. 이 같은 경험을 마음에 떠올리면서, 일어나는 기쁨의 감정을 있는 그대로 바라보며 모든 집착을 놓아보내라. 그것이 어떤 형태로 오든 간에 그저 그 경험을 바라보고, 불가분한 자각의식과 공성의 성질을 지닌 광명한 본성을 보도록 하라. 다음에는 또 의심이나 공포나 상실감 등으로 끔찍했던 순간의 깊은 고통의 경험을 떠올려보라. 그 마음의 공하고 광명한 본성을 보라. 그리고 그 또한 놓아보내라.

이런 식으로 우리는 마음의 극단적인 상태를 차츰차츰 깨달음의 길로 이끌어간다. 그러면 법성의 바르도에서 그런 강렬한 경험이 일어날 때 그것이 자신의 마음의 광명한 본성임을 알아차릴 것이다. 그 경험의 생생함과 강렬함이 그것을 더 잘 알아차릴 수 있게 해줄 것이다. 그것은 우리를 미혹에 빠뜨리는 대신 깨달음으로 데려가는 수레가 되어줄 것이다.

감정을 깨달음의 길로

여기에 소개하는 마지막 방법은 자신의 감정을 깨달음의 길로 삼는 수행법이다. 삶과 죽음의 모든 바르도를 지나는 여정에서 우리가 하는 모든 수행의 불가결한 한 측면은 감정을 다루는 일이다. 그러므로 이것은 모든 수행법 중에서도 가장 유용한 것이라 할 수 있을 것이다. 앞서 분석적 명상과 마음의 본성을 직시하는 대목에서 감정을 다루는 법을 이미 논했으므로 여기에서는 더 이상의 부연설명을 하지 않겠다. 하지만 감정의 청정한 본성은 지혜이며, 그 지혜는 다른 어떤 곳에서도 찾을 수 없다는 사실을 반드시 기억해야 한다.

영역에 대하여

법성의 바르도에서의 두 가지 몸

앞서 언급했듯이 법성의 바르도에서 나타나는 광명은 두 단계로 일어난다. 이 가르침을 배워서 광명의 이 두 측면을 이해하는 것은 매우 중요하다. 먼저, 죽음의 순간에 '정광명'이 나타난다. 이것은 '원시청정한 법신의 광명'으로 알려져 있다. 그것은 또 마음의 본성의 공한 측면과 절대적 진리의 차원을 가리키는, '현상 없는 광명'으로도 알려져 있다.

그다음으로 정광명으로부터 '스스로 일어나는 광명'이 발달해 나온다. 그것은 '보신의 광명' 혹은 마음의 본성의 명료한 측면과 상대적 진리의 차원을 가리키는 '현상의 광명'으로 알려져 있다. 이것은 공성이라는 토대로부터 일어나는 명료한 현상의 최초의 발현이라는 의미에서 '상대적' 진리라 일컬어진다. 일백 존격과 같은 현상들은 청정한 현상이지만 그것은 본래적, 영구적으로 실존하는 것이 아니다.

법신과 보신, 이 두 가지 몸이 법성의 바르도에서 우리가 겪는 경험의 핵심이다. 이것은 우리가 사후에 겪는 최초의 깨달음의 경험이다. 가르침에 의하면 마음은 세 단계의 깨달은 모습을 지니고 있다. 그러니 우리의 마음은 불성의 세 가지 몸의 본성 속에 머물고 있는 셈이다. 세 번째 몸인 화신은 다음 바르도인 화현의 바르도에서 나타난다.

한 찰나 동안

이 가르침을 배우는 우리의 관점에서는 법성의 바르도가 매우 오랜 시간 동안 지속되는 것으로 생각할 수 있다. 일백 존격의 상징적 의미와 상세한 묘사를 살펴보는 데만도 상당한 시간이 걸린다. 우리는 이렇게 생각하기 쉽다. '야, 이건 제법 오래 걸릴 것 같군. 먼저 어머니 광명과 아이 광명이 만나고, 다음에는 만달라의 일백 존격들이 나타나고, 그다음엔 지혜의 빛이…' 등등. 하지만 평범한 존재들에게 법성의 바르도의 실제 경험은 매우 짧은 순간 동안만 지속된다. 그 짧은 순간에 이 모든 경험들이 일어나는 것이다.

그 반면에 이 경험 자체의 내부에서 보면 이 짧은 순간이 아주아주 길게 느껴질 수도 있다. 우리가 보고 있는 영화의 영사기가 속도가 느려져서 필름을 한 컷 한 컷씩 보여주고 있는 것이다. 이런 속도에서는 영상이 우리의 눈앞에 머무르면서 그 모든 세밀한 부분들을 살아 있는 듯 생생하게 드러낸다. 그럼에도 그것은 아무리 오랜 것처럼 느껴져도 실은 아주 짤막한 순간일 뿐이다. 예컨대 그것은 계단에서 굴러떨어지는 것을 느끼는 순간과 바닥에 부딪히는 순간 사이, 혹은 차가 미끄러지는 것을 느낀 순간과 나무에 충돌하는 순간 사이와 같은 아주 짧은 시간이다. 그것은 매우 빠르게 일어나지만 그 각각의 순간은 극도로 선명하고 뚜렷하게 느껴진다. 마찬가지로 법성의 바르도에서 일어나는 현상들도 꽤 긴 시간 동안 지속되는 듯이 보이지만 대부분의 사람들에게는 그 전체 경험이 찰나에 끝나버린다.

만일 깨어서 지켜보는 감각을 기르지 않았고, 공성에 대한 이해를 지니고 있지 않다면 우리는 이런 현상들을 인식하지 못할 뿐 아니라 심지어는 그런 일이 일어났는지조차 깨닫지 못할 것이다. 이런 경우에 법성의 바르도의 경험은 의식을 잃어버린 것과 같을 것이라고 한다. 그것은 전신마취 주사를 맞은 것처럼 의식을 잃은 상태이다. 문득 정신을 잃었는데 다음 순간 다른 존재영역에서 다시 깨어난 자신을 발견하게 되는 것이다. 당신은 다음 삶의 초입에 와 있고, 마취상태에서 일어난 일은 아무것도 기억하지 못한다.

다음 행선지

화현의 바르도에서의 다음 경험을 위해 법성의 바르도를 떠날 때, 우리는 비관념적 자각의식의 청정한 상태로부터도 떠나간다. 관념적인 마음이 각성되기 시작하고, 습관적 성향도 다시금 되살아난다. 이 무의식 상태에서 깨어나면 마치 텔레비전의 전원을 다시 켠 것처럼 새로운 일련의 현상들을 인식하기 시작한다. 그것은 윤회적 존재계의 여섯 가지 영역에 근접했음을 알려주는 빛과 다양한 현상들이다. 이전 단계들에서 깨달음을 이루지 못한 경우에 만나게 될 다음 생의 잠재적인 여섯 가지 영역 말이다.

이 시점에서 우리는 다음 생이라 불리는 것에 이끌려 다가가게 된다. 우리는 한 구간을 더 지난 후에 다음 행선지에 착륙하기 시작한다. 그렇다면 새로운 행선지의 도착은 언제부터 시작될까? 그것은 비행기를 탈 때부터인가, 아니면 비행기가 이륙할 때부터인가? 아니면 그보다도 더 이전에, '아, 난 인도에 가고 싶어. 지금도 인도가 눈에 선해…' 하면서 여행에 대한 생각에 처음으로 마음의 눈을 돌렸을 때일까? 행선지에의 착륙은 그 장소의 현상들이 마음속에서 지배적인 위치를 차지할 때 실제로 시작된다. 반면에 이전에 살았던 고향의 현상들은 점점 어렴풋하고 희미해진다. 그곳의 광경과 거기에 살던 사람들에 대한 생각은 흐릿해지고 떠오르는 빈도도 줄어든다. 이것이 일어나는 시점은 여행자마다 다르다. 어떤 사람에게는 비행기에 오르자마자 일어난다. 다른 사람들에게는 이 전환과정이 힘들어서 다음 행선지에 도착하고 나서도 떠나온 곳에 대한 미련을 떨치지 못한다.

7

존재냐 비존재냐: 업력에 의한 화현의 바르도

우리가 마취상태에서 깨어날 때, 미혹이 마음을 흐려놓기 시작하기 전에 의식이 명료해지는 순간이 찾아온다. 꺼졌던 텔레비전에 다시 전원이 들어와서 우리는 이제 일련의 다른 광경들을 보고 있다. 법성의 바르도에서 일어난 광명한 현상들에 대한 기억은 떠오르지 않는다. 우리는 자신에게 무슨 일이 일어났는지, 자신이 어디에 있는지를 몰라서 어리둥절해한다. 실제로 일어났던 일은, 이전 바르도인 현생의 바르도, 꿈의 바르도, 명상의 바르도, 죽음의 바르도, 법성의 바르도에서 어떻게든 마음의 본성을 알아차리는 데에 실패했다는 것이다. 만일 성공했더라면 여섯 번째인 마지막 바르도의 경험은 필요치 않았을 것이다. 이 바르도는 자연스럽게 초월되어 변화했을 것이다. 하지만 여기까지 오게 된 우리는 마치 엄마를 찾지 못한 아이와도 같다. 아이는 또다시 외로운 여행길을 떠나야 하고, 삼사라를 또다시 방랑해야만 한다.

에 마!
화현의 바르도가 네 앞에 나타나는 이때,
일심 집중된 의도를 지키라.

317

수승한 품행을 지속시키기 위해
자궁 입구를 닫고 윤회와 열반을 바꿔놓기를 잊지 말라.
지금이야말로 신성한 시각을 확고부동하게 지켜야 할 때이니
시기심을 버리고 배우자와 합일한 구루를 명상하라.

  법성의 바르도에서 흐려졌던 의식을 회복하면 화현의 바르도가 시작
된다. 법성의 바르도는 우리가 미래의 어머니의 자궁에 들어가서 윤회
적 존재로서 또 다른 순환을 시작할 때 끝난다. 이 바르도는 '화현
(becoming)'의 바르도, 혹은 '존재'의 바르도로 알려져 있다. 이때는 무
엇이든지 가능하다는 느낌이 있기 때문이다. 가르침에 따르면 화현의
바르도에서는 어떤 존재영역이나 존재상태로도 태어날 수 있다. 붓다
의 정토로 도약하거나 깨달음으로 가는 길의 열 가지 단계(십지+地) 중
한 곳에 보살로 태어나는 등, 아주 온전한 환경에 태어날 수도 있다. 아
니면 인간이나 동물이나 천신이나 악령으로 태어날 수도 있다. 이 바르
도에서는 어떤 형태든지 취하여 태어날 수 있기 때문에 이 바르도를 화
현의 바르도라고 부른다.

화신의 광명

  어떻게 무엇이든지 될 수 있다는 것일까? 이것은 윤회계와 열반 양
쪽 현상의 토대인 이 마음은 공한 본질을 지니고 있고 광명한 빛의 본
성을 지니고 있고 끊임없이 현상화하는 측면을 지니고 있기 때문이다.

법성의 바르도에서 우리는 마음의 공한 본질을 법신의 광명으로서, 광명한 성질을 보신의 광명으로서 경험한다. 공한 본질과 광명한 성질의 이 두 측면은 마음의 궁극적인 실상이다. 이제 화현의 바르도에서 우리는 마음의 표현해내는 힘, 곧 끊임없이 현상화하는 측면을 화신의 광명[32]으로서 경험하게 된다.

법신, 보신, 화신의 세 가지 광명 중에서 끊임없이 현상화하는 측면은 마음의 상대적인 실상이다. 여기서 말하려는 것은, 우리가 경험하는 모든 현상은 청정하든 청정하지 않든 마음의 공하고 광명한 본성의 표현해내는 힘인바, 이것이 바로 화신의 광명이라는 것이다. 이 측면은 멈추는 일이 있을까? 아니다, 그것은 멈춤이 없다. 마음의 광명하고 공한 본성은 멈춤이 없고, 어떤 것으로도 나타날 수 있다. 그것은 우리가 경험하는 온갖 시각적 형상과 들리고 냄새나고 맛보고 만져지는 대상으로 나타나고, 또한 생각과 감정과 같은 정신적 현상으로도 나타난다. 달리 말하자면 마음은 결코 공백 상태로 머물러 있지 않는다. 온전히 깨어날 때까지 늘 또 다른 생각이 떠오르고, 늘 또 다른 감정이 일어나고, 늘 또 다른 지각이 일어난다.

지금 우리 눈앞에 나타난 형상들은 텔레비전 스크린에 나타나는 영상과 같이 생생한 유희, 마음의 에너지가 스스로 펼쳐내는 현상이다. 그것이 유쾌하든 슬프든 장면의 종류는 중요하지 않다. 궁극적인 견지에서 보면 그것은 둘 다 광명한 경험이다. 예컨대 마하무드라의 가르침은 생각은 마음의 광명의 표현력이 스스로 펼쳐내는 것(티벳어로는 롤빠rolpa)이고, 그 생각의 대상으로서 일어나는 것은 생각의 표현력(티벳어로는 짤tsal)이라고 말한다.[33]

화현의 바르도에서는 대부분의 존재들이 다소간의 두려움을 경험하기 때문에 현상의 본질을 이해하는 것은 매우 중요하다. 현상의 본질을 알아차리지 못하면 그만큼 우리는 그 현상들을 실제로 존재하는 외부의 현상으로 오인하게 된다. 그러면 현상은 그 취한 형상에 따라 우리를 혼비백산하게 만들기도 하고, 헷갈려서 헤매게 만들기도 하고, 유혹하기도 한다. 그렇다면 그 형상은 무엇이 결정할까? 그것은 이번 생, 그리고 실로 과거의 모든 생들 속에서 길러온 습관인 카르마의 성향이다. 우리는 누구나 긍정적인 성향뿐만 아니라 부정적인 성향도 무수히 쌓아왔기 때문에 지금의 우리의 경험은 혼합적이고 매우 예측하기 어렵다.

끊임없는 현상들

우리의 의식이 우리가 현재 경험하고 있는 현상들을 끊임없이 발생하게 하는 토대로 작용하는 메커니즘을 이해해두는 것이 좋다. 이것을 분명히 이해하면 그런 현상들을 더 능숙하게 다룰 수 있게 되고, 극단적인 고통의 상태를 피할 수 있다. 또한 해탈을 얻을 기회도 커진다.

앞서 설명한 대로 마음 자체, 곧 우리 마음의 본성 — 여여한 상태, 법성 — 은 청정하든 부정하든 모든 현상의 원천이고 뿌리이다. 마음은 모든 현상의 토대이기 때문에 '일체의 토대'를 의미하는 알라야alaya로도 알려져 있다. 일체의 토대인 이 마음은 두 가지 측면을 가지고 있다. 곧, 하나는 청정한 일체의 토대이고 다른 하나는 부정한 일체의 토대이다. 청정한 상태에서 이것은 광명함과 명료함과 깨어 있음의 특성을 지닌 일체의 토대-지혜(alaya-jnana)라 불린다. 이 마음은 시작도 없고 끝도 없다. 모든 시간을 넘어서 있고, 모든 현상의 원천이자 토대이다. 이 것은 불성이나 법신과 동의어이다. 부정한 상태에서 이것은 평범한 존 재들의 미혹된 인식과 동의어이고, 이원적 마음인 일체의 토대-의식 (alaya-vijnana)이라 불린다. 이것은 순간에서 순간으로 끊임없이 이어지 는 마음의 흐름으로서, 카르마의 씨앗을 품고 있는 저장고이다. 다른 말로 일체의 토대인 알라야가 부정할 때 그것을 '의식'이라 부르고, 청 정한 측면을 바라볼 때는 '지혜'라 부른다.

일체의 토대-의식은 중립적인 경험이기 때문에 대개 뚜렷하고 명확 하게 인식되지 않는 상대적 현상이다. 이것은 긍정적이지도 부정적이 지도 않다. 감정도 아니고, 생각도 아니고, 인식도 아니다. 일체의 토 대-의식의 실제 경험은 단지 순간과 순간이 이어지는 느낌 속에서만 발 견된다. 예컨대 우리가 오늘 친구 집을 방문해서 머물다가 내일은 완전 히 낯선 곳에 가더라도 우리의 경험에는 지속성의 느낌이 있다. 우리는 자신이 과거에서 현재로, 현재에서 미래로 존속하는 동일한 인물이라 고 느낀다.

이 지속성 자체는 상대적이다. 절대적인 관점에서 보면 시간은 존재 하지 않기 때문에 지속성의 개념도 없고 단절의 개념도 없어서 '지속 이라니, 어디서부터?'라고 의아해할 것이다. 절대적 진실은 지속성의 개념을 벗어나 있다.

'자아'라는 개념을 지어내어 들씌우는 것은 바로 이 순간과 순간이 이어지는 듯한 느낌이다. 이 '자아'를 인식하는 순간 동시에 우리는 '타아' 또한 인식하게 되고, 그리하여 이원성이 확립된다. 마음의 본성 을 알아차리기에 실패할 때마다 일체의 토대-의식이 지속된다. 한 순 간에서 다른 순간으로 이어지는 이러한 경험을 순간순간 재현하려고 애쓸 필요는 없다. 우리의 카르마가 지닌 타성이자 힘인 습관적 성향의 위력이 이 마음을 영속시켜준다. 그러나 카르마의 타성도 이따금씩은 분명히 방해를 받는다. 예를 들어 명상의 바르도에 들거나, 교통사고가 나거나, 죽음의 때에 이르러 의식이 해체될 때 말이다. 그럼에도 카르마의 타성은 늘 다시 되돌아오곤 한다.

감지할 수 있는 그런 경우들 외에도, 마음의 흐름은 매 순간 끊임없이 멈췄다가는 다시 일어나곤 한다. 낱낱의 생각들 사이의 순간, 거기에 마음의 청정한 본성이 있지만 우리는 그 속으로 들어가거나, 하다못해 감지하지조차 못한다. 일체의 토대-의식이 기능하고 있는 한 그것은 온갖 현상들의 끊임없는 흐름을 투사해내고, 우리는 그 현상들에 좋다거나 나쁘다거나, 탐난다거나 싫다는 등의 꼬리표를 끊임없이 갖다 붙일 것이다. 이런 식으로 우리는 카르마를 끝없이 만들어내고, 하염없이 행복과 고통을 경험한다.

그러므로 화현의 바르도에서는 우리의 경험이 습관의 산물인 카르마에 — 일체의 토대-의식(alaya-vijnana)으로부터 일어나는 현상의 끊임없는 나툼에 — 지배받는다. 이 같은 마음의 투사는 생각과 느낌과 감정, 그리고 환경과 존재들에 대한 지각으로 나타난다. 그것은 황홀감을 주는 유령이나 무서운 적 혹은 골칫거리로 나타날 수도 있다. 그것이 욕망과 공포와 충격을 불러일으킬 수도 있다. 궁극적으로 그것들은 모두가 본질상 공하고, 성질상 광명하고, 거침없이 현상화하는 법신과 보신과 화신의 본성 속에 있다. 현상이란 마음의 표현해내는 힘이 스스로 펼쳐내는 그것이다. 상대적인 관점에서 보면 현상이란 우리 자신의 미혹된 생각이다.

미혹의 재출현

죽음의 바르도에서 몸과 마음의 거친 요소와 미세한 요소는 점진적이자 전적인 해체의 과정을 겪는다. 이원적 의식의 모든 측면들은 법성의 상태 속으로 해체된다. 정광명의 발생과 마음의 다른 궁극적 현상들을 경험하게 되는 것은 이 있는 그대로의 자각의식 상태에서이다. 육체적인 죽음이 일어나고 몸과 마음 사이의 연결이 끊어지고 가슴 차크라의 흰색과 붉은색의 빈두가 붕괴됨으로써 파괴되지 않는 지혜의 빈두인 미묘한 의식이 해방되면 그것은 자연스럽게 떠나간다.

화현의 바르도에서는 우리는 다시 깨어나서 의식을 되찾기 시작한다. 이원적 구조의 마음이 다시 자신을 내세우기 시작한다. 이것은 일어남과 늘어남과 다함의 과정이 거꾸로 역전된 과정이다. 이제 법신의 지혜 속으로 해체되었던 의식이 그로부터 다시 일어나면서 윤회계의 이원적 현상들을 일으킨다. 어찌하여 이러한 일이 일어나는 것일까? 마음의 본성을 알아차리지 못함으로 해서 미세한 바람이 다시 나타나고, 그것이 검은색, 붉은색, 흰색의 세 가지 현상과 상응하는 여든 가지 형태의 생각(法)을 도로 가져오는 것이다. 그것은 이제 반대 순서로 일어나서, 맨 먼저 무지가 돌아오고 그다음에 탐욕이, 그다음에는 분노가 돌아온다. 달리 말해서, 우리가 마음의 본성을 일체의 토대-지혜(alaya-jnana)로 인식하여 알아차리지 못하면 이 마음은 일체의 토대-의식(alaya-vijnana)이 되어버린다.

의식이 깨어나서 이원적 감각이 회복되면 우리는 자신이 실제로 죽어서 몸을 떠났다는 생각을 떠올리기 시작한다. 자신의 죽음을 기억하고 상황을 이해하게 되면 우리는 강렬한 혼란과 불안감에 휩싸이기 쉽다. 이 삶과 존재를 견고하고 확고한 사실로 여기고 집착하는 우리의 습관적 성향에 의해 두려움이 일어난다. 하지만 이미 우리는 그 토대를 상실했다. 존재를 지탱해주는 견고한 토대가 남아 있지 않지만 우리는 여전히 자아를 '나'로 알고 집착하는 습관을 지니고 있고, 여전히 이전의 그 사람과 동일한 몸과 마음을 가진 사람으로 자신에게 나타난다. 하지만 이때의 우리의 몸은 마음의 내적 본성으로부터 일어나는 미묘한 신체인 정신체이다. 만져지는 육체는 없다. 우리의 지각도 정신적인 지각일 뿐이다.

생명의 가장 강한 습성 중의 하나는 활동성, 곧 멈출 줄 모르는 성질이라고 가르침은 말한다. 우리는 고요와 쉼에 대해서는 그리 강한 습성을 지니고 있지 않다. 일체의 토대−지혜(alaya-jnana) 속에 머물러 쉬지 못하는 것, 이것이 모든 미혹된 습성의 뿌리라고 한다. 화현의 바르도의 진정한 의미는 현상의 이 같은 유동성에서 드러난다. 여기서는 어떤 형상이든지 일어나게 할 수 있고, 어떤 종류의 세계이든지 창조해낼 수 있다. 그러나 마음에 안정성이 결핍되면 우리의 경험은 예측불가능하고 변덕스러워진다. 생각의 끊임없는 움직임 때문에 우리는 한 곳에서 다른 곳으로, 이 환경에서 저 환경으로 끊임없이 옮아간다. 한시도 쉼의 상태에 머물러 있기가 어렵다. 한 순간은 모든 것이 생생하고 명백하지만 다음 순간에는 모두가 잊혀버린다. 심지어는 자신이 죽었다는 사실조차 수시로 잊어버린다.

이 시점에서 깨달음의 길로 연결될 수만 있다면 경험은 심오하게 변화할 것이다. 우리가 경험하고 있는 실체 없음은 단순히 공부를 통해서 도달한 지적인 이해가 아니다. 그것은 분석을 통해서 도달한 결론도 아니고, 공성을 심상화한 결과도 아니다. 그것은 실체 없는 상태의 실질적인 체험이어서 평소의 이해방식을 초월해 있다.

업식業識의 불가사의한 힘

이 시점에서는 카르마의 에너지가 일종의 불가사의한 힘의 형태로 나타난다. 지금 우리가 어떤 방에 있다가 다른 방으로 가고자 한다면 실제로 자리에서 일어나서 방을 가로질러 문을 열고 나가야 한다. 하지만 화현의 바르도에서는 원하는 장소로 즉시에 이동할 수 있게 해주는 마음의 불가사의한 힘이 있다. 뉴욕에 대한 생각을 떠올리는 순간 우리는 뉴욕에 실제로 가 있다. 북경에 대한 생각을 하면 다음 순간 그곳에 있다. 우리의 여행에는 어떤 방해물도 존재하지 않는다. 예컨대 문을 통해서 나가는 것을 생각할 필요가 없어진다. 우리는 벽이나 그 어떤 고체도 관통해서 지나갈 수 있다. 마음에 떠오르는 것은 그것이 특정한 사람이든 장소든 이미지든 관계없이 즉시 눈앞에 나타난다. 이와 동시에 타인들의 마음을 어느 정도 읽어내어 그들의 생각과 느낌을 아는 불가사의한 능력을 지니게 된다. 물론 이 능력은 모든 것을 아는 전지全知의 상태는 아니다. 그것은 단지 한정적인 투시력이거나 감지력이 높아진 것이다.

우리는 늘 기적에 대해 궁금해했다. 그런데 지금 기적이 눈앞에 있다. 우리는 불가사의한 카르마의 전개와 습관의 현실화를 통해 마음의 놀라운 능력을 목격하게 된다. 마음이 부정적인 사고에 젖어 있다면 그 가득한 부정적 에너지가 불쾌하고 적의에 찬 광경들로 현실화된다. 마음이 긍정적인 사고에 익숙해 있다면 호의적이고 호감 가는 현상을 경험한다. 나아가 본존 요가수행에 익숙하다면 본존의 만달라가 나타나고, 우리는 그 신성한 공간에서 쉼으로써 깨달음을 얻을 수 있다. 공성과 신성한 시각에 대한 깊은 통찰을 지니고 있다면 우리는 마음의 불가사의한 힘을 통해서 당장 궁극의 깨달음을 얻을 수 있다.

길상한 인연 만들어내기

　화현의 바르도의 첫 번째 단계에서 자신을 여전히 이전의 그와 동일한 존재로 여긴다면 방금 떠나온 삶의 현상들이 매우 생생하게 일어날 수 있다. 이때 우리는 가족이나 친구들뿐만 아니라 스승들과 영적 단체의 일원이었던 모든 사람들을 만날 수 있고, 그들이 말하는 것을 들을 수 있다. 우리는 정신체를 입고 있기 때문에 그들에 대한 생각을 품는 순간 그들과 함께 있게 된다. 그러나 우리는 그들을 알아보고 그들의 생각과 감정을 어느 정도 알 수 있지만, 그들은 우리의 존재를 인식하지 못한다. 우리가 아무리 크게 불러도 그들은 반응하지 않는다. 우리는 직접 그들을 위로해주거나 그들에게서 위로받을 수가 없다.

　현생의 바르도에 남겨진 사람의 입장에서는 떠나간 사람의 의식이 사랑하는 사람들이 있는 친숙한 장소로 다시 올 가능성이 초기에는 얼마간 있다는 것을 이해하는 것이 중요하다. 그러므로 떠나간 사람의 의식을 도와 화현의 바르도를 쉽게 통과하게 해주려면 남겨진 사람들이 긍정적인 생각과 평안하고 차분한 분위기를 갖는 것이 중요하다. 만일 사랑했던 사람들이 감정이 혼란해져서 극심한 고통을 겪고 있다면 삶을 떠난 당사자도 그들의 아픔으로 인해서 더욱 괴로워질 것이다. 남겨진 사람들이 화를 내거나 사자의 죽음에 냉담하게 반응한다면 사자는 사랑과 지지를 못 받아 노여워하고 절망할 것이다.

또한 남겨진 사람들은 떠나간 사람이 남긴 재산과 소유물에 관련된 생각이나 대처에 신중해야 한다. 만일 그것을 함부로 다루면 우리가 자신이 가장 애지중지하는 물건을 누군가가 가져가서 망가뜨리는 것을 봤을 때 느끼는 것처럼 화현의 바르도에 있는 의식도 고통을 겪을 것이다. 그러므로 떠나간 사람도 남겨진 사람들의 행동을 보고 우리와 똑같이 반응할 수 있다는 점을 반드시 기억해야 한다. 우리는 누구나 미혹과 고통에 빠지기 쉽다.

화현의 바르도에서 마음이 발휘할 수 있는 힘 덕분에, 죽은 이와 가까운 사람들은 사자가 스트레스로 가득한 이 바르도를 겪는 동안에 그를 도와줄 수 있다. 평화롭고 선한 마음 상태를 유지함으로써 우리는 바르도를 겪는 의식도 똑같이 편안한 상태가 되도록 도와줄 수 있는 것이다. 참된 사랑과 자비심으로써 영혼을 대하면서, 오로지 사자의 행복과 해탈만을 비는 보리심을 품는다면 우리는 분명히 그를 돕고 있는 것이다. 이것이 우리가 할 수 있는 최고의 수행이다.

마찬가지로 우리는 친하지 않았거나 모르는 이들을 위해서도 도움을 줄 수 있다. 요즘은 전 세계의 언론매체를 통해서 전쟁, 기근, 질병, 자연재해, 끔찍한 사고 등으로 죽은 이들에 대한 뉴스를 들을 수 있다. 이러한 뉴스를 읽거나 텔레비전을 통해서 생생한 사건 현장을 보게 될 때 그들을 위해서 기도를 하거나 선한 생각을 일으킨다면 우리는 죽음을 경험하는 존재와 선한 인연을 맺고 있는 것이다. 이 같은 선한 인연을 바탕으로 우리는 죽음을 겪는 이들을 실제로 도울 수 있다. 우리가 그들을 깨달음에 이르도록 도울 수 있고, 그들도 우리가 깨달음에 이르도록 도울 수 있다. 이것을 자신에게도 이롭고 타인에게도 이로운 이중의 이로움(자리이타自利利他)이라고 부른다.

뉴스를 접할 때 단순히 분노하거나 슬퍼하거나 의기소침해하는 것보다는 이편이 낫다. 옳고 그름에 대한 신념에 사로잡혀서 분노하고 비난하는 것보다 이편이 훨씬 더 나은 행동이다. 부정적인 생각과 반응은 죽은 이에게 전혀 도움이 되지 않으며 우리 자신의 마음 상태를 위해서도 해롭다. 우리가 매 순간, 아니 49일 동안 완전히 순수한 생각만 유지할 수는 없더라도 적어도 처음 생각은 선한 것을 품을 수 있다. 친구든 낯선 이든 간에 그들의 안위를 위해서 진심으로 선한 염원과 기도를 해주면 그것은 즉석에서 이로움을 주고, 그것이 그들의 영적 여정뿐만 아니라 우리 자신의 여정에도 우리가 짐작하는 이상으로 길상하다는 사실을 알게 될 것이다.

전통적으로 티벳인들은 누군가가 죽었다는 소식을 들으면 축복이 내리고 깨달음의 마음과 연결되도록 즉시 만트라나 짧은 기도를 독송한다. 만트라는 그래서 마음을 보호하는 하나의 도구로 여겨진다. '옴 마니 팟메 훔', '까르마빠 첸노', '옴 아 훔 바즈라 구루 페마 싯디 훔' 등의 수많은 만트라들이 있다. 만트라를 독송한 후에 염원의 기도를 올리고 선한 생각을 일궈낸다. 마지막에는 선한 염원과 선한 생각의 공덕을 그 존재들의 궁극적 해탈을 위해 회향한다.

가족이나 친구 같은 사람들과 맺어진 깊은 인연은 우리가 그들을 위해서 행하는 수행에 더 큰 힘을 부여해준다고 한다. 누군가가 죽어가거나 의식이 떠나간 후에 바르도의 가르침을 읽어주는 것은 깊은 인연을 가진 사람을 도울 수 있는 최고의 방법 중 하나이다. 《티벳 사자의 서》를 읽어줄 수도 있고, 다양한 법맥의 구루들에 의해 전해진 파드마삼바바의 가르침들을 읽어줄 수도 있다.

물론 죽어가는 사람이 스스로 읽을 수도 있다. 그렇지만 해체의 과정 중에 있는 존재를 위해서 우리가 가르침을 읽어주는 것은 우리를 위해서도 중요하다. 초기에 마음의 본성을 알아차리는 데에 실패하더라도 가르침을 다시 들을 수 있기 때문에 행해야 할 것들을 상기할 수 있게 된다. 바르도를 겪는 존재가 바르도의 가르침에 이미 익숙하다면 그것은 더욱 효과적이다. 화현의 바르도의 잠재적 미혹을 지나는 동안 구루나 영적 도반에게서 다시금 바르도 가르침을 듣는다면 가르침을 다시 상기할 수 있고, 바로 그 순간 마음의 본성에 대한 경험과 깨달음을 얻으려는 동기를 일으킬 수 있을 것이다.

화현의 바르도의 단계들

일반적으로 이 바르도의 경험은 7주간인 49일 정도 지속된다고 말한다. 이 기간에 대해서는 다양한 설명들이 있다. 대부분의 설명은 이 바르도의 전반부는 현생의 현상과 습성에 더 관련되어 있고 후반부는 다음 생과 더 관련되어 있다고 한다. 그렇지만 어떤 시점에서 전환이 일어나서 우리의 경험은 환생하게 될 세계의 속성과 특징에 물들기 시작한다. 어떤 가르침에서는 3주일 후인 21일째에 이 전환점이 있다고 한다. 정확히 이것 아니면 저것이라는 식의 고정된 법칙은 없다. 이 시간은 각자의 카르마에 따라 달라진다.

여기에 설명하는 바르도의 경험은 긍정적인 카르마와 부정적인 카르마를 어느 정도 쌓은 평범한 존재를 기준으로 한 것이다. 하지만 바르도를 경험하지 않는 두 가지 예외적인 유형의 존재들이 있다. 최상의 깨달음을 이룬 수행자들은 죽음의 바르도 혹은 법성의 바르도에서 깨달음을 성취할 것이다. 그들에게 화현의 바르도는 존재하지 않는다. 그들은 즉시 법신과 보신의 불국佛國으로 해탈한다. 이와 반대로 극도의 부정적인 카르마를 쌓은 존재도 역시 이 바르도를 겪지 않는다. 그들의 부정적 카르마의 위력은 너무나 강력해서 그들을 즉각 또 다른 생으로 몰아간다. 그들은 꼬리를 물고 이어지는 부정성 속으로 곧장 끌려가서 계속 극심한 고통의 상태를 겪는다. 그러나 이 두 가지 경우는 흔치 않다. 대부분의 존재들은 틀림없이 화현의 바르도를 경험할 것이다.

여섯 존재계의 출현

화현의 바르도의 중간 지점 정도에서 윤회輪廻의 여섯 존재상태(육도 六道) 중 하나로의 재탄생이 가까워졌다는 신호로서 여섯 존재영역의 빛들을 목격하기 시작한다. 우리는 아직도 해탈하지 못했고, 이제까지 변덕스럽고 토대 없는 상태에서 오랜 시간으로 느껴지는 기간 동안 방황해왔기 때문에 또 다른 몸과 집을 찾을 기회를 만나면 반가워서 매혹을 느낀다. 습성의 힘인 '카르마의 바람'이 각자의 가장 지배적인 심리를 반영하는 환생 영역으로 우리를 밀어붙인다. 이 시점에서는 자신의 정신적 상태를 자각하고, 화현의 바르도에 가장 효과적인 수행법을 적용하는 것이 중요하다. 지금 나타나는 빛은 법성의 바르도에서 나타나는 지혜의 빛처럼 청정하지 않다. 이원적 마음의 습관이 다시 돌아와 있기 때문에 마음에서 방사되는 이 빛은 윤회계의 빛이다. 근본적으로 그 빛의 본질은 공성이고, 그 본성은 광명하다. 하지만 그 빛은 우리의 습관적 패턴이 만들어낸 카르마의 흔적과 색깔로 오염되어버렸다. 그렇다고 해도 우리의 수행력이 뛰어나다면 이 빛이 다섯 지혜의 빛으로 나타날 수도 있다.

대부분의 존재들에게 지금 나타나는 빛은 법성의 바르도의 생생한 빛에 비하면 매우 희미하다. 그것을 바라보면 다른 것보다 어느 하나에 더 자연스럽게 끌리는 느낌이 느껴질 것이다. 그러나 가르침은 자신이 특정한 빛에 이끌려가도록 놔두지 말아야 한다고 말한다. 흰빛은 천신계와 관련되고, 붉은빛은 아수라계와 관련되고, 파란빛은 인간계와 관련되고, 초록빛은 축생계와 관련되고, 노란빛은 아귀계와 관련되고, 안개 같은 거무스름한 빛은 지옥계와 관련되어 있다.

이 빛들과 더불어 재탄생할 존재계의 징조를 다양한 풍광의 형태로 보게 된다. 예를 들어 당신이 천신계의 흰빛을 따른다면 장엄한 궁전을 보게 될 것이다. 아수라계인 붉은빛을 따른다면 불로 된 바퀴를 보게 될 것이고, 전쟁터에 들어서는 자신을 느끼게 된다. 축생계인 초록빛은 빈 골짜기와 동굴과 오두막 등의 광경으로 당신을 이끌 것이다. 아귀계인 노란빛은 땔감더미와 밀림으로 이끌 것이다. 지옥계인 안개 같은 거무스름한 빛은 지하감옥과 구덩이와 금속성의 도시로 이끌 것이다. 이러한 광경들의 구체적인 내용은 매우 다양해서 이 같은 현상들은 역시 각자의 개인적인 경험의 문제가 될 것이다.

푸른빛에 이끌린다면 당신은 네 개의 대륙으로 이뤄진 인간계에 재탄생한다고 한다. 네 대륙 가운데 세 곳은 많은 '바람직한' 특징을 지니고 있다. 이곳의 거주자들은 풍요와 안락과 아름다운 환경과 장수를 누리지만 다르마를 수행할 수 있는 기회는 갖지 못한다. 단지 남쪽의 한 대륙에서만 다르마를 수행할 수 있는 기회가 주어진다. 만일 여러 쌍의 백조들이 헤엄치는 호수가 보인다면 당신은 동쪽 대륙에 태어난 것이다. 방목된 종마와 암말이 있는 산기슭의 호수가 보인다면 북쪽 대륙에 태어난 것이다. 근처에 방목된 황소와 암소가 있는 호수가 보인다면 서쪽 대륙에 태어난 것이다. 안갯속으로 들어가는 듯하거나 좋은 집들이 즐비한 도시를 본다면 남쪽 대륙에 태어난 것이다. 안개는 단지 인간으로의 재탄생을 의미한다고 한다. 그리고 좋은 집들이 즐비한 도시는 다르마를 수행할 기회가 제공되는 '소중한 인간생'을 의미한다고 한다. 그때 당신은 한 쌍의 남녀가 성관계를 맺는 것을 보게 될 것이다. 이 과정을 계속 따라가면 그 여성의 자궁으로 들어가게 되고, 그 남녀가 당신의 부모가 될 것이다.

화현: 여섯 존재계의 특징

대승과 금강승의 관점에 의하면 여섯 존재계란 곧 여섯 가지 심리적 상태를 말한다. 여섯 존재계는 우리가 실제로 걸어 다닐 수 있는 실질적인 물리공간이 아니다. 그곳은 뉴욕이나 시애틀이나 밴쿠버와 같지 않다. 우리가 존재계라고 할 때는 특정한 정신적 상태와, 그 상태에서 경험되는 다양한 감정들의 강도를 가리키는 것이다. 따라서 각각의 영역은 특정한 감정, 특정한 유형의 애착, 특정한 유형의 고통이 지배하는 심리유형을 상징한다. 이것은 그 영역의 기본적인 유전자, 곧 존재의 바탕으로 반영되어 나타난다.

우리가 이것을 다른 방식으로 관념화한다고 하더라도 이 여섯 가지의 존재계는 외부의 어떤 존재에 의해서 창조된 것이 아니다. 우리 자신이 이 상태의 창조자일 뿐 아니라 경험자이다. 불교적 관점에서 보면 이것은 개인과 집단의 카르마가 창조해낸 것이다. 그것은 특정 존재계의 경험으로 나타난 마음의 투사물이다. 우리가 지금 현재 머물고 있는 존재계 역시 마음의 투사물이라는 사실을 깨닫는 것이 중요하다. 이것은 다른 다섯 존재계와 마찬가지로 실재가 아니고 실체가 없다. 이곳의 모든 것은 유동적이며 현상-공에 다름 아니다. 우리는 이 인간의 존재계를 투사해낼 수 있는 것과 마찬가지로 다른 존재계들도 투사해낼 수 있다. 게다가 우리는 지금 인간계에 있을지라도 그 안에서 여섯 존재계의 모든 경험을 육체적, 감정적, 정신적으로 겪는다. 현생에서 지옥계의 경험으로 악전고투할 수도 있을 뿐 아니라, 환희로운 천신계의 경험을 하는 것도 가능하다.

대승과 금강승의 관점에서 보면 여섯 존재계, 그리고 각 영역에 관련된 모든 고통과 그 원인은 단지 우리의 마음속에만 존재한다. 인도의 대각자인 산티데바는 붓다의 다음 말이 바로 이것을 가르치고 있다고 말한다. "삼계三界에 마음보다 위험한 것은 없다." 그러니까, 부정적인 상태든 긍정적인 상태든 그것을 지어내는 위력에서는 마음보다 더 강력한 것은 없다는 말이다.

전통적으로 여섯 존재계는 상위의 세 영역과 하위의 세 영역으로 분류된다. 상위의 영역은 천신계와 아수라계와 인간계다. 하위의 영역은 축생계와 아귀계와 지옥계다. 상위의 존재계에 태어나는 것은 선한 카르마를 쌓은 결과라고 말하고, 하위의 존재계에 태어나는 것은 덜 선하거나 부정적인 성향의 결과라고 말한다. 그러므로 상위의 존재계는 고통이 덜하고 마음의 본성을 가리는 무명의 상태가 덜해서 더 큰 자유를 즐길 수 있다. 하위의 존재계는 아래로 갈수록 더 큰 고통을 겪고, 깊은 정신적 무명 상태에 머물게 된다. 하지만 여섯 존재계는 모두가 윤회계 안에 있기 때문에 모두 다소간의 미혹과 고통의 요소를 품고 있다.

가르침은 우리가 어느 빛과 인연을 맺느냐에 따라서 특정한 존재계의 경험을 향해 움직여간다고 말한다. 여행의 이 시점에서 우리는 화현의 과정, 곧 특정 존재계의 경험 속으로 탄생하는 과정에 있다.

천신계

흰빛을 따라가서 천신계에 태어나면 우리는 지속적인 물질적, 정신적 환희를 제공하는 것처럼 보이는 상태를 즐기게 될 것이다. 천신계에서 우리는 헤아릴 수 없는 재물뿐만 아니라 완벽한 선정의 기쁨 속에서 크나큰 정신적 풍요를 누린다. 게다가 이 존재계의 생애는 우리의 기준으로 보면 엄청나게 길다. 천신의 하루는 인간계의 100년과 맞먹는다고 한다. 그러니 천신은 불멸의 존재처럼 보인다.

그러나 온갖 환희로 가득하고 외견상 고통이 없어 보임에도 불구하고 천신계 또한 윤회계의 한 부분일 뿐이다. 천신들은 존재의 가장 높은 절정에 이르렀다고 생각하기 때문에 일어나는 자만심이라는 번뇌에 지배받는다. 자신이 성취한 것을 넘어서는 것은 없으리라고 느낀다. 하지만 그처럼 세속적인 자만심에 우쭐해지면 마음가짐의 결함이 발생한다. 더 이상 배워야 할 것도 없고, 이뤄야 할 것도 없다고 생각하기 때문에 자만심이 자신의 길을 스스로 파괴한다. 이렇게 되면 영적 여행도 끝장나고, 세속적 지혜의 발전도 끝난다.

게다가 천신계에서는 카르마에 대한 믿음도 잃어버린다. 이 특별한 삶을 선사해준 선한 카르마도 조만간에 다 고갈되어버리기 때문이다. 결국 우리는 자신이 궁극적인 해탈의 상태에 도달하지 못했다는 사실을 깨닫게 된다. 천신 역시 윤회계 안에 있는 것이다. 우리는 천신계 자체가 영속적이지 않아서 그 환희로운 상태에 영원히 머물 수는 없다는 것을 알게 된다. 그리하여 마침내는 자신이 윤회하는 중생의 고통을 더 겪어야만 한다는 사실을 깨닫게 된다.

천신계의 존재들은 인간의 시간개념으로는 7백 년인 일주일 전에 미리 자신의 죽음을 예지할 수 있다고 한다. 이러한 깨달음은 끔찍한 고통의 경험을 불러온다. 천신이 죽을 때 느끼는 고통은 천상에서 지옥으로 곧장 떨어지는 것과 같이 지극히 처절하다고 한다. 나아가 천신의 임박한 죽음은 다른 천신들에게도 예지되기 때문에 다른 천신들은 그를 멀리한다. 그리하여 그 천신은 일주일 동안 완전히 소외된다.

환희에서 고통으로 바뀌는 갑작스러운 변동은 황홀경으로부터 극심한 우울에 빠지는 마음 상태인 극단적인 조울증과도 유사하다. 이 같은 상황에서 천신계의 마음이 추락하기 시작하면 우리는 자신이 성취한 모든 것과 기쁨을 가져다준 모든 것에 대한 신뢰를 잃어버린다. 우리는 모든 것에 대한 신뢰, 심지어 자기 자신에 대한 신뢰마저 잃어버린다. 그러므로 천신계에는 해탈을 향한 참된 길이 없다.

아수라계

어슴푸레한 붉은빛에 이끌려 그것을 따라가면 우리는 '반신半神', 즉 아수라의 세계에 태어나게 된다. 전통 불교문학에 따르면 아수라계는 천신계의 바로 아랫부분에 위치한다. 아수라계는 많은 긍정적인 장점을 지닌 상위의 존재계이지만 풍요와 환희와 능력에 있어서는 천신계에 못 미친다. 아수라계의 지배적인 감정은 시기심과 밀접하게 연결되는 질투로서, 과대망상과 경쟁심을 보인다. 질투심 자체는 비교적 무해해 보일 수도 있지만 사실 그 본성은 파괴적이다.

전통적으로 아수라계의 고통은 아수라들이 그들 세계의 중심에 심어놓은 소원을 이뤄주는 나무인 아름다운 여의수如意樹의 형상을 통해 상징된다. 아수라들은 여의수를 기르고 정성껏 가꾸는 일에 열중한다. 여의수는 크게 자라서 가장 높은 가지가 천신계에까지 이른다. 그 결과 아수라들은 밑에서 열심히 일하여 여의수를 보살피는 반면에, 천신계의 천신들은 그저 그 탐스러운 과일을 따먹기만 하며 즐긴다. 그래서 아수라들은 천신들을 향해 여의수의 소유권과, 따라서 모든 과일의 소유권을 주장하면서 끊임없는 전쟁을 일으킨다. 이 싸움은 끝나지 않으며, 언제나 아수라들에게 막대한 피해를 가져다준다. 그럼에도 아수라들은 천신들의 월등한 풍요와 행복에 대한 질투와 시기를 멈추는 법이 없다.

이 우화에서 우리가 배울 점은, 우리가 어떤 일에서든 처음 씨를 뿌려 일할 때는 장차 결실을 얻어 기쁨과 번영을 누리기 위해서 많은 노력과 노동을 쏟아 붓지만, 아수라계의 심리상태에 사로잡히면 우리는 그 노동의 열매를 다른 이들이 즐기는 것을 참지 못하기 때문에 자신의 피해까지 무릅쓰고 일을 완전히 망쳐놓기를 불사한다는 것이다. 타인의 즐거움과 여유와 행복에 질투가 나는 것이다. 이 같은 질투심에 오염되면 우리는 상대방을 파멸시키기를 불사하게 되고, 그리하여 뭔가 이로운 것을 만들어내려는 모든 노력은 헛수고가 될 것이다. 일을 진척시키려고 아무리 애써도 긍정적인 결과를 기대할 수가 없다. 질투라는 감정에 휩싸이면 결실을 얻지 못한다.

게다가 질투심은 지독한 편집증을 동반한다. 모든 사람을 경쟁자와 적수로 인식하게 되는 것이다. 우리는 매사에 상대를 물리치려고 애쓴다. 예를 들어 누군가가 남에게 베푸는 것을 보면 우리는 그보다 더 많이 베풀어야만 한다. 우리는 상대의 재산뿐만 아니라 공덕까지도 시기한다. 이 같은 태도는 참된 이타심과 자비심에서 비롯된 것이 아니라 경쟁자보다 앞서고 싶어하는 욕심에서 나온 것이다. 질투심은 깨어서 알아차리는 마음을 실종되게 만드는 감정들 중의 하나이다. 질투심이 거칠어지도록 내버려두면 우리의 세계는 혼란의 도가니가 된다. 공격적으로 나오다가 끝내는 분노와 증오와 반감으로 감정이 확산될 수도 있다. 부정적인 감정은 이런 식으로 우리를 지옥계로 데려가서 재탄생시킬 수도 있다.

인간계

어슴푸레한 파란빛을 따라가면 욕망과 열정이라는 번뇌의 감정이 지배하는 인간계로 태어나게 된다. 인간계에서의 경험은 궁핍한 느낌의 심리가 그 특징이다. 어떠한 환경에 있더라도 우리는 저변에서 늘 불만족감을 느낀다. 우리는 부유하고 선량한 가족, 번듯한 직업, 건강한 몸과 마음을 지니고 쾌적한 환경에서 살게 될 수도 있다. 그럼에도 우리는 여전히 삶에서 뭔가가 부족하다고 느낀다. 끝없는 욕구에서 오는 불만과 불안을 느낀다. 우리의 욕망은 구멍 난 주전자와도 같다. 구멍 난 주전자에는 물을 아무리 부어도 가득 차지 않고 언제나 물이 샌다.

인간계의 욕망은 거친 단계인 집착으로 발전하는 미세한 갈망에서부터 비롯한다. 이 집착은 항상 쉽게 알아차려지지는 않는다. 예컨대 당신은 자신이 재물에 집착하지 않는다고 생각할 수도 있다. 당신이 가난해서 소유물이 별로 없다면 이렇게 말할 수도 있다. "봤지? 난 물질적인 욕망이 없어." 그리고 만일 당신이 부자여서 재물이 많다면 소유물에 대한 잠재적인 집착은 자각하지 못하기가 십상이다.

인간계에서 우리가 경험하는 가장 보편적이고 끈질긴 형태의 고통은 집착으로부터 오는 결과다. 우리는 대개 가장 극심한 고통은 분노와 증오와 같은 감정의 결과라고 생각하기 때문에 집착의 결과는 잘 인식하지 못한다. 하지만 인간계의 고통의 전체범위를 둘러보면 집착에서 비롯된 고통이 다른 원천에서 비롯된 고통보다 더 많다는 것을 알 수 있을 것이다. 왜냐하면 욕망은 음식, 재물, 옷, 집, 좋아하는 친구들, 반려자 등 어떤 대상에 대해서도 일어날 수 있기 때문이다. 그것이 우리의 순간순간의 존재의 속알맹이처럼 느껴진다. 물론 분노는 파괴적이고 위험하지만 욕망보다는 드물게 일어난다.

우리가 인간계에서 아름다운 광경, 듣기 좋은 소리, 향긋한 냄새, 감미로운 맛, 산뜻한 촉감 등을 접할 때, 그것은 중립적인 경험이 아니다. 그것은 마음의 습관적인 갈망과 집착을 부추긴다. 이런 대상들을 다섯 감각의식(五識)의 다섯 대상, 곧 '다섯 가지 욕망(五境)'이라 부른다. 욕망의 대상을 소유하더라도 우리의 즐거움은 일시적일 뿐이다. 결국 대상의 아름다움이 바래서 매력이 줄어든다. 혹은 대상의 실상이 드러나거나, 아니면 대상을 잃거나 도둑맞거나, 아니면 자연스럽게 망가진다. 심지어 그것은 반대로 혐오의 대상으로 돌변하기도 한다. 그러니 만족이란 언제나 덧없이 지나가는 것이다.

인도의 성자인 산티데바는 삼사라에서 즐기는 쾌락은 마치 면도날에 묻은 꿀을 핥는 것과 같다고 말한다. 꿀을 핥을 때, 그것은 매우 달콤하고 형언할 수 없이 감미롭다. 하지만 우리는 바로 그 밑에 날카로운 면도날이 있다는 사실을 잊어버린다.

축생계

어슴푸레한 초록빛을 따라가면 우리는 하위 존재계의 첫 번째인 축생계에 태어나게 된다. 축생계는 아둔한 성질을 지닌 무지라는 정신상태의 지배를 받는다. 무지는 탐욕과 분노와 더불어 세 가지 근본 오염(삼독三毒)중의 하나로 간주된다. 그렇지만 무지는 일반적인 의미의 '감정'이 아니다. 무지는 자각상태나 지성과 반대여서 파괴적인, 병든 마음 상태이다.

축생계에 태어나면 보호받지 못한 채 방황한다. 늘 생존의 위협 속에 있어서 어딜 가나 두려움이 가득하다. 축생계의 정신 상태는 사물을 명료하게 보지 못하여 곤경을 제대로 이해하지 못한다. 마음 본연의 명료함은 혼란스러움에 뒤덮인다. 그리하여 우리는 무겁고 어둡고 우둔한 정신 상태에 시달린다.

그렇다고 해서 축생이 인식력과 이해력이 전혀 없다는 것은 아니고, 앎의 중요성을 지각하지 못한다는 것이다. 축생은 자아의식이나 자기반성의 능력이 없다. 축생은 습성을 바꿔주고 의식이 깨어 있게 해줄 예리한 마음, 곧 반야가 없다. 예컨대 축생은 자신을 돌보고 새끼 기르는 법은 알고 있지만 부정적인 카르마를 영속시키고 마음 본연의 명료함을 흐리게 하는 살생과 싸움 같은 부정적 행위를 피하는 법을 알지 못한다.

마음을 살펴보면 지적 능력에는 두 가지 측면이 있다는 것을 알 수 있다. 그중 하나는 예컨대 두 발로 균형을 유지하게 하고, 문의 크기를 가늠하여 몸이 부딪히지 않고 지나갈 수 있는지를 판단하게 하는 본능적 지혜, 혹은 자연적 이해력이다. 두 번째 것은 참된 지혜로 이끌어주는 지적인 앎이다. 이런 종류의 지식을 얻는 것은 공덕을 어느 정도 쌓아놓고, 또한 그것을 위해 기꺼이 계속 노력하여 나아가고 있을 때만 가능하다. 아무런 원인도 없이 처음부터 학자나 성인으로 태어날 수는 없다. 공부하고 노력해야만 한다. 천재들조차도 책을 한 번만이라도 읽어야 한다.

이 두 번째 종류의 지적 능력이 없으면 우리는 스스로 무엇을 하는지도 모르는 사이에 자신을 암흑과 두려움으로 몰아가는 행동패턴을 자꾸만 되풀이하게 만드는 파괴적 정신 상태인 우둔함에 지배받게 된다. 물론 무지라는 정신 상태는 단지 축생이나 축생계에만 한정된 것은 아니다. 인간계에서도 동일한 성질의 우둔함을 경험할 수 있다.

아귀계

어슴푸레한 노란빛을 따라가면 우리는 혼란스러운 탐욕의 감정이 지배하는, 굶주린 혼령인 아귀들의 세계에 태어난다. 여기서 탐욕은 인색함으로 표현되는 전반적 욕망의 한 측면이다. 이들은 소유물과 모든 종류의 자원뿐만 아니라 심리적 상태에까지 집착한다. 아귀의 심리는 만족을 모르는 식욕을 지녔지만 어떤 음식도 먹을 수 없고, 어떤 경험도 즐길 수 없어서 고통을 겪는다. 그래서 이 같은 존재는 고문받는 혼령으로 묘사된다.

전통적으로 불교에서는 아귀를 조그만 입과 바늘같이 가는 목과 거대한 배를 가진 굶주린 혼령으로 묘사한다. 아귀는 끊임없이 허기를 느껴서 닥치는 대로 먹고 마시고 싶은 욕망으로 가득하지만 그의 조그만 입과 바싹 여윈 목 줄기로 섭취할 수 있는 것은 거의 없다.

아귀의 세계에서는 음식과 재물과 행복을 아무리 많이 가지고 있어도 그것으로는 충분하지 않다. 우리는 내면에서 불완전성과 공허를 느끼기 때문에 뭔가 다른 것을 찾아 거머쥐어야만 한다. 가지고 있는 것은 놓지 못한다. 물질적인 것이든 비물질적인 것이든 그 무엇도 남에게 주기는커녕 공유하지도 못한다. 내적으로 빈곤하기 때문에 돈도 행복도 줄 수 없다. 가진 것 외에도 그저 더 많은 것을 소유해야 한다.

이것은 극단적으로 궁핍한 심리의 경험이다. 이 같은 심리상태로부터 우리는 주변에 보이는 모든 대상을 가지려 드는 지경에 이르기까지 집착의 습성을 키워간다. 그리하여 결국은 좋고 가치 있다고 여겨지는 것뿐만 아니라 '내 것'으로 인식되는 모든 것, 예컨대 나의 분노와 나의 질투심과 나의 모든 부정적인 습성에까지도 집착하여 애지중지한다. 그러므로 탐욕과 과도한 집착의 습성을 키우는 것은 고통스러운 아귀계에 재탄생하도록 이끌 수 있다.

지옥계

안개같이 거무스름한 빛을 따라가면 혼란스러운 분노의 감정이 지배하는 지옥계에 태어날 것이다. 다른 모든 병적인 감정들과 마찬가지로 분노는 에고가 근본적으로 지닌 두려움 ― 자신의 존재에 대한 불안감 ― 으로부터 일어난다. 이 두려움으로부터 증오의 습관이 자라난다. 지옥계에서는 공격성이, 진짜이든 착각이든 간에 인식되는 모든 위협에 대해 자신을 지켜주는 도구가 된다. 우리의 관계에는 갈등과 불화가 끊이지 않아서 그것이 굳어지면 광포한 마음이 된다. 우리의 온 존재가 분노에 의해 삼켜진다. 그로부터 언어의 폭력과 육체적 폭력이 일어나고, 몸과 말과 마음은 증오에 완전히 휘말린다. 이 상황에서는 마음에 다른 인식이 들어설 수 있는 공간이 남아 있지 않다.

완전한 증오의 상태가 지옥의 정의이다. 불교 문헌에서는 이 존재계를 불에 타고 물에 끓여지거나 극한의 추위 속에 내던져지는 끝없는 고통의 상태로 묘사한다. 이러한 묘사는 문자 그대로 받아들여지진 않지만 '지옥의 존재들'이 견뎌내야 하는 심리적 타격을 사실적으로 전해주고 있다. 산티데바는 분노라는 독에 오염된 마음은 영원히 불탄다고 말한다. 분노한 마음은 미움을 펄펄 끓게 하기 때문에 밤에도 잠을 잘 수 없고, 낮에도 일할 수 없고, 명상을 할 수도 없게 만든다.

화를 내는 것에 습관화되면 우리는 어디를 가든지 적을 발견할 것이다. 산티데바는 분노의 대상인 외부의 적을 괴멸하려고 애쓰는 대신에 진짜 적인 분노 자체를 정복하라고 충고한다. 여기에 실패하면 아무리 선한 카르마를 쌓아놓았더라도 하루아침에 흩어져버릴 수 있다. 예를 들어 우리가 수년 동안 자선사업을 해왔다고 가정해보자. 관련된 모든 계획과 자료들을 컴퓨터에 차곡차곡 보관해왔지만 어느 날 바이러스가 침입해서 한 순간에 하드디스크가 깨끗이 지워져버렸다면 심정이 어떨까? 이와 마찬가지로 한 순간의 분노가 수 겁 동안 쌓아올린 선한 카르마를 파괴해버릴 수 있다는 것이다. 그러니 분노의 마음은 다른 존재들에게도 물론 해악을 주지만, 자기 자신에게 가장 파괴적인 해악을 가져온다.

이것이 우리가 환생할 수 있는 여섯 가지의 심리적 영역이다. 이중에서 인간계가 다르마를 수행하기에 가장 좋다고 한다. 그러니 만일 윤회계로 환생해야만 한다면 인간계로 태어나도록 모든 노력을 집중해야 한다.

화현의 바르도를 위한 수행

환생이 가까워지면 탐욕과 질투심 같은 강렬한 감정을 경험하게 된다고 한다. 이것은 성관계를 하고 있는 남녀를 목격하는 경험과 동시에 일어난다. 이런 현상이 보일 때, 우리는 자신의 부모가 될 수 있는 남녀와 자신이 환생하게 될지도 모를 장소를 보고 있는 것이다. 카르마가 그 방향으로 우리를 몰아가면 우리는 맹목적으로 그 길을 따라간다. 그러면 그 남녀, 혹은 암수가 머무는 윤회계의 존재영역이 바로 우리가 환생할 세계가 된다. 이것은 길상한 상황이 될 수도 있고, 길상하지 않은 상황이 될 수도 있다. 우리는 참된 영적 수행을 하는 사랑하는 남녀를 보게 될 수도 있고, 두 마리의 개가 교미하는 것을 목격하게 될 수도 있다. 욕망에 눈이 멀어 있다면 우리는 두 상황의 차이를 제대로 식별하지도 못할 것이다. 만일 우리가 남성으로 태어난다면 어머니에 대해서는 강렬한 욕정을 느끼고 아버지에게는 질투를 느낀다고 한다. 여성으로 태어난다면 이와 반대가 된다. 어떤 경우든 탐욕과 질투심이 함께 일어난다.

이때 일어나는 일은 삼독의 에너지가 강화되는 것이다. 탐욕과 분노가 증폭되면 무지 속으로 계속 떨어져서 자신이 누구인지, 어디에 있는지조차 인식하지 못하는 지경이 된다. 그러나 이때도 우리는 훈련해온 다양한 수행법을 통해 재탄생의 힘을 멈추게 할 수 있다. 금강승의 생기차제와 원만차제 수행을 통해 윤회계의 경험을 신성한 세계의 경험으로 바뀌게 할 수 있으며, 아니면 소승의 수행법인 출리심出離心에 의지할 수도 있다. 또 마하무드라와 족첸의 위빠사나의 방편을 적용할 수도 있다. 아니면 최소한 그 과정의 속도를 지연시켜서 태어날 장소와 부모의 성품을 살피고 그 생에 다르마를 수행할 수 있을지를 따져볼 정도의 깨어 있는 의식을 지닐 수 있다. 이 가르침을 따라 거듭거듭 훈련을 쌓으면 화현의 바르도의 이 결정적인 순간에 윤회에서 놓여나는 길로 자연스럽게 나아가게 될 것이다.

생기차제의 수행

금강승에서 마음을 정화하여 깨달음의 덕목을 일궈내는 가장 효과적인 방법은 능력 있는 스승으로부터 힘을 부여받는 의식인 관정灌頂 (abhisheka)이다. 관정 의식에는 네 가지 단계가 있으며 각 단계마다 관점과 수행법의 수준이 다르다. 네 가지 단계는 각각 보병寶甁 관정, 비밀 관정, 지혜 관정, 문자文字 관정으로 알려져 있다. 여기서 보병 관정은 현상-공의 관점과 관련되며, 생성 단계인 생기차제 수행이다. 두 번째에서 네 번째 관정까지는 완성 단계인 원만차제 수행과 관련되어 있다. 비밀 관정은 명료성-공의 관점과 나로빠 육법과 관련되어 있다. 지혜 관정은 환희-공과 내부열內部熱(chandali) 수행과 카르마무드라karma-mudra 수행과 관련되어 있다. 관정(abhisheka)이란 말은 자각의식-공의 관점과 마하무드라와 족첸의 가르침에 의한 마음의 궁극적 본성에 관한 수행과 관련되어 있다. 전통적으로 이 네 가지 관정은 순차적으로 주어진다. 이렇게 힘을 전수받아 수행하면 생기차제와 원만차제가 통합된다.

금강승의 생기차제 수행은 화현의 바르도의 경험을 변화시키기 위해 가르쳐지는 주된 방법이다. 생기차제 수행은 미래의 부모와 환생할 장소의 현상이 보이기 시작하는 단계에서 특히 중요하다. 교합한 남녀를 목격할 때 일어나는 욕정과 질투의 감정은 두 가지의 가능성을 제공하는데, 그 강렬한 에너지가 자각의식을 압도해버리거나, 아니면 자각의식을 더욱 각성시켜준다. 자각의식이 압도되어 일어나는 상황을 파악하지 못하면 여성의 자궁 속으로 들어가서 윤회계의 여행을 계속하게 된다. 반대로 깨어서 그 순간을 알아차리면 결과를 바꿔놓을 수 있게 된다.

탄생으로 치닫는 힘을 제지하는 두 가지 방법이 있다. 첫 번째는 자궁으로 들어가려는 존재 자체를 막는 방법이며 '존재 자체를 막기'라고 부르고, 두 번째는 '자궁 입구 막기'라고 부른다. 이 두 방법이 모두 신성한 시각을 열어 부정한 현상의 인식을 청정한 현상의 인식으로 변화시킴으로써 성취된다. 첫 번째 방법은 성교행위를 목격하거나 욕망을 느낄 때마다 금강의 자부심을 취하고, 자신을 존격의 형상으로 심상화하는 것이다. 두 번째 방법은 성교 중인 남녀를 존격의 화신으로 심상화하거나 혹은 자신의 구루로 번갈아가면서 심상화하는 것이다. 그러면 두 가지 경우 모두 거친 감정이 즉시 깨달음의 지혜로 변화된다. 이 두 가지 방법 중 하나를 통해서 이것을 이루면 우리는 세 번째 관정의 수행과 관점, 곧 환희-공의 불가분성을 깨닫는 것이다. 아니면 최소한 집착과 고착에서 비롯된 미혹되게 하는 현상들이 해체되면서 정신이 돌아와서 길상한 환생을 선택할 수는 있게 될 것이다.

요점은, 마음의 참된 본성과 현상의 공하고 광명한 본성과 연결되기만 하면 윤회계로 다시 환생하는 것이 멈춘다는 것이다. 하지만 그전에 이 현생의 바르도에서 이런 수행법들에 숙달되어 있어야만 한다. 현생에서 참된 경험을 쌓아놓으면 결정적인 순간에 처했을 때 신성한 시각에 눈을 뜰 수 있게 되는 것이다.

욕망 바꿔놓기

본존 심상화　생기차제의 훈련은 자신을 완전한 깨달음의 존재인 존격으로 선명하게 심상화하는 것으로 시작한다. 우리는 자신을 깨달음의 형상으로 심상화하고, 다른 존재들과 주변세계를 청정한 지각으로써 바라보도록 길들인다. 어느 정도 훈련이 되면 심상화는 더욱 선명해져서 마치 수면에 달이 비친 것과 같이 상이 더욱 정확하고 생생하고 투명해질 것이다. 이처럼 진정으로 신성한 시각을 가질 수 있게 되면 우리는 화현의 바르도의 강력한 미혹의 힘에 대비한 완전한 해결책을 갖춘 것이다. 우리는 명상시간과 명상 이후의 시간에도 이 같은 수행을 해야 한다. 전반적으로, 가르침은 에고에 대한 집착을 알아차릴 때마다 즉각 존격을 상기하여 자신을 그 형상으로 심상화해야 한다고 말한다. 그리고 강렬한 감정이 일어날 때마다 그 에너지의 섬광을 존격으로 바꿔놓아야 한다.

명상수행 시간에는 먼저 올바른 자세를 취하고, 마음을 안정시킨다. 그런 다음에는 깨어서 지켜보는 의식으로써 감정의 일어남을 관찰하고, 감정이 일어나면 즉각 자신을 본존으로 심상화한다. 이 수행을 무수히 반복하여 익숙해지면 일상 속에서 감정이 일어날 때마다 자연스럽게 자신을 존격으로 심상화할 수 있게 된다. 이와 더불어, 감정의 대상 또한 존격의 형상으로 심상화하는 것이 중요하다.

존격은 남성적 측면과 여성적 측면의 원리를 모두 지니고 있는데, 이 둘의 합일은 형상과 공성의 불가분성을 나타낸다. 남성적 원리는 이 합일의 형상적 측면, 그리고 자비, 혹은 능한 방편의 표현에 상응한다. 여성적 원리는 이 합일의 공한 측면, 그리고 반야지에 상응한다. 따라서 존격은 남성적 측면과 여성적 측면 모두를 심상화할 수 있다. 그렇지만 궁극적인 차원에서는 이 두 가지가 분리되지 않는다. 공성과 자비는 언제나 합일의 상태에 있다. 하지만 관념 속에서는 그것을 둘로 인격화하여 불청정한 이원적 현상을 정화하고 변화시키는 하나의 능한 방편으로 이용할 수 있다.

이 같은 이해를 가지고 감정의 대상을 존격의 상대역, 곧 영적 배우자의 형태로 심상화하는 수행을 하라. 예를 들어, 우리 자신을 자비의 화현인 바즈라사트바(금강살타)로 심상화한다면 감정의 대상은 공성과 초월적 지혜의 화현인 바즈라토빠Vajratopa로 심상화하라. 이렇게 하면 둘 사이에서 일어나 작용하는 감정 혹은 에너지는 자동적으로 존격의 마음의 작용, 곧 청정한 자각의식의 움직임이 된다. 자신을 존격으로, 대상도 존격으로, 감정을 존격의 작용으로 인식하는 삼위일체 상태에 머무는 결과로서 깨달음의 상태가 태어나는 것이다.

수행 중에 다른 존재에 대한 정욕을 느낀다면 같은 방법으로 자신을 존격으로 심상화하고 정욕의 대상을 존격의 영적 배우자로 심상화하라. 그리고 정욕 자체는 깨달은 마음의 본질적 에너지의 한 측면으로서 심상화하라. 그러면 당신의 정욕은 마음을 흐려서 습관적 성향을 강화시키는 대신 당신을 일깨워줄 것이다. 이것을 열심히 수행하면 욕망이 일어나는 순간 동시에 존격의 심상화도 일어날 것이다. 그리하여 당신은 욕망이 일어나자마자 바로 그 자리에서 존격이 된다. 욕망을 멈추려 하거나 버릴 필요도 없는 것이다.

이 수행에 번뇌의 감정의 모든 측면들을 포함시키는 것이 중요하다.

정욕뿐만 아니라 공격성과 자만심과 질투와 탐욕과 무지 등 윤회계의 여섯 존재계의 감정적, 정신적 상태 모두를 변화시켜야만 한다. 우리가 분노를 경험할 때 그 분노의 대상은 존격이 된다. 질투를 경험할 때 그 질투의 대상도 존격이 된다. 감정이 일어날 때마다, 그 대상은 존격이 된다. 그리하여 세상은 존격으로 가득 차고, 번뇌의 모든 대상들이 신성한 대상이 된다. 따라서 이 세계는 신성한 세계가 된다.

화현의 바르도의 마지막 단계에서 막 환생하려고 할 때 이 수행법을 적용할 수 있다. 교합한 남녀가 보일 때 우리는 자신을 존격의 형상으로 심상화할 수 있고, 자신의 정욕과 질투의 대상을 존격으로 심상화할 수 있다. 그 순간에 깨어나고자 하는 강한 열망으로써 완전히 신성한 세계를 즉석에서 만들어내라. 자신도 존격이요, 대상도 존격이요, 당신의 감정도 존격의 작용이다. 이 수행법의 힘을 통해서 우리는 자신의 마음의 본성이 세 번째 관정의 관점과 수행의 본질인 환희-공의 합일임을 자연스럽게 깨달을 것이다.

이리하여 당신은 궁극의 해탈을 얻고, 화현의 바르도는 ─ 그리고 윤회하는 존재도 ─ 종식된다. 바로 이 순간에 탄생을 택한다면 그것은 성스러운 탄생이 된다. 마음의 본성을 온전히 알아차리지 못하더라도 부정한 탄생의 가능성은 차단될 것이다. 당신은 신성한 시각을 지니고 있기 때문에 청정한 세계에 태어날 것이고, 아니더라도 최소한 호의적인 탄생을 맞이할 것이다. 신성한 시각을 지니고 있으면 당신이 어떤 세계에 가든지 그 세계는 곧 신성한 세계가 된다.

구루 심상화   부정한 탄생을 막아내는 심상화의 또 다른 방법은 평범한 지각을 청정한 지각으로 변화시키는 것이다. 이 경우에 주목의 대상인 교합한 남녀를 자신의 직계 스승의 화현으로 심상화한다. 스승을 단독으로, 아니면 영적 배우자와 함께 심상화할 수도 있다. 구루 파드마삼바바와 영적 배우자인 예세 초갤로 번갈아 심상화할 수도 있다. 이때 순수한 헌신의 마음을 일으키고, 환희와 공성이 분리되지 않는 스승의 궁극적 본성 안에서 마음을 오롯이 쉬게 하라. 당신이 이제까지 헌신의 태도를 수행해왔다면 이 시점에서 스승과 법맥에 대한 가슴 깊은 연결감이 마음의 참된 본성의 경험을 일깨워줄 수 있다.

원만차제의 수행

원만차제의 수행을 통해서 우리는 크나큰 환희의 경험을 맛보고, 영적 길의 진정한 본성과 목표에 대한 깊은 이해에 도달하게 된다. 까규의 법맥에서는 완성단계인 원만차제는 나로빠 육법으로 이루어져 있다. 이 수행법에는 네 가지의 본 다르마와 두 가지의 예비 다르마, 곧 지류에 속한 다르마가 있다. 네 가지 본 다르마는 삶의 '네 가지 상태'에 대한 대응법으로 쓰인다. 우리가 생각할 수 있는 행동의 모든 유형들이 이 네 가지 상태에 포함된다. 깨어 있는 상태, 깊은 잠의 상태, 꿈의 상태, 성적 교합 상태가 그것이다. 지류에 속한 두 가지 다르마는 바르도의 경험과 의식의 전이에 관한 것이다.

이러한 네 가지 상태의 경험은 대개 강력한 미혹에 매여 있는데, 나로빠 육법과 같은 요가 수행을 통해서 그 미혹이 제거된다. 네 가지 본

다르마 중 세 가지는 앞에서 이미 논했다. 환영의 몸은 깨어 있는 상태의 미혹에 대한 대응법이고, 꿈의 요가는 꿈의 상태의 미혹에 대한 대응법이고, 광명의 요가는 깊은 잠의 상태의 미혹에 대한 대응법이다.[34] 그리고 네 번째의 본 다르마는 성적 교합의 미혹에 대한 대응법인 카르마무드라karmamudra와 내부열(chadali)의 수행을 포함한다. 두 가지 모두 환희-공성을 직접 깨닫게 하는 방법이다. 카르마무드라 수행에서는 실제로 배우자와 교합하여 수행함으로써 이것을 성취한다. 내부열 수행, 곧 찬달리 수행에서는 실제 배우자 대신에 숙련된 심상화 방법을 통해서 동일한 깨달음을 성취할 수 있다.

　우리는 본존 요가와 더불어 이 같은 원만차제의 수행을 통해 화현의 바르도의 경험을 변화시켜 부정한 탄생의 입구를 차단하는 훈련을 할수 있다. 예컨대 우리는 환영의 몸 수행을 통해 모든 현상의 환영과 같은 본질을 상기할 수 있다. 이 경우 우리는 눈앞에 있는 두려운 대상이나 은신처처럼 보이는 자궁이 다름 아닌 현상-공임을 깨닫겠노라는 강력한 염원을 일으킨다. 이것은 일상적인 부정한 현상이 멎어지게 할 것이다. 그리고 환영과 같은 사마디 상태 속에서 마음의 보신과 같은 본성인 청정한 현상을 보게 될 것이다. 우리는 또 꿈의 요가를 할 수도 있다. 현생에서 꿈에 대한 어느 정도의 지배력을 얻으면 죽음의 바르도에서 마음과 정신체를 통제할 수 있을 것이다. 나아가 붓다의 정토를 여행하고, 정토에 태어날 수도 있게 된다. 바르도의 이 시점에서 오로지 마음과 현상의 공한 본성, 즉 공의 깨달음에 의지하는 것도 역시 도움이 된다. 이 공의 깨달음은 광명의 요가 수행과 모든 생각을 곧장 '베어버리는' 족첸 수행 중의 하나인 텍초trekcho 수행을 통해서 향상된다. 광명의 요가에서는 깊은 잠의 상태에 자각의식을 일깨움으로써 마음 본연의 명료하고 비관념적인 본성을 깨닫는다. 텍초 수행에서는 모든 관념적 조작물을 베어버림으로써 마음의 공한 본성을 직접 통찰한다. 우리의 마음에 공성의 깨달음이 일깨워지면 미혹되게 하는 현상들도 저절로 해체된다. 그러면 의식이 깨어나서 환생의 과정을 통제할 수 있는 힘을 회복하게 된다.

카르마무드라는 탐진치貪嗔痴 삼독을 모두 변화시키는 특별히 중요한 방법으로 여겨진다. 금강승에서는 특히 무상요가 탄트라(anuttarayoga-tantra)와 같은 고도의 가르침에서 전수된다. 이것이 현생과 화현의 바르도에서 일어나는 우리의 미혹된 감정을 변화시켜줄 초월적 수행이 되게 하기 위해서는 반드시 적절한 여건에서 행해져야만 한다. 이것은 수행에 필요한 기반 여건을 갖추고, 자신의 스승으로부터 직접 상세한 가르침을 받아야 함을 의미한다. 이 가르침은 일대일로 개인적으로 전수받는다. 이 수행은 적절한 여건이 갖추어지지 않으면 신경증적인 행위에 지나지 않게 된다. 적절한 여건이 제대로 갖추어지면 카르마무드라 수행은 매우 강력해지고, 아무런 문제 없이 수행될 수 있다.

인간은 욕망의 세계인 욕계에서 살고 있으므로 우리 세계의 주된 바탕은 욕망이다. 우리가 붙들고 있는 모든 것은 모종의 집착과 정욕을 바탕으로 하고 있다. 금강승의 관점에서는 정욕을 존재, 곧 화현의 실질적인 뿌리로 간주하기 때문에 이 정욕이라는 요소를 다루는 것은 매우 중요하다. 욕망이라는 강렬한 에너지를 다룰 수 있다면 우리는 실제로 우리의 존재의 밑바탕을 다루고 있는 것이고, 그것을 변화시키고 있는 것이다. 물론 감정을 다루는 것은 어떤 것이든 동등하게 중요하다. 하지만 정욕을 변화시키면 이 삶에 대한 애착, 존재에 대한 집착, 그리고 다음 생에 대한 집착까지도 초월할 수 있기 때문에 정욕을 다루는 것은 특별히 중요하다. 바로 이 때문에 금강승의 가르침은 이 특별한 번뇌에 대한 깊고 다양한 수행법을 포괄하고 있다.

이것이 원만차제의 수행법들이다. 이것은 '심오한 요가', '비할 데 없는 요가' 등으로 불린다. 이 모든 수행법들을 하나씩 하나씩 차근차근 경험해보면 이 수행법들의 의미를 이해하게 될 것이다. 원만차제의 가르침에서는 현 순간의 현상을 여의고 떠날 필요 없이 현상의 한가운데서 수행하여 불성을 얻을 수 있다.

출리심을 통한 변화

당신이 소승의 길을 엄격하게 수행하고 있다면, 이 가르침은 우리를 윤회계에 묶어두고 있는 집착을 돌려놓는 출리심出離心을 키우는 데에 주목한다. 현생에서 당신은 만물의 무상함과 고통에 대해 숙고하고 부정함에 대해 명상하는 일에 전념할 수도 있다. 당신의 염원과 동기가 강렬하고 분명하다면 이 같은 수행은 육신과 상대적 존재에 대한 집착을 바꿔놓을 것이다. 전통적으로 이 수행법에서는, 우리의 몸이 청정하고 온전하다고 보는 인식에 대한 반동으로서 자신과 타인의 몸이 얼마나 불순하고 불결한지에 대해 사유하는 수행을 한다. 뭉뚱그려 말하자면, 다섯 무더기인 오온을 '쓰레기의 무더기들'로 보는 관점을 키우는 것이다. 이 명상은 몸에 대한 혐오감을 일으키고, 윤회계에서 벗어나고자 하는 출리심을 강화시킨다.

그러면 화현의 바르도에서 욕망의 유혹에 휩싸일 때마다 초연한 마음을 강화시켜주면 그 상황에서 벗어날 수 있다. 당신이 평생 동안 초연한 마음으로 출리심을 수행해왔다면 그것은 복된 인간으로 태어날 징후가 나타날 때까지 자궁 입구를 막아주는 매우 강력한 방편이 될 것이다.

본 대책과 예비책

이제 화현의 바르도를 벗어나게 하는 본수행법을 소개하겠다. 앞서 설명한 마하무드라와 족첸의 수행법도 물론 우리가 사용할 수 있는 강력한 방법들이다. 하지만 마하무드라와 족첸은 가장 수승한 수행법이기 때문에 주로 죽음의 바르도와 법성의 바르도에서 즉각적인 해탈을 얻는 수단으로서만 의지해야 한다. 화현의 바르도에 이르게 되면 그때는 이제부터 설명할 수행법에 의지해야 하게 될지도 모른다. 그것은 예비책을 마련하는 것과도 같다. 본 대책은 마하무드라나 족첸의 위빠사나 수행을 통해서 마음의 본성을 직접 깨닫는 것이다. 예비책은 생기차제와 원만차제의 수행과 같은 금강승의 방편과 승가의 계율로 규정되어 있는 소승의 수행방편에 의지하는 것이다.

사후의 세 가지 바르도에서 마음의 경험은 매우 선명해서 현생의 바르도에서보다 알아차리기가 쉽다고들 하지만, 그것을 해탈의 수단으로 의지하려고 해서는 안 된다. 그보다는 현재 하고 있는 수행법들에 집중해야 하고, 그것들을 훈련할 수 있는 기회를 소중하게 여겨야 한다. 사실 마음을 다루기에는 고통 없는 안정된 여건이 있고 육신이라는 토대를 가지고 있을 때가 훨씬 더 쉽다. 지금 여기서 마음의 본성에 대한 깨달음을 이루는 일에 집중해야 하는 것이다.

지금 우리는 명료한 마음을 지니고 있고, 그것을 더욱더 기를 수 있다. 하지만 살펴보았듯이 우리는 죽음의 바르도가 진행되는 동안 혼란과 두려움을 일으키는 다양한 경험들을 겪게 될 것이다. 육체적인 고통을 야기하는 힘든 경험을 겪어야 하기도 한다. 지금의 의식 상태로써 끔찍한 고통에 직면한다면 그와 동시에 마음의 본성을 곧바로 바라볼 수 있으리라고 얼마나 확신할 수 있는가? 그것은 매우 의문스럽다. 정신이 나가거나 진통제를 찾지 않고 미동도 없이 고통을 직시하여 그것을 다루고 초월할 수 있다면 우리는 그 순간에 위대한 깨달음을 성취할 수 있을 것이다. 그러나 대부분의 경우, 고통이 찾아오면 우리는 약국으로 곧장 달려가곤 한다. 경미한 두통일 뿐인데도 두통약에 저절로 손이 간다.

그러므로 상대적으로 건강하고 고통에서 자유로울 때 정좌하고 명상을 하면 더 큰 기회를 만날 수 있는 이점이 있다. 우리는 고요하고 명료한 경험에 연결되어 초월적인 통찰을 일으키는 마음상태에 자신을 길들일 수 있는 아주 좋은 기회를 가지게 되는 것이다. 그러나 당장 이 같은 수행의 바탕이 없다면 어떤 바탕에서 깨달음을 일으킬 수 있을까? 이것은 또 다른 큰 의문이다.

수행에 대한 금강승의 관점

본존 요가의 방편을 활용하기 위해서는 이 수행의 근간이자 그 초월적 위력의 원천인 그 깊은 관점을 이해해야 한다. 이 같은 올바른 이해가 없다면 수행은 효과를 얻기 어려울 뿐 아니라 완전히 잘못된 방향으로 오도될 수도 있다. 이 관점을 이해하고 나면 우리는 화현의 바르도에서 겪게 될 경험에 바로 적용할 수 있는 심상화 수행에 몰두할 수 있다. 우리는 어떤 힘든 경험을 직면하게 될지를 알고, 그런 경험을 단번에 변화시키는 심상화 기법을 적용할 수 있게 된다.

사마타와 위빠사나의 초기 형태에서와 마찬가지로, 우리는 현상의 두 가지 측면에 대해 본존 요가를 수행한다. 즉, 우리가 관습적으로 인식하는 부정하고 이원적인 측면과, 그 현상의 궁극적 본성인 청정한 측면이다. 우리가 '부정한 현상'과 '청정한 현상'을 논할 때, 그것은 두 가지 별개의 대상에 대한 논의가 아니라 동일한 현상을 어떻게 인식하느냐에 대한 논의다. 미혹된 마음은 견고하고 이원적인 자아와 세계를 지각하는 데 반해 자신의 본성 — 광명한 공성 — 을 알아차린 마음은 현상의 본성이 실제로 광명하고 공함을 지각한다.

이미 설명했듯이 본존 요가는 생기차제와 원만차제라는 두 단계의 수행으로 나뉜다. 생기차제에서는 자신과 특별한 인연이 있는 존격의 심상을 만들어낸다. 먼저 우리는 자신을 그 존격의 형상으로 심상화한다. 다음에는 전방의 허공에도 존격을 심상화하고, 마지막으로 주변의 모든 환경을 신성한 세계, 곧 그 존격의 만달라로 심상화한다. 생기차제의 수행은 직관적 지혜와 통찰을 함양하는 좋은 방편으로서 현상의 청정한 본성을 직접 생생히 경험할 수 있게 해준다.

명상의 막바지인 원만차제에서는 모든 현상을 공성 속으로 해체시키고, 그 형상 없는 생생한 허공 속에서 쉰다. 우리는 생기차제와 원만차제의 이 두 가지 기본원리를 사마타와 위빠사나 명상을 통한 소승과 대승의 수행에서 이미 공부해왔다. 금강승에서 고요함에 머무는 사마타의 측면은 생기차제이고, 위빠사나의 측면은 원만차제이다.

본존 요가는 금강승의 길의 한 측면인데, 금강승의 길은 세 가지 뚜렷한 특징에 의해 다른 깨달음의 길들과 구별된다. 먼저 금강승의 길은 깨달음의 길에 관한 다양하고 능한 방편들을 보유하고 있다. 둘째로, 금강승의 수행자들은 예리한 능력을 보유한다. 다시 말해서 그들의 꿰뚫는 통찰력, 곧 반야는 매우 예리하고 탁월해서 깨달음의 길에서 일어날 수 있는 장애나 미혹이나 집착을 쉽게 끊어낼 수 있다. 셋째로 금강승의 길은 짧고 빠르기 때문에 어려움이 없다고 한다. 어떤 근거로? 왜냐하면 금강승의 길은 수행의 열매인 목표를 곧 수행의 길로 삼기 때문에 빠른 길이다. 금강승의 길은 완전한 청정상태와 자각상태인 깨달음의 상태가 '지금 이 순간' 온전하게 현존하는 것으로 보며, 그 방편은 마음의 본성 속의 자신감을 두려움 없이 표현하는 것이다. 그뿐 아니라 그것은 우리로 하여금 탐욕과 분노와 무지를 망라한 모든 감정을 대환희의 본성으로서 바라보고 경험하게 한다. 따라서 이런 관점에서 보면 이 삼사라에 고통 같은 것은 존재하지 않으며 폐기해야 할 어떤 것도 존재하지 않는다. 당신도 금강승의 길에 입문하여 관정의식을 통해 법맥을 전수받으면 자격을 갖춘 스승으로부터 본성을 가리키는 가르침을 받아 생기차제와 원만차제의 수행을 온전히 마칠 수 있다.

생기차제의 관점

존격의 심상을 만들어내는 생기차제의 수행은 지금 없는 것을 새롭게 지어내는 방법이 아니며, 순전히 가상의 것을 심상화하는 것도 아니다. 이 단계에서 하는 일은 현상의 기본적인 상태에 도달하려는 것이다. 우리는 그것을 주체와 대상, 그리고 둘 사이의 상호작용인 행위로서 경험하고, 그것을 최대한 정확하고 명료하게, 신성한 것으로 바라본다. 자신을 존격으로 바라보고, 주변 세계를 성스러운 만달라로 바라볼 때 우리는 마음과 현상의 참된 본성을 보고 있는 것이다. ― 늘 현존하는 마음의 광명이 명료하고 다채로운 현상들로 끊임없이 현상화하는 것을 보고 있는 것이다.

심상화를 할 때 자신을 자신이 아닌 다른 누구라고 상상하거나, 자신이 지금 있는 곳이 아닌 다른 어딘가에 있다고 상상한다면 그것은 전혀 도움이 되지 않는다. 이 경우에 당신은 눈앞에 보이는 세계는 심상화하고 있는 세계와 별개의 것이라고 생각하고 있는 것이다. ― 눈앞의 세계는 뭔가 덜 신성한, 다른 것이다. 이것은 마하무드라와 족첸의 관점이 아닐 뿐 아니라 금강승의 관점도 물론 아니다. 이것은 참된 생기차제도 아니다. 생기차제의 관점은 현상과 공성의 합일이다. 즉, 일어날 수 있는 모든 현상 ― 우리 자신, 다른 존재들, 생각, 감정, 관념뿐만 아니라 온 물질우주 ― 은 우리 눈에 명료하게 나타나지만 동시에 진정한 실체가 없다.

그러므로 생기차제는 말하자면 관념을 벗어난, 따라서 이원성을 벗어난 방식으로 이 명료함을 정확히 경험하는 방법을 훈련시키는 능한 방편이다. 바라봄이 정확해지는 것은 그것을 방해하는 관념이 사라질 때이다. 현상을 관념의 여과기를 통해서 바라보려고 하는 한 그것을 정확하고 면밀하게 볼 수가 없다. 예를 들어 우리가 시각적인 대상을 인식할 때 관념적인 마음은 실제 대상과 그것에 덧씌워진 관념의 차이를 명확하게 구별하지 못한다. 우리는 대상을 인식하자마자 그것을 빨간 것, 푸른 것, 흰 것, 책상, 의자 등으로 관념화한다. 이 둘, 즉 대상과 관념은 인식과정 속의 별개의 측면들로 여겨지지 않기 때문에 그것은 처음부터 서로 섞여서 하나가 되어버린다. 무엇에 '빨간 것', '의자' 등으로 이름을 붙여서 관념화하는 즉시 그 이름은 실제로는 생생하고 명료한 경험인 그것을 가리고 마음을 흩트려 딴 곳에 가 있게 한다.

　금강승 전통에서는 관념적인 마음을 초월하게 하기 위해 여러 가지 방편을 사용한다. 그 중 하나는 특정 대상을 준거점으로 이용하는 '표식을 사용하는 요가'이다. 여기서 우리가 사용하는 표식이나 상징은 존격의 몸과 만달라, 곧 신성한 세계의 심상이다. 수행자가 특정한 존격을 심상화할 때 그 존격은 특정한 스승들의 법맥이나 특정한 붓다와 보살들뿐만 아니라 그 밖의 인물들의 특정한 권속과 연관되는데, 이들은 깨어남과 활동의 원리를 상징한다. 그리고 존격과 깨달음을 이룬 무리를 나타내는 시각적 보조물로서 존격의 거처인 만달라를 장엄한 궁전으로 심상화한다. 따라서 생기차제의 수행은 관념적 조작의 요소를 어느 정도 포함하고 있다. 여기서 우리는 관념적 차원을 초월하기 위해서 관념을 사용하고 있는 것이다. 불이 났을 때 맞불을 피우고 독사에 물렸을 때 독으로 치료하듯이, 이 같은 상징을 심상화하는 수행은 우리를 관념을 벗어난 경지로 이끈다. 관념에서 벗어나면 우리는 현상의 생생한 명료성을 아주 정확하게, 온전히 경험할 수 있다.

세 가지 능한 방편

화현의 바르도에서 마음의 명료함을 제대로 경험하면 신성한 시각이 열린다. 본존의 만달라가 눈앞에 펼쳐지는 것이다. 우리는 두려움과 미혹이 더 이상 커지지 않도록 보호받는다. 이 경험을 얻기 위해서는 정화해야 할 세 가지 대상들이 있고, 이 세 가지를 정화하기 위해서는 세 가지 능한 방편(upayas)이 필요하다. 일상적인 현상은 본존 만달라를 심상화함으로써 정화되고, 일상적인 집착은 금강의 자부심에 의해서 정화된다. 그리고 현상을 실재하는 것으로 오인하는 것은 공성의 관점에 의해 정화된다.

명료한 현상　첫 번째 능한 방편인 생기차제의 의도는 일상적인 현상들을 정화하는 것이다. 우리는 대개 현상에 대해 의문을 품지 않고 눈에 보이는 그대로 받아들인다. 우리의 육신과 물질적 세계가 자신이 지각하는 그대로 일상적으로 존재한다고 믿는 것이다. 모든 현상은 공하고, 자아는 실제로 존재하지 않는다는 가르침을 들으면, 처음에는 그같은 관념을 이해하기가 어려울 것이다. 그러니 자신을 미혹된 중생으로 관념화하는 습관에 대항하여 이렇게 말해야 한다. "나는 물론 존재한다. 하지만 이처럼 세속적이고 미혹된 형태로는 아니다. 실제로 나는 존격의 명료한 형상으로서 존재하고, 나의 세계는 순수하게 빛나는 만달라의 세계로서 존재한다." 이렇게 자신을 존격으로 심상화하고, 주변 세계를 만달라로 심상화하면 일상적 현상에 대한 당신의 집착이 정화된다. 이렇게 심상화 수행을 하는 것이 명료한 마음의 본성을 경험하기 위한 하나의 능한 방편이다.

금강의 자부심　여기서 두 번째 능한 방편의 의도는 우리가 '나'로 경험하는 자아의 세속적인 느낌에 대한 집착을 정화하는 것이다. 첫 번째 방편이 현상의 외부적 차원에 관한 것이라면 여기서는 관념적인 차원을 다룬다. 우리는 어떤 의미에서는 육체로부터 독립적인 자아의 존재에 대한 믿음을 붙들고 있는 자신의 모습을 깨닫는다. 금강승에서 세속적 자아에 대한 그 같은 관념은 금강의 자부심, 곧 존격의 자부심이라는 능한 방편을 통해 변화된다. 앞서 말했듯이 이것은 우리가 자신에 대해 느끼는 평소의 세속적인 자만심이 아니다. 나아가 타인과의 관계에서 느끼는 우월감도 아니다. 금강의 자부심이란 자신의 불성에 대해 긍지를 지니는 것을 말한다. 우리는 자신의 마음의 본성이 본래 청정하고, 깨어 있으며 깨달음의 풍성함으로 가득함을 믿어 의심치 않는다. 우리는 궁극적인 존격의 형상으로 존재하는 마음의 본성에 긍지를 품고, 그 금강의 자부심을 우리의 길로 삼는다. 금강의 자부심이 없이는 생기차제의 수행도 효력이 떨어지고 완전하지 않게 되리라고 한다. 존격의 심상이 아무리 명료해도 금강의 자부심이 없다면 세속적인 집착을 온전히 변화시킬 수 없다.

공성의 관점　세 번째 능한 방편의 의도는 현상이 실재한다는 믿음에 대한 집착을 정화하는 것이다. 우리는 형상, 소리, 냄새, 맛, 촉감과 같은 경험의 대상들이 실제로 존재한다고 생각한다. 마찬가지로, 생각과 감정과 같은 정신적 현상들도 실제로 존재한다고 믿는다. 이러한 믿음에 대한 집착을 끊는 방법은 모든 본존 요가의 근간인 공성의 관점이다.
　심상을 만들어낼 때, 그것은 물 위에 비친 달과 같아야 한다고 가르쳐진다. 그것은 나투지만 공하고, 공하지만 나툰다. 달의 모습은 수정처럼 명료하지만 동시에 투명하여 실체가 없다. 그것은 거기에 있지만 동시에 거기에 없다. 반야심경은 다음과 같이 말한다. "물질은 공이고, 공은 물질이다. 공은 물질과 다르지 않고, 물질은 공과 다르지 않다." 심상화는 이와 같아야 한다.

공의 이러한 성질은 우리의 경험의 모든 요소에 적용된다. 특히 생기차제에서 존격의 몸은 상호불가분한 현상이요 공이다. 우리가 독송하는 모든 만트라는 상호불가분한 소리요 공이다. 생각과 감정과 같은 마음의 활동은 상호불가분한 자각의식이요 공이다.

여기서 핵심은, 심상이 명료하고 생생해질 때까지 심상화 능력을 키우는 것이다. 그러면 그저 거기에 마음을 집중하기만 하면 세속적 현상과 윤회적 존재의 자만심과 이원적 사고에 대한 온갖 집착이 절로 멈춘다. 그 모든 것이 이 강력하고 능한 수행법을 통해 변화되는 것이다.

처음에는 생기차제의 수행이 주로 관념적인 수행인 것처럼 보인다. 그러나 과정에 익숙해지면 그 실질성이 자연스럽게 느껴질 것이다. 어떤 시점이 되면 당신은 존격의 형상이나 심상화를 일으키는 방법에 대해 생각할 필요조차 없게 된다. 그것은 관념의 도움 없이 자연스럽게 일어나고, 당신은 절로 신성한 세계에 있게 된다. 당신의 생기차제 수행은 생각에서 해방되어 생각을 초월할 것이다. 여기에 이르면 이것을 '조작되지 않은 생기차제' 혹은 '조작 없는 요가'라 부른다. 이것은 원만차제 수행에 다가가고 있는 단계이다.

어느 시점에 이르면 생기차제와 원만차제는 하나가 된다. 현상과 공성이 상호불가분함을 경험하게 되는 것이다. 우리는 생기차제의 실제 경험이 관념 너머의 것이라는 사실을 깨달아야 한다. 우리가 심상화하는 존격과 만달라는 단순히 관념적으로 지어내는 것이 아니다. 그것은 태초부터 우리 안에 늘 존재해온 명료한 마음에서 일어나 나타나는 생생한 표현물이다. 이 능력은 새로운 것이 아니다. 그리고 우리는 자신이 아닌 무엇을 심상화하고 있는 것이 아니다. 마음의 진정한 본성을 마침내 실제로 경험하고 있는 것이다.

원만차제의 관점

원만차제의 수행에는 두 단계가 있다. 첫 번째 단계에서는 본존 만달라의 심상을 공 속으로 해체시킨다. 이것은 우리의 마음을 합일된 현상-공의 광명한 측면에 대한 집착에서 벗어나게 하기 위한 것이다. 심상의 해체는 단계적으로 이루어지거나, 아니면 단번에 이루어진다. 그런 다음 가능한 한 오랫동안 그 상태에서 쉰다.

두 번째 단계에서는 '대환희의 지혜'로 알려진 경험을 일으키는 실제 자각의식 수행에 들어간다. 이 수행은 내면으로부터 나오는 참된 가피를 불러오는 과정과 연결되어 있고, 자신을 아는 지혜의 원리에 연결된다. 가장 상위 단계의 원만차제 수행에서 경험되는 지혜는 대환희의 지혜이다. 이것은 스스로 존재하고 스스로 일어나는 합일의 지혜이다. 합일, 곧 대환희와 공성의 합일의 본질을 경험하기 전에는 금강 밀법의 원만차제를 실제로 경험한 것이 아니다. 공 속에서 쉬기를 수행하는 첫 번째의 해체 단계는 대환희의 경험을 시작하기 위한 한 방법이다. 그것은 대환희의 상태로 나아가는 한 과정이다.

명상 후의 수행

명상 후의 상태에서는 모든 현상은 심상이다. 이것은 생기차제의 측면이다. 그리고 이 현상을 바라보되 거기에는 견고성도 실체성도 없음을 알면 그것이 원만차제이다. 일상생활 속에서의 참된 생기차제 수행은 신성한 시각을 유지하려는 노력과, 눈앞에 일어나는 현상의 생생함과 명료함을 경험하려는 노력으로 이뤄진다. 눈과 기타의 감각기관들 앞에 나타나 춤추고 있는 이 현실의 진정한 본질을 생생하고 명료하게 경험할 수 있다면 그것이 본존 만달라의 지순한 경험이 된다. 사실 그것이 바로 있는 그대로의 그것이다.

세상을 바라볼 때 이런 경험에 가닿거나 이런 경험을 상기할 수 있다면 그것이 명상 후의 최선의 생기차제 수행이다. 눈에 보이는 모든 것을 환영과 같고 꿈과 같은 것으로 여기는 환영의 몸 수행도 큰 도움이 된다. 하지만 매우 강한 번뇌에 사로잡히게 하는 상황에 처하거나 어떤 사람과 아주 힘든 역경을 겪고 있다면 그런 때는 신성한 시각으로써 상황을 바라보면 된다. 자신과 상대방을 존격의 형상으로 심상화하고, 감정 자체의 청정한 본성은 자각의식–공, 곧 존격의 지혜로운 마음의 작용임을 알아차리면 된다. 그러면 당신 주변의 모든 것이 신성한 세계의 한 측면이 된다.

죽음을 넘어선 마음

　불교의 수행방식에 따르면 죽음은 받아들이거나 거부할 수 있는 대상이 아니다. 말하자면, 때가 되지도 않았는데 죽음에 다가갈 수도 없고 죽을 때가 왔는데도 하염없이 그것을 막고 있을 수도 없다. 불교의 수행이란 있는 그대로의 자신으로 있는 것이고, 거기에는 지금 있는 그곳에 그대로 머무는 것도 포함된다. 우리가 현재 머물고 있는 곳은 현생의 바르도이다. 우리가 죽음의 바르도와 같은 다른 곳에 머물려고 애쓴다면 그것은 불교의 수행이 아니다. 그것은 참된 것이 아니다. 지금 여기에 있는 것이 아니라 미래에 가 있으려고 애쓰고 있는 것이다.

　마찬가지로 죽음의 바르도에 이르렀을 때 현생의 바르도와 같은 다른 곳에 가 있기를 갈구한다면 이 역시 불교의 수행이 아니다. 그것은 있는 그대로의 자신으로 있는 것이 아니라 과거에 머물고자 애쓰는 것이다. 우리가 죽어가고 있다면 우리는 바로 그 사람이 되어야 하고, 자신이 죽어가고 있다면 바로 거기에 있어야 한다. 우디 알렌이 죽음을 대하는 우리 문화에 팽배한 태도를 다음과 같은 빗대어 말한 적이 있다. ― "나는 죽음이 두렵지 않아. 단지 죽음이 일어날 때 그곳에 있고 싶지 않을 뿐이지." 하지만 여기서 핵심은 어느 순간, 어떤 환경 아래서도 있는 그대로의 자신이 되기를 두려워하지 말아야 한다는 것이다. 이것이 소승이든 대승이든 금강승이든 모든 다르마의 동일한 가르침이다.

　우리가 '우리의 삶'에 대해 얘기할 때, 사실 그것은 우리가 실제로 살고 있는 지금 이 순간에 대해서 말하고 있는 것이다. 그것이 있는 그대로의 우리이고 우리가 참으로 있는 그곳이다. 따라서 불교의 모든 수행은 지금 이 순간으로 다시금 다시금 되돌아오는 훈련이다. 현재는 언제나 도달가능하기 때문에 그곳에 머물려는 노력은 언제든지 할 수 있다. 상황이나 여건과 관계없이, 아무것도 변경시킬 필요 없이, 거기에 머물기 위해 노력할 수 있다. 만일 거기에 미혹이 놓여 있다면 그것의 있는 그대로의 본질을 고스란히 볼 수 있다. 만일 거기에 기쁨이 있다면 그 경험의 절정을 직접 볼 수 있다.

그러므로 이 바르도의 경험을 다루는 가장 효과적인 방법은 현 순간에 머무는 연습이다. 이 수행은 바르도의 진정한 본질, 곧 궁극의 바르도를 깨닫게 해준다. 그것은 그저 지금의 이 경험, 지금의 이 간격(바르도)의 경험이다. 이것이 우리가 사마타 수행에서 주의를 호흡에다 두는 이유이다. 호흡은 지금이다. 호흡은 지금 일어난다. ─ 우리는 과거에 있지도, 미래에 있지도 않다. 한 순간은 해체되고, 거기에는 진정으로 견고한 것이 존재하지 않는 순수한 열림의 경험, 토대 없음(groundless-ness)의 경험이 있다. 하지만 동시에 거기에는 엄청난 명료함과 에너지가 있다. 이것이 바르도의 본질이다. 마음, 곧 있는 그대로의 자각의식의 본성의 직접적인 경험이다. 마음의 본성을 알아차리면 미혹되게 하는 삼사라의 현상들은 종식된다. 반면에 마음의 본성을 알아차리지 못하면 삼사라의 미혹되게 하는 현상들은 다음 순간으로 이어진다.

지금 이 순간의 상태, 현재에 머무는 것이 이 가르침의 시작이자 끝이다. 다른 어떤 곳이 아니라 지금 이 순간 바로 여기이다. 이 바르도가 끝나면 우리는 어떤 형태로든 윤회계 아니면 열반에 태어난다. 불교의 관점에서는 죽음은 또한 시작이기 때문에 죽음은 종말이 아니다. 현생의 현상의 끝은 내생의 현상의 시작이다. 그것은 윤회의 끝이자 열반의 시작일 수도 있다. 그것은 또 소중한 인간생의 끝이자 고통스러운 윤회 경험의 시작일 수도 있다. 그것은 전적으로 우리에게 달려 있다. 우리가 바르도를 지나는 여정을 어떻게 헤쳐나가느냐에 달려 있는 것이다.

개인적 인연의 스승으로부터 가르침을 받고, 주기적으로 돌이켜보는 것이 우리의 영적 여행에 매우 중요하다. 요즘은 바르도에 관한 가르침들이 여러 언어로 번역되어 있다. 구전된 가르침을 기록한 책과 자료도 많다. 이 가르침을 이해하는 데에 실제로 필요한 것보다 훨씬 많은 것을 가지고 있을지도 모른다. 하지만 중요한 것은 그것을 실제로 활용하는 것이다. 예컨대 1년에 한 번씩은 가르침을 읽고 숙고하는 시간을 갖는 것도 좋다. 이 우주의 무상함을 상기하고 죽음을 준비하기 위해, 하고 있던 일을 멈추어야만 한다. 우리에게 죽음이 언제 찾아올까? 그것은 내일이 될 수도 있다. 오늘이 될 수도 있다. 죽음이 찾아올 시간은 불확실하다. 그러므로 우리는 죽음에 준비되어 있어야만 한다. 하루 24시간 준비가 되어 있어야만 한다.

나는 여기서 파드마삼바바의 바르도에 대한 가르침을 단순히 되뇐 것에 불과하지만 이것을 공부한다면 유익할 것이고, 수행한다면 실제로 효과를 얻을 것이다. 여기에 설명된 모든 가르침과 수행법들은 원전에서 바로 나온 것이다. 이것은 특정한 스승의 개인적인 해석이 아니다. 이 기법들은 무수한 사람들이 실제로 사용해왔다. 이것을 수행하면 현생의 바르도뿐만 아니라 죽음의 바르도도 알아차릴 수 있어서 많은 도움이 될 것이다. 현생의 경험과 죽음의 경험은 누구에게나 공통된 경험이므로 우리가 어떤 방식으로든 여섯 가지 바르도의 상태를 거쳐 가리라는 것은 분명하다.

그러므로 바르도의 수행은 우리가 이 여행 자체를 초월하기 전까지는 모두에게 의미 있을 뿐만 아니라 필수적이다. 언젠가 우리는 마음이 궁극적으로 죽음을 초월해 있음을 깨달을 것이다. 있는 그대로의 우리와, 우리가 있는 그곳이 마음이다. 마음은 태어난 적 없고, 멈춤도 없기 때문에 그대로 남아 있다. 마음은 우리의 시간과 공간 개념을 초월하기 때문에 그대로 남아 있다. 마음은 시간축 상의 한 사건, 혹은 한 장소에 고착되지 않는다. 우리에게 내재된 경계 없는 지혜와 자비의 온전한 소유권을 되찾아, 청정하고 자유로운 우리의 본성을 깨달을 때까지 여행을 그치지 않는 이 육신 속의 손님, 그것이 바로 마음이다.

죽음의 시간을 위한 지혜경

산스크리트어로는 〈아리야 아트야야 야나 마하야나 수트라〉
(Arya-atyaya-jnana-mahayana-sutra)

티벳어로는 〈빡빠 다 까 예세 자와 텍빠 첸뽀〉
(Pakpa da ka yeshe she jawa tekpa chenpo)

모든 불보살들께 예경합니다.

이와 같이 내가 들었다. 한때 세존께서 색구경천의 왕궁에 거하실 때 회중을 향해 법을 설하셨다. 이때 허공장보살이 세존께 정례하고 물었다. 오 세존이시여, 보살이 죽음의 경계에 들었을 때 그는 마음을 어떻게 바라보아야 합니까?

세존께서 말씀하셨다. 허공장이여, 보살이 죽음의 경계에 들었을 때 그는 죽음의 시간을 위한 지혜를 명상해야 한다. 죽음의 시간을 위한 지혜는 이와 같으니라. 일체의 법은 본래 청정하니 실체가 부재하다는 견해를 명상해야 한다. 일체의 법은 보리심 안에 있으니 자비의 견지를 명상해야 한다. 그것들은 본래 광명하니 준거할 기준이 없다는 견해를 명상해야 한다. 일체의 사물은 무상하니 어떠한 것에도 집착함이 없는 견지를 명상해야 한다. 마음을 깨우친다면 그것이 지혜이니 다른 어디에서도 부처를 찾을 수 없다는 견해를 명상해야 한다. 이에 세존께서 이 같은 게송을 지어 보이셨다.

일체의 법은 본래 청정하니
실체가 부재하다는 견해를 명상하라.
보리심을 수승하게 수지하고
대자비의 견지를 명상하라.

본성은 준거할 기준이 없는 광명이니
무엇에도 집착함 없는 견지를 명상하라.
마음은 지혜가 일어나는 원인이니
다른 데서 부처를 찾지 말라.

세존께서 이같이 말씀하셨을 때 허공장보살과 모든 대중이 환희하고
세존의 말씀을 찬양하였다.
죽음의 시간을 위한 지혜라 불리는 고귀한 대승 경전은
이렇게 끝난다.

족첸 폰롭 린포체의 감수로
니타르나 역경원의 타일러 드와르가 영역함.

금강 게송

일체의 이 형상들

일체의 이 형상들은 형상-공이어서
빛나는 무지개와 같으니
현상-공의 견지로써
그저 놓아버리고 무심이 가는 곳으로 가라.

일체의 소리는 소리이자 공이어서
메아리의 울림과 같으니
소리 곧 공인 견지로써
그저 놓아버리고 무심이 가는 곳으로 가라.

모든 느낌은 환희이자 공이어서
말이 보여줄 수 있는 것의 까마득한 너머에 있으니
환희 곧 공인 견지로써
그저 놓아버리고 무심이 가는 곳으로 가라.

모든 자각의식은 자각의식-공이어서
생각이 알 수 있는 것의 까마득한 너머에 있으니
자각의식-공의 견지로써
그저 놓아버리고 무심이 가는 곳으로 가라.

켄뽀 출팀 갸초 린포체께서 짓고
마르빠 역경회에서 영역함.

기피하지 말아야 할 본래 좋은 것 여덟 가지

— 고창빠의 금강 게송

보배로운 스승께 귀의합니다.

일체 우주공간의 모든 중생을 위해

삼신三身의 약을 주시어

병고를 벗어나게 하시니

지고의 환희를 선사하는 주재자께 예경하나이다.

마음의 본체 그 맑은 창공에

악행의 구름 짙게 드리웠으나

지혜의 프라나 강풍의 위력은

구름을 흩어버리지 않고도 이토록 맑히 드러내도다.

병과 그 고통은 토대도 뿌리도 없으니

그 속으로 편안히 이완해 들어가라.

모든 말과 생각 저 너머의 법신을 보여주는

고통과 질병은 본래 좋은 것이니, 기피하지 말라.

미혹이 일어나게 하는 것은 악령의 작용이나
그것은 모두가 단지 태어남도 다함도 없는 네 마음일 뿐이니
근심 걱정 다 내려놓고
기피하지 말라. 악령과 천신은 본래 좋은 것이니.

병고가 사대를 뒤흔들 때
멈추려 붙들지 말고 낫지 않는다 화내지 말라.
이 역경은 병 그림자 없는 환희의 향을 품고 있나니
그 번뇌를 기피하지 말라. 그것은 본래 좋은 것이니.

우리 겪는 기쁨과 고통, 삶의 온갖 기복은
깨닫고 나면 토대 없는 것, 우리의 벗이니
고통을 막지 말고 행복을 좇지도 말고 모든 희망과 두려움을 벗어
나라.
삼사라는 기피할 것이 아니니, 그것은 본래 좋은 것이라.

이 인간생 병고에 시달릴지라도
나쁘다 생각 말고 피해갈 궁리도 하지 말라.
그러면 그것은 분별의 초월을 입증하는 휘장이 될 테니
병고를 기피하지 말라. 그것은 본래 좋은 것이니.

혼침에 빠져 우둔한 마음도
본성을 깨달으면 티 없이 청정하니
그것을 쓸어내려는 생각을 벗어나라.
우둔한 마음을 기피하지 말지니, 그것은 본래 좋은 것이라.

무시이래로 각인된 습성은
환영이 몰려 들어오는 무수한 문이니
그것을 참으로 받아들이지 않는다면 그 공함을 명상하지 말라.
생각을 기피하지 말지니, 그것은 자체로 본래 좋은 것이라.

연기緣起의 경계는 난 적도 없고 죽음도 몰라서,
일어남도 그침도, 어디에 머물 줄도 모르니
그 한정 없는 경계, 끝 간 데 없도다.
죽음을 기피하지 말지니, 그것은 자체로 본래 좋은 것이라.

이 여덟 가지는 자체가 본래 좋은 것이어서 기피할 것이 아니니
분별을 없애줄 명상이 필요할 뿐.
그것은 주재자이신 삼촌과 조카의 가슴에서 나온 생각
그것은 뭇 마라魔羅들을 박살 내는 망치.

그것은 그대와 나 같은 걸인이 행하는 수행
우리를 무문관에 머물게 하는 도구
두 가지 선을 행하는 지고의 환희라
늙은 아버지여, 그대는 애초부터 통달해 있지만 실천이 문제로다.

까규파의 대각자 고창빠께서 짓고
마르빠 역경회가 영역함.

구루 린포체 기도문

현상을 존격으로 해탈하게 하고, 소리를 만트라로 해탈하게 하고,
생각을 청정한 존재로 해탈하게 하는 기도문.

눈에 보이는 이 모든 형상들
안팎의 일체 사물들,
세계와 그 거주자들
눈앞에 나투나, 자아 없는 곳에 내버려두라.
인식자와 인식대상이 정화되면
그것이 곧 본존의 몸이요 명료한 공이라.
욕망을 스스로 해탈케 하는 스승
오겐 뻬마 중내께 비나이다.

귀에 들리는 모든 소리들
좋든 나쁘든
소리-공의 세계에 내버려두라.
뭇 생각 너머, 망상 너머의 거기
소리는 공하고 일어남 없고 멈춤도 없으니
이것이 승리한 자의 가르침.
소리-공에 관한 승리자의 가르침 앞에,
오겐 뻬마 중내 앞에 비나이다.

대상을 향한 마음의 이 모든 꿈틀거림

오독과 번뇌를 일으키는 이 생각들,

생각하는 마음을 조작 없이 내버려두고

과거를 돌이키지도, 미래를 추측지도 말라.

그 같은 꿈틀거림을 제자리에 버려두면

법신으로 화하여 해탈할지니

자각의식을 스스로 해탈케 하는 스승,

오겐 뻬마 중내께 비나이다.

외부에 있는 것처럼 보이는 대상들이 나퉈내는

현상들을 정화하는 가피를 내려주소서.

내부의 것으로 보이는 마음의 작용과

인식하는 마음을 해탈시키는 가피를 내려주소서.

인식하는 마음과 마음의 작용 사이에

정광명이 내려와 자신의 진면목을 깨닫도록, 가피를 내려주소서.

삼세제불이시여, 당신의 자비 속에서

이와 같은 마음도 해탈하도록, 부디 가피를 내려주소서.

구루 린포체께서 남카이 닝뽀Namkhai Nyingpo에게 가르치고
마르빠 역경원에서 옮김.

일곱 가지 기쁨

보배로우신 스승께 귀의하나이다.

인식대상과 인식자가 존재한다는 생각에
마음이 어지럽고 산만할 때
그런 것 없이 명상하겠노라 감각의 문 닫지 않고
그 한가운데로 바로 뛰어들리라.
그것은 하늘의 구름 같아서 흩날리는 그곳에 어렴풋한 빛 있으니
일어나는 생각, 내겐 순전한 기쁨이로다!

번뇌에 사로잡혀 그 열기 날 불태울 때
곧장 맞서려 들지 않으리라.
연금술의 비법이 쇳덩이를 금으로 화하게 하듯이
번뇌 위력 속에 숨겨진 선물은
티끌 하나 없는 희열이니
일어나는 번뇌, 내겐 순전한 기쁨이로다!

악귀의 훼방과 천신의 힘이 괴롭힐 때
주술과 진언으로 몰아내지 않으리라.
쓸어낼 것은 자아관념 위에 쌓인
에고의 사고방식이라
마라의 군대가 나의 친위대가 되리니
일어나는 장애, 내겐 순전한 기쁨이로다!

번뇌의 삼사라가 날 고문할 때
비참히 허우적거리지 않고
그 큰 짐 지고 더 큰 길 가리라.
이웃의 고통 내 어깨에 질 수 있도록
자비심에 날 맡기니
무르익은 업보, 내겐 순전한 기쁨이로다!

병고에 내 몸이 굴할 때
의술에 의지하지 않으리라.
병을 깨달음의 길로 삼아
막아선 미혹을 뿌리 뽑고
고귀한 성품 북돋아줄 호미로 쓰리니
닥쳐오는 병고, 내겐 순전한 기쁨이로다!

이 몸, 이 환영의 사슬을 떠날 때가 와도
근심과 비탄에 빠지지 말라.
분명히 깨달아야 할 것은
'죽음' 따위는 없다는 것.
그것은 단지 정광명, 어머니 광명과 아이 광명의 합일.
마음이 몸을 버리니, 내겐 순전한 기쁨이로다!

일이 온통 꼬여 사사건건 날 대적할 때
판세를 뒤집을 방법을 구하지 말라.
그대가 해야 할 수행은 시선을 거꾸로 돌이키는 것이니
상황을 막거나 바꾸려 들지 말라.
불운이 닥쳐도 오히려 즐거울 뿐
그 또한 내겐 순전한 기쁨의 노래로다!

까규파의 대각자 고창빠께서 짓고
마르빠 역경원에서 영역함.

회향문

선악 간에 나와 인연을 맺은 모든 중생들이여.
이 미혹의 세계를 떠나자마자
서방의 극락정토에 태어나기를.
또한 그곳에 태어나서 십지+地와 불도를 완성하기를.

켄뽀 출팀 갸초 린포체께서 1999년 8월 29일 짓고
마르빠 역경원에서 영역함.

여섯 바르도

〈흰 바위의 금강 요새〉(White Rock Vajra Fortress)의
후반부에서 인용함.

고귀한 스승들께 예경합니다.

현상과 공 사이의 바르도에는
상견常見도 단견斷見도 없으니
짜 맞춘 이론 따윈 내게 없네.
다만 태어남 없고 앎을 초월한 그것을 아니,
이것이 걸식 탁발하는 자의 견지라
깨달음을 이룬 수행자들 틈에서도
나 이제 부끄러울 것 없네.
깨달음을 이룬 수행자들 틈에서도
나 이제 부끄러울 것 없네.

환희와 공 사이의 바르도에는
사마타의 대상이 없어서
마음과 싸우는 대신
내면의 확고부동한 상태에 머물러 쉬나니,
이것이 걸식 탁발하는 자의 수행이라
경험 많은 수행자들 틈에서도
나 이제 부끄러울 것 없네.

경험 많은 수행자들 틈에서도
나 이제 부끄러울 것 없네.

욕망과 무욕 사이의 바르도에는
오염된 열락의 여지도, 자취도 없으니
그릇된 생계를 도모할 필요 없고 위선도 없노라.
이제 현상은 나를 돕기 위해 일어나니,
이것이 걸식 탁발하는 자의 행行이라
요가 수행자들 틈에서도
나 이제 부끄러울 것 없네.
요가 수행자들 틈에서도
나 이제 부끄러울 것 없네.

결함과 무결함 사이의 바르도에는
청정함도 부정함도 없어서
기만도 사기도 쓸모가 없으니
내 마음이 그 증인
이것이 걸식 탁발하는 자의 삼마야계라
고행하는 수행자들 틈에서도
나 이제 부끄러울 것 없네.
고행하는 수행자들 틈에서도
나 이제 부끄러울 것 없네.

윤회와 열반 사이의 바르도에는

중생과 각자覺者가 차별 없으니

희망이든 두려움이든 그 소산을 찾지 않노라.

이제 고통은 환희로 일어나니,

이것이 걸식 탁발의 결실이라

능력을 얻은 수행자들 틈에서도

나 이제 부끄러울 것 없네.

능력을 얻은 수행자들 틈에서도

나 이제 부끄러울 것 없네.

말과 그것이 가리키는 것 사이의 바르도에는

학자의 용어와 관례가 없으니

이제 내 의심 모두 사라졌노라.

모든 현상이 법신이니

이것이 걸식 탁발하는 자의 깨달음이라

학식 있는 수행자들 틈에서도

나 이제 부끄러울 것 없네.

학식 있는 수행자들 틈에서도

나 이제 부끄러울 것 없네.

레충빠께서 짓고
켄뽀 출팀 갸초 린포체의 해설에 의지하여
마르빠 역경원에서 영역함.

족첸 폰롭 린포체가 지은 두 편의 시

나에게 이르노니

자각의식이란 아이가
지쳐 주저앉았으니
마음의 여행은 끝이 없네.
윤회계의 이 여행길에
마일리지를 쌓아뒀더라면
지금쯤 열반으로 가는 두 가지 공짜표를 얻었을 텐데.

끊임없는 생각들
알아차릴 수만 있다면
살아 꿈틀거리는 온갖 번뇌 헤치고
지금쯤 원시의 릭빠, 본향에 돌아가 있을 텐데.

여섯 가지 대상(六境)의 선명한 아름다움
벌거숭이로
고스란히 드러나니
그저 현존할 수만 있다면
지금쯤 불국토를 보았을 텐데.

천녀의 머리에
드리워진 깨달음의 구슬
비길 데 없는 그 단단한 힘
윤회계 한가운데 찬란히 빛나누나.

까르마빠여! 들으소서. 들으소서.

1998년 8월 23일 감뽀 아비에서 족첸 폰롭 린포체 지음.

천국

푸르고 푸르구나, 대양은
무한하구나, 마음은
찬란하구나, 하늘은
광휘롭구나, 마음은

하늘이 펼쳐져
짙푸른 바다를 만나니
합일의 수평선이
숨을 멎게 하누나.

천국은 개소리
지옥은 공포의 종교,
사람에게 신은 소용없나니
해탈은 본래 거기 있는 것.

1997년 7월 13일 족첸 폰롭 린포체 지음.

역사적 고찰 – 예비수행의 목적

    금강승 수행자는 특별한 예비수행(티벳어로는 왼도 ngondro)의 역사적 측면에 대해 어느 정도 알아둘 필요가 있다. 이것은 예비수행의 기본적인 목적을 이해할 수 있게 해주기 때문이다. 마하무드라이든 족첸이든 탄트라의 길인 본존 요가이든 소위 '본수행'을 하기 이전에 이 네 가지 기본수행을 마쳐야 한다. 하지만 예비수행은 단순히 본수행 이전 단계의 수행이 아니라는 것을 알아야 한다. 그것은 금강승이라는 여행길의 실질적인 경험에 대비시켜주는 것이다. 이것을 아는 것이 이 길에서 매우 중요하다.

    나의 스승인 켄뽀 출팀 갸초 린포체도 금강승의 큰 스승들의 역사를 돌이켜보라고 제자들에게 종종 충고했다. 금강승의 큰 스승들로는 인도의 대각자들인 사라하, 틸로빠 그리고 나로빠와 더불어, 인도 스승들의 법맥을 이어간 티벳의 스승들인 마르빠와 밀라레빠와 감뽀빠 등이 있다. 위대한 스승들의 일대기와 역사적 기록을 읽음으로써 우리가 발견하는 것은, 그 당시에는 '예비수행'이라는 정해진 수행체계가 없었다는 것이다.

    오늘날 수행되고 있는 네 가지 특별한 의궤儀軌 — 귀의와 오체투지 의식, 금강살타 만트라 독송, 만달라 공양, 구루 요가 — 는 9대 까르마빠인 왕축 도제(1560-1603) 시대 이후에 발전된 것이다. 요즘은 각각의 예비수행을 십만 번씩 되풀이하는 것이 전통이 되었지만 9대 까르마빠 이전 시대에는 이 같은 수행체계가 존재하지 않았다.

당시에는 이런저런 수행을 십만 번씩 되풀이하는 식의 공식적인 수행체계가 없었으므로, 법맥의 선조들이 본수행을 준비하는 과정은 저마다 독특했다. 사라하가 행한 예비수행을 틸로빠와 나로빠와 마르빠와 밀라레빠는 답습하지 않았다. 그러니 예비수행을 기존의 문화전통에 따라 형성된 하나의 의식 정도로 여겨서는 안 된다. 그런 식의 고정관념을 가지면 그것의 핵심을 놓치게 된다. 이 수행 본래의 실질적인 목적을 잃어버리는 것이다.

이 스승들의 삶과 구도여정을 살펴보면 그들이 저마다 자기만의 방식으로 수행의 토대를 다졌다는 사실을 발견한다. 우리가 해야 할 일이 단지 십만 번의 오체투지뿐이라는 사실이 감사하게 느껴지기조차 할는지도 모른다. 위대한 브라만인 사라하는 비범한 학자였으며 인도 나란다 대학의 승원장으로 오랜 세월을 봉사했다. 삶의 후반에 사라하는 법복과 존경받던 나란다 대학의 지위를 버리고 그저 활을 만드는 장인이 되어서 밀교 수행을 했다. 틸로빠는 문자 그대로 자신의 몸을 쇠사슬로 묶고 12년간 동굴에서 명상수행을 했다. 나중에 그는 낮에는 참깨 찧는 일을 업으로 삼고, 밤에는 사창가에서 일했다. 틸로빠의 수제자인 나로빠 역시 명망 있는 학자였다. 나로빠는 12년 동안 틸로빠의 크고 작은 시험을 겪어내야 했다. 처음에는 스승을 찾는 과정에서 그랬고, 다음에는 스승에게 헌신적으로 봉사하는 과정에서, 그리고 스승의 가르침을 따르는 과정에서 그랬다. 그는 사원의 지붕에서 뛰어내리기도 했고, 결혼식 연회에서 음식을 훔치다가 성난 군중에게 죽도록 얻어맞

기도 했다. 나로빠의 수제자인 마르빠도 역시 유명하고 자부심 높은 티벳의 역경사였다. 마르빠의 예비수행은 스승을 찾아서 인도까지 걸어가는 것이었다. 이런 여행은 매우 위험하고 힘든 일이었다. 질투에 눈이 먼 동료 역경사는 말할 것도 없고, 도둑이나 강도의 위협은 여행길에 언제나 따라다녔다. 마르빠는 세 차례에 걸쳐 이 같은 장거리 여행을 했다. 마르빠의 제자인 밀라레빠의 이야기와 밀라레빠의 제자 감뽀빠에 관한 이야기 또한 무수한 도전적 준비과정이 있었음을 말해주고 있다.

역사적인 예를 들여다보면 치열하게 투쟁하는 가운데 어떤 과정이 일어난다. 그 과정에서 먼저 카르마가 무르익고, 뒤이어 그것은 초월된다. 이들의 예비수행은 저마다 형태는 사뭇 달랐지만 공통된 점은, 그 경험이 치열했다는 것이다.

금강승의 롤러코스터

우리 자신의 예비수행 과정에서도 투쟁적인 상황과 카르마가 무르익는 과정과 그것의 초월을 발견할 수 있다. 수행의 형태는 달라도 강도는 동일하다. 이 점에서 밀교 수행은 소승이나 대승의 길과 다르다. 금강승의 길은 생각과 감정의 생생한 에너지를 단도직입적으로 다루는 방식에서 오는 특유의 색채와 신선함으로 넘친다. 그것은 지겨워할 시간이 없는 롤러코스터 타기와도 같다. 예전에 고故 잠곤 꽁툴 린포체와 함께 롤러코스터를 탄 적이 있다. 우리는 이야기를 나누면서 즐겁게 롤러코스터에 올라탔다. 열차가 꼭대기로 올라가서 위에서 내려다보니 멋진 광경이 펼쳐져 있었다. 평화로운 바다와 해변이 내려다보이는 지극히 아름다운 순간이었다. 그때 갑자기 롤러코스터가 하강하기 시작했고 우리는 충격에 휩싸였다. 이 여행의 성질도 바로 이와 같다.

금강승의 예비수행은 손에 박힌 가시를 제거하는 것과 같은 식으로 작용한다. 따뜻한 소금물에 손을 담그면 가시가 쉽게 뺄 수 있을 정도로 느슨히 삐져나온다. 마찬가지로 금강승의 예비수행도 깊게 배어 있는 습관적 성향인 부정적 카르마의 씨앗을 느슨하게 풀어주어 표면으로 나오게 하는 작업과정이다. 그것이 표면으로 드러나면 우리는 그것을 다루어서 제거할 수 있게 된다. 우리가 오체투지와 금강살타 만트라와 만달라 공양과 구루 요가를 수행할 때 일어나는 일은, 우리 내면의 카르마의 씨앗을 성숙시켜줄 원인과 조건이 무르익는 것이다. 금강승의 예비수행이 불편하다거나 강도가 지나치다고 탓해서는 안 된다. 그것이 바로 우리가 의도하는 것으로서, 바로 그것이 초월이 일어날 수 있게 해주는 것이다. 만일 이 기회에 자신을 습성에서 해방시키려 하지 않고 이 경험에서 도망치려고 한다면 그것은 가시를 뽑으려고 하다가 아프다는 이유로 도중에 멈추는 것과 같다. 아픔이 느껴질 때 과정을 마무리하지 않고 다시 집어넣으려고 하는 것이다. 우리는 이렇게 생각할 것이다. '다음에 기회가 되면 뽑아낼 수 있을 거야.' 여기서 우리의 목표는 부정적 카르마의 원인과 조건을 성숙시키고, 그것이 성숙될 때 그것을 초월하거나 극복하는 것이다.

카르마가 성숙하는 경험은 때로 매우 힘들게 느껴질 수도 있다. 그러나 롤러코스터를 올라탔을 때와 같이 경이로움을 느낄 수도 있다. 나로빠는 틸로빠와 함께하면서 시련도 겪었지만, 환희로운 시간을 경험했다. 그러니 스승의 지시에 따라 결혼식 연회에서 음식을 훔치든지, 십만 번의 오체투지 수행을 하든지 간에, 그것은 구도 길의 다음 단계를 대비하여 마음을 길들이는 과정일 뿐이다.

예비수행의 목적

예비수행의 목적은 다음 단계를 준비하는 데에 있다. 그것은 농담을 얘기할 때 빵 하고 웃음이 터지는 지점을 위해 준비하는 단계와 매우 유사하다. 원하는 지점에서 웃음이 빵 하고 터지게 하려면 줄거리를 알맞게 맞추어야 한다. 모두가 빵 터지는 부분을 듣고 싶어하지만 너무 이르면 목적을 이루지 못할 것이다. 그렇게 해서는 성과를 내기가 어려울 것이다. 이야기를 적절하게 이끌어 나가야 정확히 터져야 할 지점에서 웃음이 크게 터져 나온다. 농담의 줄거리가 적절하지 못했다면 사람들은 그냥 그저 그랬다고 반응할 것이다.

금강승의 길도 이와 마찬가지다. 예비수행은 웃음이 터질 시점을 준비하기 위한 줄거리에 해당한다. 이 경우에 웃음이 터지는 시점은 본수행인 마음의 본성을 가리키는 가르침에 해당한다. 그러니 올바로 행해진다면 예비수행은 매우 중요한 것이 될 수 있다. 예비수행을 중요하게 만드는 것은 단지 독송과 반복의 횟수가 아니라 그것이 제공해주는 마음을 다룰 수 있는 기회이다. 십만 번의 오체투지나 만트라의 숫자를 세는 과정 등은 온갖 감정을 불러일으키고, 동시에 카르마의 씨앗이 싹을 틔우는 단계로 이끈다. 예비수행의 목적은 바로 이 상태에서의 마음을 다루는 데에 있다. 우리가 이 단계의 목적을 잊어버리고, 예비수행이 끝날 때까지 숫자 세기에만 몰두한다면 수행은 하나의 게임과 같이 되어버릴 것이다. 결국 그것은 '그냥 그저 그런' 예비수행이라고 불릴 것이다. 그것도 예비수행을 한 것이기 때문에 나쁜 것은 아니다. 그렇지만 그것은 진정한 준비가 아니다. 진정한 준비는 그 기간 동안 마음을 다룰 때 일어난다.

'예비수행'이란 말을 들을 때, 해야 할 네 가지 수행법을 자동적으로 떠올려서는 안 된다. 대신에 본수행을 준비하는 것에 대해 생각해야 한다. 예를 들어 달라이 라마와 같이 중요한 인물을 우리의 집에서 영접해야 한다면 우리는 많은 시간을 들여 준비를 해야 한다. 실제 방문시간은 15분 정도밖에 걸리지 않을지라도 몇 달에 걸쳐서 준비할 것이다. 예비수행도 이와 마찬가지다. 그렇다면 예비수행을 우리의 본수행인 마음의 본성을 가리키는 가르침인 아주 중요한 행사를 위한 준비라고 생각해보라. 그렇다면 이것이야말로 우리가 준비해야 할 가장 중요한 영접행사다. 귀한 방문객은 우리 자신의 스승이고, 중요한 행사는 마음의 본성을 가리키는 가르침이라고 할 수 있다.

가끔 제자들이 나에게 와서, 이미 가르침을 줬는데도 또다시 가르침을 청하곤 한다. 가르침을 '얻을' 수 있는 방법에 대한 의문은 우리의 마음에서 좀처럼 사라지지 않는 의문들 중의 하나이다. 충분히 잘 준비되어 있기만 하다면 그것은 실제로 얻어질 수밖에 없다. 가리켜주는 가르침은 그리 오래 걸리지 않는다. 틸로빠와 나로빠의 이야기에서 볼 수 있듯이, 때로 그것은 단지 몇 초밖에 안 걸릴 수도 있다. 나로빠는 수년 동안 틸로빠로부터 본성을 가리켜주는 가르침을 받아왔지만 그 순간들을 알아차리지 못하고 놓쳐버렸다. 결국 틸로빠가 말했다. "아들아! 아직도 그것을 알지 못했느냐?" 틸로빠는 샌들을 벗어서 나로빠의 이마빡을 힘껏 내리쳤다. 그 순간 나로빠는 깨우쳤다. 12년 동안이나 줄곧 준비해왔기 때문에 그것 — 완전한 전수 — 을 받아들일 수 있었던 것이다. 이 같은 준비의 과정을 원도, 곧 예비수행이라 부른다.

탄트라의 네 가지 예비수행

귀의

네 가지 예비수행법을 하나씩 수행해나감으로써 우리는 금강승의 길의 심오한 정수에 가닿을 기회를 맞게 된다. 네 가지 단계 중 첫 번째 — 여섯 가지 귀의를 행하고, 보리심을 일으키고, 오체투지를 올리는 단계 — 는 주요 법맥과 연결되는 수단이다. 우리는 자주 법맥과 그것과의 연결에 대해 말하곤 하지만, 이 시간이야말로 정식으로 법맥에 연결되는 시간이다. 오체투지 공양은 마음 자체의 깨달아 있는 본성인 지금강불(Vajradhara)에서 유래된, 법맥의 나무를 형상화한 그림을 앞에 두고 한다. 오체투지 수행을 하는 동안 우리는 앞에 모셔진 금강승의 법맥에 가슴 깊은 헌신의 마음을 일으키도록 집중해야 한다. 우리는 자신이 삼보三寶 — 붓다와 다르마와 승가 — 와 더불어, 삼근본三根本 — 스승으로 화현한 법맥과, 본존과, 다카, 다키니, 호법신으로 대변되는 수호신 — 에도 연결되는 것을 깨닫는다. 전통적으로 구루는 가피의 근원이고, 본존은 영적 성취의 근원이며, 호법신은 깨달은 행위의 근원이라 일컬어진다. 이 수행은 우리의 자만심과 그 밖의 감정들을 다루는 육체적인 수행법이다. 하지만 동시에 이것은 좀더 개인적이고 덜 관념적인 심오한 차원의 금강승과 마하무드라와 족첸 법맥과 연결되는 순간을 제공하는 금강승의 수행이기도 하다. 오체투지 수행을 마치면 우리는 보리심을 일으키게 된다.

금강살타

두 번째 예비수행인 금강살타 만트라 수행은 마음의 본성을 보는 능력을 가리고 모든 존재를 진정으로 이롭게 하지 못하게 방해하는 부정적 습성과 카르마의 씨앗을 정화하는 방법이다. 이 수행을 하는 동안 우리는 자신의 머리 위에 본래적 청정의 화현인 보신불 금강살타를 심상화한다. 그다음, 의궤儀軌(밀교의식의 방법와 규칙)에 따라 몸과 말과 마음의 모든 불순물이 정화되는 심상을 계속 그리면서 백 음절로 된 금강살타의 만트라를 독송한다. 이를 통해 우리는 금강살타와 다시는 분리되지 않게 된다. 금강승의 수행자로서 우리는 마음의 궁극적 본성은 완벽히 청정하고, 본래 결함이 없다는 것을 상기해야 한다.

금강살타와 연결될 때, 우리는 내면에 잠재된 깨달음의 상태인 불성에 직접 연결된다. 그러나 상대적 현실 속에서 우리는 자신의 몸과 마음을 부정적 성질을 띤 이원적 대상으로 인식하는데, 바로 그 인식이 우리가 정화하려는 대상이다. 그러므로 금강살타 수행에서 우리는 상대적인 카르마의 불순물을 정화할 뿐만 아니라 동시에 불성의 핵심에 연결된다. 자신의 마음이 본래부터 금강살타의 본성 안에 있었음을 깨닫는 것이다.

만달라 공양

세 번째 예비수행법인 만달라 공양은 모든 집착과 갈애에서 벗어나는 방법이다. 금강살타의 정화과정을 통해서 우리는 마침내 마음과 몸의 청정한 본성뿐 아니라 우주의 청정한 본성에 연결되었다. 이제 만달라 공양수행에서는 그 청정한 실재조차 내려놓는 수행을 하게 된다. 먼저 전체 우주의 심상을 지어내고, 그 우주에 지극히 청정하고 아름다운 무수한 형상들과 감각을 기쁘게 하는 여타의 대상들이 가득한 모습을 심상화한다. 그런 다음 귀의의 여섯 대상들에게 이 만달라를 반복해서 공양한다. 이것을 통해 우리는 부정한 대상들과 부정한 마음상태뿐만 아니라 청정하고 탐스럽고 기쁨을 주는 것들에 대한 집착과 갈애도 버린다. 일반적으로 우리는 분노나 질투와 같은 부정적 습성에 대한 집착을, 극복해야 할 나쁜 것으로 여긴다. 그 반면에 지혜나 불성에 대한 생각과 같은 청정한 대상을 갈구하는 긍정적인 습관에 집착하는 것은 괜찮다고 생각한다. 그러한 종류의 집착들은 장애로 보지 않는 것이다. 그러나 만달라 공양 수행은 세상에서 가장 좋은 것들까지도 모두 공양함으로써 놓아버리게 한다. 자신에게 필요 없는 것들을 기부하면서 잡동사니나 처분하려 하는 것이 아니다. 오히려 정말 원하는 것, 특히 청정한 것들조차도 놓아버리는 것이다.

구루 요가

네 번째 예비수행인 구루 요가는 법맥에 대한 헌신의 마음을 키워 법맥의 축복에 가닿는 방법이다. 앞의 세 가지 수행을 마침으로써 우리는 다소간에 자신의 불성과 금강의 자부심에 대한 확신의 바탕을 다졌다. 그리고 다소간에 전수받은 가르침들의 심오한 본질을 이해했다. 나아가 스승에게 감사하는 마음과 존경심을 기르고, 더 깊은 차원에서 그들에게 가닿기를 열망하게 되었다. 요약하자면 우리는 우리 자신, 가르침, 그리고 법맥을 이은 스승에 대한 신뢰와 자신감을 지니고 있다. 이제 우리는 가슴을 완전히 열어 법맥의 축복을 받아들일 준비가 된 것이다.

운명의 순간

오늘날의 우리는 구루를 찾기 위해서 높고 험난한 산을 넘어 수천 킬로미터의 거리를 걸어가지 않아도 된다. 근처의 쇼핑몰에서 구루를 만날 수도 있다. 하지만 육체적인 역경은 줄어든 반면에 친밀한 접촉의 시간을 늘릴 수 있는 기회는 부족해진 것이 사실이다. 그렇지만 어떤 형태의 예비수행이든지 올바로 수행하기만 한다면 그것은 스승의 경험, 그리고 사제관계의 경험을 우리의 삶 속에 곧바로 가져다준다. 구루가 실제로 현존하는 것과 마찬가지의 생생한 에너지와 다채로운 감정과 관념들을 눈앞에 가져다주는 것이다. 그러니 모자라는 것은 아무것도 없다. 어느 시대에 살고 있든지 상관없이, 구루와 법맥을 우리의 가슴속으로 초대하기만 하면 틸로빠나 나로빠나 과거의 모든 대각자들과 마찬가지로 마음의 본성을 알아차릴 똑같은 기회를 가질 수 있다.

하지만 그전에 예비수행의 역사와 목적을 이해함으로써 예비수행이 무엇이고 무엇이 아닌지를 바르게 알아야만 한다. 그것은 단순히 수행법 네 가지를 모아놓은 것이 아니다. 예비수행은 우리의 몸과 말과 마음을 깨달음에 이르기까지 이끌어줄 금강승의 여행을 준비하는 깊은 수행과정이다. 그것은 다섯 가지, 아니, 여섯 가지의 수행법이 될 수도 있고 12년과 같은 시간이 될 수도 있다. 또 불교의 교학적 관점에 대한 깊은 공부가 그것이 될 수도 있다.

티벳에는 예비수행이 본수행보다 더 심오하다는 말이 있다. 그 이유는 무엇일까? 이것은 예비수행 없이는 본수행의 심오한 경험을 할 수 없기 때문이다. 어떤 은행에 붙은 포스터에 이렇게 씌진 것을 본 적이 있다. "행운이란 준비가 기회를 만나는 때다." 이거야말로 다름 아닌

예비수행에 대해 하는 말이다. ─ 준비는 예비수행이고 기회는 본수행
이다. 준비가 기회를 만날 때야말로 마음의 경험에 극적인 변화가 일어
날 수 있는 운명의 순간이다.

부록 5 해체의 단계

1. 육신의 원소의 거친 해체

요소	차크라	요온 (감각의식, 지혜)	외적 징조 (육체적 경험)	내적 징조 (인지적 경험)	은밀한 징조 (맛보기 광명)
흙 → 물	배꼽 차크라	물질, 시각의식, 거울 같은 지혜	신체의 힘과 민첩성이 상실되면서 몸이 점점 무거워지는 느낌. 크기와 무게가 줄어듦.	마음이 무겁고 나른한 느낌을 느낌. 시각적 인식이 흐려짐.	신기루와 같은 현상
물 → 불	가슴 차크라	느낌, 청각의식, 평정의 지혜	신체가 건조해지기 시작하고, 갈증이 커짐. 체액이 누출됨.	마음의 명료성이 점차 줄어듦. 마음이 더 동요되어 미혹에 빠지기 쉬워짐.	연기와 같은 현상
불 → 바람	목 차크라	인식, 후각의식, 식별하는 지각의식	몸의 온기가 몸 끝에서부터 손실되기 시작하고 점차 추위를 느낌.	정신상태가 맑아졌다 흐려졌다 함. 사람과 사물을 명확히 인식하는 능력이 줄어듦.	반딧불이와 같은 현상
바람 → 의식	은밀한 차크라	심리작용, 미각의식, 일체를 성취하는 지혜	호흡이 갈수록 짧아지고 힘들어짐. 들이쉬기보다 내쉬기가 더 길어지고, 외적 호흡이 멈춤. (의학적 사망시점)	마음이 극도로 미혹되고 불안정함. 생생한 생각의 상태, 곧 '환각'이 나타남.	밝게 빛나는 횃불과 같은 현상

일어남 일어남의 마음이 늘어남의 마음으로 해체됨	함(HAM) 흰색의 빈두가 가슴중앙을 향해 내려감.	남성적 에너지; 자비, 곧 능한 방편; 현상과 공의 함일에서 현상의 측면.	구름 없는 하늘에 달빛이 비치는 것과 같은 백광 현상.	분노와 관련된 서른두 가지 번뇌가 멈춤
늘어남 늘어남의 마음이 다함의 마음으로 해체됨	아(ASHE) 빨간색의 빈두가 가슴중앙을 향해 올라감.	여성적 에너지; 지혜 곧 반야; 현상과 공의 함일에서 공의 측면.	구름 없는 하늘에 햇빛이 비치는 것과 같은 적광 현상.	탐욕과 관련된 마흔 가지 번뇌가 멈춤.
다함 다함의 마음이 하공으로 해체됨	두 빈두가 가슴 중앙에서 만나 본연의 자각의식을 김쌈.	내적 호흡이 멈춤. 실질적 죽음의 시점.	햇빛과 달빛과 별빛도 없고 구름조차 없는 하늘과 같이 빛나는 암흑(흑광) 현상.	무지와 관련된 일곱 가지 번뇌가 멈춤. 모든 관념이 멈춤.
완전한 다함 하공이 광명으로 해체됨.	의식이 가슴 중앙에서 일체의 토대 지혜인 붓다의 지혜로 다시 흡수됨.	식온과 법성의 지혜가 완전히 해체됨.	현상 없는 광명, 곧 법신의 직광명 맑은 하늘처럼 탁 트인 청정한(대상 없는) 자각의식.	궁극의 본성이 드러나기 시작함. 혼절하거나, 아니면 마음의 본성을 앎이저처럼으로써 해탈을 성취함.

401

일백 평화로운 존격과 진노한 존격

법성의 바르도의 일백 평화로운 존격과 진노한 존격

평화로운 마흔두 존격의 현현

날짜	나타나는 측면	상징
	법신의 광명	
항상함	본래불 보현보살(짙은 푸른색)과 사만타바드리(흰색)	정광명 자각의식과 공의 불가분성
	보신의 광명	
1일	비로자나불과 여성불 (아카샤) 다타비쉬바리 (흰색)	식온의 본래 청정함 (남성불) 허공 원소 (여성불)
	종성 : 붓다 종성 지혜 : 법계의 지혜 영역 : 천신계과 축생계	
2일	금강살타 (아촉불)과 여성불 로차나 (푸른색)	색온의 본래 청정함 (남성불) 흙 원소 (여성불)
	종성 : 금강 종성 지혜 : 거울 같은 지혜 영역 : 지옥계	
	남성 보살들 지장보살과 미륵보살 여성 보살들 라샤와 푸스빠 [1]	안식과 이식의 청정한 본성 (남성불) 안식의 대상들과 과거의 관념적 사고의 청정한 본성 (여성불) [2]

402

3일	보생불과 여성불 마마키 (노란 황금색)	수온의 본래 청정함 (남성불) 물 원소 (여성불)
	종성 : 보석 종성 지혜 : 평정의 지혜 영역 : 아귀계	
	남성 보살들 보현보살과 허공장보살 여성 보살들 말아와 두빠	비식과 설식의 청정한 본성 (남성불) 비식의 대상들과 의식의 대상들의 청정한 본성 (여성불)
4일	아미타불과 여성불 판다라바시니 (붉은색)	상온의 본래 청정함 (남성불) 불 원소 (여성불)
	종성 : 연꽃 종성 지혜 : 식별하는 자각의식의 지혜 영역 : 인간계	
	남성 보살들 관세음보살과 문수보살 여성 보살들 기타와 아로카	촉감의식과 마음의 의식의 청정한 본성 (남성불) 이식의 대상들과 미래의 관념적 사고의 청정한 본성 (여성불)
5일	불공성취불과 여성불 사마야타라 (초록색)	행온의 본래 청정함 (남성불) 바람 원소 (여성불)
	종성 : 업 종성 지혜 : 일체를 성취하는 지혜 영역 : 아수라계	
	남성 보살들 재개장보살과 금강수보살 여성 보살들 간다와 나이베댜	일체의 토대의식과 일체의 번뇌의식의 청정한 본성 (남성불) 현재의 관념적 사고와 설식의 대상들의 청정한 본성 (여성불)

6일	42 평화로운 존격의	번뇌의 감정들의
	완전한 만달라의 현상.	본래 청정함 (여섯 붓다들)
	위에는 보현보살과 사만타다드리가 있고,	사견邪見의 본래 청정함 (남성 사대천왕들)
	붓다들과 보살들은 그들 아래에	네 가지 탄생의 본래 청정함
	자신의 권속들과 함께	(여성 사대천왕들) [3]
	각자의 만달라에 모여있다.	
	여섯 존재계의 여섯 붓다들	
	사대천왕들	
	여성 사대천왕들	
7일	지식의 수지자인 다섯 비댜다라와	
	그들의 약간 진노한 배우자들.	
	*일백 존격에는 포함되지 않음	

진노한 쉰여덟 존격의 현현

법신의 광명

	마호따라 헤루카와	본래불의 진노한 형상
	코데쉬바리	무지에서 청정한
	(짙은 갈색에서 적갈색)	자각의식으로의 변화

보신의 광명

8일	헤루카불과	미혹의 에너지에서
	코데쉬바리	불법계의 지혜로의 변화 [4]
		시각의 대상들과 관련된 관념의 극복

9일	금강의 헤루카와	분노의 에너지에서
	금강의 코데쉬바리	거울 같은 지혜로의 변화
		청각의 대상들과 관련된 관념의 극복

10일	보석의 헤루카와	자만의 에너지에서
	보석의 코데쉬바리	평정의 지혜로의 변화 [5]
		후각의 대상들과 관련된 관념의 극복

11일	연꽃의 헤루카와	집착의 에너지에서 식별하는
	연꽃의 코데쉬바리	자각의식의 지혜로의 변화
		미각의 대상들과 관련된 관념의 극복

12일	업의 헤루카와	질투의 에너지에서
	업의 코데쉬바리	일체를 성취하는 지혜로의 변화
		촉각의 대상들과 관련된 관념의 극복

58 진노한 존격의 완전한 만달라
본래불의 진노한 측면이 더하여
60불을 이룸.
위에 마호따라와 코데쉬바리가 있고,
그 아래에 헤루카들과 영적 배우자들이
각자의 만달라에 모여 있다.
회중에는 아래의
48 여성 요기니와
여신들이 포함된다.

8 가우리
8 트라멘
4 여성 사대천왕
28 이쉬바리

여덟 의식과 여덟 의식의 대상들
(여덟 가우리와 여덟 트라멘)의 청정한 본성
네 가지 환생으로부터의 보호와
이타적 발심(여성 사대천왕)
진정시키고, 풍요롭게 하고,
매혹하고, 파괴하는 네 가지 행위
(28 이쉬바리) [6]

1. 붓다들의 권속의 명칭은 약간씩 다를 수 있음.
2. 평화로운 붓다와 진노한 붓다의 권속들의 상징적 의미에 대한 상세한 설명은 주로 아래의 두 책에서 참고했음. ― Francesca Fremantle, *Luminous Emptiness* (Shambhala, 2003) / *The Tibetan Book of the Dead*, trans. Gyurme Dorje (Viking, 2005)
3. 어떤 책에서는 남성 사대천왕들은 네 가지 카르마를 상징한다고 하고, 여성 사대천왕들은 사무량심四無量心을 상징한다고 한다. 네 가지 카르마는 진정시키고, 풍요롭게 하고, 매혹하고, 파괴하는 네 가지 행위를 말한다. 사무량심에는 사랑, 연민, 함께 기뻐함, 평등심을 말한다.
4. 다섯 붓다 종성의 체계에서 붓다 종성은 무지를 법계의 지혜로 변화시키는 것과 관련되어 있다. 하지만 다섯 붓다 종성이 윤회의 여섯 존재계와 연관될 때는 자만심이 특성인 천신계나 무지가 특성인 축생계와 연관된 것으로 볼 수 있다. 자만심과 무지는 모두 근본무지에 뿌리를 두고 있다.
5. 주 2)를 참조하라. 다섯 붓다 종성의 체계에서 자만을 변화시키는 일에 관여하는 보석(Ratna) 종성은 여섯 존재계 중에서 아귀계와, 극한의 욕망인 탐욕의 번뇌와 연계될 수 있다.
6. 이러한 행위와 보호에 대한 설명은 다양하다.

주註

1   마음과 모든 현상의 본성은 '그러함', '여여如如', 그리고 산스크리트어로는 법성(dhar-
    mata)이라고 불린다. 다르마dharma는 현상을 의미하고, 타ta는 본성 혹은 본질을 의미한
    다. 법성의 바르도는 마음의 궁극적 본성이 선명하고 명확하게 드러나는 시간이어서 이렇게
    불린다.

2   탄생의 네 가지 유형은 태생胎生, 난생卵生, 습생濕生, 화생化生이다. 태생은 인간과 포유동
    물이 해당한다. 난생은 조류나 파충류의 축생이 해당한다. 습생은 벌레가 태어나는 방식이기
    도 하고, 현대에서는 복제기술로 인한 탄생도 포함되는 다양한 방식들로 설명된다. 화생의 예
    를 들자면 거친 요소들에 의지함 없이 붓다의 영역인 정토에 태어나는 방식이다. 그것은 또한
    파드마삼바바과 같은 위대한 존재들이 연꽃 위에 앉은 여덟 살 아이의 모습으로 이 세계에 출
    현하는 방식이기도 하다.

3   파드마삼바바가 티벳에서 활동한 시기에 대한 설명은 매우 다양하다. 어떤 문헌에는 9세기
    로 언급하고 있다.

4   족첸 폰롭 린포체와 게리 위너가 번역한 번역물.

5   "불교에서 지식이자 이해를 말하는 반야(prajna)란 용어는 … 수동적인 지식이나 특정 사실
    에 대한 단순한 앎을 말하는 것이 아니라, 형상에서 일체지에 이르기까지 모든 현상의 본성과
    외적 발현에 대한 광범위하고 적극적인 탐구와 이해를 뜻한다. … 따라서 불교에서 '지식'의
    정의는 현상의 일반적이고 특수한 성질을 완전하고 철저하게 식별하는 것이다. … 반야지
    (prajna)와 지혜(jnana)는 서로 매우 밀접한 연관성이 있다. 이 용어들은 자주 동의어로 사
    용된다. 아니면, 지혜란 다름 아닌 정점, 곧 지식의 완성(prajnaparamita)이라고 말해진다.
    하지만 일반적으로 지식은 (관념적, 비관념적 측면 모두에서) 상위의 통찰과 깨달음의 분석
    적이고 분별적인 측면을 뜻하는 반면 지혜는 주로 깨달음의 비관념적이고 즉각적이고 개관
    적인 측면을 강조한다." ─ 칼 브런홀즐,《햇살이 내리쬐는 하늘의 가운데: 까규 전통의 중관
    사상》(아타카, 뉴욕, 스노우 라이언 출판사,2004), pp.143-146.

6 비로자나불의 칠지좌법이란 명상할 때 자리에 앉는 법의 일곱 가지 지침이다. (1) 다리를 결
   가부좌로 하고 앉는다. (2) 척추를 바로 세운다. (3) 어깨를 평평하고 편안하게 둔다. (4) 턱
   을 약간 당긴다. (5) 손으로 선정 무드라를 취한다.(배꼽 밑에 네 손가락을 두고 한 손바닥 위
   에다 다른 손을 놓는 자세) (6) 혓바닥을 입천장에 대고, 입술을 살짝 벌린다. (7) 코끝을 향
   해 시선을 두면서 눈은 반쯤 뜬다.

7 본존 요가에 대한 상세한 설명은 7장 '화현의 바르도'에 소개한다.

8 여섯 가지 존재계는 여섯 번째 바르도인 화현의 바르도의 끝에 존재들이 환생하게 될 윤회적
   존재방식의 여섯 가지 상태이다. 대승의 관점에 의하면 여섯 가지 존재계는 물리적 현실이라
   기보다는 특정한 감정과 다양한 고통에 지배되는 심리적 상태이다. 여섯 가지 존재계는 상위
   의 세 영역과 하위의 세 영역으로 분류된다. 상위의 세 영역은 천신계, 아수라계, 인간계이고,
   하위의 세 영역은 축생계, 아귀계, 지옥계이다.

9 불교의 관점에 따르면 인식의 과정인 정신적, 감각적 경험에는 세 가지 요소가 있다. (1) 여
   섯 가지 인식작용(육식六識): 안식眼識, 이식耳識, 비식鼻識, 설식舌識, 신식身識, 의식意識.
   (2) 여섯 감각대상을 인식하는 감각기관(육근六根): 눈眼, 귀耳, 코鼻, 혀舌, 몸身, 마음意.
   (3) 감각기관에 의해 경험되는 감각대상들(육경六境): 형상, 소리, 냄새, 맛, 촉감, 그리고 정
   신적 작용, 즉 생각과 개념 등.

10 여기서 간략하게 설명한 환영의 몸과 자각몽 수행과 같은 꿈의 요가를 위한 훈련은 스탠퍼드
   대학의 스티븐 라버지Stephen LaBerge와 같은 서양 학자들과 연구자들이 한 연구내용과 유
   사하다. 본질적으로 이 두 가지는 동일한 것이기 때문에 여기에 제시된 서양의 연습법과 방법
   론들도 활용될 수 있다.

11 '야생마' 믹 재거와 키스 리차드가 작곡함. ABKCO 음반에서 발매했음.

12 《공성空性 명상의 단계》(The Progressive Stages of Meditation on Emptiness,
   Prajna Editions, 2001)는 이러한 단계에 대한 완전한 가르침을 소개해놓은 켄뽀 출팀 갸
   초 린포체의 특별한 책이다. 이 책은 공성의 관점뿐만 아니라 위빠사나 수행법을 명확히 밝힌
   많은 위대한 스승들의 가르침을 매우 단순명쾌하게 설명하고 있다. 같은 저자의 저작으로 나
   가르주나의 중관의 근본지혜에 대한 가르침인 《지혜의 태양》(The Sun of Wisdom,
   Shambhala, 2003)도 참조하라. 더불어 명상과 관점의 단계들에 대한 가르침은 날란다보디
   Nalandabodhi 커리큘럼에서 찾아볼 수 있다. 대승의 관점에 관한 원전인 〈Not Even a
   Middle〉을 참조하라. (www.nalandabodhi.org)

13 안식과 프라나, 그리고 미묘한 신체의 나디 사이의 상관관계에 관한 상세한 내용은 나중에 스
   승에게서 개인적으로 배워야 한다.

14 화신불, 혹은 완전한 깨달음을 얻은 존재로 자주 언급되는 가랍 도제는 인도의 대각자로 알려
   져 있다. 그는 인간 스승이 아닌 보신불인 금강살타로부터 직접 족첸 법맥의 모든 가르침들을

전수받은 것으로 전해진다. 따라서 그는 족첸 법맥의 첫 번째 인간 스승으로 불린다. 가랍 도 제로부터 수제자인 만주쉬리미트라에게 법이 전수되었다.

15 인간 신체의 형성과정은 현교와 밀교경전에 상세하게 나와 있다. 배아기 단계에 경락과 기가 결합되는 과정과 이 결합이 어떻게 신체의 점진적인 발달에 영향을 미치는지에 대한 상세한 설명이 있다. 3대 갈왕 까르마빠인 라중 도제가 지은 책인 《심오한 내면의 실재》(The Profound Inner Reality)는 차크라와 경락과 기와 정에 대한 명확한 가르침을 소개하고 있다. 이 책을 자격을 갖춘 스승과 함께 공부하는 것은 미묘한 신체에 대해서 명백한 이해를 얻을 수 있는 최고의 방법이다. 최근에 이 책의 일부분이 영어로 번역되었지만 아직 출판은 되지 않았다. 이 책에 대한 잠곤 꽁툴 로되 타예의 주석서인 《심오한 실재의 조명》(Illuminating the Profound Reality/Tib. Zab mo nang don gyi 'grel pa zab don snang byed)은 인터넷 사이트 www.nitartha.org에서 티벳어로 찾아볼 수 있다.

16 '불가분의 프라나와 마음'(Inseparable Prana and Mind/Tib. Lung sem nyi me)이 라는 제목으로 알려진 밀교 전집이 있다. 특히 8대 갈왕 까르마빠인 미교 도제가 설한 '불가분의 프라나와 마음'(Inseparable Prana and Mind/Tib. rLung sems dbyer med kyi khrid yig chen mo)이라는 광범위한 가르침이 있다. 이 책에는 죽음이 일어나는 시간과 해체 단계에서 가장 중요한 원만차제 수행에 대한 특별한 가르침들이 담겨 있다. 이 책에 대한 자료를 인터넷 사이트 www.tbrc.org에서 찾아볼 수 있다.

17 욕계欲界의 여섯 가지 존재계는 천신계, 아수라계, 인간계, 축생계, 아귀계, 지옥계이다. 색계와 무색계의 존재영역도 또한 다양하게 분류되지만 일반적으로 천신계로 간주된다. 이 세 가지 존재계(삼계三界)는 모두 윤회계에 속한다.

18 확실히 해두자면, 마음을 위쪽으로 집중하는 것은 포와 수행의 특징이라는 점을 주지해야 한다. 해체가 일어나고 있는 자리인 각 차크라에 마음을 집중하게 하는 초반의 지침은 헌신을 방편으로 삼는 수행법 특유의 방법이다. 따라서 이 가르침들은 상충되지 않지만 두 방법에서 가르치는 집중법을 섞어서 한꺼번에 시도하지는 말아야 한다.

19 나로빠 육법이란 내부열 수행, 환영의 몸, 꿈의 요가, 광명의 요가, 바르도 수행, 포와 수행이다. 7장에서 이 요가들에 대해 간략하게 설명할 것이다.

20 이 자세에 대한 설명은 주6)을 참조하라.

21 탁한 호흡의 정화는 명상시간의 초반에 하는데, 숨을 깊이 들이쉰 후 폐 안의 모든 공기를 천천히 내쉬는 단순한 호흡법이다. 이것은 미묘한 신체의 경락에서 탁한 기와 카르마의 바람을 정화한다고 한다.

22 호의적인 환경을 조성하는 데 대한 상세한 설명은 7장에 있는 〈길상한 인연 만들어내기〉를 참조하라.

23 법신은 대개 구름 없는 맑고 푸른 하늘로 묘사되지만 여기서는 색깔도 광원도 없는 자각의식 본연의 빛으로 묘사된다.

24 티벳에서는 마호따라Mahottara를 쳄촉 헤루카che mchog he ru ka라고 한다.

25 전통적으로 평화로운 마흔두 존격과 진노한 쉰여덟 존격을 포함하여 일백 존격이 있다고 하지만 족첸 탄트라에는 진노한 예순 존격이 있어서 총 102존격이 있다.

26 평화로운 존격과 진노한 존격에 대한 상세한 도표가 부록 4에 있다.

27 붓다 만달라의 배치와 구성은 가르침이 속한 법맥에 따라 다를 수 있다. 여기서는 비로자나불이 중앙에 있고 금강살타가 동쪽 면에 위치한다. 그러나 때때로 이 위치는 바뀌기도 한다. 또한 금강살타가 동쪽 면에 위치할 때는 가끔 아촉불(Akshobya)과 연관되기 때문에 금강살타-아촉불로 불린다.

28 이때 나타나는 자각의식의 수지자는 우리 본연의 자각의식의 화현이다. 그것은 완전한 불성 실현의 길에서 이룬 단계와 성취수준을 보여준다. 그것은 대승에서 보살의 상위 다섯 단계(6지에서 10지보살)에 해당하는 금강승과 밀교의 단계를 나타낸다. 다섯 자각의식의 수지자와 그들의 영적 배우자인 다키니는 엄밀히 따지자면 일백 존격의 회중 구성원으로 계산되지 않는다.

29 참고도서 목록이 책 뒤에 있다. 이 책들은 존격의 모습과 상징적 의미에 대한 상세한 설명을 제공한다.

30 법성의 바르도의 광경과 자재하는 광경에 대한 상세한 설명은 티벳의 스승들과 서양의 수행한 학자들이 쓴 책에서 찾아볼 수 있다. 참고도서 목록을 참조하라.

31 구 밀교학파와 신 밀교학파를 구분하자면, 구 밀교학파는 여섯 탄트라 체계를 보유한 닝마파(또는 족첸)를 가리키고, 신 밀교학파는 네 가지 탄트라 체계를 보유한 까규파, 사캬파, 겔룩파 등을 가리킨다.

32 티벳어로 '화신적인(nirmana)'을 의미하는 뚤바sprul pa는 '방사'로 번역될 수 있다. 그것은 화신(nirmanakaya)인 '방사된 몸'을 뜻하는 뚤꾸sprul sku의 어근이 된다.

33 티벳어로는 짤rtsal. '표출하는 힘' 혹은 '현현', '에너지', '표현' 등으로 번역된다.

34 여기서 '요가'는 나로빠 육법의 여섯 가지 본수행 중 하나의 수행을 가리킨다.

용어해설

알림 ｜ 티벳어 표기에서 사선의 왼쪽은 와일리Wylie 표기법에 의한 것이고, 오른쪽은 음성표기법에 의한 것이다.

가나차크라(Skt. ganachakra; Tib. tshogs kyi 'khor lo/tsok gi kor lo) ｜ 수행자들이 지극히 빠른 시간에 삼마야계를 회복하고 공덕자량과 지혜자량을 쌓는 금강승 불교의 독특한 집단 수행법.

가피(Skt. adhisththana; Tib. byin rlabs/jinlab) ｜ 스승이나 깨달은 이로부터, 혹은 스스로의 명상수행과 기도를 통해 얻는 축복.

감뽀빠(Tib. sgam po pa) (1079-1153) ｜ 감뽀빠는 닥뽀 린포체로도 알려져 있다. 밀라레빠의 수제자인 그는 까담빠의 스승들로부터도 가르침을 받았다. 감뽀빠는 까규파의 사원체제를 확립한 창시자이고, 감뽀빠로부터 직접 전승된 법맥을 닥뽀 까규파라고 한다. (1대 까르마빠 이래로 카르마 까규로 알려져 있기도 하다.) 감뽀빠의 수제자로는 뒤숨 켄빠와 팍모 드루빠 등이 있다.

게송(Skt. Doha; tib. mgur/gur) ｜ 밀라레빠와 같은 각자들이 불렀던, 영적 깨달음 상태에서 절로 나오는 일종의 노래.

고통스러운 죽음의 바르도(Tib. 'chi kha' i bar do/chi ke bar do) ｜ 죽음을 야기하는 조건을 만나는 순간부터 실제 죽음의 순간까지의 기간.

공성(Skt. Sunyata; Tib. stong pa nyid/tongpa nyi) ｜ 절대적 차원에서는 자아와 외

적 현상에 실체성이 없음을 말하는 용어. 자아의 상대적 현상을 반박하지는 않는다. 사실 본연의 '공성'은 모든 현상이 영속적이거나 견고한 상태로서의 존재와 비존재, 양극단을 초월해 있음을 의미한다.

관념적 조작 (Skt. Prapanca/ Tib. sprod pa/tröpa) | 현상에 그릇 전가된 관념구조. 일반적으로 존재, 비존재, 존재와 비존재 모두, 존재도 아니고 비존재도 아닌 네 극단의 네 가지 조작이 있다.

광명 (Skt. Prabhasvara; Tib. 'od gsal/ösel) | 삼전법륜시 붓다의 가르침의 주요 주제로서, 현상의 공성과 떼놓을 수 없는 명료하게 빛나는 본연의 성질.

광명한 법성의 바르도 (Tib. chos nyid kyi bar do/chönyi gi bardo) | 죽음의 순간 직후부터 화현의 바르도가 시작되기 전까지의 기간.

구루 린포체 | 인도 밀교의 스승인 구루 린포체는 때로는 전통적인, 때로는 전통을 벗어난 다양한 행위를 통해 금강승 불교를 티벳에 전한 주역이다. 구루 린포체는 8세기에 인도의 승원장 산타락시타와 티벳왕 티송 데쩬에 의해 티벳으로 초청받았다. 바르도 가르침의 주요 전승자이자 전수자인 그는 '보장寶藏'으로 알려진 다르마의 가르침들을 티벳 전역에 무수히 숨겨놓았다. 이것은 티벳과 네팔과 부탄에서 예정된 제자들에 의해 수세기에 걸쳐 발견되었다. 구루 린포체는 가끔 '두 번째 붓다'로 불리고 있으며 연꽃에서 태어난 이를 의미하는 '파드마카라', 또는 '파드마삼바바'로도 알려져 있다.

구루 만달라 | 영적 스승의 현존과 가피, 그리고 제자의 헌신과 신뢰를 통해 지혜가 밝아지는 그런 환경조건.

귀한 인간생(Tib. mi lus rin po che/milü rinpoche) | 인간생은 다르마를 수행하기에 좋은 조건을 제공한다. 인간생이 귀한 것이 되게 하기 위해서는 세 가지 덕목 — 확신, 근면성, 그리고 반야, 곧 지고의 앎 — 을 갖춰야 한다고 가르쳐진다.

꿈의 바르도(Tib. rmi lam gyi bar do/milam gi bardo) | 꿈의 현상들을 경험하는, 잠에 빠졌다가 다시 깨어나는 사이의 시간.

금강(Skt. vajra; Tib. rdo rje/dorje) | '다이아몬드', '돌의 왕'. 형용사로서 금강은 '파괴되지 않는', '적수가 없는', '견고한', '확고한', '다이아몬드와 같은'의 뜻이다. 궁극의 금강은 공성이다. 통속적인 뜻에서는 금강이란 의식에 사용되는 물질적인 도구를 말한다.

금강승(Skt. Vajrayana; Tib. rdo rje theg pa/dorje tekpa) | 대승불교의 밀교적 가르침. 금강승은 깨달음의 결과를 길로 삼은 다양한 방편을 활용하는, 지름길(nye lam)의 가르침이다. 비밀진언승, 혹은 결과승이라고도 불린다.

나가르주나(Tib. klu sgrub/lu drub) | 명성이 자자했던 나란다 대학의 승원장이자 학승. 나가르주나의 주요 저작인 〈중론〉(Mulamadhyamakakarika)은 대승불교 중관학파의 기반으로서 가장 큰 영향력을 끼쳤다. 그는 84명의 대각자 중 한 명으로, 탄트라의 위대한 달인이다. '중관학파' 항목을 참조하라.

나디, 프라나, 빈두(Tib. rtsa rlung thig le/tsa lung thigle) | 바람, 곧 미묘한 에너지(프라나)가 육신의 정(빈두)을 싣고 미묘한 신체의 통로(나디)를 순환한다.

나로빠(Tib. na ro pa)(1016-1100) | 인도의 대각자들과 마하무드라와 탄트라의

스승들 중 하나. 스승인 틸로빠를 만나기 전까지 나로빠는 인도 북부 나란다 대학의 저명한 학자였다. 그는 틸로빠로부터 마하무드라와 탄트라 법맥의 가르침을 이어받아 티벳의 위대한 역경사인 수제자 마르빠에게 전수했다.

논서 (Skt. shastra; Tib. bstan bcos/ten chö) ∣ 붓다의 가르침에 대한 인도와 티벳 현인들의 교학적 논문과 주석서.

대大공성 (Skt. Mahasunyata; Tib. stong pa chen po/tongpa chenpo) ∣ 현상과 공성의 불가분성. 혹은 명료성과 공성의 불가분성.

대승 (Skt. Mahayana; Tib. theg pa chen po/thekpa chenpo) ∣ 보살승이라고도 불린다. 대승은 석가모니 붓다가 이전법륜과 삼전법륜 시에 설한 가르침과 수행법들이다. 그것은 모든 존재를 고통에서 벗어나게 하고자 하는 바람인 자비와, 현상의 진정한 본성을 인식하는 지혜, 두 가지를 강조하는 것이 특징이다. 이 큰 수레에 입문하여 올라탐으로써 모든 중생이 완전한 깨달음의 상태로 이끌린다.

두 가지 선 (Tib. don gnyis/dön nyi) ∣ 자신을 위한 선과 다른 존재들을 위한 선.

두 가지 자량 (Skt. Sambhara-dvaya; Tib. tshogs gnyis/tsok nyi) ∣ 공덕 자량과 지혜 자량. 이 두 가지는 깨달음의 길에서 쌓아야 하는 자질이다. 이 두 가지 자량을 완성한다는 것은 깨달음 자체와 같은 말이다. 공덕 자량은 능한 방편에 속한 것으로 관념적 준거점에 관한 것이고, 지혜 자량은 반야에 속하며 갈수록 준거점에서 해방된다.

두 가지 장애(Tib. sgrib gnyis/drib nyi) ｜ 깨달음을 얻지 못하게 방해하고 가로막는 모든 것을 분류한 두 유형. 번뇌의 장애(번뇌장)와 아는 바의 장애(소지장)가 있다. 번뇌의 장애는 윤회에서 해탈하지 못하도록 방해한다. 아는 바의 장애는 일체지를 얻지 못하도록 방해한다. 완전한 붓다들만이 이 두 가지 장애에서 벗어났다. '번뇌의 장애'와 '아는 바의 장애' 항목을 참조하라.

두 가지 진리二諦 (Skt. Dbisatya; Tib. bden pa gnyis/denpa nyi) ｜ 두 가지 차원의 진리. 절대적 진리와 상대적 진리, 혹은 진짜와 그렇게 보이는 것. '절대적 진리'와 '상대적 진리' 항목을 참조하라.

릭빠(Skt. Vidya; Tib. rig pa) ｜ 벌거벗은(있는 그대로의) 자각의식. 족첸 명상수행법을 통해서 깨닫는 마음 본연의 청정한 상태.

마르빠(Tib. mar pa)(1012-1097) ｜ 인도의 대각자인 나로빠와 마이트리빠의 수제자들 중 하나. 마르빠는 티벳 까규파의 설립자이다. 그의 수제자는 위대한 요기인 밀라레빠이다. 마르빠는 인도를 몇 차례에 걸쳐 여행하면서 구전 가르침과 문헌들을 티벳으로 가지고 와서 역경했다.

마음의 본성(Tib. sems kyi gnas lugs/sem kyi ne luk) ｜ 마음의 본래 상태, 곧 진정한 본성. '평상심'으로도 알려진, 인위적이지 않은 자연스러운 상태로서, 스스로 일어난 자각의식의 지혜이다. '있는 그대로'(gnas tshul)와 같은 뜻이다. '본연의 상태', '영속적 본성', '영속적 방식(mode)'으로도 옮길 수 있다.

마음의 펼쳐짐(Eng. display Tib. Rtal/tsal) ｜ 마음의 현현하는 성질. '현현', 혹은

'표출하는 힘' 등으로도 옮길 수 있다.

마이트리빠(1012-1097) | 인도의 대각자. 마르빠 로짜와의 마하무드라 스승들 중 한 명이다.

마하무드라(Skt. mahamudra; 대수인大手印; Tib. phyag rgya chen po/chakgya chenpo) | 마음의 진정한 본성을 직접 깨닫는 것을 기본으로 하는 심오한 명상법의 전통. 이것은 티벳 불교의 까규파와 사캬파와 겔룩파의 최상의 명상 수행법이다.

만달라(Tib. dkyil ' khor/kyilkhor) | 만달라를 가리키는 티벳어의 문자적 의미는 '중심과 그 주변'이다. 금강승 불교에서 만달라는 본존이 거하는 곳이다. 만달라는 깨달음의 지혜의 정수를 전하는, 지극히 청정한 현상들로 짜인 환경이다.

만트라(Tib. sngags/ngak) | 각 존격의 진수를 상징하는 신성한 소리로서, 말을 정화해준다고 한다.

말라(Tib. 'phreng ba/trengwa) | 염주. 만트라 독송이나 기도를 할 때 횟수를 세기 위해 구슬이나 보석을 실에 꿰어 사용함.

명상의 바르도(Tib. bsam gtan gyi bar do/samten gi bardo) | 마음이 삼매의 상태에서 쉬는 동안의 시간.

무상(Tib. mi rtag pa/mitakpa) | 무상한 현상이란 일어나서 머물다가 사라지는 것들이다. 거친 무상함은 깨어나지 않은 마음에 의해 시간의 경과로 직접

관찰되는 변화를 말한다. 미세한 무상함은 직접 관찰하기 어려운 찰나의 변화를 말한다.

무상요가 탄트라 (Skt. anuttarayogatantra; Tib. rnal ' byor bla med rgyud/naljor lame gyü) | 티벳 불교 후기 번역기의 체계에 따르면 무상요가 탄트라는 네 가지 탄트라 중에서 가장 높은 탄트라이다.

무아 (Skt. Nairatmya; Tib. bdag med/dak me) | 공성과 의미가 유사하다. '무정체성'으로도 옮길 수 있다. 에고, 자아, 영혼, 정체성, 곧 '나'라 불리는 영속적이고 독립적인 단독의 무엇은 존재하지 않음을 가리킨다. 무아에는 두 가지 주요 형태, 곧 인무아人無我(Skt. pudgala-nairatmya; Tib. gang zag gi bdag med/kangzak gi dakme)와 법무아法無我(Skt. dharma-nairatmya; Tib. chos kyi bdah med/chö kyi dakme)가 있다.

미륵보살 (Maitreya; Tib. byams pa/jam pa) | 현겁에 다섯 번째로 올 붓다로서, 현재 도솔천에서 머물고 있는 보살.

미묘한 몸 | 신체 내부의 나디와 프라나와 빈두의 정교한 망. '금강의 몸' 항목을 참조하라.

밀라레빠 (Tib. mi la ras pa)(1040-1123) | 마르빠 로짜와의 수제자 중 한 명이며 감뽀빠의 스승이다. 티벳의 가장 위대한 요기로 알려진 밀라레빠는 단 한 생에 자신의 모든 카르마와 장애를 정화해버리는 능력의 본보기이다. 그의 깨달음의 게송은 그 깨달음의 증거로, 많은 사람들이 애송하고 있다.

바라밀(Skt. paramitas; Tib. pha rol tu phyin pa/paröl tu chinpa) | 문자적으로는 '피

416

안(건너편)으로 가버린'이란 뜻이다. 육六바라밀 수행은 보시, 지계, 인욕, 정진, 선정, 반야바라밀로 이루진다.

바르도(Skt. antarabhava; Tib. bar do/bardo) | '중간' 혹은 '간격', '사이'에 있는 상태를 말한다. 바르도의 의미 중 한 가지로는 현 순간의 경험을 뜻하기도 한다. 다른 의미로는 명확하게 시작해서 지속되다가 확실히 끝나는 특정한 기간의 경험을 가리킨다. 후자 의미로는 여섯 가지 바르도 — 타고난 현생의 바르도, 꿈의 바르도, 명상의 바르도, 고통스러운 죽음의 바르도, 광명한 법성의 바르도, 업력에 의한 화현의 바르도 — 가 있다.

반야(Skt. Prajna Tib. shes rab/sherap) | 지혜, 곧 공성의 통찰에 이어지는 초월적 앎이다. 또한 자각의식 본연의 예리하게 식별하는 성질을 일컫는다. 반야는 세속적인 활동을 하는 가운데서도 작용하지만 가장 높은 차원에서 반야란 무상과 무아와 공성을 '보는' 자각의식이다.

반야바라밀(Tib. shes rab kyi pha rol tu phyin pa/sherap kyi parol tu chinpa) | 반야바라밀은 지고의 앎에 대한 가르침, 또는 그런 상태 양쪽을 다 가리키는 말이다. '위대한 어머니(大母)' 반야바라밀이라고도 불린다.

번뇌(Skt. klesha Tib. nyon mongs/nyönmong) | 중생에게 고통을 주는 부정적이고 미혹된 마음 상태, 번민의 감정. 여섯 근본 번뇌는 무지, 욕망, 분노, 자만, 의심, 사견邪見이다.

번뇌의 장애(Skt. Klesavarana; Tib. nyon mongs pa'i sgrib pa) | 번뇌장煩惱障. 윤회의 쳇바퀴에서 해탈하지 못하게 하는 장애. 다섯 가지 근본번뇌 — 분노, 자만, 탐욕, 무지, 질투심 — 중의 하나의 성질과, 그와 관련된 심적 상태이

다. 두 가지 장애 중 소지장所知障보다 거친 형태이다.

법계(Skt. Dharmdhatu; Tib. chos dbyings/chöying) │ 윤회와 열반이라는 현상 본연의, 궁극적인 펼쳐짐. 법계는 일어남도 멈춤도 없고 조건 지어지지 않으며 변함없다.

법성(Skt. Dharmata; Tib. chos nyid/chonyi) │ 마음과 현상의 궁극적 본성 혹은 실상. 공성, 여여함, 마음의 본성, 불성 등과 동의어이다.

법신(Skt. Dharmakaya; tib. chos kyi sku/chökyi) │ 법신은 위빠사나의 정수의 실현, 곧 비관념적인 본성을 실현한 소산이다. 법신은 자기 자신의 이로움을 위해 성취한 열매이다. 마음의 본성과 관련시켜 말하자면, 법신은 모든 언어와 생각과 표현을 초월한, 마음의 공한 본질이다. 법신은 또 마음 자체가 일어나지 않는 상태, 그리고 모든 관념적 노력을 벗어난 상태로 일컬어진다. 몸과 말과 마음 세 가지 중에서 법신은 불성의 마음과 같은 성질로 가르쳐진다.

보리菩提 (Skt. Bodhi; Tib.byang chub/changchub) │ 붓다의 상태. '깨달음'으로도 번역된다. 마음의 모든 장애가 극복되거나 정화되며 지혜가 완전히 깨달아진다.

보리심(Skt. Bodhichitta; Tib. byang chub kyi sems/changchub kyi sem) │ 깨달은 마음. 윤회에서 모든 존재들을 해탈하게 하기 위해서 완전한 깨달음을 얻고자 하는 마음이다. 특별히 보리심은 진제의 보리심과 속제의 보리심으로 나눌 수 있다. 속제의 보리심은 열망의 보리심과 행위의 보리심으로 나누어진다.

보살(Skt. Bodhisattva; Tib. byang chub sems dpa' /changchub sempa) ㅣ 모든 존재들을 윤회에서 해탈시키기 위해서 완전한 깨달음을 얻고자 서원한 대승의 구도자. 보살은 초심자 보살이라 불리는 보리심을 수행하는 평범한 존재와, 십지 중의 한 단계의 깨달음을 얻은 대보살 양쪽을 모두 일컫는 말이다.

보신報身 (Tib. longs spyod rdzogs pa'i sku/longchö dzokpe ku) ㅣ '완벽한 (혹은 완전한) 희열의 몸'. 외적인 의미로는 보신이란 육신이 아닌 빛의 몸으로 천상의 청정한 세계에 나타나 높은 보살 회중에게만 법을 설하는 붓다의 현현을 가리킨다. 금강승의 다섯 붓다 종성의 붓다들은 보신불이다. 하지만 특별한 의미에서 보신은 마음의 광명한 본성, 곧 마음의 거침없이 방사되는 환희로운 에너지를 가리킨다. 삼업 중 불성의 말(口)의 측면으로 가르쳐진다.

보장寶藏 (Tib. gter ma) ㅣ 원전에서는 흔히 '보배로운 경전'이라 불린다. 파드마삼바바가 숨겨둔 가르침인 보장은 훗날 적당한 때가 오면 예정된 제자들에 의해 발견되어 전파되게끔 되어 있었다.

보장의 발굴자(Tib. gter ston) ㅣ 파드마삼바바가 감춰놓은 보장을 발견하는 이들.

본연의 지혜(Skt. Sahajajnana; Tib. lhan cig skyes pa'i ye shes/lhenchik kye pe yeshe) ㅣ 마음 본연의 법성

본연의 청정(Tib. ka dag/kadak) ㅣ 뭇 중생의 본래 청정한 마음의 기본적 본성. 본연의 청정은 어떤 오염에도 물들지 않고, 미혹도 해탈도 초월해 있다. 이것은 또한 족첸 가르침의 주요한 두 측면 중의 하나로, 다른 하나의 측

면은 '자재自在'이다. 족첸에는 두 가지 주요 차제가 있는데, '베어냄'을 의미하는 텍초 수행과 '곧장 도약함'을 의미하는 토갈 수행이 그것이다. 텍초 수행은 본연의 청정을 강조하고, 토갈 수행은 자재를 강조한다.

존격(Skt. Deva; Tib. lha/hla) | 평화롭거나 진노한 모습으로 나타나는 다양한 보신의 형상들로서 현상과 공의 합일을 상징한다. 본존 요가의 심상화에서 사용된다.

본존 요가(Tib. lha' i 'byor/hla yi naljor) | 존격을 심상화하는 명상수행법. 존격으로 화현한 지혜에 가닿기 위한 능한 방편이다.

부정한 현상(Tib. ma dag pa' i snang ba/madak pe nangwa) | 윤회계의 중생이 겪는 이원적 번뇌에 찬 현상과 경험들.

불성(Skt. Tathagatagarbha; Tib. de bzhin gshes pa' i snying po/deshin shek pe nyingpo) | 모든 중생의 마음의 흐름 안에 존재하는, 완전한 깨달음을 이룰 가능성.

붓다(Tib. sangs rgyas/sanggye) | 이 말은 불교의 역사적 교조인 석가모니 붓다를 가리키기도 하고, 더 일반적으로는 깨달음, 곧 완전한 깨어남을 이룬 존재를 가리키기도 한다. 번뇌의 장애(煩惱障)와 아는 바의 장애(所知障)의 두 가지 장애를 극복하고 두 가지 지혜를 깨달으면 붓다가 된다. 두 가지 지혜란, 마음과 현상의 궁극적 본성을 아는 지혜와, 이 현상의 다양성을 아는 지혜이다. 이 말은 또한 마음 자체의 깨달은 성질인 불성, 혹은 붓다 지혜를 가리키기도 한다.

붓다 다르마(Skt. Dharma; Tib. chos/cho) | 붓다의 가르침(불법)

빈두 ㅣ '나디와 프라나와 빈두' 항목을 참조하라.

4대 해탈법(Tib. grol lugs chen po bzhi) ㅣ 사대 해탈법에는 원초적 해탈, 스스로 해탈함, 있는 그대로의 해탈, 완전한 해탈이 있다. 이 모두는 마음속에 부딪히는 감정과 생각들이 마음의 본성의 거침없는 창조적 전개이자 그것의 알아차림에 지나지 않음을 뜻한다.

사마타(Skt. shamata; Tib. zhi gnas/shi ne) ㅣ 고요 명상. 사마타의 두 측면은 알아차림(명상의 대상을 상기함)과 깨어 있음(알아차림을 지속시킴)이다. 사마shama는 '고요', 타tha는 '머묾'을 뜻하므로 사마타는 '고요에 머묾'을 뜻한다. 형상 등의 대상을 향해 흐트러져 있던 마음이 고요해져서 어떤 종류든 수행 중인 삼매 속에 오롯이 머물러 있기 때문에 그것을 사마타라 부른다.

사성제(Skt. Caturaryasatya; Tib. 'phags pa' i bden pa bzhi/pak pe denpa shi) ㅣ 초전법륜시의 붓다의 가르침. 처음의 두 가지 진리인 고성제와 집성제는 윤회의 원인과 결과를 설명하고 있고, 고통의 소멸에 대한 진리와, 고통의 소멸로 이끄는 길의 진리인 멸성제와 도성제는 열반의 원인과 결과를 설명하고 있다.

산티데바(Tib. zhi balha/shiwa hla) ㅣ 84 대각자 중의 한 명으로, 8세기 인도 나란다 대학의 불교학자이다. 산티데바는 깨달음의 길에 대한 시적 영감이 넘치는 논서이자 시문집인 '입보리행론'의 저자로 명망이 높다.

삼마야계戒(Samaya; Tib. dam tshig/damtsik) ㅣ 금강승의 길의 서약. 삼마야계는 외적으로는 금강의 스승과 도반들과 조화로운 관계를 유지하고, 내적으로는 꾸준한 수행의 궤도를 벗어나지 않는 것이다.

삼보三寶 (Tib. dkon mchog gsum/könchok sum) | 불, 법, 승

삼사라(Skt. samsara; Tib. 'khor ba/Khorwa) | 윤회계. 중생이 무지로 인해 경험하게 되는, 고통이 지배하는 존재 상태이다.

삼승三乘 (Tib. theg pa gsum/thekpa sum) | 성문승, 연각승, 보살승(대승).

삼신三身 (Skt. Trikaya; Tib. sku gsum/ku sum) | 마음의 깨달은 본성의 세 가지 불가분한 측면들. 깨달음이 현현하는 세 가지 차원으로, 법신, 보신, 화신이 그것이다.

삼혜三慧 (Tib. shes rab gsum/she rap sum) | 세 가지 반야는 배움의 반야, 사유의 반야, 명상의 반야이다.

상대적 진리(속제俗諦) (Tib. kun rdzob bden pa/kundzop denpa) | 인습적 진실과 같은 말이다. 현상을 마음과 무관하게 실재하는 것으로 인식하게 만드는 일상적인 현실경험. 현상의 진정한 본성인 공성을 가리기 때문에 '기만적 진실'이라 부르기도 한다. 이 용어는 소승과 대승의 불교학파들이 저마다 달리 정의하고 이해하고 있다. '이제二諦' 항목을 참조하라.

생기차제(Skt. Utpattikrama; Tib. bskyed rim/kyerim) | 생기차제는 금강승의 두 가지 주요 명상수행법 중 첫 번째 것이다. (두 번째는 원만차제) 생기차제는 현상과 공의 합일에 익숙해지고 그것을 실현하기 위해 명상에 든 존격을 심상화하는 일에 집중한다. '원만차제' 항목을 참조하라.

선정禪定 (Skt. Samadhi; Tib. ting nge 'dzin/ting nge dzin) | 흔들림 없는 명상적 몰

입상태, 혹은 명상적 집중상태. 선정의 정의는 '대상에 일심 집중된 마음'이다.

성문승聲聞乘 (Skt. shravakas; Tib. nyan thos/nyenthö; '들은 자들') | 초전법륜의 가르침인 사성제의 수행을 통해 열반을 얻은 소승의 수행자들.

세 가지 청정함(Tib. 'khor gsum rnam par dag pa/khorsum nampar dakpa) | 진정한 바라밀행이 되기 위한 기준. 이것은 행위의 세 측면이 공함과 그에 대한 집착이 존재하지 않음에 대한 통찰이다. 행위의 세 측면이란, 1) 행위의 대상, 2) 행위 자체, 3) 행위자를 말한다. 예를 들어 보시에 관해서 말하자면, 보시행위의 대상, 보시 자체, 보시를 행하는 사람을 말한다.

소승(Skt. Hinayana; Tib. theg pa dman pa/thekpa menpa) | 소승은 일반적인 불도의 처음 두 야나yana(단계)인 성문승聲聞乘(Shravakayana)과 연각승緣覺乘(Pratyekabuddhayana)으로 이루어진다. 이 길의 열매는 개인적 해탈이다.

수냐타(Skt. shunyata; Tib. stong pa nyid/tongpa nyi) | 진정 본래적, 독자적으로 실재하지 않고, 그 어떤 수준의 관념적 이해도 넘어서 있는 뭇 현상의 본성. '공성' 항목을 참조하라.

수트라(현교 경전) (Tib. mdo/do) | (1) 금강승의 밀교와는 상이한, 붓다가 설한 소승과 대승의 가르침. (2) 삼장三藏 중에서 율장律藏을 말함.

스스로 알아차리는 지혜(Tib. rang rig pa'i ye shes/rang rik pe yeshe) | 마음의 본성으로서, 자신을 스스로 알아차리는 깨달은 지혜를 가리킨다.

습성(Skt. Vasana; Tib. bag chags/bakchak) | 일체의 토대 의식 안에 저장되어 잠재한 마음의 습관에 의해 형성된 경향성. 습성은 무르익으면 긍정적이거나 부정적이거나 중립적인 물리적, 언어적, 정신적 활동을 촉발하지만, 그 자체의 성질은 언제나 중립적이다.

승乘 (Skt. Yana; Tib. Theg pa/tekpa) | 문자적으로 '탈것' 혹은 '수레'를 의미한다. 더 높은 세계에 태어나게 하거나, 윤회에서 해탈하게 하거나, 완전한 불성을 성취하게 하는 일련의 가르침. 소승, 대승, 금강승으로 나누거나 성문승, 연각승, 보살승으로 나누는 분류법과, 성문(Shravaka), 연각(Pratyekabuddha), 보살(Bodhisattva), 크리야Krya, 우빠Upa, 요가Yoga, 마하요가Mahayoga, 아누요가Anuyoga, 아띠요가Atiyoga 등 아홉 단계의 승(구체제승九次第乘)으로 나누는 분류법이 있다.

십지十地 (Skt. bhumi; Tib. sa/sa) | 보살이 오르는 열 가지 단계, 혹은 수준. 첫 번째 단계인 일지의 증득은 공성에 대한 최초의 완전한 깨달음을 뜻한다. 이로부터 십지까지 이르는 동안 깨달음이 점차 깊어진다. 십지의 여행길에 맞추어 완성된 네 가지 바라밀이 더 있다. 여섯 바라밀에 덧붙여진 네 바라밀은 방편, 서원, 위력, 지혜이다.

아는 바의 장애(소지장所知障 Tib. shes bya' i sgrib pa) | 붓다의 일체지一切智 경지에 오르지 못하게 방해하는 장애. 주로 현상의 진정한 본성인 공성에 대한 무지로 존재한다. 이것은 두 가지 장애 중 번뇌의 장애보다 미묘한 장애로 가르쳐진다.

야나(Skt. Jnana; tib. ye shes/yeshe) | '본연의 지혜', 혹은 '기본적 자각상태'로 옮기기도 한다. 명상적 평정상태에 있는 보살과 붓다의 비이원적, 비관

념적 통찰을 가리킨다.

아발로키테쉬바라(Skt. Avalokiteshvara; Tib. spyan ras gzigs/Chenrezi) │ 자비의 보살인 관세음보살.

업력에 의한 화현의 바르도(Tib. srid pa' i bar do/si pa pe bardo) │ 광명한 법성의 바르도 다음부터 미래의 부모의 태에 들어가기까지의 기간.

에고에 대한 집착(Skt. Atmagraha; Tib. bdag ‘dzin/dak dzin) │ 심신의 연속체 속에 자아가 실존한다고 여기는 마음의 미혹된 성향.

여래장 如來藏(Skt. tathagatagarba; Tib. de bzhin gshegs pa' i snying po/deshin shek pe nyingpo) │ 여래, 곧 붓다의 씨앗, 곧 정수. 흔히 ‘불성’ 혹은 ‘붓다의 정수’로 옮겨진다. 여래장은 모든 중생이 천부적으로 지니고 있는, 성불, 곧 완전한 깨달음의 가능성이다.

여섯 존재계(六道) │ 여섯 번째 바르도를 거쳐서 윤회계에 환생할 때 가능한 여섯 가지 존재 상태. 대승에서는 이것을 물리적 현실보다는 심리적인 현실로 본다. 각 영역은 저마다 특정한 감정과 특정한 종류의 고통에 지배되는 심적 상태를 상징한다. 여섯 존재영역에는 상위 영역과 하위 영역이 있는데, 상위 영역에는 천신계, 아수라계, 인간계가 있고, 하위 영역에는 축생계, 아귀계, 지옥계가 있다.

여여함(Skt. Tathata; Tib. De kho na nyid/dekona nyi) │ 공성, 법성, 궁극적 본성과 동의어이다.

연기 緣起 (Tib. rten cing 'brel bar 'byung ba/tenching drelwar jungwa) | 만물의 상호의 존성. 현상은 그 원인과 조건의 만남에 의지해서만 일어날 수 있으며, 따라서 본질적이고 궁극적으로 존재한다고 볼 수 없다.

열반 (Nirvana; Tib. mya ngan las 'das pa/nya ngen le depa) | 성문승과 연각승을 통해 성취한 고통으로부터의 해탈을 의미하기도 하고, 대승을 통해서 성취한 완전한 깨달음인 일체지의 상태를 의미하기도 한다.

오감의 쾌락 (Tib. 'dod yon lnga/döyön nga) | 아름다운 형상, 귀를 즐겁게 하는 소리, 향기로운 냄새, 군침 도는 맛, 부드러운 감촉.

오염(객진번뇌) (Tib. glo bur gyi dri ma/lobur gi drima) | 불성, 곧 마음의 본성 고유의 것이 아닌 불순물. 구름이 태양 빛을 가리듯이 불성의 인식을 방해한다. 이 오염은 또한 '부수적'이고 '외래적'이다. '두 가지 장애' 항목을 참조하라.

오온 五蘊 (Skt. skandhas Tib. phung po lnga/pungpo nga) | 'skandha'는 문자적으로 집합, 무더기를 뜻한다. 다섯 가지 무더기란 물질, 느낌, 인식, 심리현상, 의식을 가리킨다. 이 다섯 가지는 경험의 모든 가능한 측면들로 이루어지고, '자아'에 대한 집착의 토대가 될 뿐만 아니라 '자아의 부재'를 살펴보는 토대가 된다.

원만차제 (Skt. Sampannakrama; Tib. rdzogs rim/dzokrim) | 원만차제는 금강승의 두 가지 주요 명상수행법 중 두 번째 것이다. (첫 번째는 생기차제) 원만차제는 나디와 프라나와 빈두를 점진적으로 정화시키는 수행으로 이뤄져 있고, 마하무드라와 족첸의 대상을 없애가는 명상에서 정점에 이른다. 이러한

수행을 통해 명료성–공, 환희–공, 자각의식–공의 합일에 익숙해져서 깨닫게 된다. '생기차제' 항목을 참조하라.

원시 청정 (Tib. ka dag/kadak) ㅣ 일반적으로 이것은 본연의 청정성, 그리고 윤회계와 열반의 모든 현상이 평등함을 가리키는 말이다. 특히 족첸 수행인 덱초의 기본 관점이다. '본연의 지혜' 항목을 참조하라.

위빠사나 (Skt. vipashyana; Tib. lhag mthong/lhaktong) ㅣ 현실의 본질에 대한 통찰력을 길러주는 명상수행법. 위빠사나는 사마타 명상의 기초 위에서 수행된다. 본디말인 vi(shesha)pashyana에서 위세샤vishesha는 '특별한', 혹은 '더 높은'이란 뜻이고, 빠사나pashyana는 '바라봄', 혹은 '관찰'을 뜻한다. 따라서 위빠사나는 '더 높이서 바라봄'을 뜻한다. 지혜의 눈은 '더 높이서' 현상의 본질을 내려다보기 때문에 이렇게 불린다.

유식학파 (Skt. Chittamatra; Tib. sems tsam/sem tsam) ㅣ 마음 외에 다른 것은 존재하지 않음과, 마음이 단지 명료하게 알아차리는 자각의식으로서 실재함을 강조하는 대승불교의 학파.

일어남, 늘어남, 다함 (Tib. snang ba mched pa thob pa/nangwa cheap thopa) ㅣ 이것은 마음의 기본적 광명 경험의 정점인 죽음의 과정에서 의식의 점차 해체되는 과정을 가리킨다. 금강승의 다른 수행법들에도 이에 상응하는 과정이 있다.

일체의 토대 (Skt. Alaya; Tib. kun gzhi/künshi) ㅣ 일반적으로 알라야라는 용어는 법성, 곧 마음의 참된 본성, 또는 알라야식(alaya-vijnana)을 가리키는 말로 사용된다. 마음의 본성이 인식되지 않을 때, 그것을 일체의 토대 의식(alaya-vijnana)이라고 한다. 마음의 본성이 인식될 때, 그것은 일체의 토대 지혜 (alaya-jnana)라고 한다. '일체의 토대 의식'과 '일체의 토대 지혜' 항목을 참조하라.

일체의 토대 의식(Skt. Alaya-vijinana; Tib. Kun gzhi rnam shes/Künshi namshe) ┃ 유식학 체계에 따르면 이것은 여덟 번째 의식(알라야식)으로, 카르마의 모든 흔적과 패턴이 저장되는 저장고이다. 그것은 무지와 동의어이고, 외래적 오염의 총합이다. '일체의 토대' 항목을 참조하라.

일체의 토대 지혜(Skt. Alaya-jnana; Tib. kun gzhi ye shes/Künshi yeshe) ┃ 마음의 청정한 지혜의 본성, 즉 스스로를 인식하며, 외래의 어떤 더러움에도 물들지 않는 본연의 불성을 가리킨다. '일체의 토대 의식' 항목을 참조하라.

절대적 진리(진제眞諦) (Skt. Paramarthasatya; Tib. don dam bden pa/tondam denpa) ┃ 깨달음을 이룬 존재들에게 보이는 '진실'. 이것은 대개 마음의 광명한 본성, 불성, 공성 등으로 묘사된다. '이제二諦' 항목을 참고하라.

족첸(Tib. rdzogs chen) ┃ 대원만大圓滿. 마음의 본래 청정함과 그것을 깨닫기 위한 방편들을 강조하는 명상 전통. 족첸 명상은 닝마파 법맥 최고의 수행법이다. 이것은 명상수행의 모든 형태 중에서 가장 발전된 것이라 일컬어진다. 티벳에서는 파드마삼바바에 의해 이 가르침이 널리 전해졌으며 여섯 바르도와 죽음에 대한 현존하는 가르침도 포함하고 있다.

중관학파(Skt. Madhyamaka; Tib. dbu ma pa/umapa) ┃ 위대한 스승 나가르주나에 의해 창시된, 모든 현상에 실체성이 부재함을 강조한 대승불교의 학파. 중관학파는 상견常見과 단견斷見의 양극단을 넘어서 상대적 진리와 절대적 진리의 통합을 가르치기 때문에 '중도의 옹호자들'로 불리기도 한다. 티벳어로는 우마uma라고 하는데 이 어원이 중관사상에 대한 통찰을 제공해 준다. 우u는 '중앙' 혹은 '중간'을 의미한다. 반면에 마ma는 명사의 접미사, 또는 부정否定하는 관사로 볼 수 있다. 따라서 후자로 이해한다면 문자적으로 '중간이 아닌'을 뜻한다. 이것은 이 학파가 양극단이 초월된 후에 실제로, 궁극적으로 남아 있는 '중간'의 문제 같은 것은 제기도 하지 않는다는 것을 보여준다.

지금강불(Skt. Vajradhara; Tib. rdo. rje 'chang/dorje chang) │ 법신불의 명칭으로, 문자적으로는 '금강의 수지자'를 의미한다. 까규파의 많은 가르침들은 지금강불로부터 내려온 것이다. 흔히 직계 스승의 이름 앞에 붙이기도 한다.

진언승 │ '금강승' 항목을 참조하라.

차크라(Skt. Chakra; Tib. 'khor lo/korlo) │ 미묘한 신체의 중앙 통로상의 지점들로서, 세 가지 주요 나디들이 교차하면서 특유의 형태, 곧 '법륜'을 형성시킨다. 정수리, 목, 가슴, 배꼽에 네 가지 주요한 차크라가 있다. 차크라 명상법은 원만차제에서 사용된다.

찬드라키르티(Skt. chandrakirti; Tib. Zla bag rags pa/da wa drak pa) │ 7세기 인도의 스승으로 나란다 대학의 학자이자 승원장. 귀류 논증파의 설립자로서, 중관학의 위대한 스승인 나가르주나의 영적 후계자이다.

청정한 현상(Tib. dag pa' i snang ba/dakpe nangwa) │ 마음 본연의 청정한 본성을 깨달은 존재들이 경험하는 비이원적 현상. 번뇌로부터의 자유, 본존 만달라, 정토 등의 모습으로 나타난다.

출리심出離心 (Skt. Nihsarana; Tib. nges 'byung/nge jung) | 에고에 대한 신경증적인 집착을 혐오하여 이 윤회의 감옥을 완전히 벗어나기를 간절히 소망하는 마음.

탄트라(밀교) (Tib. rgyud/gyü) | 붓다가 보신의 몸으로 설한 금강승의 가르침. 탄트라의 진정한 의미는 '지속성', 천부의 불성으로, 이것은 '표현된 의미의 탄트라'로 알려져 있다. 탄트라의 일반적 의미는 '표현하는 말의 탄트라'로 알려진 비범한 밀교 경전이다. 또한 통틀어 금강승이 낳은 모든 가르침을 일컫기도 한다.

태어남 없음 (Tib. skye ba med pa/kyewa mepa) | 공성과 동의어이다. 상대적 차원에서는 일어남, 곧 태어남이 있는 것 같지만 궁극적으로는 아무것도 실제로 일어나거나 태어나지 않음을 뜻한다. '일어남 없음'이라고도 한다.

텍초 수행 (Tib. khregs chöd) | 족첸 무상요가 수행의 두 차제 중에서 첫 번째 단계이다. 텍초 수행은 원시 청정함의 관점을 강조하여 모든 거칠고 미묘한 생각을 곧장 '베어낸다'. '토갈 수행' 항목을 참조하라.

토갈 수행 (Tib. thod rgal) | 족첸 무상요가 수행의 두 차제 중에서 두 번째 단계이다. 거침없이 전개되는 마음의 자재한 측면을 강조하는 토갈은 대개 '뛰어넘기' 혹은 '바로 건너기'로 옮겨진다. '텍초 수행' 항목을 참조하라.

틸로빠 (989-1069) | 인도의 82 대각자 중 한 명. 틸로빠는 많은 가르침과 전승을 받았는데 그중에서도 특별한 것은 밀교의 위대한 각자들로부터 전수받은 '네 가지 특별한 전승법맥'이다. 궁극적인 관점에서는, 틸로빠에게는 인간의 몸을 입은 스승이 없었고 지금강불로부터 마하무드라와 금강승

의 완전한 가르침을 직접 전수받았다고도 한다. 그는 나로빠의 스승이기도 하다.

파담빠 상계(Tib. phadam pa sangs rgyas) | 티벳에서 고통의 평정을 의미하는 시제Shi-je라는 명상수행 체계를 소개한 인도의 각자. 쬐cho 법맥의 창시자인 마칙 랍된(1055~1153)의 스승이다.

파드마삼바바 | '구루 린포체' 항목을 참조하라.

평상심(Tib. tha mal gyi shes pa/thamal gyi shepa) | 기본바탕의, 조작되지 않은 마음의 깨어 있는 본성을 뜻하는 마하무드라의 용어. '평상'이란 말은 인식하든 않든 간에 모든 존재가 이것을 지니고 있음을 가리킨다. 마하무드라 전통은 준비된 제자가 이 사실을 깨달으려면 깨달은 스승이 마음의 이러한 측면을 가리켜줘야 한다고 가르친다. '마음의 본성' 항목을 참조하라.

프라나 | '나디, 프라나, 빈두' 항목을 참조하라.

해탈(Tib. thar pa/tarpa or Tib. grol ba/drolwa) | 두 가지 상이한 티벳어인 '탈빠'와 '돌와'가 영어로는 동일하게 '해탈'로 번역될 수 있다. 티벳어로 '탈빠'는 주로 성문승과 연각승에서 성취되는, 고통을 벗어난 상태를 뜻한다. 이에 반해 대승에서는 완전한 붓다의 깨달음을 의미한다. '돌와'는 더 폭넓은 의미를 지니고 있다. 흔히 마하무드라와 족첸의 수행을 통해 연결되는, 저절로 일어나는 본연의 해탈 — '스스로의 해탈' 같은 말에서처럼 — 을 가리킨다.

현상(Tib. snang ba/nangwa) | 여섯 감각의 대상들. 경험, 혹은 지각으로도 번

역된다. '부정한 현상과 청정한 현상' 항목을 참조하라.

타고난 현생의 바르도(Tib. skye gnas kyi bar do/kye ne gi bar do) | 탄생에서부터 죽음을 야기하는 조건을 맞이하는 순간까지의 기간.

현현顯現 (Tib. 'char sgo/chargo) | 마음이 형상으로 나타남, 곧 마음의 경험들. 생각과 현상들.

화신(Tib. sprul pa' i sku/trul pe ku) | 평범한(부정한) 존재들과 고귀한(청정한) 존재들 앞에 모두 나타날 수 있는 붓다의 몸의 형태. 이것은 중생을 위해 성취한 열매이다. 따라서 화신의 몸은 자비와 밀접한 관계가 있다. 마음은 일어남과 사라짐을 초월해 있으면서도 다양한 방식으로 화현하는데, 화신은 마음의 표현하는 힘이 그칠 줄 모르고 나투어내는 현상 중의 하나라고도 할 수 있다. 이것은 삼업(身, 口, 意, 三業) 중에서 불성의 몸(身)의 측면이라고 가르쳐진다. 통용되는 역사에 따르자면 가장 최근의 화신불은 석가모니 붓다였다. 하지만 티벳의 전통에서는 구루 린포체 역시 화신불로 여긴다.

환영의 몸(Tib. sgyu lus/gyulü) | 부정한 환영의 몸 수행은 모든 현상의 환영과 같은 본성을 현상과 공의 불가분성으로 알아차려 깨닫는 것이다. 청정한 환영의 몸 수행은 원만차제의 수행과 연관된다. 부정한 현상과 청정한 현상을 참조하라.

환희-공(Tib. bde stong/detong) | 환희-공은 비관념적이고 일체에 편만한 환희의 경험이다. 그것은 준거와 집착에서 완전히 벗어나 있다.